Immer mehr sind damit
vertraut, wie stark heute
schon das innere Licht
strahlt.

Johannes Rau

Johannes Holey

MEGA WANDEL

Ein Leitfaden fürs Leben in der Krisenzeit

amadeus-verlag.com

Vom Autor ist außerdem erschienen:

»Jesus 2000 – Das Friedensreich naht«,
1997, Amadeus Verlag
»Bis zum Jahr 2012 – Aufstieg der Menschheit«,
2000, Amadeus Verlag
»Alles ist Gott – Anleitung für das Spiel des Lebens«,
2002, Amadeus Verlag
»Der Jesus-Code«,
2007, Amadeus Verlag
»Jetzt reicht's«,
2009, Amadeus Verlag
»Jetzt reicht's – Band 2«,
2010, Amadeus Verlag

Copyright © 2016 by
Amadeus Verlag GmbH & Co. KG
Birkenweg 4
74576 Fichtenau
Fax: 07962-710263
www.amadeus-verlag.com
Email: amadeus@amadeus-verlag.com

Druck:
CPI – Ebner & Spiegel, Ulm
Satz und Layout:
Jan Udo Holey
Umschlaggestaltung:
Brigitte-Devaia Jost, Amadeus Holey

ISBN 978-3-938656-92-1

INHALTSVERZEICHNIS

Ich gestehe,
dass dieses Buch auch für mich eine wichtige Klärung verschiedener Sichtweisen brachte – ich glaube, jeder Autor schreibt sein Buch auch für sich selbst. Dabei habe ich die Problemfelder auch für mich geklärt – damit ich selbst Hoffnung haben und sie weitervermitteln kann.

Ich bitte,
dieses Buch vor allem mit dem Herzen zu lesen. Es ist ein Energiebuch. Und ich halte es für dringend nötig, dass wir – Leserinnen, Leser und Autor – positive und den Wandel unterstützende Energiefelder aufbauen. Noch sind wir in der Minderheit. Lesen Sie bitte auch zwischen den Zeilen, weil ich manches noch nicht schreiben kann, was ich gerne schreiben würde. Spüren und fühlen Sie selbst hinein, welche Energie sich Ihnen dabei offenbart.

Ich danke
am Ende mancher Kapitel in der Form, dass ich das Geschilderte, Personen oder Gruppen segne. Das ist seit Alters her die stärkste Manifestation. Jeder von uns, der segnet, macht es in Wechselwirkung mit dem göttlichen Quantenfeld. Das Göttliche in allem ist der eigentliche Wandel.

Disclaimer – Haftungsausschluss:
An dieser Stelle möchte ich auch aus rein juristischen Gründen betonen, dass ich in meinem Buch nur über eigene und über vertrauenswürdige Erfahrungen anderer berichte und gründlich Belege dafür zitiere. In allen Fällen, die dabei irgendeinen Krankheitszustand betreffen, rate ich dazu an, eine/n Ärztin/Arzt oder Heilpraktikerin/Heilpraktiker zu konsultieren.

Einleitung

Verehrte Leserin, lieber Leser!

Sind Sie zufrieden mit Ihrem Leben? Ich glaube, es gibt nur noch wenige, die auf diese Frage mit einem spontanen JA antworten können oder wollen. Denn die Erde und die Menschheit befinden sich im Wandel. Immer mehr Menschen spüren kraftvolle Impulse, ihr Leben neu ordnen und ändern zu wollen. Der Wunsch, sich selbst zu verwirklichen, sich selbst zu heilen, sich selbst zu erfahren oder sich selbstbewusster selbst zu finden, kommt immer stärker in den persönlichen Vordergrund. Viele von uns allerdings *spüren* es erst und wissen noch nicht damit umzugehen. Man staunt über plötzliche neue Gedanken oder überraschende Gefühlsreaktionen – bin *ich* das?

Einige von uns sind längst weiter, sie wissen, sooo kann es einfach nicht weitergehen – mit mir selbst, mit der Familie, mit Deutschland, mit der Welt. Somit kommt wohl keiner von uns drum herum, immer wieder einmal festzustellen, dass es in unserem Leben Einflüsse gibt, die wir noch nicht erklären können. Was fließt da ein? Unter den vielen Möglichkeiten einer brauchbaren Antwort betone ich: *Der Geist des Wandels.* Und derzeit wandelt und verändert sich wirklich fast alles – sehr viel davon noch unterschwellig, einiges jedoch schreit schon zum Himmel. Und was schreien die vielen Unzufriedenen und Kritischen? *„Sooo will und kann ich nicht mehr weitermachen.“*

Doch wenn wir konkret darüber sprechen, was sich dabei ändern und wandeln soll, offenbaren sich oft die allgemeinsten Ansichten: Natürlich muss sich bei den Politikern und den Parteien etwas ändern, wir sehen ja, was da alles läuft und vor allem was *nicht* läuft. Dann kommt Berlin ins Gespräch, dann Brüssel und schließlich die „Amis“! Eine Änderung müsste es endlich mit unserem wertlos gewordenen Euro geben, und jetzt planen sie schon die komplette Bargeldabschaffung. Die 500-Euro-Scheine werden bereits aus dem Verkehr gezogen. Und überhaupt die Banken! Hinzu kommt das Thema der sogenannten Flüchtlinge, da kann man dann schon richtiggehend streiten, die guten und naiven Deutschen und die armen Syrer – wieso gibt es denn so viele schwarzhäutige Syrer? Im Fernsehen wird uns doch das alles ganz genau gezeigt. Was wollen uns die ‚Hooligans' der Fußballeuropameisterschaft sagen? Und wer schon etwas aufgeklärter ist, weiß etwas von den Illuminati, von USrael, auch etwas von BRICS und NESARA wie auch vom Vatikan, und dass auch hier nicht alles stimmt, was man uns sagt. Dann haben wir die Ärzte, die Pharmaindustrie und wundern uns, welche politischen Aktivisten ganz plötzlich an Krebs verstorben sind. Und dann gibt es die vielen Petitionen, die via E-Mail durch das Internet geistern, meistens, um irgendwo in der Welt irgendjemandem zu helfen oder etwas zu verhindern – ich mach ja auch bei einigen mit. Hinzu kommen Monsanto und Konsorten. Es ist unvorstellbar, was die alles patentieren wollen. Zudem soll dann TTIP kommen, um zukünftig die Konkurrenten der USA mit Milliardenklagen wirtschaftlich zu ruinieren usw.

Ich könnte so noch länger weitermachen, doch Sie, liebe Leserin, lieber Leser, kennen das ja auch alles zur Genüge.

Wir selbst und unsere Familien sind da in dieser Form meist nicht mit dabei, doch wir kennen das alles bestens aus unserem Umfeld. Und dort würden wir bei vielen unserer lieben Mitmenschen jetzt immer noch nur ein Achselzucken erreichen, wenn wir hartnäckig genug fragen würden: Was können *wir* daran ändern? *Du* und *ich*? Frau Merkel und Mr. Obama berührt es überhaupt nicht, was ich denke, ganz bestimmt nicht. *„Die Welt ist halt sooo."*, akzeptiert schließlich wieder einmal der gutmütige deutsche Michel.

Über die tausend richtigen Antworten, die es darauf gibt, existieren schon genauso viele ausgezeichnete Bücher, Vorträge, Kongresse, Events und Protestversammlungen. Und das ist gut so. Doch dabei fehlt immer noch der Einzelne. Wenn er irgendwie prominent ist, kann er sich ja zu irgendwelchen unnützen Talkshows einladen lassen und sich ärgern.

Abb. 1:
Der deutsche Michel

11

Doch auch diesen Einzelnen meine ich nicht. Ich nehme mir Mr. Gandhi zu Hilfe, um zu sagen, was ich meine: *„Du musst die Veränderung sein, die Du in der Welt sehen willst."* Und er hatte Erfolg damit.

Wir leben in einer Zeit des Wandels, das kann niemand mehr leugnen. Es betrifft nicht nur das Klima und den technologischen Fortschritt. IN den Menschen geschieht etwas, was sich nicht nur in extremen politischen Ansichten oder einer zunehmenden Verrohung weltweit zeigt. Der Illuminat und US-Präsidentschaftsberater Zbigniew Brzezinski hatte bei einem Treffen des CFR (Council on Foreign Relations) im Jahre 2010 auf die Frage eines Teilnehmers, wie weit man denn mit der Weltregierung gediehen sei, geantwortet, dass es ein „globales Erwachsen" gäbe, das diese Pläne verhindere. Schuld daran sei vor allem das Internet und die Tatsache, dass die Menschen sich von den klassischen – logischerweise zensierten und als Manipulationsinstrument genutzten – Mainstream-Medien abwenden und andere, alternative Quellen zur politischen Meinungsbildung heranziehen. Das schmeckt der Elite gar nicht. Warum das so ist, dass die Menschen weltweit erwachen, besser gesagt „aufwachen" und die Manipulation der „Lügenpresse" durchschaut haben, was das mit uns macht und was noch alles auf uns zukommt, behandeln wir in diesem Buch.

Ich habe hier die meisten wichtigen Ansätze zusammengefasst, die dem Einzelnen, den Familien und den Gleichgesinnten helfen, genau in den heutigen Situationen *bewusst* einiges Sinnvolles zu verändern und sich und sein Umfeld zu wandeln. Doch *was* ist *wann* und *wo* sinnvoll? Solche Gedanken und Erkenntnisse würden mindestens ein Buch füllen. Es gibt kein alleinseligmachendes Rezept und Konzept dafür. Wir Kleinveränderer sind da viel zu individuell. Doch unsere Energiefelder vernetzen sich dabei viel leichter, und auch das Gesetz der Resonanz hilft mit und viele andere bewusste und unbewusste Quantenfelder, auch die galaktischen und zurzeit sogar die kosmischen – und für die Gläubigen unter uns auch das Göttliche in seiner entsprechenden Form. Unsere energetischen Gemeinsamkeiten machen uns richtig stark! Und so hat sich schon vieles, ja sehr vieles geändert, auch vieles, was wir noch nicht wissen und von dem wir auch nichts erfahren und auch nichts erfahren sollen.

Unser Planet mit allem Lebenden, also auch mit seiner Menschheit, bewegt sich in den Prozess der Erneuerung und der Regeneration hinein. In allem, auch in uns, vollzieht sich eine Neukalibrierung. Dies lässt sich auch an den Weltereignissen ablesen. All die abgenutzten Systeme des Kali-Yugas, die nicht mehr dem höchsten Gute aller dienlich sind, werden immer klarer erkennbar. Es ist natürlich schwierig zu begreifen, dass jetzt schon eine höhere Gesetzmäßigkeit in Kraft ist, obwohl sich immer mehr aus der alten Zeit als Chaos und Wahnsinn zeigt. Auch wenn uns das, was uns die vereinigten Mainstream-Medien täglich vormachen, oft entmutigt; aus höherer Perspektive gesehen ist da weit mehr am Werk, als wir vermuten.

Bereits wesentlich geändert haben sich in jedem Fall die Energien (ich meine hier nicht den elektrischen Strom, sondern die Energien, die das Leben ausmachen, die unsere Herzen schlagen und die Planeten sich drehen lassen sowie die Energien, die wir zwischen uns Menschen und auch Tieren spüren), oft unerwartete und unerwartet heftige Energien, also das für die meisten von uns noch Unsichtbare. Dabei sind es selten einzelne Energien, die betroffen sind, sondern stets ganze Energiefelder – irdische, überirdische und kosmische. Dadurch ist natürlich alles davon betroffen, von den nano-kleinen Energiefeldern unserer Körperzellen bis hin zu unserem unvorstellbar riesigen galaktischen Energiefeld, in dem alles mitschwingt.

Auch die normalerweise verdrängten Fragen *„Wer bin ich?“*, *„Woher komme ich?“*, *„Was ist mein wirkliches Potential?“* oder *„Was ist der tiefere Sinn meines Lebens?“* sind aktueller als je zuvor. Zwar noch vorsichtig, doch man will auf einmal mehr darüber wissen, etwas, das überzeugt. Mit Halbwissen war man ja bislang ganz zufrieden, doch jetzt geht's ans Eingemachte – immer mehr sagen: *„Ich will etwas wirklich Brauchbares wissen!“*

Auch jetzt in der Zeit des Wandels erleben wir natürlich *alles* wie bisher auf zwei Ebenen, der äußeren und der inneren. Wir erleben in den neuen Energien auch alles viel bewusster. Und dabei gibt es auch immer seltener ein *Entweder-oder* und immer öfter ein *Sowohl-als-auch*. Erstaunlich! Denn jede Änderung und jeder Wandel kann nun immer klarer mehrdimensional erkannt werden: manchmal zuerst *in* uns, und dann folgt die äußere Resonanz, manchmal schwingt es von *außen* verändernd, dann folgen unser inneres Aufwachen, unser inneres Geschehenlassen und unsere innere Annahme. Solche grundlegenden Beispiele finden Sie über das gesamte Buch verteilt.

Nun werden Sie vielleicht sagen: *„Es gibt keine Veränderungen ohne unsere Entweder-oder-Entscheidungen."* Da gebe ich Ihnen natürlich völlig Recht. Es gibt Dinge und Geschehnisse, von denen wir uns klar trennen sollten oder müssen. Ganz zwangsläufig – und ich sage sogar dazu *„endlich!"* – wird sich vieles noch weiter zuspitzen, und dann müssen wir uns entscheiden: Lassen wir uns in eine *negative Abwärtsspirale* hineinziehen (Angst, Crash, Weltkrieg), oder übernehmen wir dabei die Verantwortung für uns selbst und beginnen dadurch *bewusst*, unsere individuelle Realität zu kreieren, was dann zur *positiven Aufwärtsspirale* wird? Würden Sie das nicht auch als eine passende Herausforderung einschätzen? Es bewusst leben und erleben und begeistert weitergeben – auch das Kollektiv braucht es – und wenn wir es dann geschafft haben, tausendmal *„Danke"* sagen.

Wir sind gewöhnt, bei allen Veränderungen zuerst die Katastrophe zu sehen, die damit verbunden sein könnte. Natürlich ist das derzeitige Geschehen alles andere als lustig, doch es ist trotzdem die große Chance zu Veränderungen im persönlichen wie auch im gesellschaftlichen Leben. Wie schon gesagt, fordern uns die unsichtbaren Energiefelder gleich dreifach dazu auf: Es sind kosmische, irdische und überirdische Felder – ein ganz besonderer Cocktail der Gefühle. Das Neue Zeitalter, das daher schon eine ganze Weile aufdämmert, nenne ich begeistert *Herz-Zeitalter*, andere nennen es *Licht-Zeitalter*.

Der erste Schritt dazu ist, dass wir uns selbst mehr vertrauen und unser Herz und unser ‚Höheres Selbst', den unsterblichen Aspekt von uns, als Wegweiser annehmen. So können wir am leichtesten die falschen Überzeugungen und Verhaltensmuster, die uns ständig eingetrichtert werden, in uns selbst entdecken und uns von ihnen nach und nach in vielen kleinen Schritten befreien. Das wird dann zu einer eigenverantwortlichen Befreiung unseres Bewusstseins – am Leichtesten von Herz zu Herz. So werden wir uns – später kollektiv – aus den Manipulationen lösen können und gemeinsam in den neuen Energiefeldern eine neue, lichtvollere Welt erschaffen. In ihr wird der Mensch wieder ein Teil der Natur sein und als göttliches Wesen mit allem, was ist, im Einklang leben. Genau das meint auch Eckhart Tolle, wenn er betont: *„Wir sind alle viel zu denksüchtig. Das Realitätkreieren läuft jedoch über das Herz – über den Kopf funktioniert es nicht!"*

Für diejenigen, die bislang noch kein anderes Buch von mir gelesen haben: Ich bin ein überzeugter Vertreter der Reinkarnationslehre, also der Kenntnis über die Wiedergeburt und dass wir nicht Körper sind, die eine Seele haben, sondern Seelen sind, die einen irdischen Körper wählen, um Erfahrungen auf der Erde zu machen. Die Reinkarnationslehre habe ich in meinen vorangegangenen Büchern detailliert und mit etlichen Beispielen von Menschen belegt, die sich an ihre Vorleben erinnern können. Auch mein Sohn Jan (Jan van Helsing) hatte selbst ein Nahtoderlebnis, bei dem er nicht nur sein bisheriges Leben an sich vorbeiziehen sah, sondern auch in das zurückliegende Einblick nehmen durfte. Wenn man so etwas wahrnimmt, werden oftmals schmerzhafte Ereignisse – auch mit Menschen – verständlich, die oft einen karmischen Hintergrund haben. Dies bedeutet, dass ein heutiges Ereignis die Reaktion eines Ereignisses aus einem vorherigen Leben sein kann. Habe ich in einem anderen Leben jemanden betrogen, werde in diesem Leben ich betrogen usw. Das nennt man dann Karma.

Das heißt, ich persönlich glaube, dass neben der uns bekannten physischen Welt eine feinstoffliche Daseinsebene existiert. Diese feinstoffliche Welt – auch Jenseits oder Himmel genannt – ist nicht nur belebt, sondern ist unser eigentlicher Ursprung, von dort stammen wir ab – es ist unsere Heimat. Die feinstoffliche Welt ist bevölkert von verschiedenen Kategorien an Wesenheiten, die wir Menschen als Seelen bezeichnen, die verschiedene Entwicklungsstufen aufweisen. Es gibt Seelen, die sind nun zum ersten Male auf der Erde – entsprechend ist deren Verhalten. Andere waren – wie Goethe sagte – bereits 1000 Mal hier, was man gemeinhin als „reife Seelen" bezeichnet. Diese sind, wenn sie auf der Erde inkarnieren, oft Weisheitslehrer oder in einer anderen Position, in der sie zum Wohle aller Menschen aktiv sein können. Und es gibt in der feinstofflichen Welt auch sogenannte ‚Lehrer' oder ‚Meister', also Seelen, die gar nicht mehr inkarnieren „müssen", sondern freiwillig kommen, um wichtige Prozesse auf Erden auszulösen (Jesus, Gandhi usw.) Zudem gibt es in der geistigen Welt Wesenheiten, die überhaupt nicht inkarnieren, die wir als Engel, Schutzengel oder Erzengel bezeichnen – je nach Religion. Es gibt Menschen, die diese feinstoffliche Welt nicht nur wahrnehmen, sondern auch mit diesen Wesen kommunizieren können. Diese nennt man spirituelle Medien oder Channelmedien. Das bedeutet, dass sie als Medium, als Mittler zwischen den beiden Welten agieren und Botschaften von der geistigen in die physische Welt übermitteln. Da gibt es beispielsweise spirituelle Medien wie Pascal Voggenhuber, der Verstorbene sieht und deren Botschaften an die Hinterbliebenen weitergibt.

Seit über einem Jahrzehnt arbeite ich mit der Sängerin und Kunstmalerin *Brigitte Jost* zusammen (sie arbeitet heute unter ihrem Künstlernamen *Brigitte-Devaia*, da es eine weitere Sängerin mit dem Namen Brigitte Jost gibt). Das, was ich dabei kennengelernt habe, hat mein Leben verändert, denn sie hat ebenfalls leichten Zugang zur geistigen Welt, und in unzähligen Meditationen bekam ich ungewöhnliche Einblicke in den spirituellen Bereich unseres multidimensionalen Lebens. Dies schlägt sich nun stark in diesem Buch nieder.

Das Problem der Menschheit ist die Trennung. Alle Seelen in unserem endlosen Kosmos – auch wir in menschlicher Körperform – kommen aus der göttlichen Einheit, aus dem Feinstofflichen. Wir alle wollten und dürfen die göttliche Schöpfung ausweiten durch eigene und individuelle Schöpfungswege, die außerhalb der Einheit möglich sind. Wir sind dazu vor langer Zeit frohgemuts gestartet und haben uns vor lauter Individualitätsgehabe, schlauem Verstand und freiem Willen mit

Überzeugung gegenseitig die Köpfe eingeschlagen – jahrhunderttausendelang. Wir haben dabei ausreichend und lustvoll fragmentiert und separiert und spezialisiert, was irgendwie möglich war und ist, und sind jetzt endlich auf dem Weg wieder Zurück in eine Einheit. In die ‚himmlische' Einheit? Jein, es wird nicht mehr die ursprüngliche Einheit sein, sondern eine neue ‚Bewusste Einheit', in die wir gehen, mit all den heftigen wie auch glücklichen Erfahrungen unserer unsterblichen Seelen. Dieses zurück in die Einheit – der Traum vom Goldenen Zeitalter? – bringt natürlich zuerst die großen und kleinen *Un*ordnungen unserer Zeit, die wir jetzt schon erleben. Durch die vielen grundlegenden Veränderungen entsteht erst einmal ein klärendes Durcheinander. Dabei gehen wir durch ein globales Zurechtrücken samt benötigter Reinigung, die wir zuerst als Chaos bezeichnen und empfinden. Wir können von einem halbleeren Glas sprechen und nennen es Chaos und können von einem halbvollen Glas sprechen und nennen es Wandel.

Es gibt ein grenzenloses Quantenfeld der Gefühle wie Liebe und Empathie, und es gibt ein konzentriertes Quantenfeld der Machtgefühle. In dem einen leben die inkarnierten Seelen mit Liebesgefühlen, im anderen leben die inkarnierten Seelen mit ihren Machtgefühlen und ihrer krankhaften Egomanie. Ich nenne sie hier im Buch das, was sie sind: Gier- und Macht-Elite. Es gibt viele geheime Orden dieser narzisstischen Elite, doch es sind eben sehr viele davon, und allmählich entwickelt sich auch trennende *Eigen*macht unter ihnen, denn ihr Ego ist auch dabei sehr kreativ.

Aus Sicht des Liebesfeldes könnte man statt Konfrontation auch Transformation sagen, denn in den Meistern der Machtgefühle schlummern immerhin ebenfalls seelische Gottesfunken.

Also, der generelle Wandel ist meiner Meinung nach nicht mehr aufzuhalten. In einer Botschaft von Mike Quinsey aus der geistigen Welt heißt es dazu:

„Alles Trennende wird sich auflösen und nur das übriglassen, was auf Wahrheit und Liebe ausgerichtet ist – was Euch ermöglichen wird, Euch selbst überall und in allen Dingen wiederzuerkennen."

Deshalb versuche ich in diesem Buch, möglichst viele verschiedene Bereiche aufzuzeigen, in denen bereits Wandel unterwegs ist – Sie werden richtig staunen. Die Hoffnungslosigkeit, die wohl bei jedem von uns immer mal wieder hochkommt, hat überhaupt keine Berechtigung. Ich sehe es vielmehr so, dass wir alle, die wir mit diesem Buchthema verbunden sind und es noch sein werden, in den nächsten Jahren mit einer besonderen Aufgabe aufwachen werden. (Falls Sie jetzt mit dem Kopf schütteln, macht das nichts, doch merken Sie es sich einfach.) Es geht jetzt erst los! Fühlen Sie immer wieder in sich hinein, Ihre Seele weiß alles und wird sich melden – womit auch immer. Dieses Buch kann ein aktuelles Logbuch (Lock-Buch?) sein für unsere geistige Gemeinschaft, denn wir sitzen zusammen in einem großen ätherischen Boot ohne Segel und ohne Motor und sind möglichst offen dafür, in welche Richtung uns die Strömung treiben wird, um am Ufer der neuen Einheit zu landen.

Vorab möchte ich in Form eines Überblicks die entscheidenden Erkenntnisse zusammenfassen, und dabei fand ich 13 besondere Schwerpunkte. Dazu bitte ich Sie, meine lieben Leserinnen und Leser, sich beim Lesen schon jetzt mehr auf das auszurichten, was Sie dabei *fühlen*, und das übliche Nüchtern-Rationale etwas beiseite zu lassen. Das betrifft dann später auch das ganze Buch, denn der zunehmende Wandel wird unsere geschulten und bewährten „Nüchternheiten" noch ganz kräftig durcheinanderbringen – sonst wäre es ja kein Wandel.

1. Die Gier- und Macht-Elite, welche uns mit ihrer **NWO** (Neuen Weltordnung) beherrschen will und es schon großteils tut, kommt nicht annähernd so vorwärts wie geplant, wie ich schon weiter oben (Brzezinski) erwähnt habe. Auch der schon lange geplante Dritte Weltkrieg steht noch aus und wird meiner Meinung nach auch nicht kommen. Ein Mega-Wandel?

2. Das gesundheitsbelastende, technische ‚**Strahlengewitter**' von unzähligen Satelliten, Funk- und Sendetürmen, weltweiten HAARP- und ähnlichen Anlagen wie auch der eigenen Handys und Smartphones wird zwar weiter zunehmend verstärkt und

verdichtet, doch immer mehr Menschen wachen dabei auf und erkennen, dass sie sich schützen oder zumindest abschirmen können. Die meisten dieser störenden Energien können transformiert oder umge-*wandelt* werden.

3. Die **Schöpfung** ist meiner Meinung nach eine kosmische Intelligenz mit einem raum- und zeitlosen wie auch für uns unvorstellbaren Quantenfeld, in dem wir permanent in Wechselwirkung sind – wir leben in diesem göttlichen Feld. Alles Lebendige ist ein Teil dieser Schöpfung. Der geistlose Materialismus hat sich immer mehr von dieser inneren, göttlichen Verbindung wegbewegt und gerät dabei in eine zunehmend engere Sackgasse. Viele Auswege, die bereits entstanden sind und immer öfter entstehen und einen nachhaltigen Wandel bringen, finden Sie in diesem Buch.

4. Rein zyklisch ist unser Sonnensystem in den kosmischen **Wassermanngeist** eingedrungen, und damit in den seelisch-geistigen Aufstieg. Die Zunahme von Sensitivität, Hochsensibilität, Medialität und spirituellem Wandel in der gesamten Bevölkerung ist nicht mehr aufzuhalten.

5. Die Bewusstheit, dass ‚**Mutter Erde**‘ ein lebendiges, planetares und weiblich schwingendes Schöpferwesen ist, nimmt zu, und ihre mächtige Biologie wird helfend wie auch reinigend den positiven Wandel von Natur und Menschheit unterstützen. Unser Umgang mit der Natur wird sich noch sehr stark wandeln zu einer bodenständigen Spiritualität.

6. **Engel und Naturwesen** sind in allen Bereichen des irdischen Lebens involviert, auch wenn sie für die meisten von uns noch unsichtbar sind. Durch die kosmischen und planetaren Schwingungserhöhungen werden diese ätherischen Welten verstärkt und nähern sich erneut dem Menschenreich an (z.B. auch als ‚Orbs‘). Das sich anbahnende Näherkommen der unsichtbaren und der sichtbaren Ebenen wird zu einem ganz entscheidenden Wandel.

7. Der begrenzende **Leib-Seele-Dualismus**, wie ihn bisher die Kirchen definiert haben, wird sich über neue spirituelle Formen ausweiten und wesentlich an Bedeutung zunehmen, besonders auch im Gesundheitlichen. Ein neues Verständnis und auch unerwartete Bewusstseinserweiterungen werden den Wandel forcieren, und eine wertvolle Art des Umgangs mit diesen beiden Schöpfungsebenen wird sich entwickeln.

8. **Niemand lebt nur einmal.** Immer mehr erkennen diese Unsinnigkeit und finden ihren wahren Lebenssinn. Diese entscheidende Sinnfindung ermöglicht in jedem Menschen einen tiefen ethischen Wandel mit viel innerer Ruhe.

9. **Gefühle** sind die Sprache der Weiblichkeit und der Seele. Die Akzeptanz und Wertschätzung unserer Gefühle wird uns zu neuen Persönlichkeiten wandeln und dann in Verbindung mit unserem bewährten Verstand zu unbegrenzten(?) Schöpferinnen und Schöpfern werden lassen.

10. **Ernährung und Gesundwerden** ist vermutlich der schon am weitesten fortgeschrittene Wandel in unserer Bevölkerung. BIO, Vorbeugendes und Alternatives bei den Therapieformen haben schon vielen Menschen das Leben gerettet.

11. **Ethik statt Religion** ist die aktuelle Forderung des Dalai Lama, der dabei erschüttert über die nicht endenden Glaubenskriege resigniert. Es ist eine der dringendsten Formen des Wandels.

12. Den **deutschsprachigen Völkern** wird mitgeteilt, dass sie eine besondere Verantwortung tragen. Die geistige Welt fordert zu einem entscheidenden Sinneswandel auf, um der spirituellen Bedeutung für andere Völker gerecht zu werden.

13. **Vom ICH zum WIR** wird ein maßgeblicher Wandel werden – zuerst bei jedem von uns selbst. Über neue Gemeinschaften bildet sich allmählich Größeres und wird ein inneres Netz befreiter Ichmenschen aufgebaut – zum Wohle eines nachhaltigen Mega-Wandels.

Diese dreizehn Schwerpunkte erkläre ich im weiteren Buch natürlich noch ausführlich, teilweise in eigenen Kapiteln, teilweise auch sich überschneidend oder mehrfach – neben vielen weiteren unbekannten, unterbewussten und nützlichen Veränderungen. Sie werden sicherlich staunen, wie weit der Wandel in manchen Bereichen schon klare Lebensformen angenommen hat, Lebensgemeinschaften stabilisiert, Einzelgänger beflügelt oder Protestler mobilisiert. Dadurch wirkt Wandel schließlich vielschichtig und ganzheitlich und kann so zum Mega-Wandel werden.

Ein besonders wichtiger Begriff dieses zunehmenden geistigen Wandels ist deshalb das viel gehörte Wort *Aufwachen*. Noch wird es vor allem im politischen Sinne dringend empfohlen. Doch in unserem Inneren und unserer eigentlichen Wirklichkeit kann das Aufwachen noch etwas komplizierter sein. Denn dann besteht das Aufwachen darin, von diesem oberflächlichen Bereich in unsere tiefere Wirklichkeit zu kommen und dann von dort aus alles wahrzunehmen, zu erleben, zu fühlen, zu handeln und zu tun. Solches Aufwachen ist dann eine Gnade und ein Geschenk.

Ich selbst habe in meinem Leben mehrere Wandel durchlebt, und weiß, wovon ich hier spreche.

In dieser Zeit des Wandels erleben wir nun das innere Aufwachen auch auf allen Etagen unseres Kollektivs. Und das innere Aufwachen ist wie immer das glückliche Resultat eines allmählichen Loslassens und/oder eines Sich-führen-lassens. Genau dieses erwachende Sich-führen-lassen in einzelner wie in milliardenfacher Individualität ist die befreiende Gabe der geistigen Welt an diejenigen, die im Moment auf der Erde inkarniert sind – das Geschenk des Himmels. Wer sich darauf einlässt und lernt, damit immer besser umzugehen, wird zu einem neuen Menschen. *„Nur wenn Du loslässt, hast Du beide Hände frei für das Neue!"* Es ist die leichteste und schnellste Form, mit sich selbst und seinem Umfeld und seinem Alltag in Harmonie, in Gleichgewicht und inneren Frieden zu kommen. Es ist der direkte Weg zum ursprünglichen Ich, zum Höheren Selbst und zur eigenen Größe, zur authentischen Persönlichkeit und der eigenen Einzigartigkeit. Denn wir haben alles, was wir brauchen, i n u n s – wir können somit leichten Herzens geschehen lassen.

Einen mutigen und friedlichen Wandel auf der Ebene eines Volkes hat uns der BREXIT gezeigt, und Wandel auf höchster Ebene finden Sie bei zwei Persönlichkeiten genau in meinem Alter: bei Papst Franziskus mit reformerischen Ideen[1] und beim Dalai Lama, *„dem Ethik wichtiger ist als Religion"* (im neuen Buch von Franz Alt[2]). Also doch: Unser Wandel entwickelt sich zu einem Mega-Wandel.

An dieser Stelle möchte ich Mahatma Gandhi zitieren, er hat es uns vor rund 70 Jahren regional und genial vorgemacht:

„Zuerst ignorieren sie Dich, dann lachen sie über Dich, dann bekämpfen sie Dich, dann gewinnst Du."

Euer Johannes

1 Gigantische kosmische Veränderungen

Wendepunkt 2012

> *„Wir brauchen nicht so fortzuleben, wie wir gestern gelebt haben. Macht Euch nur von dieser Anschauung los, und tausend Möglichkeiten laden uns zu neuem Leben ein."*
>
> Christian Morgenstern,
> deutscher Schriftsteller (1871-1914)

Folgende kosmisch bedingte Veränderungen sind wirksam:

- Unser gesamtes Sonnensystem erlebt zurzeit die generelle energetische Umkehrung im Sinne der Evolution,
- unser gesamtes Sonnensystem ist in den Photonenring eingetreten, und die Materie des Sonnensystems entdichtet sich,
- auch der bisherige Schutzschild unseres Planeten bekommt gigantische Öffnungen, und
- dieser Wandel verändert das menschliche Bewusstsein.

Unser gesamtes Sonnensystem hat natürlich auch einen Kreislauf. In elliptischer Form dauert dieser Orbit 25.920 Erdenjahre. In der einen Halbzeit mit rund 13.000 Jahren entfernt sich unser Sonnensystem von der Zentralsonne, und nach seinem Wendepunkt geht es jetzt wieder zurück in Richtung Zentralsonne. Was kann man als Zentralsonne verstehen? Vermutlich die galaktische Zentralsonne. In der Literatur findet man außerdem die Angabe, dass es sich um die Zentralsonne Alcyone in den Plejaden handele oder um Hunab Ku (der Mayas) oder einen nur theoretischen Nukleus oder eine schöpferische Gottheit. Für mich ist es einfach die bewusste Wiedervereinigung mit dem geistigen Ursprung, die göttliche Einheit.

Die astronomischen Kenntnisse darüber haben wir bereits, seit es der griechische Astronom Hipparchos von Nikaia (190-120 v.Chr.) definiert hat.

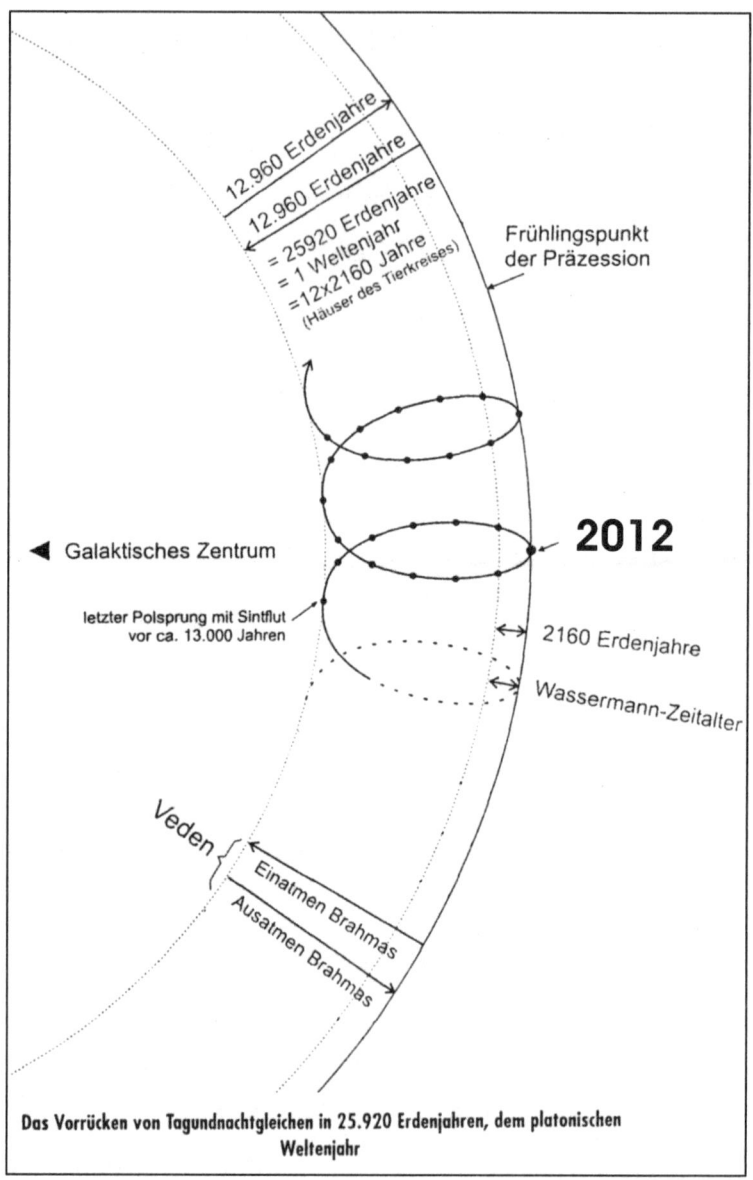

Das Vorrücken von Tagundnachtgleichen in 25.920 Erdenjahren, dem platonischen Weltenjahr

Innerhalb der Abbildung erscheinen folgende Beschriftungen:

12.960 Erdenjahre
12.960 Erdenjahre
= 25920 Erdenjahre
= 1 Weltenjahr
= 12x2160 Jahre
(Häuser des Tierkreises)

Frühlingspunkt der Präzession

2012

◄ Galaktisches Zentrum

letzter Polsprung mit Sintflut vor ca. 13.000 Jahren

2160 Erdenjahre

Wassermann-Zeitalter

Veden { Einatmen Brahmas
Ausatmen Brahmas

Abb. 2: Unser gesamtes Sonnensystem bewegt sich in einer elliptischen Bewegung immer wieder zum Galaxiszentrum (links angedeutet) hin und entfernt sich auch wieder davon. Seit 2012 bewegen wir uns vom am weitesten entfernten Punkt wieder zurück in Richtung Galaxiszentrum, weswegen man von einer „Aufwachphase" spricht.

Weil der weitgereiste Athener Philosoph Platon (428-348 v.Chr.) einstmals als erster auch über die gleichen altägyptischen Kenntnisse berichtet hat, wird dieser zeitliche Orbit unseres Sonnensystems ‚Platonisches Weltenjahr' genannt. Das Ganze wird dabei in 12 kleinere Zeitabschnitte geteilt, und ein solcher Äon beträgt somit rund 2160 Jahre. Wir sprechen dabei von den 12 Tierkreiszeichen. Der Buddhismus nennt diese beiden Halbzeiten von rund 13.000 Erdenjahren *Brahmas Ausatmen* und jetzt *Brahmas Einatmen*. Damit definieren die beiden Zeitabschnitte bestimmte Evolutionsqualitäten, und wir können auch von einer Gottesferne und einer Gottesnähe sprechen. Somit bekommt dieser generelle Wendepunkt in der elliptischen Form des Umlaufs unseres Sonnensystems eine herausragende Bedeutung. An dieser Stelle erinnere ich an das unqualifizierte ‚Theater', das mit dem Datum 2012 inszeniert worden ist. Das Stichwort dafür heißt ‚Maya-Kalender'.

Die Maya-Kalender (es sollen 13 ineinandergreifende Kalender sein) sind trotz ihres fast 5000jährigen Alters genauer als unser vatikanischer Kalender, der inzwischen auf unserem Planeten alle regionalen Kalender verdrängt hat. Und nach einer der drei möglichen Datums-Interpretationen endete der bekannteste Maya-Kalender endgültig an der Wintersonnenwende des Jahres 2012 – statt einer irdischen Sonnenwende sollte es diesmal eine kollektive Bewusstseins-Wende sein, weil auch kosmische und höherfrequente Schwingungen und Energien zu noch ungeahnten Bewusstseinserweiterungen der Menschen anregen. Die meisten Interpreten dieser indigenen Überlieferungen sahen darin den End- oder Wendepunkt unserer jahrtausendelangen Menschheitsentwicklung und Evolutionsqualität, und das zum 21.12.2012. Damit war der zeitliche Wendepunkt festgelegt, und seitdem geht es im Sinne der menschlichen Evolution wieder zurück in frühere, göttlichere Lebensqualitäten. Die Erben dieses alten Mayawissens drückten es absolut präzise aus: „*...dass die Welt an diesem Punkt nicht enden, sondern einen fundamentalen Wandel durchlaufen wird, da wir von einem kosmischen Zeitalter ins nächste übergehen.*"[131]

Noch zwei wichtige Energien spielen hier als Zeitalter mit: die dunkle Energie des Kali-Yugas und die lichte Energie des Wassermanns.

Nach der buddhistischen Kosmologie bezeichnet das Kali-Yuga das finstere Zeitalter der vierten und letzten größeren Zeitperiode eines Zeitabschnitts von zirka 3000 Jahren (nach der Geburt eines Buddhas bis zum Erscheinen eines neuen Buddhas). Kali-Yuga verliert nun als ‚Zeitalter des Streites' seine Bedeutung. In unserem Kulturkreis sprechen wir von diesem Zeitabschnitt als ‚Äon der Fische' (Fische-Zeitalter), dessen symbolische Abbildung der beiden gegeneinander schwimmenden Fische ebenfalls diese polaren und streitenden Energien auszudrücken scheint.

Abb. 3: Symbol der Fische

Die Energie des Photonenrings

> *„Als Photon wird eine Lichtportion bezeichnet, die durch eine elementare Anregung eines elektromagnetischen Feldes entsteht."*
>
> Lexikon der Physik

Am 23. Dezember 2009 ließ die NASA mit einer sonderbaren Entdeckung aufhorchen, die vom Voyager-Satelliten gemacht worden war. Das Sonnensystem sei vor Kurzem in eine interstellare Wolke eingetaucht, die eigentlich gar nicht da sein sollte. Erfüllen sich jetzt die Voraussagen der Plejadier und Sirianer, dass wir in den sogenannten Photonenring eingetreten sind? ‚Wir' heißt: Unser gesamtes Sonnensystem?

Ganz wesentlich geändert haben sich schon die Energien, also das für uns noch Unsichtbare. Dabei sind es selten einzelne Energien, die betroffen sind, sondern stets ganze Energiefelder. Alles ist davon betroffen – von den mini-kleinen Energiefeldern zum Beispiel unserer Zellen bis hin zu unserem unvorstellbar riesigen galaktischen Energiefeld. Oder gar so: In einem Atom sind 1 Prozent Masse und 99 Prozent Feld – daher besteht auch ein Tisch oder unser Körper eigentlich nur aus Raum. So ist es natürlich wichtig, dieses ‚Feld' genauer zu betrachten, und damit dessen Informationsgehalt.

Alles schwingt und hat damit ein eigenes Energiefeld. Und diese breitgefächerte ‚Verbundenheit von allem mit allem' kennen wir schon seit Jahrtausenden als das dritte hermetische Prinzip, das Analogiegesetz ‚Mikrokosmos gleich Makrokosmos'. Doch das geht noch weiter. Neben diesen materiellen und vielfach schon messbaren Veränderungen gibt es auch solche in *unserem* Bewusstsein, und das auch in der Bewusstwerdung *aller* Menschen.

Was verstehen wir ganz allgemein unter Energiefeldern? Rein physikalisch heißt es unter anderem:
„In der Quantenfeldtheorie ist das Feld der fundamentale Begriff, aus dem alle Eigenschaften der Materie und Kräfte entwickelt werden. Alle bekannten Materieteilchen bestehen aus solchen Feldquanten bestimmter Felder... Beispielsweise ist ein Lichtstrahl, der Energie durch den leeren Raum transportiert,... ein (zeitabhängiges) Feld und steht in der physikalischen Hierarchie der Entitäten auf der gleichen Ebene wie Teilchen oder andere Materie.“[3]

Dass bestimmte Energiefelder oft ein Jahrhundert lang in Harmonie zusammenwirken können, zeigt das menschliche Körpersystem, das mit über 65 Billionen Zellen aufeinander abgestimmt ist, wie ein klassisches Konzert. Zwar hat jede Körperzelle ihre eigene Schwingung, doch bilden sie im jeweiligen Zusammenschluss zum Beispiel Organe und Knochen. Jede Zelle schwingt in elektromagnetischen Wellen und erzeugt ein Feld. Natürlich hat unser Herz ein anderes, sogar weiter ausstrahlendes Energiefeld als unser Rückrat, und ein Kleinkind hat ein anderes als ein Greis.

Wie ist es möglich, dass so viele, sogar unzählige Energiefelder ineinander verbunden sind und trotzdem ihre spezifische Eigenart behalten? Da Energie nur Schwingung ist, hat auch jedes Energiefeld seine spezielle Schwingung, Frequenz und Ausstrahlung. So werden unsere Stimmungen, unsere persönlichen Machtgefühle, unsere Gesundheit oder eine entstandene Krankheit, unser Wohlergehen, unsere Freiheitsgefühle, unsere Lebenskraft – einfach unser ganzes Leben – von irgendwelchen Energiefeldern mitbestimmt. Auf der Startseite der »Gesellschaft für Energiemedizin – GEM« heißt es dazu:

„Alles, was ist, existiert aufgrund von Energie und Schwingung. Materie und der Geist sind nichts anderes als Schwingungen unterschiedlicher Wellenlängen und Frequenzen, und damit Manifestationen von Schwingungen. Es ist dabei egal, ob es sich um Gedanken, Gefühle, Licht, Farben, Klänge, Steine, Metalle oder um einen lebenden Organismus handelt. Wenn einem Körper Energie zugeführt wird, erhöht sich die Schwingung (Frequenz) dieses Körpers, und die Zustandsform verändert sich, wie z.B. bei Wasser. Eis ist die feste Form von Wasser, wird Wärme zugeführt, wird das Eis zu Wasser (flüssiger Zustand), führen wir weitere Energie zu, wird das Wasser zu Dampf (gasförmiger Zustand). Obwohl wir im gasförmigen Zustand nichts mehr sehen und greifen können, ist noch immer alles da und ist nichts verschwunden. Dieser Vorgang ist immer der Gleiche und drückt sich im materiellen, psychischen und spirituellen Bereich aus. Zustandsveränderung wird durch Veränderung der Schwingungsfrequenz erreicht.
Auch der Mensch hat seine individuelle Eigenfrequenz – seine Eigenschwingung. Gleichzeitig hat jedes Organ, ja sogar jede Zelle, seine eigene Frequenz. Das Bewusstsein hat eine andere Frequenz als Gedanken und Gefühle. Wir haben es also im menschlichen Körper mit einer Vielzahl an Schwingungen zu tun, die jedoch ein einmaliges Ganzes bilden. Sind diese Schwingungen in Harmonie, fühlt sich der Mensch aktiv, gesund und wohl. Ist er ‚verstimmt' – ist Disharmonie vorhanden –, wird er krank und passiv. "[4]

Nun behaupte ich ja oben in den ersten Zeilen dieses Kapitels, dass sich Energien und ihre Energiefelder ganz wesentlich geändert haben – von den mini-kleinen Energiefeldern zum Beispiel unserer Zellen bis hin zu unserem unvorstellbar großen galaktischen Energiefeld. Neue positive kosmisch-terrestrische Veränderungen betreffen erstens unsere Galaxis, zweitens unser Sonnensystem und drittens unseren Planeten Erde, und damit auch alles, was unser heutiges Erdenleben ausmacht.

Beginnen wir mit den äußeren kosmischen Energiefeldern: Das betrifft die angeblich 30 Lichtjahre breite galaktische Zone des **Photonenrings**, in die unser Sonnensystem inzwischen endgültig und komplett eingetreten ist. Haben Sie darüber schon etwas gelesen? Vielleicht nur von *Hochfrequenter Gamma-Ray, Galaktischer Superwelle, Interstellarer Wolke*[5], *erhöhter Plasmatätigkeit?* In meinem Buch »Bis zum Jahr 2012 – der Aufstieg der Menschheit« berichtete ich ausführlich über die Ursache des Wandels im Photonenring, weshalb ich hier nur auf einige kurzgefasste Schwerpunkte hinweise:

„Für das Neue Zeitalter, oft als Licht-Zeitalter bezeichnet, wird der mächtigste Energiebringer aus dem Makrokosmos der riesige Photonenring sein, der um das ebenfalls mächtige Sternensystem der Plejaden lagert und in den unser Sonnensystem zur Zeit immer tiefer eintritt, ab 2004 fühlbar, ab 2013 total."

Es heißt auch, dass diese Schwingungen denen von Ultraviolett mit 75 Trillionen Schwingungen pro Sekunde gleichzusetzen seien. Diese um das Fünffache höhere Lichtschwingung soll zu dem kollektiven Bewusstseinsprung der lebendigen *Mutter Erde* samt ihrer verführten Menschheit führen. Hat dies Jesaja so gesehen, als er damals prophezeite (30,26): *„der Sonne Schein wird siebenmal heller sein zu der Zeit..."*?

In seinem Buch »Johannes der Täufer: Sein wahres Leben und Wirken, seine Wiederkehr« schreibt Hans Bernd Altinger zu der kosmischen Strahlung (die Hervorhebungen sind von mir):

*„Interessant ist in diesem Zusammenhang die wissenschaftliche Entdeckung der kosmischen Strahlen im Jahre 1932. Es stellte sich heraus, dass diese eine 2,5 Meter dicke Bleiplatte durchdrangen (z.Vgl. durchdringen die Röntgenstrahlen nicht einmal drei Millimeter dickes Blei). Im Verlauf der Jahrzehnte hat die Intensität der kosmischen Strahlen kontinuierlich zugenommen. Neben der Wassermann-Konstellation wirkt zudem die stärkere Strahlung der Zentralsonne, kommen wir ihr im bevorstehenden Zeitalter doch am nächsten. In Folge dieser zweifach bewirkten enormen Schwingungserhöhung des Lichtes wird eine positive Veränderung der geistigen und seelischen Kräfte auf Erden erwartet. **Grobstoffliche, grobmaterialistische und dunkle Kräfte werden durch**

29

das mehrfach verstärkte Licht aufgelöst bzw. ,verbrannt', und feine, empfindsame Sinne treten an deren Stelle. Dies ist der tiefere Grund, warum man vom kommenden Zeitalter auch vom ,Zeitalter des Lichts', der ,messianischen Zeit' oder dem ,Goldenen Zeitalter' spricht."[6]

Meiner Meinung nach ist diese eklatante Schwingungserhöhung nur eine andere Darstellung des sogenannten Photonengürtels. Die deutschen Astronomen Friedrich Wilhelm Bessel und Paul Otto Hesse entdeckten zu Beginn des letzten Jahrhunderts im Bereich des riesigen Sternensystems der Plejaden den *Manasischen Ring*, der heute auch *Photonenring* oder *Photonengürtel* genannt wird. Als solcher wurde er 1961 per Satelliten abermals entdeckt, und im Jahr darauf folgte eine wissenschaftliche Studie. Danach legte sich allerdings der dichte Mantel der US-militärischen Geheimhaltung darüber, und die Menschheit erfuhr Näheres über diese kosmischen Lichtmassen erst durch das gleichnamige Buch »Der Photonenring« (Original »You Are Becoming A Galactic Human«, 1994).

Inzwischen heißt es, Photonenenergie sei die kraftvolle, neue Energiequelle, welche die Elektrizität im neuen Jahrtausend ersetzen wird. Es ist eine freie Energiequelle, und niemand kann sie monopolisieren. Ansonsten herrscht weiterhin großes Schweigen. Eine einigermaßen aktuelle Zusammenfassung finden Sie bei »Ganzheitliches Forum«[7], die folgendermaßen beginnt:

„Unser Sonnensystem durchquert seit kurzem eine interstellare Wolke, und laut der Physik dürfte diese eigentlich gar nicht existieren. Die Wolke befindet sich unmittelbar am Rand unseres Sonnensystems, ist rund 30 Lichtjahre im Durchmesser groß, 6000 Grad Celsius heiß und besteht aus einem dünnen Gemisch aus Wasserstoff- und Heliumatomen. Das Mysteriöse an der Wolke, die auch die ,Lokale Interstellare Wolke' oder kurz ,Lokale Flocke' genannt wird, ist für die Wissenschaftler die Frage, wie sich eine solche Wolke im Raum halten konnte. Denn sie entstand, als vor rund 10 Millionen Jahren ganz in kosmischer Nähe eine Gruppe von Sternen explodierte. Dabei entstand eine gigantische Blase aus Gas, die Millionen Grad heiß war. Von den dichten Überresten der Supernova ist die Wolke vollständig umgeben, hätte

aber normalerweise aufgrund ihrer Beschaffenheit von diesen zerquetscht werden müssen. Sie dürfte heute nicht mehr in dieser Dichte existieren und müsste sich längst zerstreut haben. Doch sie hielt dem enormen Druck stand und behielt ihre Dichte bei. Da die Voyager-Sonden sich derzeit in unmittelbarer Nähe der Wolke aufhalten, nahmen die Forscher die Daten der Sonden zuhilfe, um auf das Rätsel eine Antwort zu finden."

Und dieser Bericht schließt:
„Ist die Wolke so groß, dass sie unser Sonnensystem als auch den Bereich der Plejaden abdeckt, dann widersprechen sich die Quellen nicht. Vielleicht ist das, was uns jetzt durch die Wissenschaft gezeigt wird, tatsächlich die licht-emittierende Wolke, die uns schon so lange von geistigen Quellen vorausgesagt wurde? Die Wissenschaftler, die die interstellare Wolke erforschen, sagen, es könnten interessante Zeiten auf uns zukommen. Denn tatsächlich bewegen wir uns in diese Wolke hinein. Und keiner der Forscher kann im Moment sagen, wie sich das auf die Sonne und unsere Erde auswirkt."

Das nächste Thema der Energiefeldveränderungen betrifft unsere liebe **Sonne**. Die Spenderin allen Lebens bei uns ist die Sonne, doch auch darüber erfahren wir wieder nur das, was wir erfahren sollen, und somit sind auch damit sehr viele Widersprüche verbunden. In seinem Buch »Jetzt geht's los! – Wir erschaffen eine neue Welt!« schreibt dazu Michael Morris:

„Der russische Geophysiker Dr. Alexey N. Dmitriev, Mitglied der Russischen Akademie der Wissenschaften in Novosibirsk, verfasste 1997 einen wissenschaftlichen Bericht mit dem Titel ‚Planetophysical State of the earth and life', worin er erklärt, dass die im Klima und in der Biosphäre ablesbaren Prozesse hier auf Erden eine Folge der Resonanz auf einen generellen Transformationsprozess in unserem Sonnensystem sind. ‚Wir müssen', seiner Meinung nach, ‚endlich unsere Aufmerksamkeit und unser Denken darauf ausrichten zu begreifen, dass die klimatischen Veränderungen auf Erden nur ein Teil, nur ein Aspekt einer ganzen Kette von Ereignissen sind, die in unserer Heliosphäre stattfinden'.

31

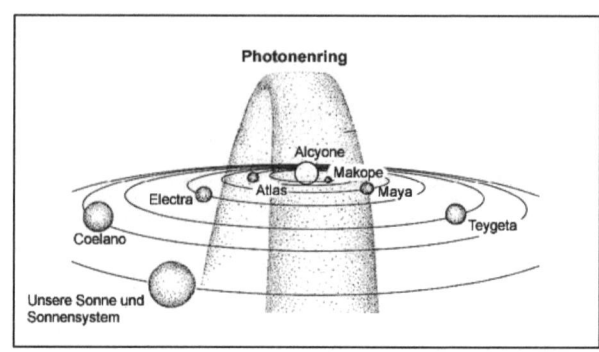

Somit ist es also an der Zeit, dass wir endlich ein für alle Mal die Mär, dass CO_2 für eine angebliche ‚Erderwärmung' verantwortlich sei, aus der Welt schaffen. Denn nicht nur auf Erden, sondern selbst auf dem Mars schmelzen die Polkappen. "[8]

Dmitriev zufolge kommt unser Sonnensystem diesem Energiebereich, den ich Photonenring nenne, derart nahe (1997), dass es zu einem plötzlichen Ausdehnen der harmonischen Wellenlängen kommt, welche die Sonne aussendet, während sie Energie aus sich selbst heraus abstrahlt. Und die Wissenschaftler aus Novosibirsk stellen dabei fest, „dass das ganze Sonnensystem sich in eine Energiezone bewegt, die anders ist – die höher ist".

Diese Energiezunahme wird die Grundstruktur und den Aufbau der gesamten Materie in unserem Sonnensystem verändern. Die Planeten werden etwas weiter von der Sonne weggedrückt, und alle ihre Atome und Moleküle, aus denen diese bestehen, dehnen sich tatsächlich in ihrer physikalischen Größe aus.

Aus religiöser und spiritueller Sicht könnte man dazu auch sagen: „Unsere Materie entdichtet sich, sie schwingt höher und ermöglicht die ersten Ansätze einer Vergeistigung." Ist das schon zu hoch gegriffen, zu esoterisch? Nein! Und ich werde dazu gleich noch weitere Belege vorstellen. Zwei sehr geerdete Beispiele möchte ich jetzt dazu zeigen: Das erste ist das hochinteressante und sehenswerte 15-Minuten-Video »Die Erde wächst«.[9] In diesem Video wird gezeigt, dass die Erde vor Millionen von Jahren viel kleiner war und die Kontinente einst perfekt zusammenpassten. Dabei wird auch das heutige, weitere stattfindende Wachstum wissenschaftlich bestätigt.

Das zweite Beispiel zur obigen Erkenntnis zeigt die Abbildung nebenan, auf der die hochgradig tektonischen Spannungsgebiete markiert sind. Wenn

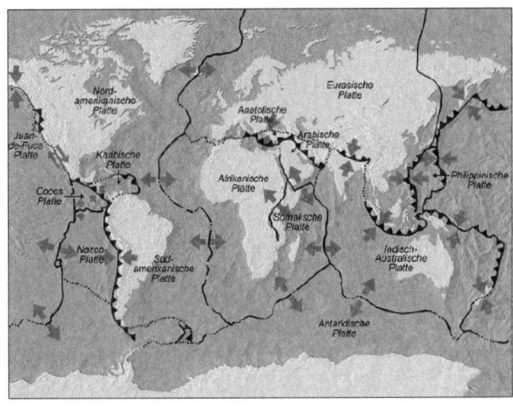

Abb. 5:
Tektonische Plattengrenzen entspannen sich

es zutrifft, dass sich alle Atome unserer Materie erweitern können – also GRÖSSER werden können –, dann haben sich die weltweit bereits hochgradig angespannten tektonischen Bebenzonen ENTSPANNEN können. Die Katastrophenerwartungen wurden weniger. Ich sehe darin eine ganz entscheidende und sehr befreiende Veränderung, denn solche Spannungszentren haben sicherlich ganz bedeutende energetische Störfelder. In vielen ,kleinen', also auf der Richterskala nur selten über 6 liegenden Beben entspannte sich bisher unser Heimatplanet, und unvorstellbares Leid wurde reduziert. In »KOPP-online« vom 26.5.2016 schrieb Michael Snyder: *„Innerhalb des letzten Monats kam es weltweit zu insgesamt mehr als 3000 Erdbeben der Stärke 1,5 und höher."*

Doch der Zeitabschnitt 2012 bis 2016, welcher der Mutter Erde eingeräumt wurde, um in ihre höhere Schwingung aufzusteigen, scheint tatsächlich zu Ende zu gehen. Es könnte jetzt der größere Reinigungsprozess einsetzen, der ja schon von vielen Sehern und Propheten erwartet wird – auch von der Gier- und Machtelite, die mit ihren inzwischen weltweit installierten HAARP-Systemen versuchen wird, kräftig nachzuhelfen. Es kann sein, dass wir viel beten müssen.

Der *Wassermann-Wandel* und die *Anthropozäne Strahlung*

> *„Die Kosmische Ionisierung der ‚Aquarianischen Strahlung' ist der Motor des Wandels und spielt die erforderliche und vorteilhafte Rolle in der Übergangsphase des Aufstiegs."*
>
> Metatron,
> gechannelt durch James Tyberonn

Aquarianische Strahlung bedeutet Strahlung des Aquarius, die lateinische Bezeichnung des Wassermanns – gemeint ist das aktuelle Zeitalter des Sternzeichens Wassermann.

„Eure Wissenschaftler sind sich einer einzigartigen Phase der Erde bewusst, aus der das meiste eures derzeitigen biologischen Lebens hervorgegangen ist. Sie wird als Kambrische Strahlung bezeichnet. Die Kambrische Phase war eine Zeit der größten Plasma-Zuströme auf eure Erde, und sie brachte neue Lebensformen auf euren Planeten. (Darwin, der namhafte Evolutionist, räumte ein, dass die *Kambrische Strahlung* das stichhaltigste Argument gegen seine Evolutionstheorie war.; A.d.V.)
Es geschieht auch jetzt. Die gegenwärtige solare Strahlung erfuhr eine ‚Turbo-Aufladung' im Jahr 1989, und dieser Vorgang wird sich fortsetzen. Unglaubliche Mengen koronarer Massenausstöße haben die Erde mit unvorstellbarer Strahlung aus Ionen und Elektronen bombardiert. Die ionische Strahlung wird eure Biologie absolut ‚hoch-schalten' – eure DNS verändern! Ihr werdet eine geringere Dichte aufweisen. Die primäre Quelle neuer Energie auf der Erde ist die massive Einspeicherung kosmischer Strahlung in den Planeten – aus den Solaren Winden. Wir möchten dies mit dem Begriff Aquarianischer Wandel umschreiben, obschon unser Channel-Medium geologischen Sprachgebrauch vorziehen und es lieber als ‚Anthropozän-Strahlung' bezeichnen würde."[10]

Dies ist ein Auszug aus einer Botschaft der geistigen Wesenheit Metatron, die das Medium James Tyberonn am 7.1.2013 erhielt. Erfreulich ist für mich dabei die Tatsache, dass er ausdrücklich bestätigt: *„Ihr werdet eine geringere Dichte aufweisen."* Das sind genau die Worte des russischen Geophysikers Prof. Dr. Alexey N. Dmitriev in seinem Postulat im Jahr 1997. (siehe Seite 31)

Als ich beim Schreiben dieses Buches in die Internetsuchmaschine ‚Anthropozän-Strahlung' eingab, resonierte ich mit zwei trefflichen Berichten – eben dem obigen von Metatron und daneben dem von Holger Dambeck im »Spiegel-Online-Wissenschaft« vom 28.1.2008, aus dem ich folgende Teile zitiere:

„Anthropozän: Geologen halten neues Erdzeitalter für erreicht.

Klimawandel, Abholzung, Städtebau – die Menschheit verändert den Planeten Erde. Und zwar so stark, dass britische Geologen bereits von einem neuen Erdzeitalter sprechen – dem Anthropozän. Sie diskutieren jetzt über den sinnvollsten Zeitpunkt, der den Beginn der neuen Epoche markieren soll.

Erdgeschichtlich gesehen leben wir im Holozän. Diese Epoche begann vor etwa 11.000 Jahren und schloss sich an das Eiszeitalter an, das Pleistozän. 2002 erklärte der Chemie-Nobelpreisträger Paul Crutzen, dass die Erde längst ein neues Zeitalter erreicht hat – das sogenannte Anthropozän. Die Menschheit habe die Erde so stark verändert, sagte der Niederländer, dass ein neues Erdzeitalter angemessen sei…

Dass die Erde längst ein neues Zeitalter erreicht hat, ist für die Forscher klar. Sie verweisen unter anderem auf den Klimawandel, den dramatischen Anstieg der menschlichen Bevölkerung, das Verschwinden diverser Tier- und Pflanzenarten und massive geologische Eingriffe durch Flussbegradigung und Landwirtschaft. An den derzeit stattfindenden radikalen Veränderungen zweifelt kaum ein Forscher. Mancher fürchtet bereits den baldigen Verlust kompletter Klimazonen…"

Zu unserem Thema ‚Kosmische Veränderungen' habe ich viele Veröffentlichungen gesammelt, wobei ihr Vergleich auch viele Widersprüche zeigt. Es gibt mächtige Kräfte im Hintergrund des Weltgeschehens, die an der Verbreitung von hilfreichen Informationen nicht interessiert sind, solche verhindern oder sie bewusst mit falschen Berichten durcheinanderbringen. Neue Lichtphänomene, interstellare oder galaktische Wolken, die G2-Wolke und anderes werden dabei geoffenbart. Anstelle der Erwähnung des Photonenrings wird auch über Sagittarius und über die ,Galaktische Superwelle' berichtet. Hinter dieser Bezeichnung ,Sagittarius A' zum Beispiel verbirgt sich tatsächlich die hellste Radioquelle im Galaktischen Zentrum, also im Zentrum der Milchstraße, die mit dem dynamischen Zentrum zusammenfällt. Blickt man an den Nachthimmel, so erkennt man das Band der Milchstraße, das auch durch das Sternbild Schütze (*Sagittarius*) verläuft: Hier ist das Zentrum unserer Heimatgalaxis in einer Entfernung von 26.000 Lichtjahren. (Lexikon der Astronomie)

Doch das führt uns nicht viel weiter. Diese überaus komplexe Welt kosmischer Strahlungen, Frequenzen, Energien und Gesetzmäßigkeiten ist rational kaum zu definieren. In meinem Buch »Jetzt reicht's – Band 1« bin ich ausführlicher darauf eingegangen.

Seit zwei Jahrzehnten ist festzustellen, dass ein Maximum an Explosionen unsere Sonne erschüttert. Immer öfter lösen diese Eruptionen gewaltige Teilchen-Tornados aus. Immer größer wird die Gewalt, mit der die Partikel das Magnetfeld der Erde durchdringen, ist es doch normalerweise ein sicherer Schutzschild gegen kosmische Strahlung. Immer dramatischer wirkt sich das auch auf Menschen, Tiere, Pflanzen und sensible technische Geräte aus. Natürlich betrifft das auch das Klima und das planetare Wettergeschehen mit Naturkatastrophen.

Für entscheidend halte ich dabei den Einfluss auf unsere Psyche und da ganz speziell auf unsere *Epiphyse*, die Zirbeldrüse. Diese Zirbeldrüse, auch Drittes Auge genannt, die uns die Hellsichtigkeit ermöglicht, ist zurzeit das Hauptthema des Biophysikers Dieter Broers, und ich habe dem Zirbelchen in diesem Buch später auch ein eigenes Kapitel gewidmet. Die Begriffe *Beta*, *Alpha* und *Theta* verwendet die Neurowissenschaft zur Unterscheidung unserer messbaren Hirnströme und unserer verschiedenen Bewusstseinszustände. Entscheidend sind dabei die unterschiedlichen Hertzfrequenzen (deutscher Physiker Heinrich Hertz,

1857-1894). Auch speziell zum Bereich der 8 bis 13 Hz, dem *Alphazustand* in unserem Gehirn, gibt es später ein spezielles Kapitel.

Mit noch weniger Hertz schwingt unser Gehirn im Theta-Bereich und symbolisiert eine absolute Entspannung. Auf diesen Frequenzen ist die höchste materielle Schaffenskraft des Menschen möglich. Embryos leben in diesem Theta-Wellen-Zustand. Das ist sehr logisch, wenn wir bedenken, was ein Embryo in jeder Sekunde ‚erschafft'.

Ist die Sonne die Dirigentin unseres Bewusstseins? Wir wissen jetzt, dass die transformierende Kraft der Sonne evolutionsverdächtige Sprünge ermöglicht. **Dadurch können Bewusstseinserweiterungen entstehen, die sonst Jahrhunderte gedauert hätten.** Wenn wir von Mutter Erde sprechen, ist die liebe Sonne ja deren Mutter, also unsere Großmutter. Und solche Mütter sind klug und weise und dabei auch liebevoll. Diese sympathische Dirigentin wird daher die richtigen Veränderungen in Gang setzen und damit Erneuerung in die Grundstrukturen des Lebens bringen. Wir können diese Licht-Liebe-Energie dankbar annehmen. Über unser Bewusstsein kann diese göttliche(?) Energie unsere ‚Lichtkörper' (Seele), über die man heute spricht, reinigen und startklar machen. ‚Licht' ist dabei als Doppelpack gemeint, sowohl grobstoffliches Sonnenlicht als auch feinstoffliches spirituelles Licht (Photonenlicht? Göttliches Licht?). Ich zähle schon immer zu den Sonnenhungrigen – wahrscheinlich brauche ich das für die Vitamin-D_3-Produktion wie zugleich auch spirituell für meinen seelischen Haushalt.

Wechseln unsere planetaren Schutzschilde?

„Deren Vermessung eröffnet Einblicke in Prozesse, die dramatisch das Schicksal des Planeten verändern."

Thorsten Dambeck,
Max-Planck-Gesellschaft

Als **Magnetosphäre** bezeichnet man das Raumgebiet um unseren Planeten, in dem das Magnetfeld dominiert. Seine scharfe äußere Begrenzung wird Magnetopause genannt. Die innere Begrenzung zur neutralen Atmosphäre bildet die Ionosphäre. Außerdem erstreckt sich um unsere Erde der mehrteilige Van-Allen-Gürtel, der seinerseits einen Schutzschirm für uns darstellt, weil er unsere Erde vor Strahlenschauern (Sonnenwind und kosmische Strahlung) aus dem All schützt.

Seit Dezember 2008 hat die Magnetosphäre der Erde einen gigantischen Riss – vier- bis fünfmal so groß wie die Erde selbst. Jüngere Beobachtungen von Satelliten haben weitere Risse an verschiedenen Stellen beobachtet. Diese erlauben zum Beispiel gewaltigen Sonnenwinden und/oder Teilchenstürmen aus dem All, mit denen immer zu rechnen ist, tief in die Magnetosphäre unserer Erde einzudringen. Über Horrormeldungen von Schäden, mehr in den irdischen Technologien als in den Biosystemen, berichten immer wieder Fachartikel. In den vergangenen 100 Jahren ist das Magnetfeld, global gesehen, erheblich schwächer geworden.

Darauf, wie weit das auf die unzähligen Magnetitkristalle auch im menschlichen Gehirn wirkt, gehe ich später ausführlich ein – es ist ein faszinierendes und kein Angst-Thema. In letzter Zeit befasst sich der Biophysiker Dieter Broers ganz speziell mit dieser Thematik und entdeckte dabei einen außerordentlichen Einfluss auf unser Gehirn und vor allem auf unser Bewusstsein. Ich zitiere einen Absatz dazu aus seinem Beitrag »Gegenwärtiger Wandlungsprozess« vom 19.2.2016:

„Im Falle der Neuigkeiten von Prof. Giuliana Conforto sind es die Magnetfelder der Erde (und der Gravitation), die unseren Verstand beeinflussen. Nach meiner Überzeugung sind es besonders die immer

schwächer werdenden Magnetfelder, die unser Verstandesbewusstsein in einer Art und Weise ‚beruhigen', dass es möglich wird, dass sich unser ‚göttliches' Selbst in den Vordergrund schiebt. Ein Erwachen bedeutet demzufolge das Aufleben des Selbstes, welches bisher von dem Verstand unterdrückt wurde. Einfach ausgedrückt, würde sich dann der Verstand in die zweite Reihe stellen und dem Selbst beratend zur Seite stehen. "[11]

Ähnlich erklärt es auch das Medium Barbara Bessen:
„Das Fazit für mich ist: Ich muss genau hinschauen, gerade jetzt in der Zeit, wo hohe Energien die Erde erreichen, die aus dem Zentrum der Galaxis kommen und uns durch das abgeschwächte Erdmagnetgitter so stark erreichen wie nie zuvor. Diese hohe Energie bewirkt ein Durchrütteln aller menschlichen Felder. Es ist wie ein Großreinemachen. Und das Spannende ist, niemand ist ausgenommen von dieser Stärke und Kraft dieses hohen Lichtes. Diese Kraft ist einfach da und bringt vieles zum Zusammenbruch. Da sind wir persönlich als einzelne Menschen nicht ausgenommen. "[12]

Ein weiterer, sehr interessanter Bericht kursiert durchs Internet: Ein multifunktionaler **neuer Schutzschild** hat sich um unseren blauen Planeten gebildet. Vor kurzem hat ein Forscherteam der Universität Colorado eine unsichtbare ‚Schutzhülle' um die Erde entdeckt – in der Höhe von rund 11.500 km. Diese hält sogenannte ‚Killer-Elektronen' davon ab, in die Erdatmosphäre einzudringen. Diese hochenergetischen Partikel schwirren in Lichtgeschwindigkeit um den Planeten und stellen außerhalb der Hülle eine Bedrohung für Astronauten und Satelliten dar. Im Äußeren der Gürtel entdeckten die Forscher des LASP (Laboratory for Atmospheric and Space Physics) um Professor Daniel Baker nun eine ‚extrem scharfe' Trennlinie, die offenbar die superschnellen Elektronen blockiert, sodass sie nicht weiter in die Erdatmosphäre eindringen können.

„Es ist, als würden diese Elektronen gegen eine Glaswand laufen.", so der Forschungsleiter Baker. *„So wie die Schutzschilde aus Kraftfel-*

dern, die bei Star Trek genutzt werden, um außerirdische Waffen ab-
zuwehren. Es ist ein extrem erstaunliches Phänomen."[(130)]

Die Wissenschaftler rätseln noch, woraus die Hülle besteht. Eine der Szenarien ist, dass die kalte, elektrisch geladene Gaswolke der Plasmasphäre die Teilchen beim Aufprall in niedrigfrequenten elektromagnetischen Wellen zersprengt. (*Deutsche Wirtschafts Nachrichten* vom 28.11.2014) Dieser neue irdische Schutzschild wurde wohl jetzt erst entdeckt, weil es ihn vorher nicht gab. Die Forscher wundern sich deshalb über das ‚erstaunliche Phänomen'. Was steckt dahinter? Was wird uns wieder verheimlicht? Seien wir gespannt, was wir darüber allmählich noch alles erfahren werden.

Die Geistausschüttung

„Wir leben in einer Zeit tiefgehender historischer Umbrüche. Dieser Prozess zwingt uns alle zum Umdenken.“
Richard Freiherr von Weizsäcker,
ehem. Bundespräsident

Nun tu ich mich fast ein bisschen schwer mit diesem Thema, denn dabei entsteht sehr leicht ein Gerüchlein von Esoterik. Auch ist heute vieles in den Kirchen altmodisch. Die Gläubigen, die noch regelmäßig zur Kirche gehen, sind überwiegend grauhaarig, und der Priestermangel der Katholiken spricht auch für sich. Man hat den Eindruck, bei den Christen sei Gott inzwischen *out*. Die traditionellen Kirchenfeiertage feiern auch diejenigen, die keine Kirchensteuern zahlen und sie lassen dabei den lieben Gott einen guten Mann sein. Statistisch gesehen ist die Christenheit zwar die größte Glaubensgemeinschaft auf unserer Welt, doch das betrifft überwiegend nur die Taufen, die Hochzeiten und die Begräbnisse – böse Zungen sprechen gar schon von einem Pseudochristentum und von Neuheidentum. Und der bisher lockere Begriff ‚Ungläubige' begegnet zurzeit einem gefährlichen Glaubensfanatismus.

Doch auch diese Kirchentradition hat wieder ihre guten Seiten. In meinem letzten Buch »Jetzt reicht's – Band 2«, befasse ich mich mit dem Thema *Familie* und deren schrecklichem Niedergang, der von der Gier- und Machtelite so gesteuert ist. Die Familie ist ja die gesunde Basis eines Volkes. Bei uns hier lässt die erschütternde behördliche Umerziehung *Gender* grüßen, im modernen Russland dagegen erhalten Menschen behördlich einen Hektar Land zum Bebauen, der jedoch nicht verkauft, sondern nur vererbt werden darf – also echte Familienwerte. Mehr dazu im Kapitel »Zurück zur Natur«.

Vor drei Wochen hatte unsere Familie eine kirchliche Feier, eine Taufe. Ich bin dabei nicht erneut Opa geworden (ich habe schon 9 tolle Enkelinnen und Enkel), sondern eine Enkelin ist acht Tage vor der möglichen Konfirmation noch schnell in die dörfliche Kirchengemeinde eingetreten. Es wurde ein sehr schönes und lebendiges Familienfest daraus, sowohl in der Kirche als auch anschließend privat: siebzehn Familienangehörige aus drei Generationen, auf die ich stolz sein kann. Dabei kamen wir auch auf die Omas zu sprechen. Hier im Schwarzwald stehen noch solche Generationenhäuser. Ich selbst habe keine meiner Omas mehr kennengelernt. Meine Eltern waren beide das siebte Kind in ihren Familien, und bis zu meiner Geburt gab es dann keine Omas mehr. In der SZ vom 19.12.2015 heißt es lobend: *„Dass in Deutschland wieder mehr Kinder zur Welt kommen, liegt nicht an der Familienpolitik, sondern in Wahrheit an fürsorglichen Omas."* Also: Ehre und Lob sei der Familie.

Diese traditionellen Aufgaben der Familienfestlichkeiten pflegen die lokalen Kirchengemeinden weiterhin, was außerordentlich wichtig ist. Doch wie kam es generell zu dem zunehmenden Ausstieg aus Glauben und Ethik? Der absolute (geistlose) Materialismus bestimmt inzwischen unseren Alltag auf fast allen Ebenen. Man hat uns dementsprechend so erzogen beziehungsweise wir haben uns so umerziehen lassen – als bequeme Masse im Mainstream, immer kritikloser, immer mutloser, immer geistloser. Vor 2000 Jahren hieß es schon einmal so: *panem et circenses*. Diese verrufene lateinische Unkultur führte zwangsläufig zum den Untergang dieses einst mächtigen Volkes. Und wie sieht das heute bei uns aus?

Werfen wir dazu einen Blick auf die Astronomie und die Astrologie: Unser solarer Orbit von 25.920 Erdenjahren hatte seinen gottfernsten Wendepunkt bereits Ende 2012 und machte aus dem ausgehenden Fische-Zeitalter eine Kehrtwende in das aktuelle Wassermann-Zeitalter. Der Übergang von einem Zeitalter ins nächste geschieht allerdings nicht abrupt, sondern verläuft sanft wie eine Dämmerung am Abend und am Morgen. Der ‚Wassermann' muss nun kein Wasser mehr aus seinen Krügen gießen, sondern geistige Energien. Und so komme ich zu der erwähnten Bibelstelle. Petrus kündigte damals mit gewaltigen Worten eine Zeit an, in welcher der Wassermanngeist bedeutungsvoll zu werden scheint. Seine Aussage passt zu unserem derzeitigen Geschehen:

„In den letzten Tagen wird es geschehen, spricht Gott, da will ich von meinem Geiste ausgießen über alles Fleisch, und eure Söhne und Töchter werden weissagen, und eure Jünglinge werden Gesichte schauen, und eure Greise werden Träume träumen. Selbst über meine Knechte und Mägde will ich in jenen Tagen von meinem Geist ausgießen, und sie werden weissagen...“[13]

Da immer mehr von uns diesen Zeitabschnitt inzwischen als Höhepunkt unserer derzeitigen Zivilisation verstehen, müssten hellsichtige und mediale Erlebnisse immer häufiger auftreten. In unserer Zeit des Mega-Wandels müsste sich somit die Medialität von Botschaftsempfängern buchstäblich über die Menschheit ergießen, denn in der Bibel steht: *„...Und es soll geschehen in den letzten Tagen, spricht Gott, ich will ausgießen von meinem Geist auf alles Fleisch; und eure Söhne und eure Töchter sollen weissagen, und eure Jünglinge sollen Gesichte sehen, und eure Ältesten sollen Träume haben.“*

Und genau das findet seit den 1970er-Jahren statt und ist in der Esoterik und den Geisteswissenschaften fast schon zu einer epidemieartigen Moderichtung ausgeartet. Die Bewusstseinshöherentwicklung unerwartet vieler Menschen hat durch die erhöhten Energie- und Lichteinströmungen auf unserem Planeten Erde schon so zugenommen, dass immer mehr, vor allem der jüngeren und jüngsten Generation, entdecken, dass sie phantastische Botschaften und Offenbarungen mit spirituellem Inhalt empfangen können. Woher? Die meisten von ihnen wissen, dass es (unverständlicherweise) aus ihrem Inneren kommt, hängen sich jedoch lieber das modern gewordene Schildchen 'Channeling' um den Hals.

Sie wissen sicherlich, was Channelings sind. Es sind geistige Botschaften von nicht-physischen Wesenheiten oder Entitäten, welche medial veranlagte Mitmenschen innerlich empfinden, hören oder sehen können – wie in einem Kanal. Früher nannte man Menschen mit solchen Begabungen 'Prophetinnen' oder 'Propheten', heute spricht man von einer Welle von 'HSP', von hochsensiblen Personen.

Doch warum erwähne ich diese Art der Kommunikation mit der *geistigen Welt* – auch wenn das Petrus-Zitat schon 2000 Jahre alt ist – für diese Zeit? Unser Bewusstsein – etwas genauer meine ich 'unser bewusstes Sein' – wird sich ganz genau dorthin *entwickeln* und wandeln, wo solche Kommunikation mit höherschwingenden Welten ganz selbstverständlich ist.

Zum einen werde ich versuchen zu belegen, dass diese höherschwingende und für uns bislang unsichtbare Bewusstseinsebene die eigentliche Heimat ist, aus der wir immer wieder kommen – zumindest unsere Seelen –, und zum anderen ist diese höherschwingende Bewusstseinsebene der 'Standard' im gesamten Universum. Es ist ein *innerer* Liebesstandard, nach dem wir uns deshalb sehnen und zu dem wir nun wieder zurückzukehren scheinen.

Und sollte hier schon der Gedanke aufkommen, dass so eine 'himmlische' Bewusstseinsebene in unserem Alltag ja noch gar nicht möglich ist, so wie die Welt heute noch tickt und wie unsere lieben Mitmenschen um uns herum denken und leben, dann ist das zu sehr verallgemeinert. Ich werde Ihnen in diesem Buch viele Argumente und Erkenntnisse dazu vorlegen. Denn außer dass der 'Vater' im Himmel mit seiner Geistausschüttung (Wassermann) mitwirkt, ist auch das lebendige Wesen ,Mutter Erde' neuerdings an der energetischen Schwingungserhöhung mitbeteiligt, indem das Erdmagnetfeld zwar schwächelt (in den letzten 200 Jahren bereits um 15 Prozent), doch dafür die Schumann-Resonanzfrequenz oder Erdkonstante kontinuierlich ansteigt. Doch dazu später mehr.

An dieser Stelle möchte ich nochmal hervorheben, dass in diesem meinem Buch der *geistig-seelische* Hintergrund allen Lebens und aller Dinge im Vordergrund steht – ohne diese Erkenntnis schafft keiner von uns seinen zukünftigen Bewusstseinssprung. Ich bin mir sicher, dass alle materialistischen und somit *geist*losen Begründungen und Bewegungen zu Ende und Auslaufmodelle werden. Und es sieht so aus, als ginge das womöglich sogar rapide.

Wem von Ihnen meine immer wieder einmal zitierten kirchlichen Vorstellungen geistiger Energiefelder hier auf Erden vielleicht zu religiös sind, dem werde ich noch aus anderer Sichtweise auch sehr rationale Argumente liefern, nämlich die der Quantenphysik. Hier kommt von einer rein wissenschaftlichen Seite ein Erklärungspotential, um das sich die verschiedenen Kirchenlehren wissentlich gedrückt haben. Mit dem neuen Fachwortschatz präsentieren sich dabei auch ganz aktuelle Verständnismodelle, die ursprüngliches Wissen überzeugend bestätigen können. Das alles ist typisch für den Wassermanngeist, der sich schon im vergangenen Jahrhundert drängelnd gemeldet hat.

**Es ist ein kosmischer Zyklus,
der das gesamte Leben auf unserem Planeten betrifft
und der den Wandel zu einer neuen Vergeistigung
lichtvoll durchziehen wird.**

Dieser kosmisch bedingte Wandel kann von dunklen Elementen möglicherweise noch verzögert, jedoch nicht mehr aufgehalten werden.

Resumee:

Bis hierher habe ich nun die wichtigsten Stichworte all der noch weitgehend unbekannten Veränderungen aufgeführt, die in kosmischer Größenordnung und fast ausschließlich im Internet zu finden sind. Unsere ‚politisch korrekten' Mainstream-Medien füllen uns mit allerhand Banalem ab und dürfen solche Themen prinzipiell nicht aufnehmen. Nur die Insider wissen darüber mehr. Die einen suchen Wege der Veröffentlichung, um aufzuklären, und die anderen machen das Gegenteil – wobei sie es gekonnt verstehen, mit Halbwahrheiten ein geschicktes Durcheinander zu verursachen.

Ich erinnere hier noch einmal kurz an diese Schwerpunkte:
- der unabänderliche Zyklus des Wendepunktes unseres Sonnensystems,
- der Eintritt in die Hochschwingung des Photonenrings
- das Sichöffnen des alten planetaren Schutzschildes für die höherfrequenten kosmischen Schwingungen und
- die Geistausschüttung.

Alle vier Wandelthemen sind mit galaktischen und kosmischen, göttlich reinen Energien von Licht und Liebe verbunden. Sie haben mit der allgemeinen Schwingungserhöhung zu tun, auch wenn diese nicht gleich das Ausmaß hat und bringt, das wir den ‚Aufstieg der Menschheit' nennen. Alles ist positiv, jedoch nicht unbedingt für jeden Menschen, jedes Volk oder jede Region. Vieles dabei bedarf noch einer vorherigen Reinigung.

Ich konnte durch die vielen Geheimhaltungen und Falschmeldungen hauptsächlich nur Hinweise dafür sammeln. Daher lege ich es Ihnen wärmstens an Herz, selbst sehr achtsam auf alle möglichen Meldungen zu achten – auch wenn es oft nur Andeutungen sind.

**Doch die Macht
solcher veränderter kosmischer und globaler Energiefelder
ist die entscheidende Grundlage für unseren aktuellen Wandel.**

Daher wird vieles davon bagatellisiert oder als „Verschwörungstheorie" oder „Esoterik" komplett abgetan. Das ist allerdings absolut falsch!

Erst zweitrangig kommen dann die unzähligen kleineren Schübe und Impulse, die über unsere Gefühle und Stimmungen, Leiden und Empfindungen Veränderungsbedarf signalisieren. Solche Signale funktionieren dann eher wellenförmig und auch weniger als Dauerzustand, damit sie leichter angenommen werden können. Immer mehr werden wir von den beschriebenen Lichtenergien ‚bombardiert', die manch einem von uns zu schaffen machen, auch was die körperlichen Symptome anbelangt.[14]

Ich empfehle mit vollster Überzeugung, alle diese Energien positiv aufzunehmen. Die sichtbaren und unsichtbaren Wesenheiten, die das verhindern wollen, werden alle diese Geschehnisse gezielt mit Ängsten verbinden. Zurzeit wird uns von der Systempresse die Schlagzeile eingeredet: *„2016 ist das Jahr der Ängste."* Lassen Sie sie machen! Ich für meine Person bedanke mich dann für derartige Mitteilungen und die Ereignisse selbst und setze schnell meine positiven Visionen einfach obendrauf. Je wichtiger sie mir erscheinen, umso mehr nehme ich sie an. Damit werden sie lebendige Quantenfelder, die mit unserer Akzeptanz und womöglich sogar freudigen Begrüßung gerne in Wechselwirkung treten.

Der Autorenkollege Alex Miller, Hypno- und Meditationstherapeut und Herausgeber von »www.gehvoran.com«, schreibt online dazu: *„Anpacken müssen wir Menschen es selbst, die kosmischen Energien helfen uns jedoch dabei, damit wir leichter in unsere wahre Schöpferkraft finden. Die Veränderung beginnt IN jedem Menschen selbst. Je bewusster wir uns den Veränderungen global wie individuell stellen und in die Energie der Liebe kommen, desto weniger verheerend sind die Auswirkungen auf der Erde. Denn Mensch, Erde und alle Lebewesen befinden sich in ein und demselben Organismus, wir sind dieser Organismus, in dem alles miteinander verbunden ist. Jeder Gedanke, jedes Wort und jede Tat werden Auswirkungen haben – in unserem Leben wie auch auf der Erde."*

Gibt es die galaktische Föderation?

„Weißt Du, wie viel Sternlein stehen,
an dem blauen Himmelszelt?
Weißt Du, wie viel Wolken gehen,
weithin über alle Welt?
Gott, der Herr, hat sie gezählet,
dass ihm auch nicht eines fehlet
an der ganzen großen Zahl."

Text: Wilhelm Hey
Melodie: 18. Jahrhundert

Meine Zusammenstellung der kosmischen Energiefelder wäre nicht komplett, wenn ich nicht auch darauf hinweisen würde, dass bei den zunehmenden Veränderungen auch Energien von Zivilisationen dabei sein können, die von anderen Sternen kamen. Dies ist ein sehr kritischer Bereich, und wenn man die neue Welle der Hollywood-Sciencefiction-Serien beurteilt, ist es trotz mancher guten Information generell abwertend, was über mögliche Raumgeschwister berichtet wird (ich nenne sie so, weil wir ursprünglich aus einer Quelle stammen). Ist das eine gezielte Angstmache vor den sogenannten ETs oder Aliens und vor den uns wohlgesinnten Besuchern anderer Planeten?

Diese Frage ist berechtigt. Außerirdische gibt es wirklich – das meint auch die Mehrheit der Deutschen. Zu diesem Ergebnis kam das Meinungsforschungsinstitut *YouGov* zum 23.9.2015 bei einer Online-Umfrage mit knapp 1200 Teilnehmern. 56 Prozent der Befragten meinten, dass es intelligente außerirdische Lebewesen gibt. Besonders Männer (61 Prozent) glauben an das Leben aus dem All – nur etwas über die Hälfte der Frauen (51 Prozent) sieht das genauso. Aus dem Altertum kennen wir viele Hinweise darauf, dass unser Planet immer wieder Besuche aus dem Kosmos bekam. Auch aus dem Mittelalter sind dementsprechende Aussagen und Abbildungen von Künstlern bekannt. Und in der Gegenwart gibt es geradezu einen Tsunami voller extraterrestrischer Literatur, YouTube- und Hollywoodfilme.

Oft wird in diesem Interessensbereich folgende Erkenntnis ausgedrückt: Zuerst glaubte die Menschheit, die Erde sei flach und alles drehe sich nur um die Erdscheibe. Dann kam die Glaubenserweiterung, die Erde sei rund und in einem Sonnensystem, doch die einfache Meinung, alles drehe sich nur um den Planeten Erde, ist beharrlich geblieben, und es wird sogar versucht, dies wissenschaftlich zu begründen. Doch dass es lebendige Zivilisationen auf unzähligen Planetensystemen im Universum geben könnte, positive wie negative, verschweigt uns die Gier- und Machtelite, obwohl sie seit dem letzten Weltkrieg im Geheimen persönlichen Kontakt mit verschiedenen ‚Rassen' hatte und hat.[15]

Sie meinen, das wären reine Behauptungen? Mitnichten! Der pensionierte Arzt und Ufologe Dr. Steven Greer ist Gründer und Direktor des *Disclosure Projects*. Er hat es mit dem *Disclosure Project* geschafft, über 400 ehemalige Mitarbeiter aus Geheimdiensten, NASA und Militär dazu zu bewegen, öffentlich auszusagen. Diese Zeugen bestätigen alle denselben Sachverhalt, nämlich, dass das amerikanische Militär nicht nur von der Existenz außerirdischer Rassen auf unserem Planeten weiß, sondern deren Fluggeräte inzwischen teilweise nachgebaut hat. Es verfügt damit über Technologie wie Antigravitation und Nullpunktenergie-Generatoren. Zudem betreiben irdische Militärs geheime Basen auf dem Mond. Das *Disclosure Project* hielt 2001 eine Pressekonferenz ab, bei der 21 der über 400 Zeugen vor die Weltpresse traten und über ihre Erlebnisse mit UFOs und Außerirdischen beim Militär berichteten. (www.disclosureproject.org)

Soeben habe ich in der neuen Ausgabe von »Die Adler – Botschaften aus aller Welt« eine Kurzdarstellung des Weltalls gelesen, aus der ich Ihnen ein paar verblüffende Textabschnitte nicht vorenthalten möchte. Diese kleine Broschüre wird vom Autorenkollegen und Herausgeber der »UFO-Nachrichten«, Werner Forster, verlegt.[16] Er schreibt:
„Auf der Rückseite der neuen Ausgabe (siehe Abbildung 6) *ist ein Gasnebel mit dem Sternenhaufen ‚NGC 3603' abgebildet. Dieser befindet sich von uns aus in einer Entfernung von 20.000 Lichtjahren. (Unsere eigene Galaxis hat einen Durchmesser von 100.000 Lichtjah-*

ren.) Nun gehen wir mit diesen Zahlen so um, als wäre es eine Selbstverständlichkeit, ohne die Wirklichkeit ganz zu verstehen: In einer Sekunde durcheilt ein Lichtstrahl 300.000 Kilometer – in einer Sekunde wohlgemerkt! Ein Lichtjahr sind somit mehrere Billionen Kilometer. Kein Mensch kann

Abb. 6:
Gasnebel mit dem Sternenhaufen ‚NGC 3603'

sich diese Strecke wirklich vorstellen, da das menschliche Gehirn diese Ausmaße unwillkürlich verkleinert. Wenn wir uns näher mit astronomischen Daten befassen, bemerken wir mehr und mehr, wie unscheinbar klein wir eigentlich sind. Es gibt in unserer eigenen Galaxis mehr Himmelskörper als vergleichsweise Sandkörner an allen Meeresstränden der Erde. Solche Weltraumfotos eignen sich übrigens auch hervorragend zur Meditation. Erst wenn wir etwas von den Zahlen wissen, begreifen wir (annähernd) die unermessliche Majestät des Weltraums und der Schöpfung. Dazu gibt es im All keinen Stillstand: Alles bewegt sich mit ungeheurer Geschwindigkeit hinaus in die Ewigkeit in immer neue Räume, und das ununterbrochen in jeder Sekunde, auch wir mit der Erde und unserem Sonnensystem!"

Die außerirdischen ‚älteren Brüder' sprechen öfters von der Größe des Schöpfers und seiner Schöpfung. So erklären sie unter anderem:
„Stellt Euch recht oft diese Erhabenheit und Größe des Kosmos vor und seht ein, wie sinnlos Euer kleinlich-ärmliches Streiten und Zanken ist, wie unnütz und undankbar.
Die ganze Kraft, die Ihr mit Streiten und Hamstern verbringt, wie könntet Ihr sie nutzen, um ‚Kosmische Lebewesen' zu werden und zu sein? Frei und nicht an einen Wohnplaneten gebunden, könntet Ihr dann umherreisen, Euch alle Wunder des Kosmos ansehen und mit Bewohnern anderer Sterne Freundschaft schließen.

Aber Ihr giert nach Dingen, die zerfallen nach einer kurzen Zeit, Ihr seht nicht ‚nach den Sternen'. Ihr schaut hinab auf Erdgebundenes und meint, es sei ‚Besitz', mit dem Ihr etwas anfangen könntet! Ihr gönnt einander nichts, was von dieser Erde und ein NICHTS ist, und wenn Ihr es habt, dann wollt Ihr ein anderes Nichts haben.
Dabei wisst Ihr nicht, dass Ihr den gesamten Kosmos besitzt in Eurem Herzen – und dass ALLES bereit ist, Euch offenbar zu werden..."[16]

Auf die Vielfalt der Informationen und Meinungen über die verschiedensten Raumzivilisationen kann ich hier nicht eingehen – auch nicht darauf, welche sich angeblich böse oder ausbeuterisch oder erobernd bei uns verstecken und auch nicht auf die, welche sich helfend oder aufklärend oder immer wieder Hoffnung machend melden. Ich halte mich nicht für kompetent genug dafür und bin vorsichtig bei denen, die sich als dafür kompetent ausgeben.

Trotzdem schließe ich mich der positiven Meinung an, dass es im sichtbaren Kosmos (griech; *göttliche Ordnung*) eine Raumorganisation gibt, die bewusst in göttlich-liebevoller Überzeugung endlich für die ursprüngliche Ordnung im belebten Kosmos sorgt. Sie trägt den Namen ‚Die Galaktische Föderation des Lichts' und geht wesentlich weiter, als nur auf die Plejadier bezogen zu sein. Sie schließt andere humanoide außerirdische Gruppen ein. (Hier sollen sich inzwischen auch reptiloide Wesen und Teile der Anunnaki dem Dienst am Nächsten verschrieben haben.)

Grundsätzlich heißt es, dass die weiterentwickelten Zivilisationen sich nicht in unseren Evolutionsprozess einmischen dürfen. Das ist auch irgendwie logisch. Also gibt es wohl auch keine Evakuierungen. Was sie allerdings angeblich bereits gemacht haben, ist (schon dreimal!) die gelungene Verhinderung des Dritten Weltkriegs, indem sie die Atomraketen nicht zünden ließen. Von all den vielen Channelings – von denen einige sicherlich auch erfunden sind – sind mir die über die helfende Mitwirkung uns wohlgesonnener Raumgeschwister von der ‚Galaktischen Föderation des Lichts' am sympathischsten und wahrscheinlichsten.

Zwischen dem Mars und dem Jupiter befindet sich ein Asteroiden-gürtel. Das sind die Reste des ehemaligen Planeten *Phäeton* (der Strahlende) – oder auch *Mallona, Maldek* oder *Chetene* genannt. Laut den Aussagen verschiedener spiritueller Medien soll dieser Planet bewohnt gewesen und von den damaligen menschlichen Bewohnern durch Atomkriege zerstört worden sein. So etwas – so wurde es uns aus der geistigen Welt versprochen – wird dem Planeten Erde nicht geschehen. Wir seien zwar mit unserer Evolution in einer längst fälligen Zeitverzögerung, doch insgesamt ganz sicher noch im göttlichen Schöpfungsplan. Ich kann mir jedoch auch gut vorstellen, dass es für den großen Erwachungsprozess unter uns Menschen noch viele Verabschiedungen geben wird.

Ich frage mich sehr oft, warum diese Brüder nicht unser TV-Satellitensystem dazu verwenden, gnadenlose Aufklärungen zu bringen. Das würde einen befreienden Aufschrei auslösen, der dann verlässlich aufweckt! Sollten wir womöglich schnellstens eine Gebetsgemeinschaft bilden, die diesen Auftrag in die Lichtsphäre jener Lichtschiffe projiziert und fokussiert?

Wen dieses Thema weiter interessiert: Die »GFdL« hat eine eigene Internetseite.[17] Dazu möchte ich Sie noch auf etwas Hochinteressantes hinweisen: Zur Sommersonnenwende am 21. Juni 2016 fand ich eine besondere Botschaft friedliebender, extraterrestrischer Zivilisationen von Alfred Steinecker. Bevor ich Ihnen einen Auszug daraus vorstelle, erinnere ich an die ursprüngliche Bedeutung dieses zyklischen Tages bei unseren Vorfahren:

„Bei den Kelten wurde die Sommersonnwende zwölf Tage lang gefeiert. Es war die herrlich warme, wunderschöne Sommerzeit. Die Erdgöttin war schwanger mit werdenden Früchten der Erde. Alles wuchs und gedieh. Und viele wunderbare Früchte konnten schon geerntet werden. Es war die sorgloseste Zeit des Jahres, wenn man bedenkt, wie schwierig das Überleben früher oft war. Man kann die Natur in ihrer ganzen Fülle und Fruchtbarkeit riechen, schmecken. Es ist wie ein ganz besonderer Gesang oder Klang, der überall mitschwingt. Alles ist im Über-

schwang vorhanden – auch die Lust und die Freude. Somit war das Mittsommerfest ein Fest der Freude und des Dankes. Und auch das Mittsommerfeuer war ein Dankes- und Freudenfeuer…

Die Sonnwende galt als weitere Nahtstelle zwischen den Welten, in der sowohl die Götter als auch die Naturgeister den Menschen nahetreten konnten. Man konnte die Götter mittanzen sehen, verlor seinen alltäglichen Verstand und wurde ,ver-rückt'. Viele sogenannte ,ver-rückte' Geschichten sind überliefert. Wolf-Dieter Storl erzählt in seinem Buch ,Von den Pflanzen der Kelten', dass man die Sonne stillstehen und dann drei Sprünge machen sah oder die Zwerge unter dem Holunder Hochzeit feiern. Pferde konnte man reden hören, sah die Elfen…"

Bezüglich dieses interessanten Textes erinnere ich Sie noch an das älteste europäische Monument, welches auf die hohe Bedeutung dieses Planetendatums hinweist. Denn in dem bekannten Stonehenge in Südengland scheint die Sommersonnenwende die Hauptrolle gespielt zu haben. Auch heute feiern hier Tausende die Sommersonnenwende. Mit Trommeln, Akkordeons und ausgefallenen Kostümen begrüßen sie den längsten Tag des Jahres. Am 21.6.2015 waren es rund 23.000 Besucher, die dort den Sonnenaufgang erwartet haben.

Und genau zu diesem planetaren Zyklus- und Kulttag mit seinen zeitlos verankerten Energien fand ich die genannte Botschaft von Alfred Steinecker, der weiter ausführt:

„Versteht, das Universum ist voll von Leben, von prachtvollen Schönheiten, voll von liebevollen Wesen, die Euch kennenlernen möchten, Euch als Freunde gewinnen möchten. Eure Vorstellung von andersartigen Wesen wird übertroffen werden und Euch überraschen. Ihr werdet erstaunt sein von der Vielfältigkeit von Wissen und Kultur, zu der Ihr nun Zugang bekommt. Ihr werdet glücklich sein, wenn Ihr die Freundlichkeit dieser Wesen, beheimatet in allen Teilen des Universums, erfahren werdet. Es ist eine Ehre, Euch als neue Freunde begrüßen zu dürfen. So ist die Neugier auch auf unserer Seite groß, den nächsten Schritt mit Euch zu gehen."

52

Die gesamte Botschaft empfing Alfred Steinecker telepathisch, und darüber gibt es ein hochinteressantes Interview mit ihm von dem ‚querdenker' Michael Friedrich Vogt.[(127)]

Es gibt noch eine weitere Information, welche diesem Thema mehr Glaubwürdigkeit vermittelt. In seiner Predigt, die Papst Franziskus am Palmsonntag, dem 13. April 2014, vor dem Platz des St. Peters-Doms hielt, offenbarte er in großer Gelassenheit und zum Erstaunen der anwesenden Gläubigen:

„Liebe Brüder und Schwestern, ich wollte euch noch sagen, dass wir im Universum nicht allein sind. Die Wissenschaft hat bereits entsprechende Fortschritte gemacht und wird höchstwahrscheinlich bald unsere neuen Brüder und Schwestern kennenlernen, mit denen wir ein Zeichen des Friedens austauschen wollen. An jenem Tag wird Verwunderung herrschen; bedenkt aber, dass da ein Gott ist, der über uns alle wacht."[(129)]

Bewusstsein oder ‚bewusst im Sein'

> *„Laut den vedischen Traditionen verändert sich die Realität, wenn sich das Bewusstsein erweitert."*
>
> Dr. Deepak Chopra, spiritueller Autor

Wurde *Bewusstsein* schon zu einem Modewort? Nicht nur in der Esoterik und im Spirituellen, sondern auch in der Wissenschaft drängt es sich in den Vordergrund. Noch ist es ein Begriff mit ‚Unschärfen', denn vorerst ist Bewusstsein nicht präzise messbar, und man kann so manches mit hineininterpretieren. Für mehrere Wissenschaften ist ‚Bewusstsein' zum Beispiel der Ersatz für Begriffe wie „Gott" oder „das Übernatürliche" geworden, und man unterteilt dann – fachlich getrennt – in Unterbewusstsein, Tagesbewusstsein und Über- oder Hyperbewusstsein. Ich las einmal einen Vergleich, dass nämlich das Unterbewusstsein dabei eine seelische Körperschublade ist, in die immer noch etwas reingestopft wird, während die Körperschublade mit dem Etikett ‚Überbewusstsein' meistens klemmt, weshalb man sie gar nicht so gerne aufzieht.

Doch wir leben in der Zeit des Wandels, und diesen empfindet jeder von uns in seiner Individualität etwas anders.

So nenne ich längst mein Überbewusstsein ‚Höheres Selbst' oder ‚Engelselbst', für andere ist es die ‚ICH-BIN-Gegenwart', oder für Neale Donald Walsch ist es Gott selbst und so weiter. Die treffendste Kurzform klingt so nüchtern wie verständlich und verbindet damit auch unsere dualen Bewusstseinsebenen: *„Ich verstehe, sagt der Verstand – ich weiß es, sagt das Selbst."* Gefunden habe ich diesen Satz bei der Professorin Giuliana Conforto und Dieter Broers.

‚Bewusstsein' in Buchtiteln und bei vielfältigen Seminarangeboten drängelt sich inzwischen gewaltig nach vorne. Allein in Verbindung mit der Jahreszahl 2012 kenne ich die Begriffe *Bewusstseinswandel, Bewusstseinssprung, Bewusstseinsentwicklung, Neues Bewusstsein* oder *Christus-*

bewusstsein. „*Bewusstsein wird das zentrale Thema der Wissenschaften im nächsten Jahrhundert sein.*", erklärte der österreichische Quantenphysiker Prof. Dr. Anton Zeilinger und meinte die Erkenntnisprozesse dieses Jahrhunderts.

Wir reden und schreiben hier über die Zeit des Wandels und spüren inzwischen schon deren Fliehkräfte, die an uns zerren, damit wir die Kurve kriegen und die Veränderungen mitmachen. Und ich schlage vor, dass wir auch diesen Begriff ‚Bewusstsein' *umwenden* und möglichst auch *anwenden*: **Bewusstsein wird dann zum ‚bewussten SEIN' oder zu ‚bewusst im SEIN'.**

Wenn wir aus dem Hoffen, Denken und Träumen ins Tun und ins Sein kommen, wird uns plötzlich vieles bewusst wie auch bewusster und wird dabei zu *unserem eigenen Wandel.* Mit diesem ‚Tun' meine ich keine speziellen Aktivitäten, sondern einfach das Umsetzen in bewusstes materielles Sein – je nach Veranlagungen, nach individuellen Qualitäten oder entsprechenden Situationen.

Und da gibt es sogar noch einen Bonus, denn alles, was wir dabei selbst bewusst denken und fühlen und *sind*, geht ins irdische Kollektiv und wird damit ein Teil des *Zeiten-Wandels.*

So, wie uns in unserem Wandlungsprozess auch immer öfter bewusst wird, dass wir eine gigantische Planetengemeinschaft sind – Mutter Erde, die Natur und wir Menschen als ‚Krönung' –, wird unser persönliches bewusstes Sein zu einem informativ vernetzten ‚bewussten-Sein-mit-allen-und-allem' – zu unserem Einheitsbewusstsein. Ich nenne diesen allmählichen Prozess schon in meinem Buch »Jetzt reicht's! – Band 2« „*Auf dem Weg zur WIR-Kultur*" – womit ich vor allem unser irdisches Miteinander meine.

Ich bin ganz sicher, ein solches Einheitsbewusstsein wird dann die höchste Schwingung sein, die eine erwachte Menschheit auf unserem Planeten zustande bringen wird – ein gewaltiges und befreiendes WIR. Ein WIR, das uns endlich friedlich eins werden lässt, nicht nur untereinander und miteinander, sondern auch mit der Natur unserer ‚Großen Mutter Erde', ihrer Nützlichkeit und Schönheit wie auch mit unseren Tiergeschwistern, den großen und den kleinen.

Doch allein mit solchen Veränderungen werden wir den zunehmenden und höherschwingenden wie auch neuen Energien des Wandels noch nicht ganz gerecht. Denn es existiert außerdem die für uns alle immer noch unvorstellbare und unsichtbare *Welt des Geistes* – ein weitgehend noch unerforschtes, unbegrenztes und multidimensionales Energiefeld. **Und das geht jeden Einzelnen von uns genauso direkt etwas an wie auch unseren Planeten oder unser Universum** – dieses vielgebrauchte Wort kommt vom lateinischen *universus* „gesamt", von *unus* und *versus* „in eins gekehrt", eben auch multidimensional.

„Bewusstsein ist die Urkraft unseres Universums." (Astrologin Silke Schäfer) Ein moderner und profaner, also unreligiöser Begriff für diesen Zustand ist **Ganzheitlichkeit**, und gemeint ist damit auch unsere gelebte Größe und Einheit vom *sichtbaren* Körper und seinen *unsichtbaren* Lebensbegleitern, der Seele und dem Geist. Die neuen Schwingungen des Wandels der Zeit führen uns gezielt und treffsicher in unsere fleißig verdrängte Ganzheitlichkeit. Natürlich fehlen uns dazu noch die nötigen Informationen, damit uns die ‚Schuppen von den Augen' fallen und wir unsere bereits vorhandene Ganzheitlichkeit erkennen können – *Augen auf, es ist nämlich schon alles da!* Alle ehemaligen und gegenwärtigen Machtsysteme leben davon, dass wir darüber nicht oder desinformiert werden und dass wir uns getrennt und vereinzelt fühlen.

Einer der neuen Veränderungswege, die gründlich in die noch unbegreifliche Multidimensionalität des ‚Bewusst im Sein' führen, trägt das Schild „Der Geist kehrt zurück". Immer mehr von uns stellen fest: *„Ich bin heute nicht mehr der, der ich letztes Jahr war und schon gar nicht der, der ich vor 5 Jahren war."* Stimmt's? Überall sind Veränderungen unterwegs – in jedem von uns, und in immer mehr von uns wandelt sich etwas! Und das Besondere daran ist: **Man spürt es nur und kann es nicht erklären.**

Wer gründlicher darüber nachdenkt, kommt allerdings zu der Erkenntnis, dass die nötigen Veränderungen sowieso nicht von außen kommen können – weder durch eine neue Partei noch durch einen neuen Krieg, das hat noch selten wahre Fortschritte gebracht. Unser inneres Erwachen ist das Erwachen unserer Seele – **im Spüren statt im**

Denken. Und unser innerer Aufbruch ist schon unterwegs und wird irgendwann zum Umbruch – allerdings sanft und allmählich – und wird damit zu einem Wandel, *unserem Wandel!*

Und immer weniger von uns können sich davor drücken. Sogenannte Gemütskrankheiten (Unruhe, Schlaflosigkeiten, Depressionen und Burnout) werden schon heute als neue Volkskrankheit bezeichnet. Gemüt ist nur ein anderes Wort für Seele (denn damit haben es die Mediziner noch nicht so). Aus dem bisherigen *ICH unseres Verstandes* wird allmählich ein *ICH der Seele*, ein Selbst, ein Selbstbewusstsein mit individuellem Selbstwert: das neue ICH der Seele. Sagte nicht Jesus (bei Joh. 10,34): *„Ihr seid alle Götter."*? Na, dann wird's Zeit! Am besten fangen wir erst einmal als ‚Lichtbringer' an. Doch auch damit war der große Weisheitslehrer Jesus seiner Zeit weit voraus, denn er forderte ganz klar (Mt 5,14+16): *„Lasset euer Licht leuchten vor den Leuten..."*

Das bequeme Dahindümpeln eines angepassten und nur materialistisch ausgerichteten ICHs im Mainstream, in der Masse, ist *out* – der Geist kehrt zurück! Doch wie soll das gehen? Zwei neue Wahrnehmungsfähigkeiten werden sich bei uns Menschen *ent*wickeln, und zwar grundsätzlich bei allen. Der erste Wandel hat mit unserem gespaltenen Gehirn zu tun. Bisher hat unsere hauptsächlich männlich und ICH-orientierte linke Gehirnhälfte verstandesmäßig dominiert und die rechte Gehirnhälfte des weiblichen Prinzips (WIR und gefühlvoll) unterdrückt, jahrtausendelang – und eben nicht nur im ‚äußeren' Leben, sondern ganz gründlich auch im Menschen selbst. Auf die Symbolik Yin-Yang gehe ich später ausführlich ein.

Doch inzwischen weiß man, dass die linke Gehirnhemisphäre mit nur rund 2000 bit/sec ‚arbeitet', wogegen unsere rechte rund 400 Milliarden bit/sec einbringt – das sind Welten, *eben neue Welten!* Und das Seelisch-Geistige funktioniert ausschließlich rechtshirnig, und dieser Gefühlsbereich ist schon voll im Gange (noch weitgehend als Gemütskrankheiten).

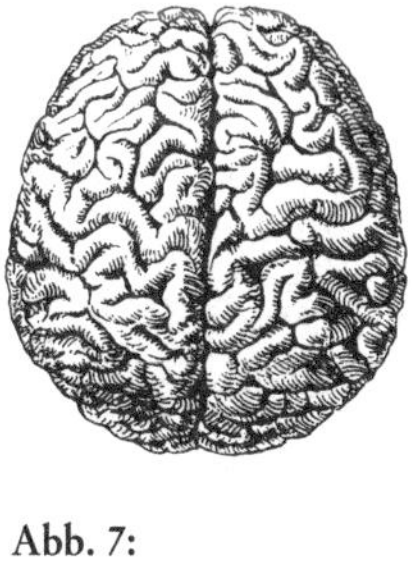

Abb. 7:
Unsere beiden Gehirnhälften

Der zweite, noch sensationellere Wandel ist der, dass unsere unsichtbare Welt der feinstofflichen Quantenfelder, die bisher völlig(!) aus unserem Leben verdrängt wurde, allmählich immer sichtbarer werden wird. Denn auch unser 6. Sinn erwacht! Brigitte-Devaia wurde es aus der geistigen Welt u. a. so erklärt:

„Die Schwingungserhöhung wirkt auf alle Menschen und Lebewesen ein. Sie aktiviert bei allen Menschen übersinnliche Wahrnehmungen, die sie als eine natürliche Fähigkeit von sich selbst empfinden."

Weitere Begründungen dieses Wandels habe ich schon erwähnt, und über die neuen HSP, die Hochsensiblen Personen, werde ich noch ausführlich berichten.

Das WIR, das dabei gefühlt und erschaffen wird, ist ein ganzheitliches und völlig neues WIR – *äußerlich* **ganz im Sinne unseres Friedrich von Schiller, der schon 1785 geschwärmt hat:** *„Alle Menschen werden Brüder."* Immerhin ist nach über zweihundert Jahren die Vertonung dieser berühmt gewordenen Aufforderung unsere Europa-Hymne geworden. Und *innerlich* wird es unsere Göttlichkeit werden – der Himmel auf Erden.

Diese ‚Neue Zeit' ist überfällig – bedarf es daher jetzt einer Bewusstseinsexplosion? Die Menschheit ist kein Kindergarten mehr. Und wenn wir unbelehrbar und blindlings weiterstreiten, kommen wir unweigerlich in immer größere Schwierigkeiten. Jetzt ist der Zeitpunkt gekommen, alte Äußerlichkeiten abzustreifen und innere Ansprüche zu *tun*, zu leben, zu erleben und daran zu *reifen*. Denn wir sind in der Zeit des Wandels, und es könnte sein, dass zwischendurch Reifeprüfungen kommen!

Machen wir uns frei von überholten Mustern. Starten wir jetzt unseren Bewusstseins-Trip, denn unser inneres SELBST kennt den Weg! *„Der Verstand denkt, das innere Selbst weiß."*, haben wir schon als die eigentliche Erklärung für das Modewort *Bewusstsein* erfahren. Und in der Zeit des Wandels wird es durch immer mehr Brüderlichkeit allmählich zur SELBST-verständlichkeit. Verstehen wir uns?

2 Globale Veränderungen

Die menschliche Evolution seit der Sintflut

> *„Die Geschichte der Erde weist keine lineare Entwicklung auf, sondern sich verkürzende Zyklen mit genereller Abwärtstendenz."*
>
> Michael Kent,
> Herausgeber der *Kent-Depesche*

Diesen Zeitabschnitt nenne ich ‚vom WIR zum ICH und jetzt wieder zurück zum WIR' und verlege das Ende der letzten Eiszeit auf etwa 13.000 Jahre vor unserer Zeit. Das menschliche Leben gab es zuerst nur in den den Untergang überlebenden WIR-Gemeinschaften. Vor etwa 5000 Jahren entwickelten sich dann weltweit die Individualität und das ICH – allerdings zum Selbstläufer, dem heutigen Ist-Zustand. Dagegen gibt es im Kosmos und allen ‚Geistigen Welten' nur das WIR und die harmonische Einheit, zu der wir nun schrittweise wieder zurückkehren.

Sehen wir uns das einmal genauer an: Wenn wir Veränderungen und Wandel aus größerer Sicht betrachten wollen, dürfen wir zwei uralte Begriffe nicht vernachlässigen. Die abendländische Kultur hat nämlich aus dem morgenländischen Heiligen Buch der Israeliten das *Paradies* mit Adam und Eva und die *Sintflut* mit Noah übernommen. Die Angaben im Alten Testament, auch die zeitlichen, sind natürlich nicht stimmig, und so müssen sich die modernen Christen entscheiden. Entweder sie glauben es weiter als Bibelfundis, oder sie verwerfen es als uralte und wertlose Legenden, oder sie schätzen es als allegorische Beispiele – also bildhaft gemachte Darstellungen eines archaischen Geschehens in der Prähistorik unseres Planeten. Da bildliche Darstellungen im jüdischen Glauben jedoch verboten sind, hat man schon damals solche mündliche Überlieferungen in interessante Geschichten verpackt.

Ich will das natürlich nicht abwerten, was vor mehr als dreitausend Jahren liebevolle und mythologische Erinnerung war, die den damaligen

Menschen in ihrem Lebensverständnis weitergeholfen hat. Doch heute dürfen wir das wirklich großzügig stehenlassen – mit dem verständnisvollen Lächeln: „...*alles zu seiner Zeit!*"

Werfen wir zuerst einen Blick auf das **Paradies**. Mit diesem Wort bezeichnen wir im normalen Sprachgebrauch etwas Wunderschönes und Utopisches, Himmlisches. Was wissen wir Christen überhaupt vom *übernatürlichen Raum*, vom Himmel, vom Reich Gottes? Wissen andere Religionen mehr darüber? Ist vielleicht das *Paradies* damit gemeint? Dieses Wort kommt aus dem Altpersischen *pairidaeza*, klingt griechisch *paradaisos* und hebräisch *pardes* und bedeutet »umfriedeter Garten«. Der *Garten Eden* – ein Garten des ewigen Glücks?

„Diese Idee, dass Glück kein Zustand ist, sondern ein Ort sei, entstand zwischen 4000 und 2000 v.Chr. im Zweistromland zwischen Euphrat und Tigris. Dort schwärmten die alten Sumerer auf Tontafeln von einem glücklichen Land Dilmun – ‚ein sauberer Ort', betonten sie, ‚ein überaus glänzender Ort'.

Dieses Land war ewig grün und fruchtbar. Mensch und Tier lebten in Harmonie. Reine Quellen strömten, unsterbliche Götter und Göttinnen genossen das Leben – und ganz umsonst." (Jörg-Uwe Albig)

Mir gefällt auch gut, was bei uns im Norden berichtet wird. Der mediale schwedische Politiker, Wissenschaftler und Visionär Emmanuel Swedenborg, vom Königshaus geadelt, konnte nach seiner Vision im Jahr 1743 berichten: *„Auch der Liebesgenuss sei im Himmel ‚noch viel köstlicher' als auf Erden."*

Passt dazu auch die Schwingung des griechischen Altertums, der Wiege Europas? Denn bei dem **Elysion** handelt es sich um paradiesische, rosengeschmückte Wiesen, auf denen ewiger Frühling herrscht und wo ein nektar-ähnlicher Trank aus einer Quelle der Lethe ‚ewiges Vergessen' aller irdischen Leiden ermöglicht. Trifft das auch bei unseren genialen Künstlern zu? In der ‚Ode an die Freude' von Beethovens 9. Sinfonie, welcher der Text von Schillers *„Freude, schöner Götterfunken"* zugrunde liegt, heißt es *„Tochter aus Elysium"*, und in Mozarts »Zauberflöte« singt Papageno: *„Dann schmeckte mir Trinken und Essen;*

dann könnt' ich mit Fürsten mich messen, des Lebens als Weiser mich freu'n und wie im Elysium seyn." – eigentlich fühle ich mich bei dieser Paradiesvorstellung mehr ‚zuhause'.

Etwas Konkreteres über diese ewigen Gefilde erfährt man im Fernen Osten. Wer auf ein Leben voll guter Worte, guter Gedanken und guter Taten zurückblicke, komme in den ‚Himmel' und erwache ‚im Paradies' – nicht als ewig verlorenes Paradies, sondern als Wohnstatt der Zukunft, auch nicht als Erinnerung an irgendeine Strafe, sondern als Aussicht auf Lohn. Diese Lehre Zarathustras, gesammelt im Zend-Avesta, wurde Staatsreligion in Altpersien, und als die Perser das Land Juda im Jahr 539 vor Christus eroberten, wurde der Ort dieser Seligkeiten zum ‚Garten Eden', ab jetzt jedoch verbunden mit einer ‚Strafe Gottes' als sogenannte Erbsünde.

Was wir uns heute darunter vorstellen könnten, klingt richtig spannend. Sind solche Sehnsüchte nur *Erinnerungen*, zum Beispiel an den seligen Urzustand im Mutterleib? (Kornelia Wöllner)

Oder eine *Vorfreude*, die als Erzählung vom Paradies, wie alle großen Mythen, eine anthropologische Konstante erzeugt, in diesem Fall die logische Folge des Wunsches und des Begehrens? Sie gibt der ‚Idee der besseren Zukunft' ein hoffnungsvolles Bild. (Professor Jochen Hörisch an der Uni Mannheim)

Oder sind es Erinnerungen an das *Goldene Zeitalter* der Hyperboreer, dem Volk aus dem arktischen Land im hohen Norden? (mehr dazu im Buch »Die Jahrtausendlüge«)

Oder sind es Erinnerungen an die *Erfahrungsebene* einer ätherischen Menschheit frühester Entwicklung auf Lemuria oder der eisfreien Antarktis-Zivilisation Mu? (Theosoph W. Scott-Elliot)

Oder sind es Erinnerungen an unsere *friedvolle Heimat* im Inneren unseres Planeten?

Oder sind es Erinnerungen an unsere *nächtlichen Aufenthalte* in den jenseitig-astralen Sphären?

Oder ist es, wie Jesus meinte: „*...denn siehe, das Reich Gottes ist in euch*"?

Gehen wir erst einmal einen Schritt weiter. Über die **Sintflut** gibt es natürlich viele wissenschaftliche Aussagen, jedoch auch auffallende Widersprüche und haarsträubenden Unsinn. Ein Grundproblem dabei ist der wissenschaftliche Versuch, ohne ‚geistige' Hintergründe glaubhafte Hypothesen zu entwickeln. Mit dem modernen Urknall-Märchen versucht man ja auch mit aller Gewalt, eine Evolution ohne Gott zu kreieren. Doch ohne eine ordnende Intelligenz – eine namenlose, jedoch schöpferische – bleibt alles nur Stückwerk und Fragment. ‚Himmlische Ordnung' heißt auf Altgriechisch *cosmos*.

Dabei zeigen uns moderne Forschungsergebnisse, dass die letzte große Klimakatastrophe unseres Planeten – die Eiszeit – vor zirka 21.000 Jahren ihren Höhepunkt hatte und vor etwa 12.000 Jahren zu Ende ging. Seit etwa einer Million Jahren ist nämlich das Klima der Erde starken kurzfristigen Schwankungen zwischen Glazialen und Interglazialen unterworfen. Im virtuellen Lexikon »wikipedia« heißt es unter anderem dazu:

„Die aktuelle ‚Nacheiszeit', in der geologischen Zeitskala als Holozän bezeichnet, ist eine Warmzeit innerhalb eines globalen Eiszeitalters, die seit etwa 11.000 Jahren andauert. Auch in den Wärmephasen eines globalen Eiszeitalters bleibt das Klima im erdgeschichtlichen Vergleich relativ kalt, die Eisbedeckung in der Nähe der Pole und höheren Gebirgen wird meistens erhalten."

Kam hier also der zyklische Wendepunkt im Umlauf unseres Sonnensystems mit größeren Eiszeitzyklen zusammen? Diese Zeitangabe von 12.000 bis 13.000 Jahren taucht auch in der Archäologie und der präantiken Altertumsforschung auf und lässt vermuten, dass zu diesem Zeitpunkt Gewaltiges geschehen sein muss. Man spricht von einem Polsprung (der Magnetpole, auch Pol-Drift), von Kataklysmen, weltweiten Naturkatastrophen und Überschwemmungen – eben einem Flutgeschehen, von dem heute noch in über zweihundert Sprachen berichtet wird.

Das erinnert mich an eine hellsichtige Besucherin, die auf der Terrasse meines gemieteten Ferienhäuschens auf der Insel La Palma stand, während sie plötzlich mit einem Blick auf die Küstenlinie sagte: „...*ich sehe dort eine weiße Marmorstadt, wie sie bei einem Erdbeben komplett im Meer versinkt – sie rutscht einfach ins Meer. Und ich höre in mir, dass das vor zehntausendfünfhundert Jahren war.*" Wir sehen das als einen letzten Teil von Atlantis an, der, wie schon Jahrzehnte davor das Hauptreich, im Atlantik verschwand. Jan und sein Autorenkollege Stefan Erdmann zitieren in ihrem Buch »Die Jahrtausendlüge« auch das berühmte Trancemedium Edgar Cayce:

„Der Amerikaner hat in vielen seiner Trance-Sitzungen über die Epoche von Atlantis berichtet. Laut seiner Trance-Sitzungen endete die Zeit der Atlanter mit der Sintflut etwa 10.000 v.Chr.."

Also jetzt vor rund zwölftausend Jahren! Wissenschaftler staunen nämlich, dass das ziemlich abrupt und unerklärlich abgelaufen sein muss. So fand der Autorenkollege Hans Weiser ganz Genaues:

„Die zeitgenössische Wissenschaft, z.B. die GRIP-Forschung (Greenland Ice Core Project), ein Konsortium von Wissenschaftlern aus diversen europäischen Staaten, hat bereits Mitte der 90er Jahre den genauen Zeitpunkt des Endes der Eiszeit und den nahtlosen Übergang zur stabilen Warmzeit ermittelt... Vor nunmehr 11.560 Jahren endete schlagartig die Eiszeit. Man kann die Uhr danach stellen, so Prof. Dr. Heinz Miller (Leiter der deutschen Sektion bei GRIP)."

Von Weiser erfuhr ich von den exakten Eisbohrkernauswertungen, dem Meeresanstieg um rund 100 Meter und der Entstehung des Schwarzen Meeres durch die damalige Flutung – die allmählich geschmolzenen Eismassen einer Eiszeit. Küstennahe Unterwasserarchäologie bestätigt das weltweit.

Da ich so gerne im ‚unbekannten' Historischen forsche, habe ich das etwas detailliert dargestellt. Entscheidend ist, dass der inkarnierte Mensch stets seine göttliche Schöpferqualität mitbringt – in Verbindung mit dem freien Willen, der in der meisten Zeit von unserem Ego geprägt ist. Vor etwa 5000 Jahren entwickelte sich aus dem WIR der einfachen Lebensgemeinschaften weltweit die Individualität, und das

ICH und das EGO wurden allmählich zum übermütigen wie auch machtbesessenen Selbstläufer. **Darunter leidet unser Weltgeschehen bis heute.** Dieses Thema ICH/EGO zieht sich fast durch mein ganzes Buch, und in den einzelnen Bereichen schlage ich verschiedene Möglichkeiten vor, die Energien des Wandels zum WIR zu leben. Das WIR, zu dem wir nun schrittweise wieder zurückkehren, wird das WIR einer ursprünglichen Ganzheitlichkeit. Dabei kann ich mir gut vorstellen, dass das neue WIR des Wandels etwas noch nie Dagewesenes werden könnte.

Billionen Magnetitkristalle in unserem Gehirn

„Nicht alles, was zählt, ist zählbar, und nicht alles, was zählbar ist, zählt."
Albert Einstein

Haben Tiere einen ‚Sechsten Sinn'? Nein, Lachse und Forellen und Brieftauben orientieren sich am natürlichen Magnetfeld der Erde. Sie verfügen über eine Art inneren Kompass, mit dem sie die Feldlinien des Erdmagnetfelds wahrnehmen und ihre Reiseroute entsprechend anpassen können. Bei Lachsen ist es eine fehlerfreie Navigation über tausende von Kilometern, wie auch bei den Störchen und bei vielen anderen Tieren. Im Kleinen finden wir das auch bei der Orientierung von Ameisen und Bienen. (siehe *Magnetsinn* bei Wikipedia)

Die Suche nach den Geheimnissen des inneren Kompasses führt zu dem Begriff ‚Magnetsinn' und schließlich zu den Magnetitkristallen. Und tatsächlich: Bei hunderttausendfacher Vergrößerung entdeckte man winzige, wenige Nanometer kleine Magnetitkristalle in den Endigungen der Nervenzellen. Und man weiß heute auch, dass die Kompassnadeln aus Magnetit immer die Tendenz haben, sich magnetisch nach Norden auszurichten.

1992 entdeckte Prof. Joseph L. Kirschvink (*California Institute of Technology*) Magnetitkristalle auch im menschlichen Gehirn. Die größte Dichte fand er in der Hirnrinde mit bis zu 100 Millionen Stück pro

Gramm. Es ist erwiesen, dass Magnetit alle Informationen vom Erdmagnetfeld empfängt und speichert. Diese Informationen werden vom Gehirn entsprechend verarbeitet und alle geistigen und körperlichen Prozesse durch Neurotransmitter und Hormone gesteuert.

„Magnetit reagiert mehr als eine Million mal stärker auf ein äußeres Magnetfeld als jedes andere biologische Material. Wenn nur eine von einer Million Zellen Magnetit enthält, kann ein Magnetfeld (z.B. auch das Erdfeld und die Sonnenflecken) das Gehirn direkt beeinflussen. Sollten die Kristalle zum Beispiel in den Kanälen enthalten sein, die den Transport von Substanzen durch die Zellmembranen regulieren, und begännen sie durch ein äußeres Magnetfeld unkontrolliert zu schwingen, kann man sich alle möglichen Wirkungen vorstellen."[18]

Bemerkenswert sind hier die Versuche des kanadischen Neurologen Michael Persinger. Er setzte Menschen über einen Helm direkten Magnetfeldern aus. Dabei kam es bei mehr als 80 Prozent der Versuchspersonen zu Wahrnehmungsphänomenen und auch zur Wahrnehmung der Präsenz eines Lebewesens, obwohl außer den Probanden niemand im Raum war.

Solche Erkenntnisse können natürlich die Theorie stützen, dass der Mensch sich zwangsweise verändern muss, um nicht nur an die Umwelt angepasst zu sein, sondern mit bislang ungewohnten Fähigkeiten Veränderungen zu ermöglichen – auch im Sinne der Magnetfelder. Wobei sich natürlich die Frage stellt, weshalb sich Magnetite für telepathische Zwecke im menschlichen Gehirn befinden, wenn die Menschen praktisch keinen Gebrauch davon machen. Bisher! Kann die Wassermanngeistausschüttung somit den Wandel bringen zu den erwarteten und angekündigten positiven Veränderungen? Bietet das Schatzkästchen Gehirn noch weitere Potentiale für einen zeitgerechten Wandel? Sehr wohl! Vor allem in unserer rechten Gehirnhemisphäre lagert noch ein unvorstellbarer Reichtum an Möglichkeiten.

Alle Lebensprozesse werden von elektromagnetischen Phänomenen bestimmt.

Die meisten davon nennt man ,Felder'. Auch unseren menschlichen Körper selbst können wir als Feld bezeichnen. Dies betrifft sowohl den physischen Körper als auch unseren unsichtbaren Energiekörper, der meistens *Aura* genannt wird. Und dabei könnten wir heute die Physik und die Religionen wieder in Einklang bringen, denn *„Das Feld ist die einzige bestimmende Kraft des Teilchens."*, versicherte uns Professor Albert Einstein.

Die moderne Quantentheorie, die vom menschlichen *Biofeld* spricht, geht dabei ins Detail, denn man entdeckte um jede einzelne Zelle ein elektromagnetisches Feld, ein EM-Feld. Unsere 60 bis 70 Billionen Körperzellen ergeben somit ein in sich ,vereinigtes Feld', das man als Aura bezeichnen und fotografieren kann. Unser Körperenergie- oder Biofeld besteht somit aus verschiedenen Schwingungen oder Frequenzen, die möglichst alle in Harmonie miteinander schwingen sollten – die ,Summenfrequenz' oder das allumfassende ,quantenelektrodynamische' Feld. Doch im Einzelnen wird es dann gleich kompliziert.

Heute ist es unstrittig, dass der Mensch *selbst* dieses EM-Feld erzeugt – seine Größe, seine Farbe, seine Strahlkraft und mehr. Es sollte daher nicht verwundern, wenn bestimmte Interaktionen zwischen dem Eigenfeld und einem Fremdfeld zur Wahrnehmung andersartiger Einflüsse führt. Über das erstaunliche Magnetfeld des menschlichen Herzens berichte ich später. Auch über den Einfluss des Magnetismus' der lebendigen Mutter Erde – schöpferisch und mütterlich-weiblich – gibt es noch viel zu berichten.

So wissen wir nun, dass unser geniales Gehirn auf elektromagnetische Einflüsse empfindlich reagiert. Damit kommen wir zu dem in Bezug auf seine Belastungen gründlich verdrängten Problem des allgemeinen Elektrosmogs. Drei mächtige Einflussnahmen wirken hier störend mit:

Der **allgemeine E-Smog** unserer modernen Technologie,
der **seelische E-Smog** der digitalen Kommunikation und
der **geheime E-Smog** der Gier- und Machtelite.

Der **allgemeine E-Smog** entsteht durch die vielfältige Nutzung der modernen Technik, die ohne elektrischen Strom noch nicht umsetzbar ist. Das unsichtbare elektromagnetische Umfeld dieser Technik – verursacht zum Beispiel durch Hochspannungsleitungen, Rundfunk- und Richtfunksender, Mobil- und Funktelefone, elektrische Haushaltsgeräte und elektrische Installationen – lässt sich vom Menschen nicht fernhalten. Der Mensch hat für diese Einwirkungen oder Belastungen kein Wahrnehmungsorgan, doch ganz sicher können diese Einwirkungen seine Gesundheit beeinträchtigen. Dies mag wohl dazu führen, dass immer mehr Menschen dieser ‚elektromagnetischen Umwelt' endlich kritischer gegenüberstehen.

Auch zeigen immer mehr Untersuchungen, dass unsere Physis und unsere Psyche nach jahrzehntelangen Belastungen Schaden nehmen und sogar einiges im Erbgut weitergegeben wird. Stadtmenschen, vor allem in den zentralen Großstädten, sind dem äußeren ‚Dauer-Strahlengewitter' (Dr. med. Joachim Mutter) noch mehr ausgesetzt als Menschen in Dörfern oder Siedlungen. Dabei sind unsere genialen Körpersysteme in vielen Bereichen weiterhin anpassungsfähig und halten durch. Doch immer ernstzunehmender werden die Belastungen im Bereich unseres Gehirns und unseres Gemüts, also im Seelischen.

Alarmierend war die Meldung der *Technischen Universität Dresden* aus dem Jahr 2011 in der größten derartigen Studie, die bisher gemacht worden ist: *„Gemütskrankheiten sind im 21. Jahrhundert zur größten Herausforderung für die Gesundheitspolitik Europas geworden."* 38 Prozent leiden an mindestens einer derartigen Erkrankung, heißt es in einer europaweiten Studie. Am weitesten verbreitet: Angststörungen, Schlaflosigkeit oder Depression. Alle drei sind jedoch keine Krankheiten für Pharma-Keulen, sondern lediglich Symptome, die auf seelische und elektromagnetische Energieüberbelastungen hinweisen.

Dabei ist das Modewort *Stress* eine bequeme Entschuldigung. Stress ist ein Teil unseres Lebensmotors. Stress gehört zum Leben dazu, nicht erst in unserer modernen Zeit. Für unsere Vorfahren war er überlebenswichtig. Doch anders als wir fanden sie leichter die richtige Balance zwischen An- und Entspannung. Denn auch wenn echte Workoholics

das erst mal leugnen: Zu viel Stress – der Dysstress – macht krank.[19] Und der Schuldige
namens Stress lenkt so schön davon ab, mehr
über die Ursachen selbst wissen zu wollen
und darüber nachzudenken. Bequemes Desin-
teresse lautet: *„Stress haben wir ja heute alle.*"
Unser Körper selbst ist auch elektromagnetisch und reagiert deshalb besonders sensibel auf äußere und fremde Einflüsse durch
künstlich erzeugte elektromagnetische Felder. Die elektromagnetischen Eigenschaften

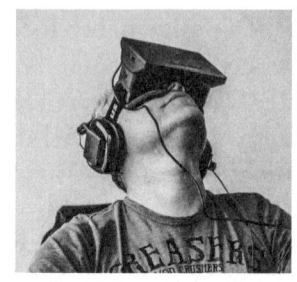

Abb. 7: Dazu der neueste Hype: VR-Brillen – die virtuelle Realität.

von Hirn, Herz und Nervensystem sind uns leichter verständlich, doch
jede einzelne Zelle hat ihre eigene Ladung, und das lebenslange Bio-
System des ganzen Körpers basiert auf feinster Elektrizität und Elektronentransfer.

In meinem gelben Buch»Jetzt reicht's – Band 2« habe ich ab Seite 43
bereits ausführlicher über E-Smog berichtet, vor allem auch in unseren
Schlafräumen, den gesundheitsnotwendigen Erholungspools unseres
Alltagslebens. Die Suchmaschinen im Internet liefern Ihnen überreich-
lich kritische, aufklärende und aktuelle Informationen generell über die
verschiedensten Belastungsformen des E-Smogs, die Stressoren. Schon
ein Abend diesbezüglicher Internetsuche anstelle bequemen Fernsehens
kann Ihr ganzes Leben verändern – eine der wichtigen positiven Verän-
derungsmöglichkeiten unserer Zeit.

Der seelische E-Smog der digitalen Kommunikation

Schon spricht man vom *„Handy- und
Smartphone-Wahn"* und von *Smartophobie*
oder *Smombies.* Was diese Sucht kommer-
ziell bewirkt, ist jetzt nicht unser Thema.
Ich möchte einmal auf den *seelischen
Hintergrund* hinweisen, der immer unnatür-
licher wird. Das ist vom System so gewollt.

Abb. 8:
Es gibt nichts Wichtigeres als
mein Handy!

68

Alle diese dabei entstehenden digitalen ‚Freundschaften' sind nie ganz ernst gemeint und können in den seltensten Fällen persönliche Gespräche ersetzen. Handys und Smartphones sind die genialste Ablenkung, die je erfunden wurde. Jemand nannte das in einer E-Mail ‚digitale Schneckenhäuser'. Man lebt im ‚Rückzug aus der Realität' und verkriecht sich in sein Smartphone – auch bei den unpassendsten Gelegenheiten. Gleichgültig, wo man sich gerade befindet, spricht inzwischen der Angerufene drauflos und vergisst völlig die Welt um sich – dieses Gerät in der Hand wirkt wie hypnotisierend.

Abb. 9: Überträgt sich die Handysucht auch ins Jenseits?

Einerseits vertreibt damit die neue raum- und zeitfreie Digitalität die Einsamkeit mancher Teilnehmer, doch andererseits raubt sie ihnen zugleich jegliche befreiende Ruhe und Entspannung. Es entstehen Kommunikations-Stress und innere Leere für solche, die bloß digital drauflosbabbeln. Man kann sich leicht und bequem aus der Realität ausklinken und sich in der digitalen Kunstwelt wohlfühlen und abgehoben sein. „Da bin ich wer!"

Dazu der neueste Hype: VR – die virtuelle Realität. Hier gibt es illusionär eine Vermischung der virtuellen Realität und der materiellen Realität, welche tatsächlich *gemischte Realität* (engl.; *mixed reality*) genannt wird. Es heißt auch, dass sie die einen schwindelig werden lässt und andere ‚flasht' (in der facebook-Sprache *begeistert*). Der Welt der Illusionen fällt somit immer wieder eine noch effektivere Ablenkung ein – arme Mitläufer.

Außerdem: Bei unserem Nachwuchs macht sich (durch das viele Versenden von Kurznachrichten über Mobiltelefone) schon ein primitiveres SMS-Deutsch breit, und es hat sich dabei auch eine weitgehende Abkürzungskultur entwickelt. „*Gibt dieses unpersönliche Simsen nicht soziale Einbußen in der Entwicklung der jungen Leute?*", war einmal die Frage in einer E-Mail. Sicher, doch auch das kann wieder zwei Seiten

69

haben. Der Einzelne hat zu seinem ‚Nächsten' natürlich einen unpersönlicheren Abstand, muss dabei niemandem in die Augen schauen, und das kann allmählich soziale Einbußen bringen. Doch was die digitale Gemeinschaft betrifft, können besondere Informationen starke soziale Impulse auslösen und weit emotionaler wirken als persönliche Gespräche. Das ist eben auch der Vorteil einer Vernetzung – es ist ein riesiger Markt. Der Einzelne fühlt sich somit ‚verbunden' in einer gleichgesinnten Gemeinschaft.

Bezüglich unserer Schulkinder zitiere ich den österreichischen Lehrer Walter Koren aus seiner Öffentlichkeitsarbeit:
„*Wir dürfen uns nicht wundern, wenn nach vielen Jahren der Dauerberieselung mit immer brutaleren Filmen und interaktiven Gewalt-Videospielen die Verrohung und das Abstumpfen von unseren Kindern und Jugendlichen ständig zunehmen. Sind denn unsere sogenannten ‚Sozialen Medien' wirklich ‚sozial'? Wissen Sie, dass das Internet nie für Kinder und Jugendliche gedacht war? Wissen Sie, was unsere Kinder im Internet alles finden können?*" (www.initiative.cc)

Fritz Loindl, Initiator der österreichischen digitalen »Initiative« (www.initiative.cc) schrieb mir: „*Welche Wirkung die Nutzung von elektronischen Medien (Computer, TV, Handys, Tablets, Spielkonsolen...) auf unsere Psyche und unser Gehirn haben, erklärt Prof. Dr. Dr. Manfred Spitzer in diesem Vortrag, den ich Ihnen ans Herz legen möchte. Sein Fazit: Handys machen empathielos und unsere Kinder zu Zombies.*" (das interessante Video bei YouTube: »Wirtschaftsforum 2015 der Sparkasse Ingolstadt – Vortrag Prof. Dr. Dr. Manfred Spitzer«)

Zeigt dies auch der Münchner Amok-Vorfall des Schülers Ali D. Sonboly? Er soll sich viel mit Computer-„Ballerspielen" beschäftigt und den Attentäter des Amoklaufs von Winnenden verherrlicht haben. Es lag außerdem eine Erkrankung „aus dem depressiven Formenkreis" vor. (tz/München) Nun frage ich: Wer hat den psychisch Belasteten entdeckt, motiviert und mit der automatischen Waffe und der vielen Munition ausgestattet? Na, wer wohl?

Als *seelischen E-Smog*, also als seelische Belastung, sehe ich hauptsächlich die persönliche Vereinsamung der Beteiligten. Reale Gespräche mit anderen haben einen altbewährten Bio-Effekt. Jedes lebendige Wesen hat ein individuelles Energiefeld um sich, das in einem Gespräch mit dem anderen stets mitkommuniziert und sich eventuell sogar verbindet. Doch selbst das modernste Kommunikationsgerät hat nur ein technisches EM-Feld, und das oft sogar aus gesundheitsbelastenden, gepulsten Mikrowellen.

Abb. 10: Gesteuerte Wolken bei Flutkatastrophe ‚Elvira' Ende Mai 2016

Kommen wir nun zur dritten E-Smog-Belastung, **dem geheimen E-Smog der Gier- und Machtelite.** Nikola Tesla, das in Kroatien geborene, serbische Genie, das 1884 in die USA auswanderte, träumte davon, die Ionosphäre künstlich zu manipulieren. Er war fest davon überzeugt, dass es eine elektrisch leitende Schicht in der Atmosphäre gäbe, die man zur drahtlosen Energieübertragung nutzen könnte. Das amerikanische Militär griff seine Überlegungen auf, und das daraus entstandene Projekt heißt HAARP (High Frequency Active Auroral Research Programm). Im Jahre 1993 begonnen, sind seit 2010 180 Antennen betriebsbereit. Es geht bei dieser Anlage in Alaska darum, gepulste Hochfrequenzwellen in die obersten Schichten der Atmosphäre zu schicken und diese damit aufzuheizen.

Wir Verschwörungspraktiker wissen darüber schon ausreichend Bescheid, was die Wetterbeeinflussungen und die Erdbebenauslösungen betrifft, und das Internet gibt darüber reichlich Auskunft. Ich möchte daher in diesem Buch nicht weiter auf diese Art der Einflüsse eingehen, denn es gibt schon so viele Berichte dazu – natürlich auch recht widersprüchliche, die auch gezielt eingeschleust werden. Ich halte mich dafür auch nicht für kompetent genug. Interessant sind speziell die Bereiche HAARP auch zur Bewusstseinsbeeinflussung; HAARP in Deutschland und HAARP als geotektonische Waffe der Politik. Etwas Aktuelles möchte ich allerdings ergänzen. Gerhard Wisnewski stellte in seinem Artikel »Katastrophenwetter: Ist es eine Wetterwaffe?« folgende Frage: *„Was ist nur mit dem Wetter los? Überall in Deutschland und Europa entladen sich mächtige Gewitter und schüttet es wie aus Eimern. Das ganze Bundesgebiet wird von plötzlichen Flutkatastrophen heimgesucht. Mancherorts zucken Blitze sogar aus heiterem Himmel, anderswo erscheinen seltsame ‚Wolkenwalzen' auf der Bildfläche. Normal ist das nicht: Skeptiker spekulieren bereits über den Einsatz einer ‚Wetterwaffe'...*" Mehr dazu finden Sie im Literaturverzeichnis unter [30].

Ergänzend dazu passt das Thema **Chemtrails.** Harvard-Wissenschaftler sprechen ganz offen darüber, dass die Chemtrails, die auch aus Linienflugzeugen versprüht werden, zum Blockieren der Sonnenstrahlen und zum Modifizieren des Wetters benutzt werden. Übrigens sprechen sie erst seit etwas mehr als vier Jahren über die Anwendung von Chemtrails, gesprüht wird jedoch bereits seit mehr als zehn Jahren.[20]

Die Veränderung der Erdkonstante

> *„Wie oben, so unten, wie außen, so innen, wie im Großen, so im Kleinen."*
> Hermes Trismegistos

Professor Dr. Winfried Otto Schumann (1888-1974) postulierte 1952 am *Elektrophysikalischen Institut der Technischen Universität München,* dass die Ionosphäre, der riesige Teil der Erdatmosphäre, mit unserer Erdoberfläche einen Hohlraumresonator bildet. Für Radiowellen, die von einem Sender auf der Erde abgestrahlt werden, wirkt die Ionosphäre wie ein riesiger Hohlspiegel. So stellen sich auch ‚stehende elektromagnetische Wellen' mit bestimmten Resonanzfrequenzen ein. Diese Wellen sind nach ihm als *Schumann-Resonanzen* benannt worden und stellen unsere sogenannte Erdkonstante dar.

Die *Schumannfrequenz* ist also die Grundschwingung unserer Erde, die die gleiche Frequenz aufweist wie unser Gehirn. Das bedeutet, dass unser Körper seit Generationen auf diese Frequenz eingestellt ist. Dieser bislang mit 7,83 Hz schwingende Wert hat sich inzwischen weltweit wesentlich erhöht und schwingt heute im Frequenzbereich von 10 bis 14 Hz. Genau dieser Frequenzbereich, der mit dem Elektroenzephalogramm auch als ,Alpha-Zustand' in unseren Gehirnen gemessen wird, wenn die beiden Hemisphären in Harmonie schwingen, hat einen herausragenden Stellenwert,

Abb. 11:
Georgi Lozanov

zum Beispiel im tiefen Ruhezustand, in der Meditation, im Gebet wie auch bei vielen ganz bestimmten Handlungen und Bewegungen unseres Alltags. Wissenschaftliche Stichworte und Umsetzungen dazu lauten Suggestopädie und Superlearning, die Entdeckungen des bulgarischen Psychiaters Prof. Dr. Georgi Lozanov (schon 1971).

Die zunehmende Erhöhung dieser Erdfrequenz – in den letzten Jahrzehnten und weiter in Zukunft – hat natürlich auch Auswirkungen auf alle ihre ,Kinder'. Es ist nicht nur der Planetenkörper selbst (Erdbeben und Vulkanismus), sondern die gesamte Natur mit all ihren Lebewesen ist auf diese Gleichschwingung abgestimmt, die wir *Schumannfrequenz* nennen – somit auch unser menschlicher Körper und unser Bewusstsein. Und diese weltweite Mutter-Erde-Frequenz schwingt nun genau in dem Frequenzbereich, den ich oben schon Alpha-Harmonie genannt habe. Magister Werner Johannes Neuner sagt sogar: *„Wir können also sagen, dass die Mutter Erde durch ihren Gesang gerade im Begriff ist, ein Erwachen des menschlichen Bewusstseins auszulösen."*

Dieses Zusammenwirken bekommt eine immer höhere Bedeutung im zunehmenden Energiefluss des Wassermann-Zeitalters und für die damit verbundene Umbruchstimmung in unserer Zeit des Wandels.

Diese zunehmende innere Veränderung aller Menschen, und inzwischen auch *aller* Lebewesen unseres Planeten, verläuft weitgehend subtil und unterbewusst und ist meiner Meinung nach auch der Auslöser für die weltweiten ,Demaskierungen' und mutigen Whistleblower. Nicht nur politisch, wirtschaftlich und steuerlich lüften sich Geheimnisse, auch wissenschaftlich und technisch offenbart sich immer mehr lang Verheimlichtes und Zurückgehaltenes.

In dieser Energie des Wandels, in dieser Bereinigung mit geistigem Umbruch und in dieser Welle der Erneuerungen, melden sich auch unsere *Seelen*. Das hat nichts mit alten oder neuen Religionen zu tun und auch nichts mit materiellen Machtsystemen – vor dieser Demaskierung äußerer Falschbilder und geschönter Masken bleibt nichts verschont, auch nicht das Wiederentdecken unserer Göttlichkeit, die verdrängte Welt der Gefühle für unser Seelenheil.

Die neuen, ungewohnten Harmonisierungsfähigkeiten in unseren Gehirnen und die damit verbundene Zunahme der weiblichen Aspekte – als Gefühle auch bei uns Männern – dürften wohl die neue Energie im Rahmen des *Wendepunktes* sein. **Für unser Verstandesdenken wird es immer weniger Sicherheiten geben.** Die einzigen Konstanten, auf die Verlass ist, sind das Sein und der Fluss des Lebens. Mut und Hingabe, Licht und Liebe, Yin und Yang sind hierfür die Zauberworte des Wandels.

In späteren Kapiteln gehe ich noch genauer auf dieses Erwachen in unsere angelegte und mitgebrachte Göttlichkeit ein.

Unser Planet als lebendiges Wesen

> *„Hüte, hüte den Fuß und die Hände, eh' sie berühren das ärmste Ding! Denn Du zertrittst eine hässliche Raupe und tötest den schönsten Schmetterling!"*
> Theodor Storm, dt. Dichter (1817-1888)

Astro-Alex ist der Spitzname des deutschen ESA-Astronauten, Geophysikers und Vulkanologen Alexander Gerst, der im Jahr 2014 vier Monate lang in der Internationalen Raumstation ISS arbeitete. Einer seiner wissenschaftlichen Kommentare lautet „*...als wäre unser Planet selbst ein lebendiges Wesen*". Unser blauer Planet ist keine leblose Sache, sondern ein beseeltes und lebendiges Wesen. Die Erde, unser Heimatplanet, ist wie wir selbst aus einer göttlichen, zentralen Einheit hervorgegangen. Im Altertum war der Gedanke, dass die Erde ein lebendiges Wesen ist, selbstverständlich. Die Griechen nannten ihre Erdgöttin GAIA. Durch sie wurden die ganze Natur und alles Leben geboren und erhalten. Stärker in die irdische Sprachgestaltung eingegangen ist der Göttinnenname TERRA des römischen Imperiums, als terrestrisch bezeichnen wir heute noch viele Qualitäten unserer ‚Mutter Erde'. Spätere Verehrungen fanden auch Bezeichnungen wie *Magna mater* oder *Materia prima* (Alchemisten).

Mich selbst beeindruckt eine andere elementare Aussage, die Brigitte-Devaia in einer tiefen Meditation hörte: *„Die göttliche Schöpferin ist reine Liebe, und aus dieser reinen Liebe ist ihr Planet entstanden, der wiederum liebende Mutter allen irdischen Lebens ist."* Das heißt umdenken! Und Wandel ist wirklich nötig!

Wenn wir uns jetzt noch vorstellen, dass darin eine kosmische oder göttliche Geistenergie waltet, während uns gleichzeitig eine archaische Mutter-Erde-Liebe formt, kann man schon auf die Idee kommen, wir wären Ebenbilder Gottes. So drückten sich ja die orientalischen Schriftgelehrten in ihren Überlieferungen aus, was als Altes Testament auch für viele Christen zum Glaubensinhalt wurde.

Da ich durch die Zusammenarbeit mit Brigitte-Devaia immer wieder die geradezu mächtige Energie der ‚lebendigen' Mutter Erde, unserer Erdmutter, *er-leben* kann, bedaure ich ‚natürlich' sehr deren Missachtung. Viele halten sie nur für Dreck. *Mutter* heißt im Lateinischen *mater*, was ja zugleich auch der Wortstamm für unseren Begriff *Materie* ist. Sollten unsere eigenen Vorstellungen von Geist und Materie auch noch in der Bildlichkeit des Alten Testaments stecken – (männlicher) Geist ist göttlich, (weibliche) Materie ist schrecklich –, dann verletzen wir zugleich auch unsere eigene wundervolle Körperlichkeit mit all ihren großartigen Sinnen. Dabei können wir nämlich in eine besinnliche **Harmonie** kommen und vom *entweder-oder* (Geist/Körper) ins *sowohl-als-auch* umsteigen – der Zug der Zeit nimmt uns sonst nicht mit. Auch zu diesen Gedanken erarbeiten wir später mehr.

Für die meisten von uns ,Hochzivilisierten' ist das ursprüngliche ,natürliche' Verhältnis zu Mutter Erde, wie es unsere Eltern und Großeltern noch hatten, weitgehend verloren gegangen. Heute wird es oft bequem an (profitorientierte?) ,Zuständige' delegiert. Unser inneres Verhältnis und unsere Beziehung zur Erde ist oft von kleinauf als ,schmutzig' apostrophiert worden, gar als gefährlich. Tetanus lässt grüßen!

Allerdings ist das geistige Erwachen auf diesem Gebiet schon längst im Gange, und Bezeichnungen wie *Erdmutter*, *Gaia* oder *Große Mutter Erde* durch immer mehr Menschen sollen zu einer längst fälligen Liebesbeziehung zurückführen. Im Altertum sagte man wohlweißlich ,Große Mutter', so hieß sie schon in der matriarchalen, mutterorientierten kretischen Kultur, die der altgriechischen vorausging. Die Germanen nannten sie *Edda* und die Mayas *Schamajahum*. Damit ist zugleich die Liebe auch zu allen Tieren, Pflanzen, Baumgeistern, Elfen und Feen gemeint, die als sichtbare und unsichtbare Schöpfungen dieser irdischen Gebär-Mutter geistig mit uns innig verbunden sind – auch wenn unser Verstand sagt, dass das nicht sein kann. Diese Ur-Energie *Alma mater* ist eine starke, stolze und große ,Mutter', die im katholischen Volksglauben auch auf *Mutter Maria* ausgedehnt wird.

Doch wir sollten die ,Große Mutter Erde' endlich auch als ein kosmisches Lebewesen erkennen. Sie will wieder stark sein – stark als die große Schöpferin der Natur und des natürlichen Lebens. Sie kann uns viel, viel mehr geben als wir denken – nämlich ihre mütterlichen heilenden Energien, ihre Kraft und ihre Freude am Leben. Ich meine damit vor allem die ,Vernetzung-mit-allem-was-ist' anstatt den materialistischen und rationalen und profitorientierten Abbau materieller Ressourcen aller Art, den verderblichen Platz für Müll oder Atomversuche und so weiter.

Unsere Erdmutter lässt nicht mehr auf sich herumtrampeln, lässt sich nicht mehr vergiften und verwüsten. Sie wird in den nächsten Jahren wieder ihren zentralen Schöpferinnenplatz einnehmen und in allem ihre wahre Stärke zeigen. Sie hat bereits begonnen, sich zu reinigen – es heißt in vielen Voraussagen: erst mit Wasser, dann mit Feuer.

Doch unsere Erdmutter rächt sich nicht, sie liebt ihre Geschöpfe.

Der moderne vietnamesische Mönch, internationale Schriftsteller, Lyriker und Zenmeister Thich Nhat Hanh fordert daher: *„Was unsere Zeit am dringlichsten braucht, ist, dass wir Menschen in uns hineinlauschen und dort die Erde weinen hören."*

Diese Zusammenhänge werden heute zunehmend zentraler, und selbst die Wissenschaft ,Geologie' wird immer mehr ganzheitlicher als ,Bio-Geologie' betitelt.

Nachfolgend mache ich einen weiteren Vorschlag, um ein modernes Gottesbild aufzubauen, das beiden Schwingungsfrequenzen gerecht wird – der weiblichen und der männlichen. Denn wir kommen nicht umhin, zwei Grundsätze zu erfüllen, die einfach zu unserem irdischen Leben gehören: Auch wenn das Göttliche im höchsten Lichtreich geschlechtslose Einheit ist, wirkt es auf unserer Ebene dual: weiblich und männlich. Probieren Sie es doch bei Ihrem nächsten Gebet einmal aus und denken oder sagen Sie (ein laut gesprochenes Gebet hat eine größere beruhigende Wirkung auf Sie selbst) *„Große Mutter, Großer Vater",* und spüren Sie dabei feinfühlig in sich hinein. Sie spüren sofort die Harmonie und das Friedliche dieser vier Worte. Sie sind damit ,in Resonanz mit Gott-und-Göttin-in-dir', mit einer männlich/weiblich ausgeglichenen und harmonisierten inneren Schwingung. Diese Energie, dieser schöpferische Geist, war natürlich schon immer so, doch wir verändern mit diesen vier Worten unsere persönliche Schwingungsfrequenz in ein ausgeglicheneres Schwingungsspektrum, sodass es mit der schöpferischen Schwingungsfrequenz leichter in Resonanz tritt.

Mutter Erde ist eine lebendige Schöpferin

„Alle müsst Ihr und müssen wir mit-
schwingen, ein Teilchen des Göttlichen,
ein Tröpfchen aus dem Ozean der ewi-
gen Fülle."

Botschaft der „älteren Brüder"
(UFO-Nachrichten)

In der Verdichtung unseres Universums ist grundsätzlich alles polar angelegt. Wenn wir einen männlichen Gott als Schöpfer verehren, muss es in der Schöpfung auch eine Schöpferin geben. Wo es einen Vater gibt, existiert auch eine Mutter. Unser Leben in der Materie wird somit grundsätzlich vom Weiblichen *und* vom Männlichen bestimmt – von deren mächtigen Energien. Es sind hier in der irdischen ‚Gottesferne' geteilte Energien, die im stetigen Wunsch leben, in Harmonie vereint zu sein. Diese innere Sehnsucht nach Vereinigung und Gemeinsamkeit nennt man Liebe.

Zum Leben auf der Mutter Erde zählen auch mächtige Sphären, die nicht so verdichtet schwingen und die daher ohne diese Polaritäten existieren und die wir ‚Himmel' nennen. Wir meinen – weil sie nicht sichtbar sind –, dass sie nicht materiell seien, was allerdings nicht stimmt, sie sind nur nicht so stark verdichtet.

Das gesamte Leben auf unserem blauen Planeten ist nicht ohne die Große Mutter Erde vorstellbar. Was uns Menschen – als die so genannte Krönung der Schöpfung – mit ihr verbindet, ist die unterbewusste Energie der Mutterliebe. Und wenn die Mutter nun sogar eine göttliche Schöpferin ist, existiert eine innere Verbindung, die wir nicht hoch genug ansetzen können. Eigentlich könnten wir daher ein Liebesplanet sein, und dazu noch einer der schönsten, wie uns oft aus der geistigen Welt bestätigt wird – ein Schmuckstück unserer Galaxis.

„Lichtkräfte haben unseren Planeten erschaffen und sich darauf fokus-
siert, wobei sie die Räder der ständigen Schöpfung in Gang gesetzt hat-
ten. Ein ökologischer Prozess war in Bewegung gewesen seit unzähligen
Jahrtausenden, Biodiversität war eine eingerichtete Norm, und das

78

Tierleben war unabhängig vorhanden auf dem Planeten – zusammen mit machtvollen Lichtwesen von den Ursprungsplaneten in den Plejaden – bevor das erste menschliche Wesen in die Existenz kam. "[21]

Doch unsere schöne Mutter Erde hat im Laufe ihrer Jahrmillionen noch weitere Geschöpfe anderer Planetensysteme angezogen, die als Kolonisten ihre Spuren bei ihr hinterlassen haben. Sie haben sich nicht nur in die Genetik des Erdmenschen eingemischt und verschiedene menschliche Rassen hinterlassen, sondern auch als ‚Götter' in den unsichtbaren Sphären mitgewirkt – und das nicht immer im liebevollen Sinne unserer Mutter Erde. In der Zeitspanne nach der letzten Eiszeit haben sich dabei menschliche Kulturen entwickelt, welche die männlichen Energien dominant werden ließen. Diese wurden grundlegende Gegensatzkräfte zu der Existenz einer lebendigen Mutter Erde – sowohl im Sinne ‚Erde ist tote Materie' als auch als religiöser Glaubenssatz: „Macht euch die Erde untertan!" Das ist brutal!

Doch die erhöhten Erdschwingungen helfen uns, und neue Sichtweisen entstehen. Über die Jahre hinweg habe ich in diversen Publikationen sowie durch Gespräche mit medialen Menschen die Erkenntnis gewonnen, dass hier vor allem *drei* weibliche Begriffe Verwendung finden, die sich jedoch alle ein wenig voneinander unterscheiden: die *Göttin Gaia*, die *Mutter Erde* und die *Weltenmutter*. Fühlen wir einmal hinein, was uns die Vergleiche dieser Bezeichnungen sagen wollen.

Göttin Gaia hebt uns in unserer Vorstellung in die unsichtbare geistige Schwingung des Überirdischen und Göttlichen – und des Liebevollen, das wohl archaisch mit unseren Ahnungen von einer Göttin angelegt ist. Das betrifft auch das Überirdischschöne, das die meisten irdischen Bilder von Göttinnen auszeichnet. Und da steht Göttin Gaia nicht zurück, wenn wir an ihre weiten Landschaften, ihre mächtigen Gebirge und ihre unergründlichen Meere denken. Gaia ist die wunderschöne Göttin der Erde!

Mutter Erde schwingt etwas anders. Dabei kommt zwar einerseits das Liebende (wie zu jeder Mutter) in uns auf, doch andererseits fehlt uns

*irgendwie die Vorstellung, dass wir ja dadurch auch ihre Kinder sind –
da ist uns einfach die Verbindung verloren gegangen. Die katholische
Kirche ersetzt davon etwas durch die Marienverehrung, speziell die
Symbolik der Mutter Maria mit ihrem weiten blauen Mantel, unter der
wir Menschlein den fehlenden Schutz finden. Doch Mutter Erde ist
auch im Praktischen unsere fürsorgliche Lebensspenderin und Lebens-
erhalterin mit ihrer üppigen Fruchtbarkeit der Natur, ihren nachwach-
senden Lebensmitteln, ihren lebensnotwendigen Wasserquellen und ihrer unendlichen Lufthülle, durch welche auch all die anderen ‚Kinder'
ihrer Natur ihr Leben erhalten.*

Weltenmutter *weist bei unserem lebendigen Planeten auf die verschiedenen unsichtbaren Lebensformen hin, von denen der moderne Mensch
sehr wenig Ahnung hat. Da gibt es die Welt der zarten Feen und Naturwesen, die reiche Welt des kleinen Volkes über und innerhalb der
Erde (mit ihren behüteten Edelsteinvorkommen) und die mächtige
Welt der großen Devas. Alle kraftvollen Bäume, alle Flüsse und Seen
und alle stolzen Bergriesen haben ihre mächtigen Geistwesen als Hüter.
Es heißt, dass jetzt aufgrund der höheren Erdschwingungen viele von
den Devas die Form von Engeln annehmen und die Verbindung zu
uns Menschen aufnehmen können – zum Beispiel als helfende Engel
unseres Planeten Erde. Die Bezeichnung
‚Weltenmutter' beinhaltet auch die unsichtbare astrale Welt unserer gespeicherten Gedanken und Gefühle (Akashachronik, mor-
phogenetisches Feld) und die hochschwingende geistige Welt, die wir Paradies oder
Himmel nennen. Vor allem Mutter Erde leidet unter unserem geistlosen Materialismus,
der ausbeuterisch, lebensverachtend und ver-
sklavend diesen lebendigen Planeten schän-
det – und daher kommt unsere Wendezeit gerade passend. Diese ist nämlich eine kosmische Schnittstelle, die von vielen Sehern der
verschiedensten Völker vorausgesagt ist, und*

Abb. 12:
Göttin GAIA nimmt es jetzt
in ihre Hände

diese Schnittstelle, dieses Zeitfenster, betrifft den aktuellen Zeitgeist nach 2012.

In einer Botschaft vom 21.12.2011[132] heißt es, dass es einen göttlichen Beschluss gibt, dass die Göttin Gaia mit ihrem Planeten nun von allem Leid endgültig befreit und wie die anderen belebten Planeten unserer Galaxis ‚aufsteigen' wird. Wir können das vorerst sicherlich als eine Frequenzerhöhung verstehen und eine *Ent*-dichtung der Materie, auf die ich schon hingewiesen habe. Kann man gar von einer leichten Vergeistigung sprechen? Angekündigt ist sie schon lange – die Schöpfung in ihrer Vollkommenheit. *„Damit ihr vollkommen werdet, wie euer Vater."* (Matth. 5:48)

Alle drei geschilderten Verständnisbilder unseres Planeten sind lebendig und liebend und sind gewaltige Quantenfelder. Sie sind trotzdem eine energetische Einheit, obwohl sie sich uns Menschen auf allen drei Energieebenen immer öfter und immer deutlicher mitteilen, sei es als Naturschutz, im Tierschutz, im modernen Schamanismus oder als bewährte Heilkunde (Pflanzen, Wasser, Luft, Ruhe) oder immer wieder reinigend in Gewittern, Stürmen oder Überschwemmungen oder insgesamt in ihren globalen Schwingungserhöhungen oder informierend in ihren Botschaften durch medial veranlagte Menschen. Trotzdem wird es immer weniger (geplante oder vorausgesehene) Katastrophen und immer mehr Information und Kommunikation geben und damit ein Wiedererwachen der ursprünglichen göttlichen Liebe zu allen(!) Wesen des lebendigen Planeten. Licht und Liebe werden die ‚irdische' und damit unsere Zukunft bestimmen – das herrschende ICH mit seiner Egomanie und Gier wird sich allmählich wandeln in ein neues menschliches WIR, das ganzheitlich auch die wertvolle Natur und die empfindungsvollen Tiere mit einbezieht.

Das erwachende Göttliche, das in jedem von uns mehr oder weniger schlummert, wird uns umkrempeln – im Glauben, in allen Techniken, in allen Wissenschaften, in der Gesundheit, in der Ernährung und im Wohlstand. Unsere Gefühle und unsere Weiblichkeit (Yin oder Anima)

– auch die in uns Männern – werden die Welt verändern und eine friedliche und liebevolle Zukunft erschaffen. *„Herz ist Trumpf"* – Gleichheit und Einheitsbewusstsein werden in uns und um uns herum Frieden bedeuten. Ich meine nicht nur den völkerrechtlichen Frieden, sondern unsere grundlegende Gemütsverfassung, den *Frieden-in-uns* – die Sehnsucht von Milliarden Mitgeschwistern nach Liebe und Frieden.

Das Quantenfeld der Göttlichkeit, in dem unser Planet schwingt, hilft ebenfalls *in Liebe* der gesamten Menschheit und der gesamten Natur bei den zunehmenden Frequenzerhöhungen des Wandels.

Eines der wertvollsten Vermächtnisse unserer ‚Gaia-Muttererde-Weltenmutter' ist die *Selbsterlösungsmöglichkeit* aller ihrer aufstiegswilligen Kinder. Das heißt: Wenn wir alles, was uns stört oder belastet, als eine Resonanz mit uns selbst betrachten und es uns etwas in uns Verstecktes spiegelt, dann kann das jetzt im Rahmen des Aufstiegsprozesses viel leichter aufgelöst werden. Über solche Schatten-Arbeit gibt es inzwischen wertvolle Literatur und praktische Workshops. Doch es gibt auch die überraschende Kurzformel unserer multidimensionalen Erdenmutter:

„Ihr alle seid meine Kinder, und ich liebe euch.
Nehmt das, was euch als dunkle Energie erscheint, in euer Herzzentrum auf. Breitet eure Arme aus und nehmt mit einem tiefen Gefühl der Liebe euer eigenes, ursprüngliches Energiekind auf oder etwas anderes Dunkles, das ihr einfach los sein wollt. Nehmt es in euer Herz, und dort bin ich und führe es für euch ins Licht. Es ist doch ganz einfach!"

Das ist so überraschend wie phantastisch. Das Finden und Entfernen solcher energetischer Anbindungen, die wir als eigene Schatten oder etwas Dunkles bei anderen und anderem empfinden, wird damit zu einem *Liebesakt* anstatt zu einer *Angstattacke*. Es können natürlich auch weltliche oder angstmachende Spannungsfelder sein, die irgendwie oder auch bewusst durch Gegensätze entstanden sind.

Versuchen wir es einfach. Erst mit der Zeit entsteht ein Vertrauen zu dieser neuen Kraft, vielleicht eine Art *Gottvertrauen* – so nach der

Regel: „...*ich und der Vater sind eins.*" Diesmal ist es allerdings die Mutter, unsere ,Gaia-Muttererde-Weltenmutter', die in uns mitwirkt. Topaktuell!

Unsere planetare Evolution ist samt aller Lebewesen in riesige kosmische Zyklen eingebettet, die ich zu Beginn des Buches erklärt habe. So endet nun der dreizehntausendjährige Zyklus der allmählichen Entfernung vom göttlichen Schöpfungszentrum und macht seine Kehrtwende wieder zurück in die ursprüngliche Ordnung und Gottesnähe. Der ganze Planet mit all seinen Lebewesen erlebt daher diesen Wandel, nicht nur einen äußeren und sichtbaren, sondern auch einen wertvollen und grundlegenden inneren Wandel.

Bei uns Menschen erzeugt das natürlich ein verschieden großes inneres Durcheinander. Ich zähle zu denen, die diese Veränderungen dankbar annehmen und versuchen, mit den Energien des Wandels möglichst positiv klarzukommen. Bei manchen Menschen melden sich unterbewusste Alt-Ängste, die damit verbunden sind und bei den meisten Mitgeschwistern – vorerst unerkannt – immer stärker in deren Vordergrund kommen. Denn allmählich ändert sich alles – endlich! Und zwischen den Gefühlen der Hoffenden und den Gefühlen der Ängstlichen gibt es Milliarden Zwischen- und Mischformen, die zu ungewöhnlichen Achterbahnen unserer Gefühle werden können. Wer das dann als eigene Entwicklungsprozesse annehmen kann, liegt richtig und sollte dankbar sein – danken und segnen und sich zufrieden fühlen!

Die Macht der Mutterenergien

*„Eine glückliche Mutter ist für Kinder
lehrreicher als hundert Lehrbücher
über Erziehung."*

Deutsches Sprichwort

Für das Magazin »Elexier« hat Brigitte-Devaia einen Artikel zum Thema **Mutter-Energien** verfasst, der ausgezeichnet zu ihrem ‚Mutter-Ma-
ria'-Gemälde wie auch zu meinen Erklärungen zur Mutter Erde passt
und den ich Ihnen hiermit vorstelle:

*„Du wachst in Deinem kleinen Säuglingskörper auf. Du fühlst Dich al-
leine und hast Hunger. Du brauchst jetzt Wärme, Nahrung und ihre
Nähe. Und Du hast das Bedürfnis, von ihr gehalten und getragen zu
werden. Dein kleiner Körper spannt sich an, Du strampelst mit Deinen
Beinchen und weinst. Und dann geschieht das, was Dir so unendlich
gut tut: Über Dir erscheint ihr vertrautes, lächelndes Gesicht. Deine
Sonne geht auf. Ihre Stimme klingt wie sanfte Musik für Dich, und die
Wogen Deiner Unruhe glätten sich. Sie schaut Dich aufmerksam an.
Wellen der Liebe fließen aus ihren Augen und tauchen in Dich ein. Ihre
behutsamen Hände streicheln Dich zärtlich. Jetzt ist alles gut. Sanft
drückt sie Dich an ihren warmen, weichen, duftenden Körper. Dein
kleines Körperchen wird von ihrer Liebe und ihrer Lebenskraft intensiv
durchströmt. Sie legt Dich an ihre Brust, und Du kommst in Ekstase.
Während Du ihre warme, süße Milch – Dein Lebens-Elixier – trinkst,
fühlst Du Dich zunehmend erwärmt, erfüllt, geliebt, geborgen und satt.
Du fühlst den Himmel auf Erden. Du bist jetzt in einem Zustand des
entspannten Entzückens und fühlst Dich willkommen und geliebt vom
Leben und von ihr – Deiner Mutter.*

Mütter und Liebe
*Deine Mutter ist Deine erste große Liebe. Ihr Gesicht, ihr Blick, der
Klang ihrer Stimme, ihr Geruch, ihre Ausstrahlung, ihre Eigenarten, ih-
re Muttersprache, ihre Liebkosungen und auch ihre eigene Einstellung*

zum Leben prägen sich Dir tief ein. Deine Mutter ist Dein Boden, Dein ‚Mutterboden', auf dem Du durchs Leben gehen wirst. Du weißt noch nicht, dass sie das Fundament Deines Mikrokosmos' ist und den Makrokosmos exakt widerspiegelt. Erst viel später wird Dir bewusst werden, wie grundlegend der Einfluss Deiner Mutter auf Dein ganzes Leben ist. Jetzt nimmst Du ihre körperliche und seelische Nahrung einfach in Dich auf und wächst entsprechend heran. Dein Körper und Deine Prägungen bilden sich aus ihren Bausteinen.

Du begegnest in Deinem Eins-Sein mit Deiner Mutter dem Wesentlichen in Deinem Leben – der bedingungslosen Liebe. Du erlebst, wie es sich anfühlt, bedingungslos geliebt zu werden. Und damit legt Deine Mutter den Grundstein Deiner eigenen Liebesfähigkeit. Durch ihre Liebe wirst Du Dich im Leben willkommen und geliebt fühlen und andere Menschen, Tiere, die Natur, das Göttliche und Dich selbst lieben können.

Überall dort, wo Deine Mutter mit ihrer Göttlichkeit im Einklang ist und göttliche Liebe kanalisieren kann, wirken entsprechende bildende Kräfte auf Dich ein, die Edles, Lichtvolles, Liebevolles in Dir anlegen und nähren. Dort, wo sie eigene Schwächen hat, übernimmst Du etwas von ihr und von Deinen Vorfahren aus der menschlichen Ebene, was es später zu transformieren, zu heilen und zu veredeln gilt. Später wirst Du es vielleicht so betrachten, dass alles nach einem weisen ‚Göttlichen Plan' verläuft, der das Beste für alle Beteiligten vorsieht und dass Du als Seele genau zur richtigen Mutter gekommen bist.

Mütter und Gott

Durch die Liebe und Präsenz Deiner Mutter wird ein positives Grundgefühl für etwas Höheres, als Du selbst bist, tief in Dir angelegt. Jetzt als Säugling ist nämlich sie das Höchste für Dich. Sie ist Gott für dich – Gott als das Leben selbst und die Liebe. Du bist vollkommen eins mit Deiner Mutter. Du nimmst noch nicht wahr, wo Du aufhörst und wo sie beginnt. Es gibt für Dich noch kein ‚Ich' und keine Grenze. Du spürst auch, dass Deine Mutter in ihrer Liebe in einem großartigen Zustand ist. Du siehst ihre lichte Ausstrahlung. Du siehst ebenfalls die vie-

len Engel, die um Deine Mutter herum sind, denn Du hast Deine himmlischen, übersinnlichen Augen noch weit offen. Und auch Deine körperlichen Sinne sind weit offen. Jetzt als Säugling erlebst Du durch Deine Mutter Gott mit allen Sinnen. Du riechst, schmeckst, hörst, siehst und fühlst intensiv. Du fühlst Dich von Deiner Mutter genährt und zugleich vom Leben selbst genährt, von der Liebe – von Gott. Im Schoß Deiner Mutter fühlst Du Dich geborgen und gleichzeitig in Gott geborgen. Es ist alles noch eins für Dich. Dass Du als Baby Gott auf so unbeschreiblich intensive, sinnliche Weise erleben kannst, ist das Geschenk Deiner Mutter. Diese Seins-Intensität und sinnliche Gottesnähe wird eine lebenslange Quelle der Lebensfreude für Dich sein.

Mütter und Männerwelt

Deine Mutter hat es nicht immer leicht in einer Umwelt, die männlich geprägt ist. Männliche Qualitäten wie Erfolg, Zielstrebigkeit, Willensstärke, Disziplin, Funktionalität und Intellekt werden überbetont, doch damit kannst Du jetzt als Säugling kaum etwas anfangen. Du brauchst nicht die männlichen, sondern die weiblichen Qualitäten Deiner Mutter. Du brauchst ihre Gefühlswärme, ihre Hingabe, ihre Fürsorge, ihr Mitfühlen und ihre körperliche Zärtlichkeit. Jetzt als Säugling weißt Du noch nichts von den Nöten Deiner Mutter, die auf irgendeine Art unter der kollektiven Minderbewertung des Weiblichen leidet. Sie wird sich als Mutter manchmal nicht wichtig und wertvoll genug fühlen, dann wenig Selbstwertgefühl haben und vielleicht traurig meinen, nicht erfolgreich und attraktiv für die Männerwelt zu sein, wenn sie ,nur' Mutter ist. In diesen Momenten mag sie sich selbst nicht und kann Dir nicht die Liebe geben, die sie Dir von Natur aus geben könnte.
Wie stärkend und aufbauend wird es für Deine Mutter sein, wenn ihr bewusst wird, wie wichtig und göttlich ihre Mutterschaft wirklich ist. Sie kommt in ein stabiles Selbstwertgefühl und wird ihren weiblichen Körper und ihre weiblichen Qualitäten mehr lieben können. Sie wird Freude an ihrer Weiblichkeit haben und mehr für ihre weiblichen Bedürfnisse einstehen. Wenn Deiner Mutter erst einmal bewusst wird, wie wertvoll ihre Mutterliebe ist, kann sie mit anderen Müttern dafür sor-

gen, dass die weiblich-mütterliche Gegenwart in allen Formen mehr wertgeschätzt wird – auch in Form von Mutter Erde. Diese Wertschätzung bringt nämlich vielen Menschen mehr Balance und Frieden und Dir und allen anderen Säuglingen glücklichere Mütter...

Jetzt als Baby bist Du Deiner Mutter noch ganz ergeben, liebst sie bedingungslos und dankst ihr durch Dein ganzes Sein. Doch später wirst Du ihr einiges vergeben müssen, um ihr von Herzen dankbar sein zu können. Wenn Du Dir dann einmal Zeit nimmst, um die Kraft und Bedeutung der Mutterliebe intensiv zu betrachten und zu fühlen, wird dieses ganz starke, heilsame Wort in Dir hochsteigen: Danke!

Mit diesem Gemälde möchte Brigitte-Devaia der göttlichen Mutter, ihrer eigenen Mutter und allen Müttern dieser Welt liebevoll danken.

Abb. 13: Das Gemälde »Mutter Maria«

Das Göttliche und das Materielle (999 + 666)

> *„Es gibt keine Materie an sich! Alle Materie entsteht und besteht nur durch eine Kraft, welche die Atomteilchen in Schwingungen versetzt und sie zum winzigsten Sonnensystem des Atoms zusammenhält. Geist ist der Urgrund aller Materie."*
> Max Planck, dt. Physiker (1858-1947)

Alle Menschen glauben an etwas Höheres, schon seit Jahrtausenden. Wir Christen nennen es heute Gott. Und das Verständnis, was man damit alles meinen kann, ist wieder dabei, sich zu wandeln. Schon immer gab und gibt es viele Glaubenssysteme, Religionen und ‚Kirchen'. Ich konzentriere mich hier auf vier grundsätzliche menschliche Systeme, das Göttliche zu verstehen: den **Gnostizismus**, den **Dualismus**, die **Quantenphysik** und das **Göttliche in uns**.

- Unter **Gnostizismus** verstehe ich eine philosophische und religiöse Bewegung, die in vorchristlichen Zeiten begann. Der Begriff stammt von dem griechischen Wort *gnosis* und bedeutet *Erkenntnis*. Gnostiker haben behauptet, über ein geheimes Wissen über Gott, die Menschheit und den Rest des Universums zu verfügen, dessen sich die allgemeine Bevölkerung nicht bewusst sei. Der Gnostizismus wurde zu einem der drei hauptsächlichen Glaubenssysteme innerhalb der Christenheit des 1. Jahrhunderts und zeichnete sich aus durch die neuen Überzeugungen über Götter, die ‚heiligen Schriften' und die Welt, die sich von denen anderer christlicher Gruppen unterschieden; durch Toleranz gegenüber verschiedenen religiösen Glaubensüberzeugungen innerhalb und außerhalb des Gnostizismus und durch seinen Mangel an Diskriminierung der Frauen.[139] Der vorchristliche Gnostizismus kam aus den mächtigen Reichen Persiens und war von den **Lehren von Licht und Finsternis** geprägt. Die Urerkenntnis dieses irdischen Gegensatzpaares ist die eigentliche Grundlage des

Gnostizismus' und der meisten Weisheitslehren mit ihren Mystikern. Trotz der Verdrängung aus den christlichen Kirchenlehren sind Aussagen Jesu wie *„Ich bin das Licht der Welt"* oder *„Lasset euer Licht leuchten vor den anderen..."* edler Gnostizismus. Der heutige Wandel in diesem Denken und Glauben wird als *Neognostizismus* bezeichnet.

- Unter **Dualismus** versteht man, dass alles Sichtbare auch ein unsichtbares Feld hat, was man dann als Materie und Geist bezeichnen kann. Unter diesem Begriff verstehe ich das Gegensatzpaar Geist und Materie generell, in der christlichen Lehre spricht man von einem ‚Leib-Seele-Dualismus' – hauptsächlich in Verbindung mit den ethischen Eigenschaften **gut und böse**, und die Kirchenlehre koppelt es maßgeblich an den Schuldbegriff *sündig.* Dazu wurde der Weisheitslehrer Jesus zum Sohn Gottes erklärt, der irgendwo im unsichtbaren Kosmos zur rechten Hand Gottes sitzt. So wurden die christlichen Religionen zu Glaubenssystemen, die uns vom Göttlichen *trennen.* Doch auch der hierbei nötige Wandel ist in den Texten des Neuen Testaments bereits angelegt und wird in seinem neuen Verständnis inzwischen schon weltweit verändert, gezeigt und gelebt.

- Materielles wird wissenschaftlich von der **Physik** erklärt und betreut. Seit dem Zeitalter der Aufklärung ist Materie prinzipiell geist- und gottlos geworden – man spricht ausschließlich nur noch von toter Materie. Und man geht auch genauso mit ihr um. Seit etwa einem Jahrhundert allerdings theoretisiert als fehlende Ergänzung dazu die **Quantenphysik**, die dem Begriff *Gott* wieder einen Platz in den irdischen Wissenschaften schuf. Die Hypothese vom Urknall wird zum Auslaufmodell. Dieser Wandel wurde inzwischen sogar nobelpreisgekrönt.

- Als vierte Variante des irdischen Gott-Verständnisses bezeichne ich **das Göttliche in uns.** Ich beziehe mich dabei auf die sensationelle Erklärung Jesu im NT: *„Das Reich Gottes ist in euch..."* Wie wir das jetzt in der Zeit des Wandels endlich besser verstehen können, erkläre ich noch ausführlich.

Jeder Mensch braucht etwas, woran er glaubt. Manche glauben an Götter, manche ans Schicksal, andere an die Liebe – der Mensch kann nicht ohne irgendeinen Glauben leben. Auch wenn der Spruch „*Glauben heißt nicht wissen*" es minimiert, haben wir sogar gesetzliche Glaubensfreiheit. Dabei gibt es Leichtgläubige wie auch Ungläubige, doch an irgendetwas glaubt jeder von uns, nicht nur an das schönere Wetter morgen oder daran, dass ‚sein Fußballverein' auf jeden Fall siegen wird. Im religiösen Sinn kann es auch zu Glaubenskriegen führen, inklusive nachhaltigem Macht- und Weltherrschaftsgelüste. Und die gesamte Kultur des Abendlandes hat dabei ihren christlichen Glauben und die des Morgenlandes einen anderen.

Glauben ist die innere Anbindung an ein Ideal, das man auch gerne verehrt. Und die Gemeinschaft von Gleichgläubigen tut dabei innerlich so gut – beim Fußball genauso wie in der Kirche. Doch in allen Glaubensbereichen gibt es jetzt Veränderungen, also auch im Bereich von Geist und Materie. Die absolute Dominanz des materiellen Denkens und Entscheidens führte und führt die Menschheit in einen inneren Zustand, der von immer mehr Sinnlosigkeit erfüllt ist. Dabei wird allerdings immer mehr Beteiligten die primitive Geistlosigkeit bewusst, und sie empfinden und spüren, dass manche Idole noch lange keine Ideale ersetzen können. Veränderungen sind daher angesagt.

Dabei las ich erstaunt bei »Spektrum.de«: *„Die Mehrheit der Deutschen bezeichnet sich als spirituell – doch ohne feste konfessionelle Bindung. Auch für Wissenschaftler ist Religion wieder ein Thema."* Das Ende der Religion schien schon so gut wie besiegelt. Doch seit einiger Zeit erlebt der Glaube offenbar eine Renaissance und einen Wandel. Umfragen zeigen: Für immer mehr Menschen spielt die Suche nach Gott und dem ‚Sinn des Lebens' wieder eine Rolle.

Denn viele Menschen haben vor der angeblichen Macht der Materie unterbewusste Ängste entwickelt. Dabei geben sie der Materie erst durch diese Ängste und dem persönlichen, dazugehörigen Glaubenssystem zusätzliche Macht über sich. Sie haben dann etwa Angst, vom Elektrosmog krank werden zu können oder von Alkohol, von Zucker, von Chemikalien jeglicher Art, Viren, Bakterien, übermäßigem Fleisch-konsum und Ähnlichem. Dabei liegt die eigentliche Gefahr für die Menschheit darin, die eigene Kraft des Geistes über zu viel Materielles zu *ignorieren*. Es ist Zeit, sich endlich der Kraft des Geistes wieder be-wusst zu werden und ihm den Platz einzuräumen, der ihm zusteht. **Der Geist bestimmt die Materie** – und nicht umgekehrt.

Unsere neue innere und noch gefühlsmäßige Suche hat nämlich auch mit den äußeren Energien zu tun, die sich helfend verändern – den kosmischen und den globalen. Daher möchte ich jetzt noch einmal auf die Veränderungen eingehen, die sich in spiritueller Hinsicht in den Bereichen des weiter oben geschilderten Gnostizismus, des Leib-Seele-Dualismus, der Quantenphysik und des Göttlichen in uns zeigen.

Der klassische **Gnostizismus** lebt vom Licht-und Finsternis-Prinzip. Der **Neognostizismus**, wie er inzwischen genannt wird, ist quasi die neue Erkenntnis vom inneren Licht. Es gibt dabei gewaltige Verände-rungen im Bewusstsein der Menschen. Sie nennen sich Lichtarbeiter oder Lichtkrieger und erkennen manche Leidenszeit als Lichtkörper-prozess. Man differenziert nicht mehr und lebt dabei die Freiheit des individuellen Empfindens und Wirkens. Es gibt keine Messlatte, ob Ihr inneres Licht auch schon eine Erleuchtung ist oder ob Sie noch auf dem Weg dahin sind. Dieses Lichtsein besitzt eine innere Klarheit und über-zeugte Wahrheit, die zum *persönlichen* Maßstab werden. Es gibt dazu keine Dogmen mehr, und dadurch gibt es unzählig viele Weisheitsleh-rer, die weder theologische Akademiker noch egozentrische Gurus sein müssen.

Und da es anfangs nur innere Erkenntnis- und Erlebniswege sind, stehen unsere Frauen bei diesem Wandel – im Gegensatz zu allen Reli-gionssystemen – nicht mehr den Männern nach. Im Gegenteil: Was im urchristlichen Gnostizismus bereits angelegt war, verwirklicht sich jetzt endlich. Großartige und mutige Seelen sind dafür als die neuen Frauen inkarniert und bewirken und schaffen dabei den nötigen Aufholbedarf an globalem, weiblichem Selbstbewusstsein. Die biblisch verwaltete Historie Jesu mit seinem *„Ich bin das Licht der Welt"* oder seiner Aufforderung „*Lasset euer Licht leuchten vor den anderen...*" kann jetzt endlich individuell und freiheitlich geprägt gelebt werden – nach rund 2000 Jahren. Die Vernetzung zu einem globalen Kraftfeld des Lichts gegen die Lichtlosigkeit der dunklen Gier- und Machteliten nimmt laufend zu. Die kosmischen Schwingungserhöhungen und die unserer Mutter Erde erlauben in diesem inneren Licht auch neue Friedens-Gefühle. Es sind solche des eigenen inneren Friedens wie auch ehrlich gewollter Friedfertigkeiten und sind dabei auch die geistigen Grundlagen für den Frieden unter den Völkern. Hierbei wirkt wieder das dritte hermetische Prinzip mit: „*Wie im Kleinen, so im Großen.*"

Einen anderen gewaltigen Wandel erleben wir im irdisch verstandenen **Leib-Seele-Dualismus**. Es geht wieder um den großen Weisheitslehrer Jesus Christus, den auferstandenen und den begeistert umjubelten *Ostern-Pfingsten-Jesus*. Er wird stets in segnender Haltung verehrt. Könnte es sein, dass die spirituelle Neuzeit sichtbar in Brasilien begann? Brasilien war die letzte westliche Nation, die 1888 das unvorstellbare Leid der Sklaverei grundgesetzlich beendet hat. Dafür erschuf man 1931 gerade dort als berühmtes Erkennungszeichen der ehemaligen Hauptstadt Rio de Janeiro (heute etwa 7 Millionen Einwohner) die riesige, 38 Meter hohe Statue Jesu. Dieses **Jesus-Monument** breitet segnend die Arme über die Menschen von Stadt und Land (und einen der schönsten Strände der Welt) aus – der *auferstandene Jesus*, der *neue Jesus*.

1994 wurde die gleiche Jesus-Statue im bolivianischen Cochabamba noch etwas größer errichtet und wurde daher zur größten Jesus-Dar-

Abb. 14: Jesus auf dem südamerikanischen Kontinent

stellung der Welt. Weitere Monumente finden sich inzwischen auf dem ganzen südamerikanischen Kontinent, darunter auch die riesige gusseiserne Jesus-Statue in Puerto Plata in der Dominikanischen Republik.

Herzlichen Glückwunsch, geliebter Heiland! Am 07.07.07 wurde im Lissaboner »Stadion des Lichts«(!) das Ergebnis der weltweiten Internetabstimmung über die »Neuen sieben Weltwunder« bekanntgegeben, und dazu zählt auch Dein Bildnis in Rio de Janeiro.

Zurück ins Jahr 1931: Im gleichen Jahr, in dem auf der anderen Seite unseres Planeten das riesige Monument eingeweiht wurde, kam »das neue Bild« des Heilands auch zu uns Europäern. Die polnische Ordensschwester Faustina Kowalska (1905-1938) hatte am 22.2.1931 in ihrer Klosterzelle von Plock eine eindrucksvolle Jesus-Vision. Danach ließ sie Jesus mannshoch von dem Künstler Adolf Hyla so malen, wie sich der jenseitige Jesus ihr gezeigt hatte. Das war ihr eigentlicher Auftrag für die Neue Zeit. Wie viele Jahre vorher hat die geistige Welt dieses gemeinsame **Erscheinungsjahr** – gleichzeitig in der alten und in der neuen Welt – vorbereitet?

Der inzwischen heilig gesprochenen Faustina erschien genau dieser segnende Heiland, und die beiden farbigen und ungewöhnlichen Lichtbündel aus seinem Herzzentrum symbolisieren mit *Blau das Wasser, das unsere Seelen reinige* und mit *Rot das Blut, welches das Leben unserer Seelen sei.* So erklärte es ihr damals Jesus, und mit diesen Herzenskräften distanzierte er sich *sichtbar* von all den frustrierenden alttestamentarischen Blutopfertheorien. Heutige Erklärungen geben seinem linksseitigen blauen Strahlenbündel die Bedeutung ‚Sicherheit und Wahrheit' und in seinem rechtsseitigen Rot den Hinweis auf die Michaelskraft. Beides unterstreicht die **Aufforderung zu Vertrauen**, welche Jesus damit ausstrahlt. So deute ich auch seinen Blick. Im Gegensatz zu den meisten ‚indirekt' blickenden Jesus-Gemälden und -Statuen sind auch seine Augen (und damit sein Blick) *immer präsent* – er schaut uns jedes Mal direkt ins Herz, gleichgültig, aus welcher Richtung wir in seine Augen blicken.

Die ursprüngliche ,Aussage' des Gemäldes war bei dem angehenden Kriegsgeschrei nach 1931 sicherlich so noch nicht verständlich genug für die Welt. Doch unser Wassermann-Zeitalter mit der zunehmenden spirituellen Öffnung von immer mehr Menschen gibt *auch unseren eigenen Herzens- und Seelenkräften* einen höheren Stellenwert. Und es ist wieder Verständnissache, diese beiden göttlichen Lichtgeschenke, die uns energetisch aus der modernen Erscheinung des *segnenden Jesus* zufließen, in Liebe anzunehmen. Später gehe ich noch ausführlicher auf diese **Herzenskräfte** ein.

Noch etwas fällt auf: Die gleichzeitigen ,*Erscheinungen*' Jesu im Jahre 1931 könnten eine Formel des frühen Christentums im magischen Bereich der Bilder ausdrücken: *Jesus war ganz Gott und ganz Mensch.* In Europa war es ein feingeistiges und spirituelles Gemälde (Gott), und in Südamerika war es eine Statue aus 1145 Tonnen verkleidetem Beton (Mensch). Eingeweiht wurde die Statue auf dem Corovado bei Rio am 12.10.1931, das ist numerologisch eine 18 (1+2+1+1+9+3+1) und schließlich die Quersumme 9. Dies ist

Abb. 15 und 16:
Die Jesus-Vision

die numerologische Zahl für »Christus«. Ich vermute, dass die erwartete *Wiederkunft Christi* – wörtlich: *Kommen im Geiste* – schon im letzten Jahrhundert geschah, auf dem alten und dem neuen Kontinent und *ohne* Kreuz. Golgatha liegt im Abseits, Golgatha ist *out*. So können wir den lebendigen Jesus viel leichter im urchristlichen Sinne als *Lichtgestalt* begreifen – „*Ich bin das Licht der Welt.*"

94

Eine weitere interessante Tatsache fällt mir zum Thema Südamerika auf. Ich meine den hohen Grad der Verehrung der Mutter Maria. Vor über 500 Jahren gab es nahe von Mexiko-Stadt eine Marienerscheinung, die Folgendes bewirkte: *„Unmittelbar nach dieser Begebenheit wurden plötzlich acht Millionen Azteken katholisch, die sich nur zehn Jahre vorher kaum etwas Schöneres vorstellen konnten, als Spanier beziehungsweise Katholiken in Kakao zu kochen und aufzuessen."* (Paul Badde) 1737 wurde die Madonna von Guadalupe zur Patronin Mexikos proklamiert, 1910 zur Patronin beider Amerikas (Nord- und Süd-). Heute ist Guadalupe mit 20 Millionen Besuchern im Jahr der meistbesuchte Wallfahrtsort der Welt. Gesegnetes Südamerika!

Der dritte Bereich des oben erwähnten irdischen Gottesverständnisses ist die Physik beziehungsweise die **Quantenphysik**. Plancks Hypothese war um 1900 notwendig geworden, weil die klassische Physik, zum Beispiel bei der Beschreibung des Lichts oder des Aufbaus der Materie, an ihre Grenzen gestoßen war.

„Die entscheidenden Grundlagen der Quantenphysik wurden zwischen 1925 und 1935 vor allem von deutschen Forschern mit dem Ziel gelegt, die physikalischen Vorgänge in atomaren Größenordnungen zu beschreiben, nachdem die klassische Physik hier völlig versagte. Widerspricht auch das Verhalten von Quantenobjekten unseren Alltagsvorstellungen völlig, so ist die Quantenphysik doch heute eine der am besten bestätigten physikalischen Theorien. LED, Transistor, Laser, Elektronenmikroskop, Kernspinresonanz – bei allen diesen Geräten spielen quantenphysikalische Effekte eine zentrale Rolle." Dies schreibt die *Joachim-Herz-Stiftung.*

Und heute? Der Theorie des Quantenphysikers Higgs und seiner Kollegen zufolge gibt es ein Energiefeld, das den ganzen Kosmos ausfüllt. Jedes Teilchen, das sich darin bewegt, tritt in Wechselwirkung mit diesem Feld. So bekam das »Gottesteilchen« den Nobelpreis 2013. Im begleitenden Text dieses Preises wurde herausgestellt: *„Der Nachweis des Higgs-Boson gilt als einer der größten wissenschaftlichen Durchbrüche der vergangenen Jahrzehnte."* Na also: *Das Göttliche grüßt die Materie!*

Nun kommen wir zum vierten Bereich des oben erwähnten irdischen Gottesverständnisses: *,das Göttliche in uns'*. Im Neuen Testament drückt sich der Heiland unmissverständlich aus: *„...denn siehe, das Reich Gottes ist inwendig in euch."* (Lukas 17, 21) In meinem Buch »Alles ist Gott« habe ich 25 Zitate gesammelt, die belegen, dass diese gleiche Aussage tatsächlich in allen Religionen zu finden ist. Ich übernehme davon das 1. Zitat: *„Der pazifistische Pharao Echnaton (1351-1334 v. Chr.) verkündete: ,Gott wohnt in jedem Menschen.'"* Mein letztes angeführtes Zitat lautet: *„Der Nobelpreisträger Hermann Hesse (1877-1962) schrieb: ,Ziel eines sinnvollen Lebens ist, den Ruf der inneren Stimme zu hören und ihm möglichst zu folgen. Der Weg wäre also: sich selbst erkennen.'"* Und unter den vielen Zitaten zwischen diesen beiden befindet sich natürlich wieder unser genialer Geheimrat Johann Wolfgang von Goethe (1749-1832):

> *„Ich glaube, dass wir einen Funken jenes ewigen Lichtes in uns tragen, das im Grunde des Seins leuchten muss und welches unsere schwachen Sinne nur von Ferne ahnen können. Diesen Funken in uns Flamme werden zu lassen und das Göttliche in uns zu verwirklichen, ist unsere höchste Pflicht."*

Doch nun kommt die schwierige Frage: Wo ist das Göttliche in uns? Wer sich bewusst als ein Geschöpf Gottes empfindet, weiß: in allen unserer Zellen. Doch dieser Erklärungsversuch stößt oft auf Unverständnis, und man spricht lieber vom *Gottesfunken im Herzen* oder vom *Herzzentrum* oder dem *Herzchakra* oder von der *5. Herzkammer* oder – wie ich – vom *Höheren Selbst*.

Und was versteht man unter dem *Höheren Selbst*, das heute so reichlich zitiert wird? Das wiederum ist eines der großen Portale, die sich in dieser Zeit immer weiter öffnen und nach meiner persönlichen Meinung der zentrale Initiator vieler unserer Veränderungen sind. Es ist nämlich dabei der liebende und unterbewusste und individuelle und göttliche Partner von uns allen. Jeder hat sein eigenes Höheres Selbst. Daher brauche ich für unser Höheres Selbst später ein eigenes Kapitel.

Jetzt ist noch die Frage offen, warum ich in der Überschrift dieses Kapitels **999 + 666** geschrieben habe. Es hat im Verlauf der Jahrhunderte viele Versuche gegeben, diese Zahl 666 zu deuten. Sie taucht zum ersten Mal in der Bibel-Apokalypse (Offb. 13,18) auf. *„Hier braucht man Weisheit. Wer Verstand hat, berechne den Zahlenwert des Tieres. Denn es ist die Zahl eines Menschennamens; seine Zahl ist sechshundertsechsundsechzig.“* Die Bibel beschreibt diese Zahl auch im Buch der Könige (Kapitel 10,14): *„Und das Gewicht des Goldes, welches dem Salomon in einem Jahre einkam, war sechshundertsechsundsechzig Talente Gold.“* (Mehr dazu hier[23])

Armin Risi schrieb einen ausführlichen Online-Artikel zum Thema »666 – Schlüssel zu einer Weltdiktatur«, aus dem ich folgenden Auszug gewählt habe:

„Gesagt wird, in der Zukunft werde die Dunkelmacht ihre Weltherrschaft mit diesem Zeichen besiegeln; die Zahl 666 werde das Kennzeichen des kommenden Weltherrschers von Satans Gnaden sein. Im 13. Kapitel der Geheimen Offenbarung wird dieser Diktator gleichnishaft als ein schreckenerregendes ‚Tier' geschildert. Dieses ‚Tier' bezieht seine Herrschergewalt vom ‚Drachen'. Zur Befestigung seiner Herrschaft zwingt er durch die Hilfe des zweiten ‚Tieres' alle Menschen dazu, seine Zahl als Malzeichen auf der rechten Hand oder auf der Stirn zu tragen…
*Betrachten wir eine weitere Spur: Es gibt Sprachen, in denen Buchstaben und Zahlen dasselbe sind. Dies ist z. B. im römischen Alphabet der Fall, wo I für 1, V für 5, X für 10, L für 50, C für 100, D für 500 und M für 1000 steht. Dasselbe gilt auch für das hebräische Alphabet, nur mit dem Unterschied, dass dort <u>alle</u> Buchstaben einen Zahlenwert haben. Die Zahl 6 entspricht dabei dem Buchstaben w. Die Zahl 666 schreibt sich also als **www**! Wenn ein Bürger unseres heutigen Zeitalters www sieht, denkt er natürlich nicht an 666, sondern an den Schlüssel zum gelobten Land des Internets, die Abkürzung für World Wide Web. Das englische Wort **web** wird meistens im Zusammenhang mit Spinnennetz verwendet. Ansonsten ist für ‚Netz' das Wort **net** gebräuchlich,*

wie am Wort Internet (und nicht Interweb) leicht ersichtlich ist. Hier hat sich also jemand eine Abkürzung einfallen lassen, die alle Netzbenutzer zwingt, direkt oder indirekt mit dem Zeichen des Tieres zu operieren."[24]

Tiefer möchte ich hier nicht einsteigen, denn die Symbolik zum Beispiel beim Barcode (Strichcode), mit dem heute alle Handelsprodukte belegt sind, ist ja längst bekannt.

Andererseits ist nun einmal die Ziffer 6 die absolute und völlig korrekte Erd-Symbolik, die lediglich bewusst missbraucht wird – wie so vieles. Somit geht es primär darum, wie *wir* damit umgehen. Schon weiter oben, als ich über das Thema Glauben schrieb, habe ich darauf hingewiesen, dass viele Menschen vor der angeblichen Macht der Materie unterbewusste Ängste entwickelt haben. Und genau diese Energien schmarotzen genüsslich die ganz bestimmten dunklen Quantenfelder. Wie kann man das ändern? Einfach umdrehen und wandeln. Das geht so...

Die Ziffer 9 habe ich bereits als Christus-Zahl erwähnt. Verdreifacht bedeutet sie laut dem bekannten Engel-Medium Doreen Virtue:

„999 – mach Dich ans Werk, Lichtarbeiter! Die Welt ist jetzt darauf angewiesen, dass Du Deine göttliche Aufgabe annimmst. Erfülle sofort und ohne Zögern Deine heilige Mission." An einer anderen Stelle deutet sie die 999 als Vollendung: *„Diese Zahlenfolge steht für die Vollendung! Vielleicht in Deinem persönlichen Leben, vielleicht auch in der Menschheitsgeschichte. Eine Botschaft der Engel an uns alle... Sorgt dafür, dass die Erde heilt."*[25]

Auch andere Numerologen geben der 9 den Sinn der Vollendung – verdreifacht also eine außerordentliche Lichtenergie. Wozu? Um das Quantenfeld der 6 auszugleichen und zu wandeln. Ich erinnere daran, dass die 6 symbolisch einen Wirbel darstellt, der Energie in sich hineinsaugt, die perfekte Raff- und Gier-Symbolik für die dunkle Elite. Das reine Gegenteil zeigt uns das Quantenfeld der 9, hier schleudert der

Wirbel seine Energie nach außen, er verschenkt sich dem Betrachter. Und der Gipfel solcher gezielter Energiespiele kommt jetzt: Stellen Sie sich die beiden Ziffern übereinandergelegt vor, dann entsteht nämlich eine 8. Diese harmonisiert vortrefflich und drückt in der *Hermetik* das absolute Gleichgewicht zwischen ‚oben' und ‚unten' aus. Flach hingelegt, wird die 8 zur **Lemniskate**, einer alten Symbolik für Gott, welche durch ihre gegenläufigen Wirbel optimal ausgleichen kann.

Ich behaupte, dass solche Energiespiele einen sehr wirksamen Rumpelstilzcheneffekt haben. Erinnern Sie sich? Das kleine Männchen hatte so lange Macht und konnte Ängste erzeugen, so lange die Königin seinen Namen nicht wusste. Aufgeklärt jedoch, erreichte sie, dass das Rumpelstilzchen so wütend wurde, dass es sich selbst zerriss. Somit: *Wissen ist Macht* oder *Geist beherrscht die Materie*.

Freuen wir uns, dass gegen jede störende Energie auch eine harmonisierende existiert, und zwar so, wie gegen jeden Schmerz auch ein Kräutlein wächst. Danken wir dieser versteckten ‚Ordnung', also dem Göttlichen, dass wir mit unseren individuellen Schöpferkräften beim Materiellen ausgleichend wirken können, und segnen wir all diejenigen, die noch nicht so weit sind.

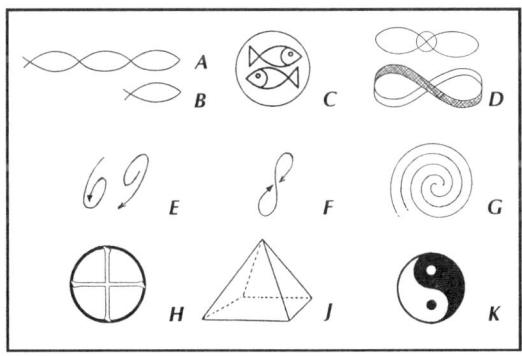

Abb. 17:
Harmonie-Symbole

Nichts geht ohne planetare Engelwesen

*„Wir Naturengel betreuen die Pflanzen
und die Tiere und die Naturwesen. Seit
sich die Schwingung erhöht, betreuen
wir auch herzvolle Menschen.“*

Naturengel Mahischahi,
medial empfangen durch Brigitte-Devaia

Nun komme ich wieder zu einem der Mega-Themen. Kaum jemand von
heute glaubt mehr das, was ich jetzt berichten werde. Früher bin ich
immer wieder einmal in der anthroposophischen Literatur darauf gestoßen, dass es im für uns unsichtbaren Reich der Natur von geistigen
Wesenheiten nur so wimmelt und das auch glaubhaft belegt wird. Doch
seit gut einem Jahrzehnt befasse ich mich damit verstärkt und komme
dabei an der Seite von Brigitte-Devaia in den Genuss, bestimmte Dinge
zu erleben, die ich vorher nur in Berichten bestaunen konnte. Nach den
erstaunlichen Erfolgen in Findhorn bin ich dann auch zu den Erfolgen
des Kulturanthropologen, Ethnobotanikers und Buchautoren Dr. Wolf-
Dieter Storl geführt worden. Er meint zu seiner wissenschaftlichen
Arbeit: *„Es gibt ein Universum zu entdecken!“* Wenn Sie in Ihre Internetsuchmaschine ‚youtube Storl‘ eingeben, landen Sie in einer faszinierenden Welt, in der Mystik lebendig wird. Ich öffne Ihnen jetzt auf
meine Art ein Fenster in dieses ätherische ‚Universum‘.

Der sichtbare Teil der Natur ist nur ein Bruchteil dessen, was sich
tatsächlich abspielt. Denn der sichtbare Teil steckt in einem gigantischen unsichtbaren Weltreich der Natur der Mutter Erde und ihrem
göttlichen Energiefeld – ein Energiefeld, das ätherisch und feinstofflich
mit allem verbunden ist, was lebt. Und es lebt eben alles – werden wir
noch erfahren. So wie es für den Menschen ein riesiges und bereits bekanntes Engelfeld gibt, so existiert das ebenfalls für das Naturreich, und
man spricht dabei von Naturengeln, Naturwesen und Elementarwesen.
In der Neuen Zeit werden Menschen und Naturengel wieder stärker
zusammenarbeiten, so wie es bereits in frühster Zeit war. Damit sind
nicht unsere Schutzengel und Erzengel gemeint, sondern die weitge-

hend unbekannten Devas und Naturwesen wie eben auch ‚planetare Engel' – das ganze Engelreich, das viel größer und umfassender ist als wir es uns vorstellen können.

Unsere Erde ist ein lebendiger Körper, der nicht nur eine einmalig schöne physische Gestalt hat, wie sie in den Landschaftsformen zum Ausdruck kommt, sondern auch eine eigene *Gefühlswelt* besitzt. Sie wird verkörpert von den unzähligen Naturengeln, Zwergen, Nixen, Feen, Devas und einer Vielzahl anderer Wesenheiten, die wir unter dem Sammelbegriff *Elementarwesen* zusammenfassen. **Elementarwesen stellen die Intelligenz der Natur dar und sind für die Lenkung aller Lebensprozesse innerhalb der Naturreiche, einschließlich der Tierwelt, zuständig.** Mit der Menschenwelt haben sie es nicht mehr so, doch auch hier sind Veränderung und Wandel erkennbar.

Die Autorenkollegin Gabriele Schuster-Haslinger schreibt in ihrem Buch »verraten, verkauft, verloren« dazu:

„Doch sollte noch ein Zweifler unter den Lesern sein, dem sei gesagt, dass in Island eine Elfenbeauftragte vor Baubeginn vieler Projekte prüft, ob an der Stelle eventuell Naturwesen leben, die dadurch beeinträchtigt werden könnten. Die eine oder andere Straße musste daher bereits ein Gebiet umgehen, damit die Elementarwesen dort ungestört bleiben konnten – zum Beispiel in der Gemeinde Kópavogur, unweit der Hauptstadt. ‚Dort musste man eine breite Straße um einen Felsen herum führen, der Elfenwohnsitz ist… Heute heißt die Straße sogar nach dem Felsen Álfhólsvegur – Elfenhügelweg.', schreibt die Zeiten-Schrift. Erla Stefánsdóttir ist ihr Name und sie wurde schon mehrfach von der Stadt Reykjavik offiziell beauftragt, um zu prüfen, ob ein geplantes Baugebiet von Elfen bewohnt wird. Die hellsichtige Klavierlehrerin wird auch zu Hilfe gerufen, wenn unerklärliche Dinge auf einer Baustelle geschehen, wie zum Beispiel beim Bau einer Feriensiedlung, bei der völlig ungeklärt ein fünfzig Tonnen schwerer Schaufelbagger zweimal hintereinander einfach umgekippt war. Man sollte die Naturwesen eben nicht unterschätzen. Bei wikipedia wird beschrieben, dass bei isländischen Baugenehmigungsverfahren zu prüfen ist, ‚ob durch ein

Bauvorhaben Kulturgut beschädigt wird. Zu den Kulturgütern zählen auch Geländeformationen wie große Steine oder Felsen, die von der lokalen Bevölkerung als ‚von Elfen bewohnt' angesehen werden. Das kann der Fall sein, wenn zum Beispiel alte Märchen oder Erzählungen existieren, die dies behaupten.'«(133)

Die unzähligen unsichtbaren Naturreiche und die Vielfalt der Naturengel faszinieren. Die Naturengelchen der Blüten sind die kleinen Lichtwesen, welche *Elfen, Feen* oder *Blütenwesen* genannt werden. Sie haben eine sehr liebevolle und auch kraftvolle Energie, genauso wie die größten Naturengel, die mächtigen Landschafts- und Gebirgs-Devas. Naturengel werden sie deshalb genannt, weil sie Wesen unserer Schöpferin Erde zur Pflege und Behütung eben dieser Erde sind, die ‚Hüter der Erde'.

Wie unsere Zugspitze sind alle Gipfel der Welt, alle Seen und alle Gebirge und Wälder von mächtigen Devas behütet. Die Sanskritbezeichnung *Deva* ist sprachverwandt mit dem lateinischen *Dea* = Göttin. ‚Natürlich' gibt es unzählige Formen von Devas, beginnend bei den winzigen Nymphen oder Dryaden einer wild wachsenden Blume bis hin zu den erwähnten Riesen der Gebirgsmassive. In unseren Naturreichen berichtet man von jeher von Elfen, Feen, Sylphen, Nymphen, Elementarwesen (von Feuer, Luft, Wasser, Erde), Zwergen, Gnomen, Trollen und mehr – nicht nur in den Mythen und Märchen. Es ist eine faszinierende Welt von unsichtbarem Leben, das der göttlichen Ordnung dient, die ohne diesen Dienst gar nicht funktionieren würde. Sie beleben und beseelen unsere Natur, wo es noch möglich ist. Kann man zu dieser unsichtbaren Dimension auch Erdenseele sagen?

Durch die allgemeinen Schwingungserhöhungen unseres Planeten können diese Energiewesen der Natur uns Menschen neuerdings wieder näher kommen. Mediale Geomanten berichten sogar, dass viele neue Naturwesen auf der Erde sind, die zuvor nicht hier waren. Wenn die Natur- und Elementarwesen erkennen, dass wir mit liebevollem Herzen ihre Nähe oder Hilfe oder Mitwirkung suchen, dann kommen sie uns entgegen – mit gegenseitiger Wertschätzung.

Jedes irdische Wesen hat einen geistigen Begleiter, nicht nur wir Menschen. So wie wir einen sogenannten Schutzengel haben, so hat das auch jede Blüte, jede Staude und jeder Baum. Stellen Sie sich einen einzeln stehenden Baum vor, der gut dreimal so alt wird wie wir Menschen und welche Energie und welche Weisheit seine riesige Baumdeva dann hat. Dieses Wesen des Baums (oft auch *Faun* genannt) hütet dabei die vielen kleineren Naturgeister, die den Baum besiedeln, auch die Gnome des Wurzelwerks. Brigitte-Devaia und ich kennen zwei alte Bäume – über ein halbes Jahrtausend alt –, mit denen sich Brigitte-Devaia über ihr Leben und Erlebtes unterhalten kann.

Naturengel sind auch Hüter der Elemente und somit auch der Elementarwesen. Elementarwesen sind überall, es gibt keinen Flecken auf dieser Erde ohne Elementarwesen. Diese kleinen, arbeitsamen Wesen gestalten und hüten unsere Natur, in der Naturwissenschaft nennt man diese einfach »Naturkräfte«. Leider verneinen die meisten Menschen die Existenz von Naturgeistern und Naturengeln völlig – auch diejenigen, welche sich oft hingebungsvoll für die Umwelt einsetzen.

Und doch sind diese vollkommen real und möchten wieder von den Menschen wahrgenommen werden. Sie freuen sich sehr über unsere Achtsamkeit ihnen gegenüber. Wer bei einem Naturspaziergang sein Herz für diese kleinen lichtvollen Wesen öffnet, der wird sie mit ein wenig Übung spüren können. Sie sind sehr gute Erdheiler, und weil sie mit der Erde sehr verbunden sind, ist es auch ihre Aufgabe, uns Menschen zu helfen, mit Mutter Erde achtsamer zu sein und auch umweltfreundlicher zu handeln.

Nun kann ich noch von zwei Besonderheiten berichten. Der international bekannte Heilpraktiker Berthold Chales-de Beaulieu war nicht nur der erste Warner vor der Giftigkeit des Amalgams, sondern besaß auch eine begnadete Hellsichtigkeit, die für seine Therapiearbeit große Erfolge brachte. Von ihm existieren auch neun Bücher, von denen eines besonders hierher passt: »Meine Gartengeister – Gespräche mit Naturwesen«[26].

Ich habe davon eine der vielen Geschichtchen abgeschrieben:

„Da saß auf meinem Terrassenzaun Herr Brennnessel. Wir kannten uns schon lange. Ein schneidiger, aufrechter Mann und höchst intelligent. Er ist circa 20 cm groß und grün bekleidet, wie seine für uns sichtbare Pflanze. Er kennt seinen Wert für uns Menschen, bildet sich aber gar nichts darauf ein... Ich versprach ihm, möglichst schnell zu zeichnen, damit er wieder in seine geliebten Gefilde zurückkehren könne. ‚Wie kommst Du überhaupt hierher, und wie weit kannst Du Deine Pflanze verlassen?' ‚Oh, ich kann bis zum nächsten Wasser schweben und meine

Abb. 18: Brennessel-Mann

Verwandten besuchen.' ‚Hm, das ist immerhin eine Entfernung von über acht bis zehn Kilometern. Könnt Ihr Euch auch anders verständigen?' ‚Natürlich können wir das, doch so direkt macht es uns mehr Freude. Wir können uns auch mit anderen Pflanzen und Bäumen unterhalten, allerdings nicht mit allen.' ‚Warum hast Du Deine Frau nicht mitgebracht?' ‚Sie ist zu genierlich, vielleicht macht sie das später einmal.' ‚Weißt Du eigentlich, dass wir Menschen Deine Blätter als Heilmittel verwenden, tut Euch das weh?' ‚Ist es Dir schmerzhaft, wenn Dir jemand Blut abzapft? Ich glaube, dass die Schwingungserhöhung, die wir dadurch erfahren, für unsere Völker von großem Vorteil ist.' ‚Wie viele Pflanzen gehören zu Dir?' ‚So etwa zwei- bis dreitausend, hast Du Deine Blutkörperchen schon einmal gezählt?' ‚Muss ich darauf antworten?' ‚Na, lass mal.' Inzwischen war sein Konterfei gediehen und wurde von ihm mit Zufriedenheit begutachtet. ‚Wir sind Euch Menschen sogar dankbar, wenn Ihr durch uns gesundet. Etwas Schöneres ist doch im Leben nicht zu erreichen, und zu allerletzt wollen wir schaden. Und wenn wir vermehrt und reichlich blühen, heißt das für die Menschen: Achtung Leberkrankheiten drohen. Es war gut, mit Dir zu plaudern!' Damit war mein Brennnesselmann verschwunden."

104

Mein zweites Beispiel entnehme ich der anthroposophischen Buchreihe »Flensburger Hefte«. (www.flensburgerhefte.de) In der Ausgabe 21, ‚Naturgeister', Sonderheft 30 werden Gespräche mit den Geistwesen der Haustiere geführt und veröffentlicht. Es ist faszinierend, darin zu lesen. Als kleine Probe zitiere ich aus diesem Buch ein Gespräch, das der Herausgeber Wolfgang Weirauch mit dem Engel aller Rinder führt.

„*W.W.: Können Kühe weinen?*
Engel der Rinder: Ja, und zwar deswegen, weil sie seelisch sehr aktive Wesen sind. Ihr Seelenteil ist eng mit dem Ätherischen, dem Lebendigen, verbunden, und deswegen können sie wie die Kamele bis zu einer Art Weinen gelangen.
W.W.: Kühe haben wunderschöne Augen, häufig auch mit langen Wimpern. Was drückt sich in den Augen der Kühe aus?
Engel der Rinder: Schau der Kuh in die Augen, und Du siehst ihre Seele. Die Seele der Kuh – und das drückt sich in ihren Augen aus – ist groß und verständig und warm, sie agiert im ernährenden Ergreifen und Umwandeln der Erde. Die Kuhseele hat eine große Sehnsucht nach der Welt. ... Sie strebt danach, der Welt die Welt verdaulich zu machen. Das kann man alles im Kuhauge ahnen. In der Kuh lebt die Hingabe an die Welt."

Das ist ein ganz kurzes Beispiel aus diesem Taschenbuch, das mich sehr berührt hat, und so geht es bei allen Haustieren auf 200 Seiten weiter.

Die Verlagslektorin Anya lebt in Indien. Sie ergänzte ihre Korrekturen meines Textes mit folgender Bemerkung:

„*Kühe sind toll! Hier in Goa laufen die Kühe frei herum, auch mitten auf der Straße. Zu Hause (und auch in unserem Restaurant) bekommen wir täglich Besuch von Kühen, welche sich über unsere Küchenabfälle freuen. Kühe sind sehr verschieden und haben richtig Persönlichkeit. Meine ‚Lieblingskuh' ist besonders schlau und auch ziemlich frech – wir sind gute Freunde geworden.*"

Auch wenn man zuerst nur den Kopf schütteln kann, ist diese Welt der unsichtbaren und liebevollen Naturwesen absolut real, sie passt bloß überhaupt nicht mehr in unsere heutigen Vorstellungen. Doch gehen Sie davon aus, dass wenn andere Mediale und Hellsichtige solche ‚Märchen' aus der stillen Natur erzählen, sie Ihnen Wahres berichten.

Elementarwesen sind vor allem die unsichtbaren Begleiter der vier Elemente der Erdmutter – der Luft, des Wassers, des Feuers und der Erde. Die *Erdgeister* sind unter vielen Namen bekannt wie Zwerge, Wichtelmänner, Erdmännli, kleines Volk, Gnome, Elfen und andere. Die *Luftgeister* nennt man gewöhnlich Sylphen, die *Feuergeister* Salamander und die *Wassergeister* Undinen. Nahezu alle Naturgeister haben die Fähigkeit, Größe und Aussehen willentlich zu verändern. (Dies beschreibt das Medium *White Eagle*.)

Naturengel sind auch die liebevollsten Schutzengel der Tiere. Jedes Tier hat einen solchen Engel, der speziell für das Tierreich zuständig ist. Es sind meistens sehr leidgeprüfte Engel, von denen manche auf die Menschen gar nicht gut zu sprechen sind. Andererseits strahlt eine Katze, die im Sonnenlicht liegt und die Wärme genießt, Harmonie und Zufriedenheit aus – eine Schwingung, die ihre Engel sehr lieben. Tiere sind auch Heiler: Sie trösten uns Menschen, schenken uns ihre Liebe und ihr Vertrauen. Sind Engel die Boten Gottes, so sind die Tiere die Boten der Engel! Bei den Haustieren ist das besonders ausgeprägt, und viele von ihnen sind nicht nur Kinder- oder Partnerersatz, sondern mildern oder übernehmen vom Frauchen und Herrchen oft deren Krankheiten. Für seelische und körperliche Heilungen sind auch die Delphine weltweit bekannt.

Resümee:
Seit die heutige Menschheit durch Spezialisierungen von Wissenschaften, Techniken und Industrialisierung die Ganzheitlichkeit der irdischen Schöpfung verlassen hat, ist vieles einseitig und sinnlos geworden. Seit die Menschheit der Natur gegenüber immer eigensüchtiger und profit-orientierter wurde, ist sie auch geistloser und blind geworden. Seit das moderne Erdenleben hauptsächlich verstandesmäßig orien-

tiert ist, ging die Natürlichkeit immer stärker verloren – und damit auch unsere Gesundheit, denn Natur ist auch Heilenergie.

Doch unser innerer, *seelischer Protest* nimmt täglich zu – auf verschiedenste Weisen. Den modernen Schwingungskrankheiten steht eine neue, moderne Informationsmedizin gegenüber. Mutiges Selbstbewusstsein kitzelt immer öfter die verschlafene Bewusstlosigkeit der Masse und führt zu einem belebenden Erwachen unserer Gefühlswelt. Und das ist dann auch der erste entscheidende Schritt in eine gesündere Natürlichkeit. Was wir als angebliche ‚Krone der Schöpfung' denken und fühlen, reflektiert irgendwann in der Natur, die trotz aller globaler Industrialisierungen weiterhin die lebendige Basis unseres Erdenlebens bleibt.

Doch mit der zunehmenden Stärke des kosmischen Wassermanngeistes, zusammen mit den neuen kosmischen Schwingungen und den veränderten Frequenzen unserer lebendigen Mutter Erde, baut sich auch immer stärker die Lust am Wandel auf.

Ein neues Erleben der Natürlichkeit und der Natur lässt uns jetzt wieder aufleben.
Und die meisten Naturwesen freuen sich darüber und kommen uns wieder entgegen.

Diesen kleinen Einblick in die vergessene und unsichtbare Dimension unserer Erdmutter – die Welt der Naturwesen, oft auch 2D (zweite Energiedichtedimension) genannt – schließe ich mit einem stimmungsvollen Aufruf von Brigitte-Devaia, die als Kunstmalerin alles Stimmungsvolle besonders wertet und genießt:

„Hast Du irgendwann einmal ein farbenprächtiges Abendrot bewundert oder einen herrlichen Sonnenaufgang? Hast Du bei einem Spaziergang innegehalten, weil Du auf etwas Wundervolles in der Natur aufmerksam geworden bist? Hat Dich schon einmal eine Landschaft regelrecht verzaubert? (Mich verzaubert der Schwarzwald immer wieder.) Hat Dich der Anblick einer blühenden Blumenwiese schon einmal in Freude versetzt? Hast Du schon einmal einträchtig dem Vogelgesang gelauscht? Warst Du schon einmal von den vielen glitzernden Schnee-

flocken begeistert? Hast Du schon einmal dem Rauschen des Waldes zugehört? Hast Du schon einmal den Duft von Moos genossen? Haben Dich auch schon einmal magische Plätze in der Natur in den Bann gezogen?

In solchen magischen Augenblicken hattest Du sehr wahrscheinlich Kontakt mit Engeln, Feen, Natur- und Elementarwesen. Sie sind die ‚Geister‘, die alles beleben. Du hast ihren Lebensraum betreten und Dich in ihrem Energiefeld befunden… ‚Jedes Mal, wenn Du mit einem Naturereignis in Berührung kommst, hast Du Kontakt mit seinem Natur-Engel‘, wurde mir auf einer Wanderung mitgeteilt.“

Der Reichtum der Mutter Erde

*„Die Heilung der Mutter Erde beginnt
in unserem Herzen."*

Film »Der blaue Planet«

Der Reichtum der Mutter Erde ist unvorstellbar. Damit meine ich hauptsächlich Edelmetalle und Edelsteine. Damit scheint unsere Erde wohl gut ausgestattet zu sein, denn im Altertum bekam sie ja angeblich schon reichlich Besuch von Zivilisationen von anderen Planeten im Kosmos. Ließ sie sich schon immer davon ausbeuten? Heute mehr denn je? War das Edle mit seinen ästhetischen und heilenden Schwingungen als Mitgift für jeden Erdenbewohner gedacht? Können die heute damit verbundenen Monopole auch einen Wandel mitmachen?

Seit Urzeiten ist dabei vorne dran das Edelmetall **Gold**, das aus den Tiefen der Erde abgebaut wird. Gold ist ein absolut zeitloses Wertmetall, auch im Sinne der irdischen Geschichte. Denn da vermuten wir ja außerirdische Besuche, Rohstoffabbau und Genmanipulationen an den damals arbeitenden Menschen. Unsere Vermutungen gehen fast 6000 Jahre zurück, wenn es um das Gold der Mutter Erde geht. Die Schätzung, wie viel Gold es zurzeit überhaupt gibt, liegt bei 170.000 Tonnen. Wenn diese gewichtige Werthaltigkeit einmal Grundlage eines neuen Finanzsystems wird (NESARA und/oder BRICS), können wir tatsächlich auf ein ‚Goldenes Zeitalter' hinarbeiten.

Die Goldmenge, die außerdem privat gehortet wird und die verarbeitet als Schmuck und in Schlössern und Kirchen existiert, kann niemand schätzen. Bei sämtlichen Prämierungen dieser Welt ist die Goldmedaille Lohn des Spitzenkandidaten. Gold, Goldwasser und Goldfrequenzen heilen auch, sogar schon als Schmuck.

Wenn man fragt, wo das meiste Gold abgebaut wird, findet man diese Antwort: Die Rangliste der wichtigsten Goldförderer war schon im Jahr 2010 China (345 t), Australien (255 t), USA (230 t), Südafrika (198 t) und Russland (190 t). Erschreckend ist dabei, dass speziell diese Werte der Mutter Erde heute mächtigen Monopolen unterliegen. Fast alle Minen gehören den gleichen Familienclans.

Als begehrtester Edelstein der Welt wird der **Diamant** seit jeher geschätzt. Es ist jedoch eine eigene Welt geworden, die nicht so klar zu durchschauen ist, denn für die Industrie werden heute auch reichlich synthetische Diamanten hergestellt. Auch hier bestimmen längst politische und monopolbedingte Hintergründe der Macht das Geschehen. Abbaugebiete in unserer Mutter Erde sind hauptsächlich in Afrika, jedoch auch in Sibirien und Brasilien. Es gibt sogar eine Welthauptstadt des Diamantenhandels. Die belgische Stadt Antwerpen hat um 1935 Amsterdam als die Welthauptstadt des Diamantenhandels abgelöst. Anfang der 2000er Jahre wurden in dieser Stadt rund 60 Prozent des Welthandels umgesetzt, wobei davon 40 Prozent in den Händen der jüdischen Gemeinschaft und 40 Prozent in den Händen der indischen Gemeinschaft lagen. Zudem ist Antwerpen die einzige Stadt auf der Welt, die drei Diamantfachschulen beherbergt. (www.goldseiten.de)

Neben diesen beiden hauptsächlichen Wert- und Spekulationsobjekten aus Mutters Schatzkammern gibt es noch eine große Welt von Edelsteinen, die für Schmuck wie auch für alternative Heilmöglichkeiten zur Verfügung steht. Folgendes schreibt Anne Tessin, Redakteurin von »www.womenweb.de«, über die Heilwirkung, die Vergessenheit und den erneuten Wandel der Wiederanerkennung von **Heilsteinen:**

„Seit jeher bezaubern uns Edelsteine durch ihre Schönheit. Doch die faszinierenden Naturschönheiten sind mehr als nur ein ästhetischer Anblick. In Edelsteinen schlummern Heilkräfte, die die Menschen schon seit mehreren tausend Jahren für sich nutzen.
Die heilenden Steine wirken auf uns über ihre Farben, ihre Schwingungsenergie und über die Mineralien, die sie enthalten. Schon im alten China, in Ägypten, bei den Griechen und im Römischen Reich schätzte man Edelsteine als Glücksbringer und Heilmittel. In unseren Breitengraden wurde die Heilwirkung von Edelsteinen vor allem durch die Schriften von Hildegard von Bingen bekannt. Sie untersuchte und beschrieb die einzelnen Edelsteine mit ihrer jeweiligen Wirkung auf Körper und Psyche. Lange Zeit vergessen, erlebt die Steinheilkunde heute eine Wiedergeburt. Denn von der Kraft der edlen Steine können wir

heute im Zeitalter des Dauerstress besonders profitieren. Heilsteine können unsere seelische Harmonie fördern und unser körperliches Wohlbefinden unterstützen.“

Das war nun ein Blick auf einen Teil von Mutter Erdes Reichtum, die Edelmetalle und die Edelsteine. Auch hier kann man schon den ersten Wandel erkennen. Im flüssigen Bereich der Mutter-Erde-Säfte haben wir einen anderen gigantischen Reichtum, der der Menschheit zur Verfügung steht: das Wasser und das **Erdöl**. Mit dem Wasser befasse ich mich später.

Dringender Wandel ist auch nötig, wenn wir an den unvorstellbaren Verbrauch des Erdöls für unsere Bewegungsmittel und für unsere Heizungen denken. Längst könnten hierbei schon Technologien verwendet werden, die wir als ‚Freie Energie‘ bezeichnen (Magnet- und Wassermotoren). Sie sind im Sinne der Erforschung schon seit Jahrzehnten vorhanden, werden jedoch weder zugelassen noch weiterentwickelt. Die größte Geschäftemacherei (mit dem entsprechenden Machtgehabe) haben sich die Atomindustrie und die Erdölindustrie mit ihrem ‚schwarzen Gold‘ aufgebaut – zwei weltbestimmende Monster. Heute ist Erdöl einer der wichtigsten Rohstoffe der Industriegesellschaft geworden. Erdöl ist außerdem der wichtigste Energieträger sowie Ausgangsstoff für zahlreiche Produkte der chemischen Industrie wie Düngemittel, Kunststoffe, Lacke und Farben oder auch Medikamente. Nach Schätzungen wurden in der Geschichte der Menschheit rund 1,1 Billionen Barrel Erdöl gefördert – 1 Barrel (Fass) hat 160 Liter.

Unsere Erde braucht doch Hilfe, oder? Sie braucht Heilung. Heilung von uns? Wo wir doch von ihr so reichlich Heilung geschenkt bekommen. Lasst wenigstens bei uns – jeder ganz persönlich – wieder mehr Ehrfurcht und Respekt gegenüber unserer irdischen Mutter aufkommen, wo wir doch in vielerlei Hinsicht ein Leben lang mit ihr eng verbunden und eigentlich nie wirklich getrennt sind.

Vor einigen Jahren schon hatte Brigitte-Devaia Kontakt mit dem wunderschönen Engel *Aylaa* vom Planeten Jupiter, den sie auch gemalt hat. Dabei hat sie Aylaa unter anderem gefragt: „*Wirst Du da nicht traurig, wenn Du die Erdenwelt betrachtest?*", und sie erhielt folgende wunderschöne Antwort:

„Mitgefühl empfinde ich, und damit bin ich gewiss nicht alleine. Viele eurer Sternengeschwister bedauern eure Lage. Ich wünsche mit der Liebe in meinem Herzen, dass eure Welt zu einem Paradies werden wird.

Abb. 19: Aylaa, ein Engel vom Jupiter

Immer mehr von euch Menschen erkennen, dass ihre Zukunft in ihren eigenen Händen liegt. Sie nehmen ihre Verantwortung an und erzeugen mit ihren vielen kleinen und großen Mühen und den Freuden an den kleinen und großen schönen Ergebnissen eine erhebende Ausstrahlung, die uns erfreut.

Nicht selten füllen sich unsere Augen dann mit Tränen, wenn wir euch Schritte in eine friedvolle Welt gehen sehen, seien sie auch noch so klein. Gerade dann strahlt eure innere Schönheit. Eure Seelen sind schön, und eure Erde ist schön!

Eure Erde ist einer der schönsten, abwechslungsreichsten und fruchtbarsten Planetenwelten, mit der eindruckvollsten Natur. Ihr lebt auf einem herrlichen Planeten, der es wert ist, von euch geliebt und gepflegt zu werden und der euch schon jetzt in eurer körperlichen dichten Form ein wahres Paradies sein könnte."

Versuchen wir ein kurzes Dankgebet:

Geliebte Große Mutter und Schöpferin Erde,
wir danken Dir unendlich für Deinen unschätzbaren Reichtum.
Wir danken Dir für diese bis jetzt unersetzlichen Gaben,
die uns unser modernes Leben in den noch nie dagewesenen
Größenordnungen ermöglichen.
Wir danken Dir für Deine unendliche Geduld,
bis wir in unserer maßlosen Unverantwortlichkeit
allmählich verantwortungsbewusster mit Deinen Gaben
und Ressourcen umzugehen lernen.
Danke!
Sei überreich gesegnet, geliebte Mutter!

3 Lebensnotwendige innere Veränderungen

Der Wandel vom Kopf zum Herz

> *„Würde man die linke Gehirnhälfte entfernen, wären alle Menschen sofort spirituell, auch die Männer."*
>
> Dr. Roy Martina,
> spiritueller Lehrer

In der EDV mit ihrer hyperschnellen Informationstechnologie ist die Datenrate oder Datenübertragungsgeschwindigkeit eine entscheidende Grundlage und wird in Bit pro Sekunde ausgedrückt. Dies wird inzwischen auch im menschlichen Gehirn gemessen. Dabei kommt man zu immer erstaunlicheren Erkenntnissen. Da unser Gehirn in zwei getrennte Hemisphären geteilt ist, offenbaren sich auch immer überraschendere Ergebnisse. Unsere beiden Hemisphären ‚verarbeiten' nämlich auch verschieden schnell unsere eigene Datenflut. Immer mehr Hirnforscher und Neurologen bestätigen, dass unsere linke Hemisphäre, hochintelligent, wie sie tatsächlich ist, mit einer niedrigeren ‚Datenübertragungsrate' arbeitet als die rechte. Neueste Zahlen dazu lauten: mit rund 2000 Bits in der Sekunde. Und nun kommt die Überraschung: Unsere rechte Hemisphäre soll angeblich mit 400 Milliarden bit/s arbeiten.[31] Das wären also 400 Gigabyte pro Sekunde.

Bevor wir uns das noch näher ansehen, möchte ich auf die schon längst bekannten Differenzen hinweisen, die durch die Verschiedenheit unserer beiden Gehirnhälften unser Leben und unsere Gesundheit prägen. Dabei versichere ich Ihnen schon vorab, dass wir durch eine ‚Synchronisierung' der beiden Gehirn-Zwillinge fähig werden, unsere eigene Zukunft elementar zu verändern – die Möglichkeit des Wandels in der Größenordnung eines Paradigmas, einer ‚neuen Weltanschauung'.

Bleiben wir dabei: Unser Gehirn ist in zwei getrennte Gehirnhemisphären gespalten, eine linke und eine rechte. Beide sind genial miteinander vernetzt, denn Milliarden von Nervenverbindungen sorgen hier für die laufende Kommunikation. Doch das Grundprogramm der beiden Hemisphären ist und bleibt auch dabei grundverschieden.

Für dieses Gespaltensein in zwei gegensätzliche Körpersteuersysteme finden wir bekannte Bezeichnungen – ich erwähne jeweils die linke Gehirnhälfte vor der rechten: Im Osten heißt es *Yang und Yin*, im Lateinischen *ratio und emotio*, bei C. G. Jung *Animus und Anima*, allgemein *Verstand und Intuition* und im Esoterisch-Spirituellen *männlich und weiblich* oder *Intellekt und Gefühl* oder *Kopf und Herz*. Da ich bei meinen Vorträgen oft auch ins Praktische tauche, trenne ich auch gerne in *ICH und WIR* und lande dann auch oft im philosophischen *Haben und Sein*.

Kann dieses Doppel-System tatsächlich so extrem ausfallen? Sehr sogar, denn mit unserer linken Gehirnhälfte sind unser rechtes Auge und Ohr, unsere rechte Hand und die ganze rechte Körperhälfte verbunden. Mit unserer rechten Gehirnhälfte sind unser linkes Auge und Ohr, unsere linke Hand, die ganze linke Körperhälfte *und das Herz verbunden*. Man kennt diese kreuzweise Verbindung schon lange und nennt sie *kontralateral*. Manche Forscher und Autoren trennen diese Qualitäten der beiden Gehirnhälften noch viel konsequenter und härter, als ich sie oben aufgezählt habe. Erkennen Sie, wenn Sie die Gegenüberstellung der konträren ‚Veranlagungen' unserer beiden Gehirnhälften aufmerksam lesen, welchen gewaltigen Einfluss sie auf unser Alltagsleben haben, wie sie unseren Charakter prägen, unsere Aktionen und Reaktionen mitbestimmen?

Unzählige Nervenfasern verbinden die beiden Gehirnhälften für ihren lebenslangen Dienst. Doch das ist nicht die einzige Gemeinsamkeit zweier gegensätzlicher Ebenen. Wir können es generell ausdehnen auf Yin und Yang, also auf weibliche und männliche Qualitäten, und finden damit schon mal den größten Konflikt, der uns inzwischen seit Jahrtausenden beschäftigt: das Ungleichgewicht zwischen Frau und Mann.

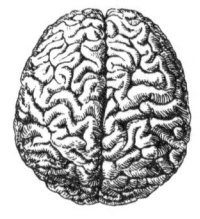

Abb. 20: Die gleichen Kräfte?

116

linke Hemisphäre	rechte Hemisphäre
rationaler	emotionaler
logischer	intuitiver
zweifelnder	schöpferischer
extrovertierter (Außenwelt)	introvertierter (Innenwelt)
analytischer	künstlerisch/musischer
verstandesbewusster	wissensstärker
weibliche Aspekte schwächer	weibliche Aspekte stärker
männliche Aspekte stärker	männliche Aspekte schwächer
ICH-geprägter	DU/WIR-geprägter
kleinlicher	großzügiger
einzelgängerischer	gemeinschaftsfähiger
kopf- und bauch-verbundener	herz-verbundener
perfektionistischer	toleranter
ordnungsliebender	unordnungsverträglicher
materialistisch-erfolgsorientierter	mehr im Sein als im Haben
zeiteingebundener (Pünktlichkeit)	weniger zeiteingebunden
liebt mehr die Seriosität	liebt mehr das ‚innere Kind'
denkt detaillierter	fühlt ganzheitlicher
mit mehr Verantwortungsgefühl	mit mehr Gewissen
mehr Isolation	mehr Integration
mehr Selbstbewusstsein	mehr Einheitsbewusstsein
mehr Singularität	mehr Einheits-Sehnsucht
mehr ergebnisorientiert	mehr erlebnisorientiert
ICH – mehr Egoismus	ICH – mehr Individualität
Yang	**Yin**
Animus – männlich	**Anima – weiblich**
Explizites System	**Implizites System**

Abb. 20: Beides herrscht in jedem von uns, denn beide Hemisphären sind individuell verschieden stark, doch unermüdlich aktiv. Bitte betrachten Sie Zeile für Zeile einmal für sich selbst und für Ihr Umfeld, und ziehen Sie Schlüsse daraus.

Im Prozess der Unterdrückung von *allem*, was die weiblichen Qualitäten auszeichnet, haben wir uns in ein festgeschriebenes Patriarchat verwickelt – das auch heute immer noch eigene innere Konfrontationen tunlichst zu vermeiden versucht. Und damit können wir uns leicht jede weitere Unterdrückung vorstellen und dass dieser innere, zentrale Gehirnkonflikt auch seinen einseitigen Einfluss nimmt auf unser Karrieredenken, auf unser Profit- und Verdrängungsdenken oder gar auf unverständliche Gefühllosigkeiten – von Einzelnen wie auch von ganzen Gruppen, auch geheimen und politischen.

Wie ist das zu erklären? Was der Osten dem Westen schon immer vorwirft, ist unser Ausstieg aus dem natürlichen und ganzheitlichen Gemeinschaftssinn hinein in *künstliche* koloniale oder diktatorische oder elitäre Gesellschaftsformen. Und hinter dieser allmählichen Umentwicklung steht dann einzig und allein das ICH, wieder des Einzelnen wie auch das kollektive Ego ganzer Gruppen und Gemeinschaften – ob in Fußballvereinen, Weltwirtschaftskonzernen, Religionsgemeinschaften oder Geheimbünden.

Energetische Polaritäten bestimmen unser Leben! *Wo* sind sie nicht überall und seit uralten Zeiten festgeschrieben? *Wohin* überall verfolgen sie uns mit ihren Gegensätzlichkeiten, und in *wie vielen* Fällen begegnen uns die irdischen Polaritäten immer auffälliger? Und dabei wird uns auch allmählich klar, dass sie seit jeher in *unserer* individuellsten und intimsten Denk- und Steuerzentrale, unserem Wunderwerk Gehirn, ursächlich angelegt sind – dass sie dort richtiggehend zuhause sind.

Yin (chin.; *dunkel*) stellt mit dem weiblichen Aspekt auch die Polarisierung *minus* (–) dar und Yang (chin.; *hell*) die Polarisierung *plus* (+). Doch wir werden in der chinesischen Mythologie niemals eines dieser Zeichen einzeln finden. Beide sind eine Einheit und sind deshalb wie im menschlichen Gehirn eben eine **duale Einheit**. Könnte diese uralte Symbolik möglicherweise ein Hinweis darauf sein, die Ganzheitlichkeit *über* die Dualität zu stellen? Könnte es unsere Lernaufgabe sein, unseren Umgang mit unserem zweigeteilten Gehirn immer öfter *ganzheitlich* zu arrangieren? Oder erwischt es uns weiterhin und immer wieder im *entweder-oder*, im *aktiv-passiv*, im *pro und kontra*, im politisch *korrekt-unkorrekt*?

Der ungarische Evolutionsforscher und Wissenschaftsphilosoph Professor Dr. Ervin László, Autor von über 40 Sachbüchern, überträgt diese gegensätzlichen Qualitäten unserer Gehirnhälften auf unsere Kultur und fordert einen Paradigmenwechsel für eine veränderte **rechtshirnige Zukunft** – einen grundsätzlichen Wechsel der ‚herrschenden Meinung‘: „*Wir müssen den Sprung schaffen zu einer ganzheitlichen organistischen Empfindung, die dann auch eine wissenschaftliche Grundlage haben kann.*" László arbeitete damals auch am Film und Buch »Bleep« mit.

Die Autorin, Theologin und Pädagogin Dr. Christa Mulack erklärt dazu:

> „*Das religiöse Empfinden entspricht den Eigenschaften der rechten Hirnhälfte, die mit ihrem synthetisch-ganzheitlichen metaphorischen Denken als typisch weiblich angesehen wird, da in der Tat Frauen in ihr mehr zu Hause sind als Männer, die meist nur unbewussten Zugang zu ihr haben. Weiblicher Vielfalt entsprechend ist diese rechte Hemisphäre bei der Frau weniger spezialisiert als beim Mann, sodass sie bei Ausfällen der linken Hälfte deren Funktion übernehmen kann. Das ist beim Mann nicht möglich, da bei ihm die Funktionen der rechten stärker festgelegt sind, genauso festgelegt wie sein dogmatisches Glaubensgebäude.*"

Der bekannte holländische Arzt und spirituelle Lehrer Dr. Roy Martina beschäftigt sich seit 1978 mit alternativen Heilweisen wie Homöopathie, Akupunktur, Kräuterheilkunde, Qigong und vielem mehr. Außerdem trainiert er seit 35 Jahren Kampfsport und hat internationale Titel in Karate und Judo gewonnen. Roy Martina hält weltweit Seminare im Bereich der Präventivmedizin und Selbsterkenntnis und erklärte mit Überzeugung: „*Würde man die linke Gehirnhälfte entfernen, wären alle Menschen sofort spirituell – auch die Männer.*"

Wo liegen nun die Verbindungen zu unserem Herzen? Meiner Meinung nach geht die energetische Verbindung über die Thymusdrüse, die unter dem stabilen Brustbein, dem Sternum, ruht. Dieses Wort stammt vom altgr. *sternon* ‚Brust, Herz, Gemüt'. Nicht so eindeutig sind die Texte über den Thymus, denn mit der Verbindung ‚Gehirn-Thymus-Herz' hat sich wohl noch niemand intensiv befasst. Doch gerne gebe ich Ihnen das weiter, was ich dazu gesammelt habe, denn es ist wirklich hochinteressant. Sie werden staunen.

Ein gestärkter Thymus trägt zu Entspannung und Lebensfreude bei. Wird er angeregt, schüttet er vermehrt T-Zellen aus. Diese mobilisieren Ihre Abwehrkräfte. Es werden weitere chemische Botenstoffe ausgesandt, die ebenfalls Ihre Abwehrkräfte stärken und Ihr Lebensgefühl erhöhen. So tragen Sie selbst, durch einfache und kleine Tätigkeiten, zu mehr Gelassenheit, Optimismus und Lebensfreude bei.

Diese Tätigkeiten als Methoden zur Stärkung des Thymus sind ganz einfach:

1. Bewusst lächeln, und
2. dabei klopfen Sie mit der Faust oder mit drei Fingern leicht auf den Thymus. Klopfen sie ca. 20 Mal oder eine Minute lang. Dadurch regen Sie ihn ebenfalls an. (Vielleicht war King Kong deswegen so stark? Oder Johnny Weißmüller als Tarzan? Er klopfte sich ja heftig auf die Brust vor seinem legendären Tarzanschrei.)
3. Legen Sie dabei Ihre Zungenspitze hinter die oberen Zähne an den Gaumen, und halten Sie sie dort zirka eine Minute lang.[32]

Der Begriff ‚Thymus' stammt von dem altgriechischen Wort *thymos* ab, was so viel wie Lebenskraft, Seele und Gefühl oder Sensibilität bedeutet. Er liegt im Bereich des Herzchakras und am Herzmeridian. Der Thymus ist ein kleines Organ mit großer Bedeutung. Er ist das wichtigste Organ zur Aufrechterhaltung unseres Immun- und Abwehrsystems. Er ist das Kontrollorgan für das gesamte, vor allem auch für das emotionale Immunsystem. Angeblich ist der Thymus bei 95 Prozent der Menschen geschwächt. Bei einem erwachsenen Mensch ist die Thymusdrüse meistens aufgrund von unbearbeitetem emotionalem Druck geschrumpft und funktioniert, wenn überhaupt, nur minimal.

Daher trägt ein gestärkter Thymus zur Entspannung und Lebensfreude bei. Wann immer ein Ungleichgewicht in der Funktion der beiden Gehirnhälften auftritt, wird die Aktivität des Thymus beeinträchtigt. Umgekehrt trifft dies genauso zu. Wann immer der Thymus stimuliert wird, werden auch die Gehirnhälften in Balance gebracht. Dazu fand ich im Internet Auszüge aus dem Buch »Der Körper lügt nicht« von John Diamond,[33] in denen es unter anderem heißt:

„Du kannst bedenkenlos zu jeder Tages- und Nachtzeit klopfen. Du steigerst damit Lebensfreude, geistige Wachheit, Gesundheit, Energie, Leistungs- und Lernfähigkeit. Du kannst während des Klopfens sitzen, stehen oder liegen – ganz wie es Dir am besten passt. Um dem Körper die entscheidenden Impulse zur Beruhigung zu geben und eine stressige Situation zu entschärfen, lege eine kleine Klopfrunde ein! Auch vorbeugend! Die TD (Thymusdrüse; A.d.A.) lächelnd im Dreivierteltakt zu klopfen, ist sehr wirksam, wenn man aus dem Takt geraten ist. Wenn wir also den Thymus in einem Dreivierteltakt klopfen, verbessern wir den Fluss der Energie und der Laune. Wenn wir die TD im Dreivierteltakt klopfen und gleichzeitig lächeln, ist die Wirkung eines Lächelns auf das Gehirn so stark, dass solch ein künstlich erzeugtes Lächeln das Gehirn anregt zum Optimismus, und schon fühlen wir uns wohler."

Diese unterbewusst funktionierende Informationsbahn ‚rechte Gehirnhälfte-Thymus-Herz' wird uns noch allerhand Erstaunen bereiten. Je bewusster wir sie einschätzen und sie uns vorstellen, desto leichter können wir auch viele der Veränderungen an uns verstehen und annehmen. Unsere Anpassung an die neuen oder die sich verändernden Quantenfelder braucht diese unsere innere Akzeptanz. Diesen Energieweg sollten wir einfach freihalten und nutzen.

Einen praktischen Hinweis dazu bekam ich von unserer Freundin Marina: *„Ich hatte vorgestern eine kleine OP und als Vorbereitung die Thymusdrüse beklopft: ‚Ich aktiviere meine Energien und alle meine Selbstheilungskräfte.' Ich habe förmlich gemerkt, wie es in mir pulsiert. Es ging alles supergut, ich hatte danach keinerlei Schmerzen, und das Päckchen Schmerztabletten, das sie mir mitgegeben haben, ist unberührt."*

Je mehr wir uns auf diese Art damit befassen, desto mehr lenkt das etwas von der Tatsache ab, dass dies ein weiblicher Energiestrom oder Impuls ist – eigentlich bei Männlein und Weiblein gleich –, sicher meistens ein Impuls der Gefühle, eine interne Brücke unseres herzlichen Verhaltens.

Vier seltene Erkenntnisse bezüglich unserer Gefühle sind mir dazu ‚eingefallen‘, denn unsere **Gefühle** sind es – nicht unser Denken –, welche die höhere Qualität unseres Lebens bestimmen.

- Im gigantischen Bereich *Gesundheit/Krankheit* belegen die Erkenntnisse von Dr. Ryke Geerd Hamer, dass es nur die Gefühle sind, die in einem Schockerlebnis oder im Dauerleiden Ursachen setzen – nur was wir dabei fühlen, kann uns schließlich krank machen. Dieses revolutionäre Umdenken in der Medizin erkennen die Hamerschen Therapeuten bereits als einen ‚Paradigmenwechsel‘. Auch der seelische Hintergrund so vieler Symptome, die als sogenannte Zivilisationskrankheiten behandelt werden, signalisiert sich durch Gefühle.

- Im Gesundheitlichen entwickelt sich noch etwas ganz Alternatives: die *gefühlvolle Handarbeit* der sensiblen Osteopathie. Es ist eine wertvolle Gegenentwicklung zur dominant gewordenen Pharma- und Gerätemedizin, dass der Therapeut ausschließlich durch seine Fühligkeit und sein Wissen innere Körperspannungen feststellen und beheben kann. Dadurch kann der Körper wieder eigene Selbstheilungsprozesse einleiten und stabilisieren. Durch die Mobilisierung des faszialen (muskuloskelettalen) Systems werden Einschränkungen im Verlauf der Blut- und Lymphgefäße eliminiert, was so wieder zu einer verbesserten Durchblutung und Selbstheilung führen kann. Mit Stolz und Freude erlebe ich das in meiner Familie, da meine Tochter und mein Schwiegersohn in ihrer gemeinsamen Praxis für Physiotherapie, Osteopathie und Naturheilkunde dieses individuelle Heilverfahren erfolgreich einsetzen. Und ihre Tochter, meine

Enkelin, absolviert dieses alternative Therapieverfahren zurzeit als vierjähriges Studium in London.[92]

- Später, wenn wir wieder im ‚Himmel' zuhause sind, entscheiden in unseren *Jenseitserinnerungen* ebenfalls ausschließlich unsere jeweiligen Gefühle, die wir bei unseren Gedanken, Worten und Werken im Erdenleben empfunden hatten. Jede Zelle hat ihr Quantenfeld, und dieses speichert grundsätzlich und zeitlos alle unsere Gefühle. Im sogenannten ‚Lebensfilm', den wir uns nach der Rückkehr in unsere Seelenheimat kritisch betrachten, sind wir dabei selbst ganz allein unser eigener ‚Richterengel'.

- Und in unseren Konflikten im Diesseits ist es die mächtige *Kraft der Liebe*, der Ausdruck unserer inneren Göttlichkeit, die nur als Gefühl empfunden werden kann. Liebe kann man nicht denken, auch wenn man sie als Theologe jahrelang studiert. Diese Liebe, die wir normalerweise im Herzen stationieren, kann nur über die hochwertigen Systeme unserer rechten, gefühlsorientierten Hirnhemisphäre umgesetzt werden.

Gefühle sind angeboren (endogen), Verstand ist angelernt und erworben. Unser Ulmer Genie-Professor Albert Einstein erkannte seine Intuitionen richtig als Gefühle und reklamierte:
„Alles, was zählt, ist die Intuition. Der intuitive Geist ist ein Geschenk und der rationale Geist sein treuer Diener. Wir haben eine Gesellschaft erschaffen, die den Diener ehrt und das Geschenk vergessen hat."

Ich unterscheide zwischen Gefühlen und Emotionen. Die meisten Gefühle sind unpersönlich und kommen nur aus dem Herzen, wohingegen die Emotionen fast immer kopfig und auf Personen oder Situationen bezogen sind. So meinte auch unser genialer Geheimrat von Goethe: *„Welch eine himmlische Empfindung ist es, seinem Herzen zu folgen."* Man nennt diese Herzensgefühle auch ‚transpersonale Gefühle', die frei von jeglichem Denkprozess sind und dadurch persönliche Vor- und Nachteile außer Acht lassen. Sie relativieren die Bedeutung von Personen und haben ihren Ursprung in der Erkenntnis der Wirklichkeit. Sie sehen und empfinden nur die Tatsachen und werden daher zu Liebe, Mitgefühl, Dankbarkeit oder Glückseligkeit.

Auch bei unseren Konflikten im Alltag ist es stets die mächtige *Kraft der Liebe* – der Ausdruck unserer inneren Göttlichkeit –, welche nur als Gefühl empfunden werden kann. Liebe kann man, wie gesagt, nicht denken, man kann sie im Herzen fühlen und sie über das weibliche System unserer rechten, gefühlsorientierten Hirnhemisphäre umsetzen. Der Wandel, der dabei ansteht, ist also das allmähliche Geschehenlassen und Beobachten, *was* in uns *wie* abläuft. Durch den Beobachterabstand haben wir quasi einen höheren Standpunkt, und unsere Sichtweise der eigenen Reaktionen wird dabei immer klarer.

Aus dieser Erkenntnis heraus schlage ich zwei Übungen vor, eine vor dem Schlafengehen und eine morgens. Als Letztes vor dem Einschlafen ist es die Rückverbindung mit dem eigenen Geist, dem Höheren Selbst oder dem ‚lieben Gott' – ein kurzes gedankliches Bedanken für den vergangenen Tag macht frei.

Schließe (im Liegen) die Augen, und lege Deine rechte Hand auf Dein Herz – Haut auf Haut. Atme ruhig weiter und fühle, wie sich Deine Brust entspannt und wie sich eine angenehme Energie im ganzen Brustraum ausdehnt. Es verbindet sich dabei das Handchakra mit dem physischen Herz und mit dem Gottesfunken als Verbindungspunkt. Du verbindest Dich so mit Deinem heiligen Höheren Herz im Sitz Deines Höheren Selbstes. Und so verbinden sich auch die Göttlichen Funken Deiner beiden Herzen – Deines körperlichen und Deines geistigen. Verweile in dieser inneren Kraft, solange es Dir gefällt oder bis Du einschläfst. Du kannst dabei Deine Göttlichkeit fühlen.

Und am Morgen empfiehlt sich eine kurze Thymus-Übung eher im Sitzen: *Schließe Deine Augen und klopfe leicht oder reibe im Uhrzeigersinn (rechtsdrehend) auf Deinem Brustbein und aktiviere so Deine Thymusdrüse. Sie harmonisiert Dein Herz mit Deinem Gehirn und sogleich strömt auch jetzt der Geist Deines Höheren Selbstes in den Körper. Das ist ein verlässliches Rüstzeug für den Tag. Bedanke Dich dafür.*

Unser Herz ist keine Pumpe

„Der Zug des Herzens ist des Schicksals Stimme."

Friedrich von Schiller (1759-1805)

Hier ist ein Wandel der Meinung dringend notwendig. Völlig korrekt ist und bleibt das Herz das Symbol für Liebe und Leben. Bereits 1920 hat Dr. Rudolf Steiner darauf hingewiesen: *„Solange das Herz als Pumpe erlebt wird, ist eine wirkliche Spiritualisierung der Medizin unmöglich."* Ein anderes Zitat stammt von ‚Thot, dem Atlanter': *„Im Physischen gibt es Kanäle: das Blut, das sich spiralförmig bewegt und auf das Herz einwirkt, um dessen Schlagen aufrechtzuerhalten."* Auch Viktor Schauberger erkannte die spirale Einwirbelung als Fließprinzip des Blutes. Außerdem mag ich die Internetseite von »Sachensurium«[34], auf der es heißt:

„Herzinfarkt – in Wohlstandsländern eine der Haupttodesursachen – folgt aus der Nichtbewegung des Blutes: Die roten Blutkörperchen, mit 99 Prozent Anteil aller Blutkörperchen die interessantesten Gebilde im Blut, sind zuständig für den Transport von Sauerstoff und sonst allem, was Zellen benötigen. Unter dem Mikroskop sehen die roten Blutkörperchen aus wie oben und unten eingedellte Scheiben. Ihr Durchmesser liegt bei 7,5 Mikron. Die feinsten Arterien besitzen aber einen inneren Durchmesser von knapp über 3 Mikron. Also müssen sich die roten Blutkörperchen verformen, um durchfließen zu können. Sie rollen sich quasi in Längsrichtung zusammen."

Dies funktioniert allerdings nur, wenn der pH-Wert des Blutes über 7 liegt. Ist das Milieu jedoch saurer, verursacht dies eine Starre der roten Blutkörperchen und somit zunehmende Blockaden im dünneren Blutgefäßsystem. So wird die Sauerstoffversorgung der Zellen immer kritischer. Die Autorin Ariane schreibt weiter:

„Durch die Stress-Situation produzieren Zellen noch mehr Säure, was zu einer fatalen lokalen Säuremenge, bis zu einem lokalen Stillstand der Blutversorgung führen kann.

125

Das ist die Erklärung dafür, warum im Herzinfarktgebiet immer ein pH-Wert um 6,2 vorgefunden wird, also eine massive Übersäuerung herrscht, und ist ebenso die Erklärung dafür, dass Herzinfarkte nur in der linken Kammer stattfinden (Austreibungsphase in die Arterien). Unser Herz besteht aus zwei Hälften, die zwei getrennte Blutkreisläufe versorgen: Das linke Herz versorgt den Körperkreislauf mit Blut, das rechte Herz ist für den Lungenkreislauf verantwortlich.«[34]

Ich habe mich mit den Begründungen – von wegen Pumpe – kurz gehalten, weil das ohnehin sehr unlogisch ist. Die Wissenschaft hält sich wohl bewusst am Alten fest, wie bei der Hohlen Erde oder der Kalten Sonne. Es gibt noch ausführlichere Begründungen[35] und auch weitere Berichte, wenn Sie einfach »Das Herz ist keine Pumpe« in Ihre Internet-Suchmaschine eingeben.

Herz ist Trumpf, denn nun habe ich noch vier weitere und ebenfalls wenig bekannte Eigenschaften des Herzens, mit denen ich dem Mysterium des Herzens etwas näher kommen möchte. Es sind von der modernen Wissenschaft bestätigte Eigenschaften, die des Herzens guten Ruf als ein übersinnliches Zentrum alle Ehre machen. In Kurzform möchte ich dazu anregen, sich in diese weitgehend noch unbekannten Qualitäten einzufühlen und damit auch diesen Wandel energetisch zu unterstützen. Es sind dies bei unserem Herz dessen **eigenes Gehirn,** dessen **eigenes Magnetfeld,** dessen **5. Herzkammer** und tatsächlich dessen **Liebes-Hormon.**

1. **Das Herz hat ein eigenes Gehirn** – unglaublich? Zum Erstaunen vieler Forscher enthält das hoch komplexe Nervensystem des Herzens etwa 40.000 Neuronen, die ein eigenständiges und vom Gehirn und von unserem autonomen Nervensystem unabhängig agierendes Netzwerk bilden, das jedoch über vielfältige Wege in Kommunikation mit unserem Kopf-Gehirn steht. Über unterschiedliche Nerven sendet das Herz fortwährend Informationen an das Kopf-Gehirn und beeinflusst dadurch unsere Wahrnehmungen und mentalen Vorgänge.

„Das Nervensystem im Herzen (das Herz-Gehirn) ermöglicht es dem Herzen, unabhängig von der Großhirnrinde zu lernen, sich zu erinnern und Entscheidungen zu treffen. Außerdem haben zahlreiche Experimente demonstriert, dass die Signale, die das Herz ununterbrochen zum Gehirn sendet, die höheren Gehirnfunktionen, die mit Wahrnehmung, Kognition und der Verarbeitung von Emotionen befasst sind, maßgeblich beeinflussen."

So heißt es im »Institute of Heart Math«, das nun auch in München vertreten ist[36] und sich vorwiegend mit der Herzintelligenz befasst.

2. **Das ungeheure Magnetfeld des Herzens** ist die andere Entdeckung der Heart-Math-Forscher. Die elektrische Komponente dieses Feldes ist etwa 60-mal stärker als die des Gehirns, die magnetische sogar bis zu 5000-mal und kann noch mehrere Meter vom Körper entfernt gemessen werden. Sagenhaft! Weiter heißt es:

„Dieses Herz-Feld pulsiert und sendet komplexe rhythmische Muster durch den ganzen Körper, wodurch es offenbar eine Vielzahl von Prozessen beeinflusst – auch unser Gehirn synchronisiert sich immer wieder auf diesen elektromagnetischen Puls. In Entspannung und Freude synchronisieren sich auch Atem und Blutdruck. Das Herz-Feld könnte damit das synchronisierende Signal für den ganzen Körper bereitstellen, auf das wir uns bewusst einstimmen können, um sozusagen in Harmonie mit dem Herzen zu schwingen."

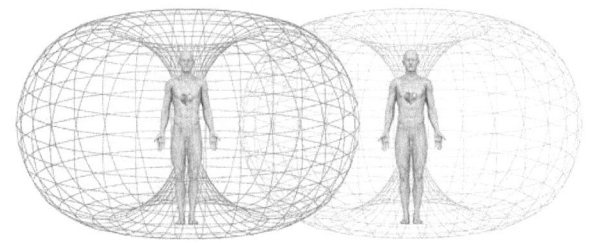

Abb. 21:
Die gleichen Kräfte?

127

3. Ist die luftdicht verschlossene 5. Kammer des Herzens unser Gottesfunken? Vor wenigen Jahren stießen amerikanische Mediziner auf einen stecknadelkopfgroßen Punkt im linken oberen Teil des Herzens, der sehr viel heißer war als der Rest des Organs. Es ist jene Stelle, an der der Göttliche Funken im Herzen glimmt, und dieses Glimmen ist physisch feststellbar! Dieser Funke wird beständig genährt durch den Strom der göttlichen Elektronen, des göttlichen Lichts, das aus dem Quantenfeld der Schöpfung ins Herz jedes Menschen fließt.

Die Herzspezialisten wissen in der Regel um diesen geheimnisvollen Punkt im Herzen, doch sprechen sie meist nicht darüber, da sie keine Erklärung dafür haben. Es ist also nicht einfach eine schöne Idee, dass wir und Gott eins sind, sondern eine physikalische Tatsache, dass wir – selbst wenn wir Gott leugnen – in jedem Augenblick unseres Lebens mit seiner freien Lebensenergie versorgt werden, die in den Funken in unserem Herzen einströmt. Im »Freigeist-Forum Tübingen« heißt es hierzu weiter:

„Jede wahre Weiterentwicklung des Menschen geht einher mit einer Vergrößerung dieses Funkens. Jedes Verneinen von Gott, jedes sich Abwenden von ihm, jeder destruktive Gedanke, jedes destruktive Gefühl schwächt den Funken. Je kleiner der Funke, desto größer die Miss-Schöpfung in unserer Welt: Krankheit, Mühsal und Not. Sobald wir indes beginnen, unsere Gedanken und Gefühle zu harmonisieren und durch ein geistigeres, liebevolleres Leben unsere Ernsthaftigkeit beweisen, kann auch dieser Funke im Herzen sich ausdehnen. Alles, was wir von nun an tun, wird mit mehr Energie aufgeladen, hat größere Wirkkraft und stärkere Konsequenzen für unseren beruflichen und privaten Alltag."

Und von Dr. Rudolf Steiner kennt man seine Aussage (1920):
„In unserer Zeit gibt es bestimmte Veränderungen im Herzen, aus denen sich, nach und nach, eine fünfte Kammer entwickelt. Durch diese fünfte Kammer wird die Menschheit ein neues Organ besitzen, welches uns erlaubt, Lebenskräfte anders als im jetzigen Moment zu steuern."

4. **Liebe als Hormon** ist die vierte Qualität des Mysteriums des Herzens. In seinem Nervensystem werden, genau wie im Gehirn, verschiedene Neurotransmitter und Hormone ausgeschüttet, darunter das **Oxytocin**. Es ist deshalb interessant und wichtig, weil es als Liebeshormon gilt, das maßgeblich Mutterliebe, Verbundenheit, Toleranz, Verständnis und soziales Verhalten beeinflusst. Schlagzeilen macht es auch als sogenanntes *Kuschelhormon*.

„Direkte Berührungen zwischen den Menschen führen zur Ausschüttung des Bindungshormons Oxytocin, das für uns lebenswichtig ist – erst recht im Zeitalter der sozialen Netzwerke, wo Kommunikation häufig nur noch über Twitter, Facebook und WhatsApp stattfindet. Dabei ist nicht allein die Rede vom Körperkontakt zwischen Verliebten, dazu zählt genauso eine Umarmung zur Begrüßung unter Freunden oder das schreiende Baby, das sich erst auf dem Arm der Mutter beruhigt.

Oxytocin wird auch als Treuehormon bezeichnet, weil es das Vertrauen in die Mitmenschen stärkt und sie bindungsfähiger macht. Insgesamt macht es uns emotional kompetenter.“[37]

Nun habe ich Ihnen allerhand Anregung geliefert, um in Zukunft mit dem Begriff ‚Herz' möglicherweise bewusster umzugehen. Die vielfältigen Herzqualitäten sind eben nicht nur romantisches Wunschdenken und ähnliche Träume, sondern genauso konkrete Physik. **Und für die Zukunft wird es die stärkste Lebensenergie sein und der mächtigste Veränderer im Sinne des zunehmenden Wandels.** Wenn wir hier staunend und vielleicht auch ehrfürchtig feststellen, was unser oft überlastetes Herz unauffällig und verlässlich pausenlos vollbringt – bei mir sind es nun einundachtzig Jahre, pausenlos Tag und Nacht –, erfüllt es uns mit größter Dankbarkeit. *„Danke, mein liebes Herz."*

Nichts geht ohne unsere Seele

„Der sittliche Mensch liebt seine Seele,
der gewöhnliche sein Eigentum."
Konfuzius (551-479 v. Chr.)

Seit tausenden von Jahren haben unzählige Kräuterfrauen, die Hebammen und die ‚Weisen Frauen' – stets in Verbindung mit Mutter Erde – allen Menschen medizinisch geholfen. Ärzte konnten sich damals nur die ganz Reichen und Mächtigen leisten. Doch inzwischen haben die Männer diesen Teil komplett übernommen, und Technomedizin und Pharmasymptombehandlungen wurden zu einem Milliardengeschäft. Wurde dabei plötzlich auch unsere ‚Psyche' entdeckt? Psyche heißt normalerweise ‚Seele'. Und kann eine Medikamentenmedizin unserer seelischen Belange überhaupt gerecht werden? Was verstehen wir unter ‚Seele'? Sind die diesbezüglichen Glaubensbilder noch richtig und aktuell? Waren sie es überhaupt schon einmal?

Die christlichen Kirchenlehren trennen uns Menschen in einen *sündigen Körper*, eine *unterbewusste Seele* und einen *göttlichen Geist*. Die jeweiligen Räume dazu sind unsere irdische Welt, für die Seele der Himmel, das Fegefeuer oder die Hölle und für unseren unsterblichen Geist irgendeine göttliche Sphäre. In der reinen und gehobenen Esoterik dagegen wird für den überirdischen Seelenraum nicht nur das astrale Zwischenreich definiert, die energetische Welt unserer Gedanken und Gefühle, sondern darüber hinaus das grenzenlose Lichtreich unserer Seelenheimat – also etwas, was hauptsächlich unsere unabhängigen Seelenkräfte ausmacht.
Die Energien, die unseren menschlichen Körper leben lassen und beleben, sind unsichtbare Energien und Energiefelder, deren Schwingungen entscheidend mitbestimmt werden von unseren Gedanken und Gefühlen – von den momentanen und aktuellen wie auch von den vergangenen, jahrelang oder jahrzehntelang in unserem Unterbewusstsein abgespeicherten Gefühlen. Und da ist der Wurm drin, da steckt mancher strikt versteckter Zentralkonflikt, der sich irgendwann doch in

irgendeiner Form in aktuellen körperlichen Symptomen bemerkbar machen kann.

Ein Beispiel dazu: Als Kind muss man viel ,einstecken', Vater oder Mutter haben immer Recht und sind die Stärkeren, und so baut sich schon früh ganz zwangsläufig sowohl ein energetisches Angst-Potential als auch ein Wut- und Zorn-Potential auf. Das wird im Laufe der jugendlichen Entwicklungszwänge weiter gefüttert und gestärkt, sodass in der Aura unseres Emotionalkörpers schon richtiggehende Energiephantome entstehen. Je nach Lebensweg und Veranlagungen können auch diese Phantome ,Kinder' bekommen, die dann im astralen Umfeld gerne unsere emotionalen Energielieferungen aufnehmen. Sie docken dann verlässlich bei uns an, bei jedem ,Zörnle' genauso wie bei nächtlichen Angstattacken.

Oft wird das schließlich als Mutter- oder Vater-Konflikt angesehen und hingenommen – es ist halt so. Doch das ist nun nicht mehr zeitgemäß und wandelt sich. Denn unser inneres Erwachen und unser sich stabilisierendes Selbstbewusstsein fordern auch immer mehr Selbstliebe und Selbstachtung ein – die sogenannte ,Selfness' wird zukünftig noch grundlegend zunehmen und wird sich dabei immer *selbst*-bewusster entwickeln und zeigen.

> „*Während Wellness die Kultur der Entspannung bedeutet, wo wir uns von anderen behandeln lassen, um ein Wohlgefühl zu erreichen, beinhaltet der Selfness-Gedanke eine Kultur des Wandels in uns selbst, welcher darauf begründet, dass wir uns entdecken und kennenlernen und in uns die Motivation erwächst, persönliches Wachstum und Entwicklung eines gesunden Lebensstils zu erreichen.*"[134]

Wie können wir mit unseren *eigenen* Altenergien umgehen? Im Spirituellen taucht dafür immer öfter der Begriff *Schatten* auf, die *eigene* energetische Ballung, die irgendeinen ,dunklen' Charakter besitzt. Damit wird es etwas verständlicher und akzeptabler als früher mit den kirchlichen Fremdverursachern ,dämonisch' oder gar ,satanisch' – verständlicher auch, wenn wir sie als etwas Verdrängtes und Nichtgelebtes erkennen oder auch als entsprechende Projektionen. Dabei werden *wir selbst* immer mehr und immer schneller von solchen vielfältigen Negativ-Abspeicherungen eingeholt – Dr. Ruediger Dahlke nennt das einfach *das Schatten-Prinzip*. Ist das schlimm? Nein, ganz und gar nicht – ich finde es ausgesprochen heilsam, denn die Auflösung der Schatten kann im Selfness der Neuen Zeit direkt zur Selbstheilung werden oder zumindest körperliche Heilungsprozesse wesentlich unterstützen.

Eine im Jahr 2009 veröffentlichte Tabelle der DAK zeigte bereits an, dass die Ausgaben für Medikamente für das Nervensystem inzwischen höher ausfielen als die fürs Herz- und Gefäßsystem und die Krebstherapie. Unglaublich, wie ist sowas möglich? Hatte auch die Pharmaindustrie inzwischen die Psyche als behandlungsbedürftig erkannt, da sie tatsächlich bei immer mehr Menschen ihren inneren Protest in körperlichen Symptomen oder Krankheiten signalisiert? Heute sind es bereits 40 Prozent der deutschen Frührentner! Und EU-weit leiden 38 Prozent aller Bürger an mindestens einem der drei psychischen Symptome: Angststörungen, Schlaflosigkeit oder Depressionen – jeder Dritte von uns!

Da kommen wir doch lieber zu dieser neuen Sichtweise, wie wir heute mit den möglichen **Selfness-Empfindungen** bezüglich unserer unterbewussten, psychisch-energetischen Altlasten umgehen können. Denn im Grunde sind solche gedanklich-emotionalen Schöpfungen ja unsere ehemaligen Kinder – energetische Kinder, die wir einfach vergessen haben, oft sogar gerne vergessen. Doch sie gehören trotzdem zu uns, und wie in der sichtbaren Familie, wollen sie geliebt und anerkannt werden. Und sie melden sich in der heutigen, bereits höher schwingenden Erdfrequenz immer öfter – damit wir sie klären und auch in ihrer Gesamtheit verstehen können. Denn jeder psychischen oder körperlichen Blockade, die in unserem Zellbewusstsein abgespeichert ist, liegt gleichzeitig ein anderer emotionaler Mangel zugrunde – ein Mangel an Liebe, an Wertschätzung, an Vertrauen, an Sicherheit oder persönlicher Freiheit.

Als Idee für die geistige Heimholung unserer energetischen Kinder fand ich das eindrucksvolle Gleichnis Jesu im Neuen Testament: das des verlorenen Sohnes, die Heimkehr des eigenwilligen Burschen, der trotzdem liebevoll aufgenommen und in die Arme geschlossen wird. (Lukas 15,24) Können Sie sich vorstellen, dass Ihre heimlichen Schattenkinder genau das auch möchten, anerkannt, geliebt und per Selfness ins Licht geschickt werden? Solche *seelischen Befreiungswege* sind sehr heilsam! Und heute sind sie auch ohne Pharmazeutika leichter denn je, denn ein überraschend großer Markt hat sich dazu aufgetan, in dem sich Coachingspezialisten wie auch medial Veranlagte (Medien) anbieten, allen Fragenden und Suchenden die Ursachen ihrer seelischen Hilferufe zu deuten. Hellseherinnen und Hellseher zum Beispiel verstecken sich nicht mehr, sondern bieten in Inseraten, in Fachzeitschriften und vor allem auch im Internet an zu helfen. (www.zukunftsblick.de und www.viversum.de sind zwei solche Adressen, mit denen ich vertraut bin) Und das wirklich Veränderte dabei ist, dass diese Hilfe nicht ausschließlich aus irdisch anstudiertem Fachwissen kommt, sondern aus eigenen überirdischen Verbindungen der Betroffenen. Das ist ideale und vorbildliche Ursachenforschung und -therapie, die allerdings keine Krankenkasse bezahlt.

Das Medium Shogun Amona gibt eine Botschaft von Engel Raffael weiter, die ganz genau das Seelische bestätigt:

„Ihr alle befindet Euch in irgendeiner Art und Weise auf dem Weg der Heilung – auf dem Weg des Erkennens der Vollkommenheit, die in allem ist. In jeder Erfahrung, in jeder Begebenheit, selbst in jeder Krankheit, ist eine Lektion für Eure Seele eingebettet. Eure Seele – die Anteile, die aus der Wirklichkeit zu Euch in Euer Sein strömen – möchte gehört, wahrgenommen und gelebt werden, damit Harmonie und Gleichgewicht sein kann. So beginnt Heilung immer im Inneren, und Ihr entscheidet selbst – wählt selbst –, wie und wann die Impulse der Seele zu Euch durchkommen dürfen."[38]

Nun, der heilungsfördernde Umgang mit solchen seelischen Beratungen und professionellen Coachingangeboten ist so vielfältig wie noch nie und geht komplett an der mächtigen Pharmaindustrie vorbei.

Arme Aktionäre! Ein ganz vortrefflicher Wandel unserer Zeit! Dazu sollte man allerdings auch beachten, dass die Aussage, jeder Mensch habe eine Seele, nicht wirklich richtig ist. Tatsächlich ist es so, dass wir alle Seelen *sind*, die für eine bestimmte Erdenzeit einen bestimmten Körper annehmen. Dadurch – Körper mit Seele oder Seele mit Körper – ändern sich eben auch die Prioritäten. Das ist ein ganz dringender und ganz großartiger Wandel. Ich wiederhole daher eine wohlgemeinte Aufforderung, die auch schon als Titel für einen meiner Vorträge diente: *„Verlieb Dich in Deine Seele!"*

Wir können dafür glücklich und zukunftsorientiert danken, vielmals danken und diese neuen Seelen- und Körpertherapiewege segnen.

Sowohl-als-auch statt *entweder-oder*

> *„So ist es oft im Leben: Es ist mehr ein Sowohl-als-auch als ein Entweder-oder."*
> Dr. jur. Friedhelm Gieske
> ehem. Konzernchef der RWE

Polarität ist das Gesetz der Gegensätze. Im Urchristentum gab es sehr viele verschiedene Entwicklungen, welche als mögliche Lehre Jesu gelebt wurden, denn es gab ja keine ‚Heiligen Bücher' darüber. Dabei wurde auch die irdische Polarität der Gegensätze verschieden definiert. Herausragend war die Gesinnung der Gnostiker, welche die persischen Urlehren von *Licht und Finsternis* übernahmen. Dagegen war die Lehre des Expharisäers Paulus noch die ursprüngliche Doktrin *gut und böse*, die streng mit Schuld und Sühne und Blutopfer verbunden war. Richtig ist, dass von den Gegensatzpaaren, die das menschliche Gemüt hervorgebracht hat, das von gut und böse in geistiger Hinsicht das Bedeutsamste ist. Doch das bewirkt schließlich, dass man auch die jahrtausendealte Polarität von *Täter und Opfer* weiter kultiviert. Und so gilt das noch bis heute, auch wenn es in einigen Ländern keine Todesstrafe mehr gibt. Fleißig gerichtet wird überall!

Auch wenn das öffentliche Recht noch Bestrafungen benötigt, könnte das im christlichen Privaten und Persönlichen längst Schnee von gestern sein. Doch dank der linken Hirnhälfte mit seinem Ego ist das so schnell nicht zu ändern, denn da geht es wohl immer und auch aus Prinzip darum, Recht zu haben: entweder-oder! Bildlich auf ein Pendel übertragen, zeigt das die Ausschläge nach rechts genauso weit wie die nach links. Dass solches Extremdenken – und es ist ausschließlich ein Denken der linken Gehirnhälfte – unnatürlichen Stress erzeugt, zeigt schon die abwertende Bezeichnung ‚Schwarz-Weiß-Malerei' oder ‚Alles-oder-Nichts-Denken'. Tatsächlich dominiert hier ein Denken ohne Gefühle.

So fragmentiert unsere Welt leider auch heute noch, oder besser gesagt: Sie tut es heute mehr denn je. Mit unseren perfekten Kommunikationsvernetzungen kann man überschnell alles Mögliche beurteilen und niedermachen, genauso wie man Euphorisches hinausplärrt. Mir fällt jetzt dazu der Begriff ‚Geistiger Extremsport' ein.

Von solchem Entweder-Oder leben auch schon lange ganze Branchen. Die Bekannteste, die Juristerei oder Rechtswissenschaft, ist das beste Beispiel dafür und gipfelt gar in einem Bundesverfassungsgericht. Man kann sich damit beschäftigen, was ‚richtig' ist, oder die Welt beherrschen wollen mit den Killerverträgen des TTIP – alles Juristen.

Sehen wir uns also lieber das Gegenteil an. Wenn wir wieder an das Pendel denken, wäre das ja der Stillstand des Pendels. Das fühlt sich doch sofort wie innere Ruhe an, das tut richtig gut. Und es hat auch einen berühmten Namen: **der goldene Mittelweg**. Die ‚Segnung des goldenen Mittelstandes' bewunderte schon der römische Dichter Horaz. Und es wird wohl keinen Philosophen und keinen Psychologen auf der Welt geben, der nicht für dieses Symbol des inneren Gleichgewichts schwärmen würde. Die Mystiker aller Zeiten empfehlen den goldenen Mittelweg für alle unsere Entscheidungen.

Noch als einen Schritt weiter empfinde ich die vereinheitlichende Erkenntnis **sowohl-als-auch**. Als Ganzheitlichkeit wird sie heute gerne gelobt und empfohlen. Harmonie und bewusstes Gleichgewicht strahlt diese Aufforderung aus, in manchen Fällen sogar Friedfertigkeit. Ich selbst empfinde diese Schwingung, die dabei entsteht, wie eine praktische ‚göttliche' Gelassenheit, ein Loslassen von stressigen Leitbildern, die manchmal sogar Zwänge sind. In fast allen Diskussionen, die sich oft eigensinnig dehnen und dehnen, wäre dieser einfache Leitsatz *sowohl-als-auch* ein befreiender Impuls. Im Sinne einer empfohlenen Bewusstseinserweiterung kann dieser Leitsatz auch als *Toleranzbewusstsein* ausgedrückt werden – eine hervorragende Eigenschaft in unserem überwiegend ich-bezogenen Alltag.

Eines sollte uns dabei allerdings klar sein: dass *sowohl-als-auch* im Kollektiv wohl vorerst nicht umsetzbar sein wird. Zurzeit ist es ein Gefühlsmaßstab für den Einzelnen. Im Kleinen kann dann allerdings das Prinzip ‚Gleiches zieht Gleiches an' wirken und im Kollektiven ein wichtiges und verändertes Energie- und Quantenfeld aufbauen. In diesem Sinne ist es eben doch möglich.

Unser großer Weisheitslehrer Jesus hat sich diesbezüglich so ausgedrückt: *„Richtet nicht, auf dass ihr nicht gerichtet werdet!"* Das schnelle Beurteilen und das bequeme Verurteilen anderer Meinungen oder Personen kann mit diesen inneren Schwingungen für unseren seelischen Zustand sehr schmerzlich sein. Unser Kopf ist damit zwar schnell mal zufrieden, doch unsere liebevolle Seele schüttelt es dabei bestimmt ordentlich. Was Wunder, wenn das dann allmählich Energien oder gar Dinge anzieht, welche uns durch Selbsterleben zu genau der Erkenntnis führen, vor der Jesus uns schon vor so langer Zeit gewarnt hat. Oder können Sie sich womöglich vorstellen, dass Jesus heute auch *in uns* wirkt? Er versprach ja: *„Ich bin bei Euch alle Tage!"*

Es ist außerordentlich hilfreich, dieses tolerante *Sowohl-als-auch* immer öfter als etwas Wertvolles – und ich könnte mir auch denken als etwas Heilsames – zu erleben und möglichst auch zu leben. Ich bin sicher, dass diese Erkenntnis viele Entscheidungen erleichtert und durch ihre tolerante Schwingung etwas Befreiendes mit sich bringt. Und wer es auch passend in manche Diskussion einbringen kann, erntet ein Lob ob seiner Klugheit.

„Wer nicht nach innen geht, geht leer aus."

*„Menschen der Zukunft werden die sein,
die ihre Herzen in ihren Gedanken sprechen lassen."*

Albert Schweitzer

„Wer nicht nach innen geht, geht leer aus", sagt Gott zu Neale D. Walsch und zu jedem von uns in »Gespräche mit Gott« Band 1. Doch unsere Welt ist gegenteilig geprägt von zunehmender Veräußerlichung und Vermassung. Sie leidet an gieriger Überproduktion, verbunden mit sinnloser Wegwerfmentalität. Die Qualitätsmängel in der Ernährung, in der Erziehung und im Therapiewesen werden noch überboten von denen der Informationsmedien. Unpersönliche, digitale Kommunikationen und eine verblödende Fernsehüberflutung forcieren die Sucht nach Ablenkung vom Realen und Wahren. Auch die zunehmende Leere, die durch Sinn- und Gottlosigkeit entsteht, wird ebenso profitreich durch Ablenkungen gefüttert – *panem et circenses* (lat.: *Brot und Spiele*)!

Es geht also um die höheren Schwingungen und unseren inneren Weg. Dazu stellen sich drei dringende Fragen: Muss sich das alles noch weiter zuspitzen, damit endlich das große Erwachen beginnt? Oder kann das herrschende, dunkle Versklavungssystem von unten ausgehöhlt werden – unterlaufen durch zunehmenden Aufbruch des Volkes, wie mit dem ‚Brexit'? Oder kann es auch individuell ausgehöhlt werden durch ‚den Inneren Weg', den ich jetzt vorschlage?

Der **Innere Weg** ist der Weg aller Mystiker und Weisheitslehrer. Es ist der Weg zur eigenen Persönlichkeit im Sinne von *personare* (lat.; was von innen durchklingt). Dieser berühmte Innere Weg ist heute anders als vor hundert oder vor tausend Jahren. Er ist anders bei uns Europäern als bei den Indern oder den Asiaten. Er ist anders bei einem Opa als bei seinem Enkel, anders bei den Frauen als bei den Männern. Er ist nämlich absolut individuell – doch in jedem Fall macht er stark und macht frei.

Gehen wir einmal ein Stück weit den Inneren Weg, den *seelischen Weg*. Im Sinne der Reinkarnationslehre weiß ich, dass jeder Mensch ein unsterblicher Geist ist, der als sogenannte *Seele* immer wieder einen menschlichen Körper annehmen kann. Unser Genius von Goethe meinte, er habe schon tausend Erdenleben hinter sich, unzählige ganz sicher auch Sie und ich.

Diese Seelenentwicklung geschieht nicht zufällig, sondern jede Seele macht für ihr Erdenleben einen Seelenplan, auch Lebensplan genannt. Die Seele ist sich, bevor sie ein neues Leben in den dualen Energien der Erde beginnt, sehr wohl darüber bewusst, dass dieses Erdenleben ein Lehrgang ist und sie genau hier lernen kann, um sich in Liebe, Einsicht, Einfühlungsvermögen und Verständnis weiterentwickeln zu können. Dieser Lebensplan, der mit der geistigen Familie zusammen vor der Inkarnation aufgestellt wird, enthält daher nicht nur schöne und angenehme Erfahrungen, sondern auch schwierige Lebenssituationen. Und die Krux dabei ist, dass das körperliche Gehirn später davon nichts weiß und glaubt, zum ersten Mal ,auf der Welt' zu sein. Wenn der unsterbliche göttliche Geist wieder inkarniert (lat.; *in carne* = ins Fleisch gehen), geht nur ein kleiner Teil von ihm als ,Seele' in den Körper, der größere Teil bleibt als ,Höheres Selbst' in seinem ätherischen Umfeld und ist mit seinem inkarnierten Seelenteil durch ein unsichtbares Energieband, die sogenannte Silberschnur, verbunden. Dadurch ist jeder Mensch über seine Seele und sein Höheres Selbst stets mit dem göttlichen Quantenfeld, der Ureinheit, in Wechselwirkung – er ist quasi permanent ,online'. Lebt der verstandesorientierte Mensch mit der gefühlsorientierten Seele in großer Harmonie, kann er uralt werden.

Für dieses irdische Lebensspiel sind wir Menschen serienmäßig mit zwei genialen Veranlagungen und Gaben ausgestattet. Mit unserer *Schöpferkraft* können wir die Art unseres Erdenlebens selbst erschaffen und mit unserem *Freien Willen* dabei möglichst individuell gestalten. Beides ist allerdings nur dann im göttlichen Sinne erfolgreich, solange es im Parameter des Seelenplans des aktuellen Erdenlebens geschieht und man sich über die Folgen, die damit verbunden sind, auch klar ist. (Darüber schreibe ich später mehr.)

Die Sprache der Seele sind die Gefühle. Kommen wir Menschen mit unseren Schöpferkräften zu sehr von unserem goldenen Lebensfaden ab – meist natürlich recht eigenwillig –, melden sich unsere Seele und unser Höheres Selbst immer öfter und immer intensiver im Körperlichen. Misslungenes, Erfolgloses, Depressives, Schmerzliches, Unglück, Krankheit oder irgendwann ein Leiden – das sind alles Seelensignale und -reaktionen, welche die Disharmonien von Körper und Seele erkennen lassen. Reagiert dabei unser eigenwilliger Verstand jahrelang nicht, möchte die traurige Seele schließlich wieder nachhause in die geistige Heimat und zurück zur geistigen Seelenfamilie, sprich, sie will raus aus dem Körper. Das betrifft auch viele unglückliche Partnerschaften. Diese kosmischen Gesetze gibt es natürlich schon seit es als Menschen inkarnierte Gottesteilchen gibt.

Im ‚Himmel' allerdings gibt es solche irdischen Zeitrechnungen nicht, doch es gab eben auch noch nie so viele Menschen auf unserer Mutter Erde, und dadurch entstehen auch andere Ausmaße unseres eigenen Verhaltens und noch nie dagewesene Gesetzmäßigkeiten der Masse. Und wie die Menschheit dabei immer schon sträflich mit ihren Gefühlen und dem Seelischen umging und weiter umgeht, brauche ich hier wohl nicht zu schildern. Die heutige Welt ist dessen Spiegel, in dem wir jetzt das alles aufgeschreckt betrachten und erkennen können.

Das stark polare Kali-Yuga wird jetzt zum Auslaufmodell, und über die zunehmende Geistausgießung im Wassermann-Zeitalter habe ich schon berichtet. Dieser neue Geist fließt nach einem göttlichen Plan, den niemand mehr aufhalten kann. Das ‚Dritte Auge' von immer mehr Menschen erwacht – das Auge, das nach innen blickt. Epyphyse nennt sich die winzige Zirbeldrüse, die unser Stirnchakra bedient und die den Online-Anschluss an alles Übersinnliche und unsere Para- oder Hyperwelt ermöglicht. (Auch dazu berichte ich später mehr.)

Abb. 22:
Das Dritte Auge –
Ausschnitt aus einem
Gemälde von Brigitte-
Devaia

139

Noch leben die ‚Gläubigen' der drei größten Religionen – Christentum, Islam und Gottlosigkeit – unaufgeklärt und unwissend um diese reale und spirituelle Ordnung. Sie vernachlässigen daher ihre wertvollen Schöpferkräfte und ihren Freien Willen und lassen sich noch vom dunklen, schwarzmagischen System des auslaufenden Kali-Yugas körperlich und seelisch versklaven. Daher sind äußere Reformen natürlich auch nötige Wege zu einer besseren Welt. Doch wenn wir verstanden haben, dass jegliche Veränderung zuerst im Geiste und durch die Veränderung *unserer Geisteshaltung* geschieht, lohnt es sich, einen neuen und Inneren Weg zu gehen. So werden oder sind wir Teil der Veränderung, die sich natürlich auch im Außen unweigerlich zeigen wird.

Passend zu dem, was ich als Inneren Weg verstehe, schreibt der Schweizer Geistesfreund Markus Rüegg:

„Unsere Schöpferkraft ganz bewusst einsetzen – davor haben die Schwarzmagier hinter den Eliten am meisten Angst. Aber genau das wird kommen: Sobald wir unsere Schöpferkraft in unseren Gruppen, Netzwerken und Projekten kollektiv einsetzen, potenziert sich Kraft und Energie im Quadrat. Deshalb reicht schon eine kleine Bewegung von bewussten Herzensmenschen, um viel zu bewirken. Doch um an unser göttliches Potential zu kommen, müssen wir uns zuerst einmal aus unseren inneren Gefängnissen befreien. Auch das ist ein Teil des Prozesses, und wenn wir das geschickt gestalten, kann das sogar Spaß machen, denn das Resultat ist mehr Leichtigkeit, Freude und Liebe."

Ich ergänze: Es entsteht dabei ein Wohlgefühl im eigenen Köper!

Einer der Vorteile des Inneren Weges ist, dass dieser Seelen- und Herzensweg auch ohne unseren Verstand funktioniert. Es ist ein Gefühlsweg, der von seinem inneren Wissen geprägt ist. Und je feinfühliger wir dabei werden, desto mehr ist es auch ein Lebensweg der spirituellen Schönheiten. Unser zwar sehr erfahrener, doch mit Vorliebe zweifelnder Verstand bleibt dabei außen vor – bei unserem Inneren Weg. Die bereits herrschende Flut der überwiegend verlogenen Informationen soll und will Ängste erzeugen und Furcht. Und gerade diese sind kopfig und sind weiterhin die alten Energien.

Auf unserem Inneren Weg können wir uns davon befreien. Innere Wege sind auch weitgehend ohne Umwege, und sie sind viel geduldiger als die ängstlich durchdachten Gedankenspiele. Durch die schmunzelnden Siegesgefühle des Inneren Weges kommen wir in unsere Stärke und vernetzen uns mit all den anderen ‚Inneren Siegern' – WIR siegen! Der Innere Weg ist außerdem ein kostenloser Weg der Seelenheilung.

Dieser Reichtum des Inneren Weges kann allerdings auch bedeuten, dass viele alte Gemeinschaften, Freundschaften oder sogar Familienbande auseinandergehen. Sie passen nicht mehr. Daher kann im ungünstigsten Fall das Gefühl der Vereinsamung entstehen. Solche Gefühle haben jedoch, wie so oft, auch wieder zwei Seiten: Verbunden mit Selbstmitleid kann es verhärmen und verbittern, doch verbunden mit intensiver Selbstbesinnung und innerer energetischer Reinigung (verzeihen – danken – segnen) kann es zu einer wertvollen, neuen Selbstfindung werden.

Ein Musterbeispiel dafür ist der aus Hawaii stammende Liebesweg Ho'oponopono, doch es gibt zugleich noch hunderte ähnliche Wege seelischen Freiwerdens in Form von Büchern, Seminaren oder Kultreisen, die wir zu den Inneren Wegen zählen können. Dabei hat in den letzten Jahren das Begreifen der Mitwirkung des ‚Höheren Selbstes' eines jeden Menschen eine individuelle Vorreiterstellung bekommen.

„Wenn Du dabei der Freiheit des Inneren Weges immer mehr vertraust, kommst Du verstärkt in die Gefühle eines neuen Selbstbewusstseins und Deiner eigenen inneren Stärke. Dein Selbstwert baut sich in einer neuen und klaren Form und in einer reineren Schwingung wieder auf. Diese Deine innere Stärke ist irgendwann verbunden mit dem Gefühl der Geborgenheit und der Verbundenheit mit den göttlichen Quantenfeldern von Ethik und Wahrheit – Du fühlst Dich zwischendurch bereits wie zuhause. "[107]

Als *absolut cool!* (antwortete mir ein Freund) empfinden wir dabei zwei weitere grundsätzliche Sichtweisen, die sich auf dem Inneren Weg anbieten. Bislang sind wir es gewohnt, dass unser Verstand unseren erfolgreichen Lebensweg bestimmt. Und mit den Gefühlen muss man halt noch ziemlich vorsichtig sein – ist das nicht so? Doch auch das kann gewandelt werden. Stellen wir uns vor, irgendwann wird es selbstverständlich sein, dass unser Verstand und unsere Gefühlswelt harmonieren. Genial! Diese Innere Einheit ist dann von keiner Macht der Welt zu brechen.

Und die andere Erkenntnis ist, dass wir zusammen – seelisch – eigentlich ein riesiges Quantenfeld sind oder eben eine *Gottesseele*, die dieses Universum ausfüllt und die gewählt hat, auch in der Dualität schöpferisch zu leben. So wird es möglich, zu einem wirklich neuen und für Herz und Kopf stimmigen Wandel zu kommen, der harmonisch den Inneren Weg kennzeichnet, und damit auf unserer Erde immer mehr dieses Energiefeld erschafft. Diese Manifestierung ist nicht mehr aufzuhalten!

HSP – die Menschen mit feiner Wahrnehmung

> *„Selbstvertrauen gewinnt man dadurch, dass man genau das tut, wovor man Angst hat, und auf diese Weise eine Reihe von erfolgreichen Erfahrungen sammelt.“*
> Dale Carnegie,
> amerik. Motivationstrainer

Seit 1996 gibt es die folgende Aussage der kalifornischen Psychologin Dr. Elaine Aron über Menschen, die mit dem inzwischen internationalen Kürzel **HSP** als ‚Hochsensible Personen' bezeichnet werden. Man vermutet, dass es wohl ein Fünftel der Menschheit betrifft.

„Die Welt braucht Menschen mit feiner Wahrnehmung. Viele davon fühlen sich jedoch nicht wohl in ihrer Haut, leiden als Sensible in einer weniger feinfühligen Welt, zweifeln oft an sich oder an Gott, oder kommen mit ihrer Rolle in der Welt nicht gut zurecht. Andere hingegen freuen sich, so feinfühlig zu sein und finden, dass ihnen das hilft, sich sinnvoll in der Welt einzubringen. Der Beitrag der Hochsensiblen ist

sehr wertvoll und wichtig. Hochsensible sind tendenziell integrativ, kreativ und innovativ, sind überdurchschnittlich an ethischen Fragen interessiert und sind auch wegen ihrer komplexen Wahrnehmung besonders wertvolle Mitglieder in Teams. «[135]

Hierzu sind gleich zwei Klarstellungen wichtig: Erstens hat es HSPs immer schon gegeben, und zweitens ist die Zahl solcher HSPs in den letzten Jahrzehnten tatsächlich stark zunehmend. Früher nannte man sie Propheten, Druiden, Heiler, Kräuterfrauen und Ähnliches (Miraculix lässt grüßen). Heute treffen wir sie in vielen Berufen an, gehäuft jedoch bei künstlerischen Tätigkeiten und wieder bei Seelsorgern, Pflegern, Therapeuten und Ärzten. Hochsensible Menschen sind überwiegend feinfühlig und angenehm im Kontakt und häufig sehr naturverbunden. Eine ausführliche Beschreibung der enormen Bandbreite solcher übersinnlichen Veranlagungen finden Sie übersichtlich zusammengefasst bei Wikipedia.[39]

Es gibt allerdings noch eine weitere Zweiteilung im Bereich der Hochsensiblen, auf welche die Ärztin Elaine Aron im Eingangstext hinweist: die Erfolgreichen und die unter ihrer Veranlagung Leidenden. Letztere machen das Gros aus. Für sie gibt es bislang wenig Therapien, bisher überhaupt nur drei deutsche Fachbücher, einige Selbsthilfegruppen und auch schon einen Verein. Darauf möchte ich hier jedoch nicht weiter eingehen, das Internet bietet hierzu ausreichend Informationen.

Solche Erfolge und Leiden, Anerkennungen und Nichtanerkennungen ordne ich unserem Verstandesdenken zu. Doch dahinter liegt der mächtige und unterbewusste Raum der Seele, das unsichtbare ‚Organ‘ unserer Übersinnlichkeit, ich meine sogar: unserer Göttlichkeit. Hochsensible sind für mich **Seelenmenschen**. HSP übersetze ich daher lieber mit ‚Hochsensible Persönlichkeiten‘. Alle von ihnen haben in sich übersinnliche Gaben versteckt, die zu Aufgaben heranwachsen möchten. Und für mich passen sie durch solche Qualitäten auch in ein Zeitgeschehen, das schon lange angekündigt ist (Pfingstrede des Petrus) und auf das ich bereits hingewiesen habe:

„Und es soll geschehen in den letzten Tagen, spricht Gott, da will ich ausgießen von meinem Geist auf alles Fleisch; und eure Söhne und eure Töchter sollen weissagen, und eure Jünglinge sollen Gesichter sehen..."

Um genau das geht es nämlich. Mit diesem Geistausgießen sind sicherlich die irdischen wie auch die kosmischen Schwingungserhöhungen gemeint, die immer stärker auf unseren Planeten einwirken – auch auf unsere Mutter Erde, die Göttin Gaia. Dieser neue Geist könnte auch ein Teil des Wassermann-Zeitalters sein und fließt nach einem göttlichen Plan, den niemand mehr aufhalten kann. Das ,Dritte Auge' von immer mehr Menschen erwacht, das Auge, das nach innen blickt. Epyphyse (*epy* = *über*) nennt sich die winzige Zirbeldrüse, die unser Stirnchakra bedient und die den Online-Anschluss an alles Übersinnliche ermöglicht. Dieses Übersinnliche können wir althergebracht *Himmel* nennen oder aktualisiert auch *Parawelt* oder *Hyperraum* oder das *Schöpfungs-Quantenfeld*. Letzteres erhielt von unserer Wissenschaftselite im Jahr 2014 als ,Gottesteilchen' erklärt sogar Nobelpreisehre.

Ebenso hat sich die Erdkonstante (Schumannfrequenz) erhöht und verändert damit global die Gehirnaktivitäten und die DNS *aller* Menschen – nicht nur die von uns Gutwilligen. Alles schwingt etwas höher – auch unsere Körperzellen, unsere Wahrnehmungen, unsere Gefühle, unsere Stimmungen und Ungeahntes mehr. Dabei wird das kein bequemes Entschweben, sondern das Gegenteil wird uns begeistern: **Eine neue Erdung** und eine tiefe Verwurzelung, also ein neues Einswerden-mit-der-Mutter-Erde, werden zum *gemeinsamen Aufstieg* in die höheren Lebensformen – eine neue ganzheitliche WIR-Kultur.

Seelenkräfte sind nämlich raum- und zeitlos und können sich vernetzen. Es ist der Photonenaustausch, der entsteht, wenn wir mit der Seele eines anderen Menschen, eines Tieres, einer Pflanze, eines Steins, eines Geistwesens, eines Engels oder auch eines Sterns in Resonanz kommen, heißt es bei Kurt Tepperwein. Das sind hochsensible und übersinnliche Seelenkommunikationen.

„Die Welt braucht Menschen mit feiner Wahrnehmung.", erklärte die Psychologin Dr. Elaine Aron und ich frage Dich: *„Bist Du auch schon eine Hochsensible, ein Hochsensibler?"* Die aktuellen Schwingungserhöhungen ermöglichen das heute jedem. Jeder, der will – jeder hat ja den eigenen Freien Willen –, kann jetzt diesen Inneren Weg gehen. Jeder kann sich jetzt damit aus der bequemen Masse und dem niedrigschwingenden Mainstream erheben.

Mutter Erde eilt uns voraus. Auch sie ist ein lebendiges Wesen mit einem unvorstellbar riesigen und mächtigen, unsichtbaren Teil von Natur- und Geistwesen. Vier Jahre nach 2012, also jetzt in 2016, werde sie energetisch im quantenphysischen Hyperraum (5D?) landen, heißt es bei Roman Hafner. Natur, Tierwelt und Menschheit kommen ihr allmählich nach. **Die Liebe einer Mutter ist die stärkste aller Liebesformen. Genau diese planetarischen und kosmischen höheren Schwingungen werden immer stärker mitwirken, sodass sich in immer mehr Erdenkindern individuelle und sensible Seelen- und Schöpferkräfte mobilisieren können.**

Auf Seite 82 habe ich bereits auf eine Selbstbefreiungsmöglichkeit hingewiesen, die uns von Mutter Erde empfohlen wurde – speziell auch für ihre hochsensiblen und aufstiegswilligen ‚Kinder'. Ich betone auch hier: Wenn wir alles, was uns stört oder belastet, als eine Resonanz mit uns selbst betrachten, die uns etwas in uns Verstecktes spiegelt, dann kann das jetzt im Rahmen der höheren Schwingungen viel leichter aufgelöst werden als bisher – Exorzismus dürfte *out* sein. Das Finden und Entfernen dieser energetischen Anbindungen, die wir als eigene Schatten oder etwas Dunkles bei uns oder anderen empfinden, wird damit zu einem *Liebesakt* anstatt zu einer *Angstattacke*. Es können natürlich auch weltliche oder angstmachende Spannungsfelder sein, die irgendwie oder auch bewusst durch Gegensätze entstanden sind. (Belastenden Ärger und Frust aus Fernsehen, Tagespresse oder Internet löse ich sofort auf diese Weise auf, manchmal versuche ich auch, es auszuweiten auf das ganze Kollektiv.)

Es begeistert und ist zu bewundern, wenn angehende Hochsensible lernen, ihre vermeintlichen ‚Schwächen', die so schlecht in die heutige

Zeit passen, endlich als Stärken zu empfinden. Es setzt Kraft frei, wenn sie ihre Begabungen lieben und diese für ihr Leben nutzen können – und nach ihrer sehr typischen Art eben dann auch für andere nutzen –, *schließlich sogar zielorientiert für eine neue ganzheitliche WIR-Kultur.*

Im Bereich der Jugend und des Nachwuchses entsteht auch eine Neuentwicklung, die weit über das erwähnte Fünftel der Menschheit hinausgeht. Allerdings wird das noch zu wenig erkannt, und Erziehungskräfte können kaum damit umgehen.

„Eine immense Zahl unserer heutigen Kinder sind hochentwickelte spirituelle Wesen, die auf die Erde gekommen sind, um uns bei diesem Übergang in eine neue Welt zu helfen. Diese neuen Kinder haben die Fähigkeit, mit außerordentlichen Mitteln den Übergang dieser Welt in eine neue in die Wege zu leiten." (Drunvalo Melchizedek)

Doch bis dieser Nachwuchs so weit ist, braucht er Hilfe – und die erwachsenen Hochsensiblen genauso, denn unsere dunkle Gier- und Machtelite weiß das auch alles bestens und tut alles, um die seelische Menschheitsentwicklung aufzuhalten. Neben regionalen Wirtschafts-, Wetter- und Religionskriegen und der kompletten Denaturierung unserer sogenannten Nahrungsmittel und auch der Heilmittel bescheren sie uns die totale, globale Verstrahlung: gepulste Mikrowellen der Handykommunikation, HAARP-Frequenzen, die allesdurchdringenden ELF-Wellen, mentaler Transhumanismus und das Strahlengewitter von über 1000 Satelliten. **Das belastet speziell unsere Seele, fordert uns jedoch auch heraus, stark zu werden.** Gegen diese körperlich-seelischen Belastungen gibt es schon lange verschiedene Schutzmaßnahmen in Form von Armbändern, Amuletten, Chips und Raumentstörern, die für Hochsensible oft sogar lebensnotwendig sind. Doch darauf komme ich noch ausführlicher zu sprechen.

Die Dipl.-Psychologin Sylvia Harke, Autorin des Buches »Hochsensibel – Was tun?«, wurde in einem Interview nach Selbsthilfemöglichkeiten gefragt, und sie nannte Selbsterkenntnis, Selbstliebe, Abgrenzung, Prioritäten setzen, auf die eigenen Bedürfnisse Rücksicht nehmen, ein zur eigenen Veranlagung passendes Leben führen und Entspannungstechniken trainieren. Und ich ergänze mit dem Hinweis, dass intensive Aufenthalte in der Natur und die innere Verbindung mit der Mutter Erde harmonische Zukunftsmusik sind. Am Schlagzeug sitzt dann sicherlich ein Veganer.

Seien Sie dankbar, dass Ihre übersinnlichen und hochsensiblen Veranlagungen Ihre Individualität, Ihre Persönlichkeit und eigentlich sogar Ihre Einzigartigkeit unterstreichen. Schließlich wird die Zukunft den Menschen mit *feineren Wahrnehmungen* gehören. Alle, die *mit* und die noch *ohne*, seien gesegnet!

Alpha-Harmonie wird zur Grundschwingung

> *„Eine neue Art von Denken ist notwendig, wenn die Menschheit weiterleben will.“*
>
> Albert Einstein

Die Aktivität unseres Gehirns lässt sich an seinen elektrischen Strömen erkennen. Diese kann man messen und im sogenannten Elektroenzephalogramm (EEG) darstellen. In der Medizin diagnostiziert man damit vor allem Erkrankungen des Gehirns. Generell zeigt uns dabei die elektrische Hirnaktivität unsere innere, nervliche Anspannung oder Entspannung an. Bei dieser Messung werden Elektroden an die Schädeldecke angelegt. Man erhält ein Kurvenbild, das den Rhythmus der Hirnströme wiedergibt. Die Hirnströme werden auf einer Skala von 0 bis über 40 in Hertz (Hz) gemessen. Die nach dem griechischen Alphabet bezeichneten Bewusstseinsstadien (Alpha, Beta, Delta, Gamma) reichen von der tiefsten Schlafphase bis zur heftigen, dauerstressbedingten Erregung.

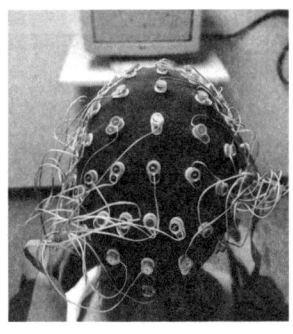

Abb. 23: Hirnstrommessung

Diese naturwissenschaftlichen Kenntnisse heben sich klar von esoterischen Erklärungen und von asiatischen Mystifizierungen ab, belegen jedoch zugleich genau die meditativen Zustände.

Trotzdem lassen sich auch damit nicht alle Milliarden Menschen katalogisieren. Das weiß man seit einer Studie der *Carleton University* in Ottawa, in der die Forscherin Julie Thorpe bereits im Jahre 2005 veröffentlichte:

„Die Hirnwellensignale verschiedener Menschen sind nie ganz identisch, selbst dann nicht, wenn sie an die gleiche Sache denken. Sie sind einzigartig, genau wie Fingerabdrücke."[136]

Uns interessiert jetzt der **Alpha-Zustand**, unser ursprünglicher Bewusstseinszustand. Die Alphawellen entstehen zuerst in der linken hinteren Gehirnhälfte, breiten sich dann nach vorne aus, wechseln danach zur rechten Gehirnhälfte, und irgendwann sind die getrennten Hirnhälften synchron. In diesem Alpha-Zustand erzeugt das Gehirn Ströme im Schwingungsbereich von etwa 8 bis 13 Hertz. Der Mensch ist dabei geistig wach, befindet sich jedoch in einem Entspannungszustand, der von Ruhe und Harmonie geprägt ist. Beide Gehirnhälften sind dabei synchron aktiv.

Vor allem bei dem Wert um 10 Hz sind die beiden Gehirnhälften in ihrer Aktivität entspannt und ausgewogen. Wirken dann beide harmonisch und synchron zusammen, ist unser Denken kreativ und erfolgreich. Problemlösungen fallen hier leicht. Ich werde deshalb statt des technischen Wortes ,Alpha-Zustand' den Begriff **Alpha-Harmonie** verwenden. Im Einzelnen wird darüber berichtet, dass Kinder bis zu einem Alter von etwa sieben Jahren fast ausschließlich in ihrer Alpha-Harmonie spielen und leben. Als Erwachsene erleben wir diese Harmonie vor allem täglich kurzfristig vor dem Einschlafen und dann wieder beim Aufwachen. In dieser Phase habe auch ich regelmäßig meine besten Einfälle, Gedankenblitze oder verlässlichen Erkenntnisse. Bei fast jedem von uns herrscht in diesen Phasen eine gesteigerte Empfänglichkeit für Suggestionen und Intuitionen, die speziell von der rechten Hirnhemisphäre stammen.

Stadium	Bewusstseinszustand	Zyklus pro Sek. (EEG)	Hertz – Frequenz	Gehirn-hälften
Gamma	Blockade Spannung, Blackout	über 21	über 40 Hz	linke
Beta	Wachzustand	21 – 14	40 – 13,5 Hz	linke
Alpha	Tagtraumzustand	14 – 7	13 – 8 Hz	linke + rechte
Theta	Schlafzustand	7 – 3	7,5 – 3,5 Hz	rechte
Delta	Tiefschlafzustand	3 – 1/2	3 – 0,1 Hz	rechte

Abb. 23: Die Bewusstseinszustände

Ich habe in meinem langen Leben zweimal direkt mit der praktizierten Alpha-Harmonie zu tun gehabt: Der Einstieg unserer Familie in die Esoterik der Siebzigerjahre gelang durch die Silva-Mind-Methode,[40] und ich kann mich seit Anfang des Trainings sehr kurzfristig in eine Entspannung oder ins Einschlafen ,zählen'. Der zweite ,praktische' Kontakt mit der praktizierten Alpha-Harmonie war das Superlearning nach Lozanov. Mitte der 1960er-Jahre erschuf der bulgarische Arzt und Psychologe Dr. Georgi Lozanov seine Entspannungsmethode »Suggestopädie«, die dann in den USA zu »Superlearning« wurde. Ich musste nämlich mein Business-Englisch aufmöbeln, und dabei erzeugt dieser besondere Entspannungszustand, untermalt mit Barockmusik, unterbewusste Gedächtnisöffnungen (ohne Wörterbüffeln). Warum gerade Barockmusik? Diese Stücke haben meistens 60 bis 70 Schläge pro Minute, und man weiß, dass das genau der Hirnfrequenz der Alpha-Harmonie entspricht.

Wenn ein Physikprofessor wie Einstein gesteht, dass für ihn die *Intuition* an erster Stelle steht, dann meint auch er seine Alpha-Harmonie, die er durch Musen pflegte. Um das geht es hauptsächlich, wenn wir anderen Menschen mit Höchstleistungen begegnen. Sie haben dabei immer ihre beiden Hirnhälften synchron und harmonisiert. Was ist damit gemeint? Unsere linke Hemisphäre *denkt* mit ihrem Ego zielorientiert, und die rechte *fühlt* mit irgendeinem Talent. Nehmen wir das Beispiel eines berühmten Pianisten. Jahrelanges

Abb. 24:
Der Genius Albert Einstein

Training mit zielorientiertem Durchhalten – typische Qualität des Verstandes. Doch allein dadurch wird er kein bewunderter Pianist. Erst zusammen mit dem künstlerischen Talent der rechten Hemisphäre kommt er in seine Einzigartigkeit. Genauso ist es beim Fußballstar, wenn sein Talent eben in seinen Beinen und im Gemeinschaftssinn liegt. Jeder Goldmedaillengewinner ist es einzig und allein durch die antrainierte, optimale Zusammenarbeit *beider* Gehirnhälften.

Unsere hochentwickelten und geliebten Haustiere sind dauerhaft in Alpha-Harmonie und wissen intuitiv, wann wir nach Hause kommen und noch viel mehr. Die Alpha-Harmonie ist auch der Halbtrancezustand der Yogis, beim Tai-Chi und Qigong, im Zen oder in der Meditation oder in stillen Gebeten. Die meisten Solisten in ihren Konzerten, viele Komponisten, viele Kunstmaler, alle Geistheiler wirken in ihrer Alpha-Harmonie – obwohl ich jetzt hierbei nur Männer aufzähle, gilt das ganz besonders auch für unsere Damenwelt.

In einen solchen ‚vertieften' Harmoniezustand geraten natürlich auch die Hörer solcher Musik und Gesänge, die Betenden in den Kirchen und die Urlauber beim Sonnenbad. Es spielt nämlich dabei auch das veränderte Umfeld eine förderliche Rolle, um in das eigene entspannte Bewusstseinsfeld einzutreten. Starke energetische Plätze mit hohen Energiefeldern finden wir nämlich nicht nur in der ursprünglichen Natur, sondern auch in kulturellen Räumen, wie den beliebten

Konzertsälen, und an ‚heiligen' Plätzen, wie sie einfache Kirchen und Kapellen und manche der berühmten Dome vermitteln. Alle diese Stätten schwingen in eigenen und höherfrequenten Quantenfeldern, die es uns erleichtern, durch *äußere* und räumlich bedingte Entspannung in unsere *innere* Alpha-Entspannung zu kommen.

Schon die Vorbereitung zu solchen Momenten, unsere festliche Bekleidung, der Kirchgang oder die Urlaubsvorfreude bereiten uns auf diese erholsamen Schwingungsfelder vor. Aromatische Düfte stimulieren unser Loslassen genauso wie die Umarmungen Gleichgesinnter, die sich wieder begegnen, und schon entstehen neue harmonische und beglückende Bewusstseinsfelder – überwiegend im Bereich der Alphaschwingung so um die 10 Hz.

An solchen Plätzen, die ja meistens einen besonderen Rückzug aus unserem Alltag bedeuten, kommen wir auch unserer Seele oder unserer inneren Geistigkeit näher. *„In der Ruhe liegt die Kraft."*, heißt es zu Recht. Durch Entspannung und Loslassen harmonisieren sich unsere beiden Hirnhemisphären, und wir bekommen dann den sonst verschütteten Zugang zum genialen Urwissen und zu der Weisheit unserer rechten Hemisphäre. Das nennen wir dann *Inspiration* oder *Intuition*. Als weiteren Zugang bietet uns unsere rechte Hirnhemisphäre die Verbindung zu unserem ‚Höheren Selbst' oder unserem ‚Göttlichen Geist' oder zur ‚Göttlichen Ureinheit' – es gibt für diesen unsterblichen Aspekt von uns viele verschiedene Begriffe.

Eine spezielle Art dieser gedanklichen Entspannung können auch Gemälde und deren Kunstdrucke hervorrufen, wenn sie uns durch ihre ‚Ausstrahlung' mental erreichen. Bilder und Gemälde ohne Worte sprechen *direkt* unsere rechte Hirnhemisphäre an und gehen an der kritikstarken Vormachtstellung unserer linken Denkhälfte vorbei. Schwingen in solchen Gemälden, wie sie beispielsweise Brigitte-Devaia in ihrer Alpha-Harmonie erschafft, wortlose Seelenbotschaften aus der geistigen Welt, entsteht eine tiefe, unterbewusste *Kommunikation der Gefühle*. Versenkung steht meistens im Vordergrund, die sogar heilungsfördernd sein kann. Löst sich dabei etwas spürbar, dann kann das auf zwei Ebenen Erfolg bringen: a) weil Tiefgang immer verstandesbefreit wirken kann und b) weil dann die geistig-göttliche Ausstrahlung der medial empfangenen Gemälde in ihre Wirkung kommt. Auch Tränen machen unseren Seelenbereich wieder frei. Dazu schreibt Brigitte-Devaia:

„Wenn Engel in solch feinen Frequenzen in unser Bewusstsein treten können, sich uns in bildhafter Form zeigen, sich in Klängen und Melodien hörbar machen, Botschaften durchgeben, dann setzt dies doch voraus, dass wir alle aufnahmebereit für sie sind, dass wir ihr Licht in uns finden und in unser Leben und in diese Welt integrieren können. Engel der neuen Zeit kommen in Scharen, um uns in den kommenden Jahren wertvolle Begleiter zu sein, während wir so manche Überraschung in uns und um uns herum erleben werden."

Eine logische Grundvoraussetzung für das Erleben dieser harmonisierenden und entspannenden Schwingungen ist dabei die Ruhe und der Rückzug, und zwar nicht nur der äußere, sondern vor allem unser innerer Rückzug. Es ist auch der Ausstieg aus unserem täglichen Gedankenwirrwarr und das ‚Umsteigen' in einen *inneren Raum*, aus dem heraus man seine Gedanken mit einem gewissen Abstand betrachten kann – genauso wie die Berge oder den Sonnenuntergang. Im Zustand entspannter Versunkenheit genießen wir bereits den Dimensions-Wandel.

Für mich bringt zum Beispiel das Schreiben und das philosophische Denken entspannte Klarheit, wenn ich völlige Ruhe habe und mir eine Kerze anzünde. Das Erleben und Wirken von Naturschönheiten als auserwähltes äußeres Umfeld liebe ich auch. Für mich fängt der Tag schon zufrieden an, wenn ich im Freien frühstücken kann, am liebsten bei Sonnenschein. Manchmal meine ich, dass solche ‚Vergeistigungen' mich Schwerelosigkeit erahnen und Raum und Zeit vergessen lassen – für Momente zumindest. Und das wünsche ich Ihnen genauso!

Die Magie der Alpha-Harmonie entsteht immer durch die Kombination und Harmonisierung unserer Hirnströme. Dazu bieten sich äußere Wege an: Ruhe – Stille – Wandern – Natur – Gemeinschaften. Interessant ist, dass auch zwei äußere emotionale Gefühlsausbrüche das Gehirn harmonisieren: kräftiges Händeklatschen als Applaus und herzliches Lachen – eben zwei sehr positive Schwingungen. Der Innere Weg zur inneren Harmonisierung sind Meditationen – Gebete – Denkpausen, um zu fühlen und natürlich noch mehr, wie schon oben kurz erwähnt. Weitere Tipps dazu finden Sie auch unter[41].

Durch das bereits beschriebene ‚Schwächeln' des Erdmagnetfeldes wurde die Alpha-Harmonie inzwischen zur Grundschwingung auf unserem Planeten, allerdings findet man regionale Verschiedenheiten. Diese erhöhte Grundschwingung ‚belastet' nun auch alle die übertriebenen Ego- und Negativdenker, und man kann nur hoffen, dass durch die unterbewusste Alphaschwingung doch manche Entscheidung plötzlich anders ausfallen kann. Also auch hier können wir mit großer Dankbarkeit den unsichtbaren Wandel annehmen und hoffnungsvoll weiter beobachten. Alle diesbezüglichen Prozesse empfehle ich zu segnen. Also: Es lebe die Alpha-Harmonie!

Apropos segnen: **Segnen** ist immer ein machtvoller Abschluss, nicht nur bei den kirchlichen Gottesdiensten. Immer fühlt man sich dabei und danach freier, ob nach einem inneren Gefühlsprozess des Dankens oder des Verzeihens oder des Schenkens. Segnet auch jeden Vogel, jedes Tier, jeden Baum, jede Pflanze und alles Lebendige um uns. Das ist das Praktizieren der höchsten Form von Liebe in Aktion – und es ist das, was als Erkenntnis und Energie genau jetzt vonnöten ist. Das ist dann auch ‚bewusstes Sein'. Lassen wir nicht zu, dass das vielleicht als kirchlicher Brauch ein Gschmäckle hat – Segnen ist für jeden von uns eine wundervolle, göttliche Energie. (Ich verwende sie auch manchmal als Magie.) Wenn wir uns dabei die höherschwingenden Zyklen oder Quantenfelder vergegenwärtigen, arbeiten wir garantiert in Einklang oder in Wechselwirkung mit ihnen. Wir sind ein integraler Bestandteil dieser Energiefelder, und unser Segnen wird dabei eine intensive Vernetzung im multidimensionalen Wandel.

Unsere Zirbeldrüsen krempeln uns um

„Das Schlachtfeld der Zukunft wird das menschliche Gehirn sein."
Defense Intelligence Agency (2008)

Die winzige kiefernzapfenförmige Zirbel- oder Pinealdrüse, griech. *Epiphyse*, ist weit mehr als das Steuerorgan für unseren inneren Tag- und-Nacht-Rhythmus. Schon vor Tausenden von Jahren wurde die Zirbeldrüse als Organ der außersinnlichen Wahrnehmung verstanden – als Fenster zu anderen Dimensionen, allerdings nicht bei uns im Abendland. Erst aus dem Hinduismus und dem Buddhismus wissen wir, dass unser Zirbelchen die Basis unserer hohen Stirn- und Kronen-Chakren ist, dem 6. und dem 7. Chakra (tausendblättriger Lotus), und das ‚Dritte Auge', das nach innen blickt. Das zentral im Gehirn fungie-rende Zirbelchen ist der mentale Schlüssel für die Pforte zwischen den materiellen und den geistigen Körpern der Menschen. Dazu liegt sie mittig am harmonisierten Platz zwischen unserer seelisch mächtigen rechten und der körperlich mächtigen linken Gehirnhemisphäre.

Diese Schlüsselposition hatte wohl schon das Altertum gekannt und verehrt. Man kennt Abbildungen des Pineals, des Pinienzapfens, aus der Richtung Sumer und Babylon, und man kennt mehr darüber aus der altägyptischen Richtung durch das ‚Auge des Horus', das körperliche Organ der Seele.

Auch im Altgriechischen wurde sie als Überseele erkannt und ‚Epi'physe genannt (griech. Vorsilbe *epi* = über). Im alten Rom nannte man sie ‚Meisterdrüse', in Altchina war es das ‚Himmelsauge'. René Descartes, der Begründer des mo-dernen frühneuzeitlichen Rationalis-mus, hat hier den ‚Sitz der rationalen Seele' vermutet: *„In der Zirbeldrüse fließen Körper und Seele zusammen."* Heute spricht man im Esoterischen von der ‚Aufstiegsdrüse' oder der ‚Lichtdrüse'.

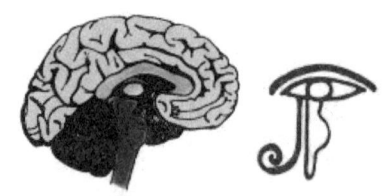

Abb. 25: Die perfekte Symbolik des histori-schen Horus-Auges

Dieses Kleinod – der Regler aller Regler[42] – beeinflusst das gesamte endokrine System des Körpers und reguliert und kontrolliert erstaunlich viele entscheidende Vorgänge wie das Wachstum und die körperliche Entwicklung, die Fortpflanzung, die Körpertemperaturkontrolle, die Nierenfunktion, den Schlaf-Wach-Rhythmus, das Immunsystem, die Kontrolle und Vernichtung sogenannter ‚Stressoren', die Vernichtung sogenannter ‚freier Radikale' und die Steuerung des Alterungsprozesses. Unser Zirbelchen produziert bei Dunkelheit selbst das wertvolle Hormon **Melatonin**. Als sogenanntes Schlafhormon ist es ein unterbewertetes Superhormon, denn die oben aufgezählten Zirbeldrüsenfunktionen beruhen weitgehend auf diesem Hormon.

„Seine Hauptaufgabe besteht darin, die Spiegel der anderen Hormone zu regeln, den Ausgleich oder die Homöostase des Körpers aufrechtzuerhalten und somit den anderen Hormonen bei der Ausübung ihrer Funktion beizustehen. Bei wechselndem Melatoninspiegel werden bestimmte Hormone unterbunden, andere gesteigert. Melatonin steuert die Hormonproduktion und stellt sicher, dass weder zu hohe noch zu tiefe Hormonspiegel entstehen." (www.naturepower.de)

Doch sehen wir uns das Thema noch genauer an. Die Zirbeldrüse ist unser psychisches und physisches Energiezentrum(!) und empfängt auch höhere Lichtschwingungen. Diese passt sie an den physischen Körper an. Sie gibt die Energie an alle Chakren weiter, an Drüsen und Organe. Sie transportiert Licht als Grundlage für unsere organischen Transformationsprozesse. Sie wandelt Licht in chemische Reize und Informationen um. (energetic-cleaning.ch) Die besondere Verbindung zur Thymusdrüse habe ich schon erwähnt. Mystische Traditionen und geheime Schulen kannten bereits den hohen Wert für übersinnliche Energieaufnahmen und außersinnliche Wahrnehmungen. Manche empfinden die Zirbeldrüse auch als Energietor zum Ein- und Ausstieg der Seele aus dem Körper. Praktisch gesehen agiert das Dritte Auge als ‚Schalter', welcher höhere Bewusstseinszustände und Erfahrungen visueller Spiritualität aktiviert. (Samuel Sagan) Mehrere Wissenschaftler bestätigen inzwischen den möglichen Mediumismus und die extrasensorischen Fähigkeiten der Drüse. Über den buddhistischen Hintergrund des Dritten Auges berichtet dieser YouTube-Film (30 Min.).[43]

Sehen wir uns doch nun verschiedene Geheimnisse an, die sich um die Pineal oder den Kiefernzapfen ranken, welcher die Form unserer Zirbeldrüse hat. Dieser Zapfen ist die jahrtausendealte Symbolik für unsere Zirbeldrüse. Im Internet kann man lesen, dass unsere Wissenschaft ihre besondere Bedeutung erst seit rund drei Jahrzehnten kennt – seltsam. Abbildungen davon gab es schon bei den Sumerern und später, wie bereits gesagt, überwiegend nur in geheimen Kulten. Der Kiefernzapfen war im Laufe der Geschichte in allen Kulturen der Welt ein heiliges Symbol.

Abb. 26:
Heiliges Symbol

Schon lange befasse ich mich mit der hohen Bedeutung der Zirbeldrüse für die menschliche Evolution mit ihrer Verbindung zur geistigen Welt. Dabei fand ich zwei Techniken, wie die jeweiligen Machtsysteme mit astralen, schwarzmagischen und heute auch mit chemischen Mitteln versuchen, unsere geistig-göttlichen ‚Kommunikationsmöglichkeiten‘ zu blockieren oder durch bewusste Trennung ganz zu unterbinden.

Erstens: Erstaunlich ist, welchen Kult der Vatikan damit treibt. Das geheime Insiderwissen erkennen wir auch daran, dass das Wappen in der Flagge des Vatikans die Zirbeldrüse als Pinienzapfen darstellt.

„Die katholische, religiöse Tradition ist kunstvoll verquickt mit Kiefernzapfen, vielleicht am deutlichsten sichtbar auf dem Heiligen Stab, der vom Papst selbst verwendet wird. Das Wappen des Heiligen Stuhls, das man unter anderem auf der Vatikanflagge findet, verfügt über einen Stapel von drei Kronen, der in der Form einem Kiefernzapfen verdächtig ähnelt. Der Name ‚Heiliger Stuhl‘ (engl.; ‚Holy See‘) erscheint vielen als ein direkter Verweis auf das dritte Auge... Kiefernzapfen tauchen in den Kirchen auch häufig als ‚Beleuchtungsquellen‘ auf, zum Beispiel als Kerzenständer und Lampen, die symbolisch für die spirituelle Erleuchtung stehen, welche durch das Dritte Auge repräsentiert wird.“ (www.transformation.net [44])

Dieser ausführliche Bericht der Zapfen-
symbolik führt dabei zum Alten und Neuen
Testament, führt durch viele Kirchen zur
Freimaurerei, auch ins Dritte Reich und
schließlich (ohne diese Symbolik) in den aktuellen Gesundheitsstand. 23 Abbildungen
veranschaulichen in diesem Bericht diese
überraschenden Entdeckungen. Auch das
Kreuzzeichen auf der Stirn von Täuflingen
soll im Sinne der Kirche das Dritte Auge
schießen – immer schon!

Die zweite und neuzeitliche Attacke
gegen die spirituellen Qualitäten des Zirbel-
chens ist ihre Vergiftung. Die beiden größten Antagonisten und Gegenspieler für ihre
wertvolle Drüsentätigkeit sind Fluorid und
nächtliche elektromagnetische Felder im
Schlafraum. Auch auf ‚Standby' geschaltete
Geräte reduzieren die nächtliche Melatonin-
produktion der Zirbeldrüse. Spätabendliche
Arbeiten oder Fernsehen an den Flachbild-
schirmen[45] verzögert durch die Blaulicht-

Abb. 27: Die hohe Bedeutung des Pineals

anteile diese nächtliche Hormonbildung. Außerdem reagiert die Zirbeldrüse nachweislich auch auf Funkfrequenzen der DECT-Telefone,
ELF-Strahlung, WLAN, Handys etc.

Fluorid ist der größte Feind der Zirbeldrüse. Fluorid ist die moderne
Seuche in den meisten Zahnpasten, und solche sollten grundsätzlich nie
mehr verwendet werden (ist meine dringende Empfehlung).[46] Gerade
in der Zirbeldrüse wurden körperliche Fluorid-Höchstkonzentrationen
entdeckt. Fluorid kann nämlich die Blut-Hirn-Schranke überwinden
und hat nachweislich neurotoxische und neurodegenerative Wirkungen
auf das Gehirngewebe.

Dazu fand ich einige überraschende Zitate:

- *„Fluoridation... ist der schlimmste Betrug, der jemals verübt wurde, und es sind diesem Betrug mehr Menschen zum Opfer gefallen als jedem anderen."* (Professor Albert Schatz, Ph.D., Mikrobiologe und Nobelpreiskandidat)

- *„Fluoridierung ist der größte Fall von wissenschaftlichem Betrug in diesem Jahrhundert."* (Robert Carton, 1992, Ph.D.)

- *„Fluorid verursacht häufiger und schneller Krebs beim Menschen als jede andere chemische Substanz."* (Dr. Dean Burk, Mitbegründer des »US National Cancer Institute«)

- *„Putzen Sie die Zähne mit einer fluoridhaltigen Zahnpasta, wird über die Lymphbahnen der Mundschleimhaut Fluor aufgenommen und über die Lymphbahnen der Schilddrüse zugeführt. Dort löst es Jod aus seiner Verbindung mit Thyroxin. Es entsteht Fluorid-Thyroxin, das die Schilddrüse zerstört."* (Dr. med. Walter Mauch)

- *„Fluor ist weitaus gefährlicher als Arsen oder Strychnin, bei denen die Maximaldosen mit 5mg weit größer sind."* (Prof. Dr. K. O. Moeller, Kopenhagen, maßgeblicher Pharmakologe für die nordischen Länder)

- *„Künstliches oder anorganisches Natriumfluorid ist ein stark toxisches Protoplasmagift, das 15mal so stark ist wie Arsen."* (Dr. Charles A. Brush, B.S., M.D., Direktor des *Cambridge Medical Center* in Massachusetts)

- *„Die meisten Krankheiten sind Folgen von Störungen des Enzymsystems. Schäden durch Fluoride konnten an 24 Enzymen nachgewiesen werden!"* (Prof. Dr. Abderhalden, »Vorsicht Fluor«)

- *„Die von den Befürwortern der Kariesprophylaxe mit Fluoriden vorgelegten Erfolgsstatistiken verwende ich in meinen Vorlesungen als Anschauungsmaterial dafür, wie Statistiken nicht gemacht werden dürfen."* (Prof. Dr. Arnold, Mathematiker und Berufsstatistiker aus den USA)

- Der einst prominenteste kanadische Verfechter der Fluoridierung, der Zahnarzt Dr. Hardy Limeback, *Universität Toronto*, spricht sich inzwischen ausdrücklich gegen die Trinkwasserfluoridierung aus. Zusammen mit über 1700 einschlägigen Experten unterzeichnete er im August 2007 ein Statement, in dem der Stopp der Trinkwasserfluoridierung und eine Untersuchung durch den US-Kongress gefordert werden.[47]

Für mich ist allein schon die Tatsache, dass Fluorid in fast jeder Zahnpasta vorhanden ist, ein Indiz dafür, dass man versucht, die Bevölkerung mit chemischen Kampfstoffen dumm und passiv zu halten, damit sie alles akzeptiert, was man ihr sagt. Wer darüber mehr wissen möchte, findet dazu eine ausführliche Abhandlung unter [48].

Nun kommt die bange Frage: *„Wie kann ich die Fluoride im Gehirn wieder ausleiten?"* Mit Melatonin! Dummerweise kann unser Zirbelchen mit dem Älterwerden generell immer weniger **Melatonin** produzieren. Als Medikament ist es in Deutschland verschreibungspflichtig, kann jedoch übers Internet aus den Produktionen in UK und in den USA problemlos bestellt und importiert werden. Ich selbst schlucke – nicht nur altersbedingt – seit Jahren fast jeden Abend 3 mg Melatonin als Nahrungsergänzung, etwa eine halbe Stunde vor dem Zubettgehen. Welche positiven ‚Nebenwirkungen' Melatonin im Körper zusätzlich hat, finden Sie am Anfang dieses Kapitels, wo ich die vielfältigen Aktivitäten der Zirbeldrüse beschrieben habe. Genau diese Vielfalt verursacht das ‚Wunderhormon' Melatonin.[49]

Aus meiner jahrelangen Praxis kann ich empfehlen: Mein abendliches Melatonin ergänze ich meistens mit morgendlichem Bio-Kurkuma (dick auf einer Scheibe Butterbrot) und später mit zwei wichtigen Gartenkräutern in meinem rohköstlichen Mittagsmahl. Immer dann, wenn ich mittags zwei Gläser selbstgemachte Smoothies trinke,[50] sind darin Petersilie und Löwenzahn enthalten. Dazu möchte ich Folgendes ergänzen: In einem Vortrag zum Thema »Lavylite« erwähnte der holistische Energiemediziner Prof. Dr. Dr. Jakob Müller auch die Zunahme der Schwingungserhöhungen und wie verschieden irdisches Leben darauf reagiert. Am schnellsten passt sich die Pflanzenwelt an, weniger schnell die Tierwelt und am langsamsten der Mensch. Erstaunlich ist dabei, dass die Pflanze Löwenzahn, das unverwüstliche Super-unkraut unserer Region, der stärkste Schwermetallausleiter (inklusive der Fluoride) ist – als Gehirnausputzer. Seit Brigitte-Devaia auch ‚smoothert', entdeckt sie, dass noch mehr Kräuter aus dem Garten oder von unseren Wiesen ihre bisherigen Schwingungen irgendwie verstärkt haben. Wir spüren und beobachten weiter und werden dann auch darüber berichten.

Borax (Bor) ist ein weiteres bekanntes Mittel gegen Fluoridbelastung, ist in Deutschland jedoch seit 2009 als giftig eingestuft worden und darf daher nicht mehr in Apotheken verkauft werden.[51]

Bei so vielen bewusst erzeugten Hindernissen kommen wir zu der entscheidenden Frage: „*Wie kann ich außerdem die lebensnotwendige Tätigkeit der Zirbeldrüse wieder aktivieren?*" Dazu finden Sie hier zwei Links,[52] wobei es im Internet noch weitere gibt.

Wie können wir alle schneller erwachen?

„Wenn ich loslasse, was ich bin, werde ich,
was ich sein könnte.
Wenn ich loslasse, was ich habe, bekomme
ich, was ich brauche."

Lao Tse, chin. Philosoph

Wer hat ein Interesse daran, dass der Mensch weder heil noch spirituell werden kann? Wer versucht, das spirituelle und seelische Erwachen durch die ausufernden Kommunikationstechnologien zu verhindern? Wer unterstützt das noch durch Fluoride? Welche Thinktanks und egomanischen Denkfabriken tüfteln solche Langzeitprozesse aus, die gezielt die menschliche Evolution blockieren sollen? Ich glaube, ich muss hier keine Details liefern. Mit dieser ‚geheimen' Gier- und Machtelite befassen sich andere ‚Verschwörungstheoretiker' reichlich und schon recht lange.

Doch ich bin fest davon überzeugt, dass es sich hier um einen der entscheidenden Eingriffe gegen eine zunehmende Vergeistigung der Menschen handelt. Denn über die Zirbeldrüse funktioniert die Geistausschüttung des Wassermann-Zeitalters am schnellsten. Natürlich kann Spiritualität auch in Leidphasen geweckt werden, doch das ist eben schmerzlicher. Die Hochsensiblen (HSP) wissen darüber zu berichten, und mein Sohn Jan hat mit seinem Buch »Bevor Du Dich erschießt, lies dieses Buch« hoffnungsvolle Beispiele von extrem schmerzlichen Wandlungen veröffentlicht.

Inzwischen erkennen immer mehr, dass wir allesamt wieder unseren *seelischen Veranlagungen* näherkommen müssen, um ethische und gesundheitliche Fortschritte machen zu können und in Zukunft ein selbstbewussteres Leben zu führen. Ich bin davon überzeugt, dass die beiden entscheidenden Energien, die uns wieder aus dem übertriebenen Materialismus in ein gesünderes inneres Gleichgewicht bringen können, der bereits beschriebene *Alpha-Zustand*, die innere Harmonie und Ruhe, und die mitten im Gehirn gelegene *Zirbeldrüse*, die Vergeistigung, sind.

Ganz genau weiß das auch die dunkle Gegenseite und setzt bereits seit über 50 Jahren das Rattengift *Fluorid* in homöopathischen Dosierungen versteckt ein. Der Apotheker erzählt Ihnen, dass Fluor gesund ist und der Kariesprophylaxe dient, doch das Patentamt bestätigt, dass Fluor ein eingetragenes Rattengift ist. Fluor schwächt Ihr Bewusstsein und macht Sie allmählich zu einem ängstlichen und kleinmütigen Menschen.[53]

Abb. 28: Flourid als Rattengift

„Gibt es noch weitere Energien, um die erwachende Alpha-Harmonie der Menschen zu verhindern?" Dazu erinnere ich kurz: Durch die weltweit zunehmende Schumannresonanzfrequenz kommen die beiden konträren Gehirnhälften in ihre Synchronisierung, und dadurch in ihre wertvolle Harmonie. Sie ist die Voraussetzung dafür, dass unsere Körpersysteme auch ihre seelischen Anbindungen wieder stabilisieren und belasten können. Doch genau das will man verhindern.

Dazu habe ich folgende Gedanken: Wir leben jetzt mit der vierten grundsätzlichen Kommunikationserfindung.
- Im 16. Jahrhundert war es die Erfindung des neuen Druckverfahrens, und die Reformation der christlichen Kirchenlehre ging um die Welt;
- im Dritten Reich war es die Erfindung des Volksempfängers, und mit diesem Radio war der Führer in jedem Haus;
- in unserer Nachkriegszeit war es die Erfindung des Fernsehens,
- und heute ist es das weltweite Internet.

Alle vier Erfindungen sind übrigens deutschen Ursprungs. Das Fernsehen wurde erstmals 1928 auf der Funkausstellung in Berlin vorgestellt, und Hermann Hollerith (1860-1929) war ein deutscher Ingenieur in den USA, der die Lochkarte als EDV-Vorläufer erfand. Die ersten drei Erfindungen haben, wie so oft, auch ihre dunklen Seiten gebracht: Die Reformation führte zum 30jährigen Krieg in Deutschland, der Volksempfänger zur leichteren Mobilisierung des deutschen Volkes und das Fernsehen zur gründlichen Manipulation und Ablenkung der Nachkriegsdeutschen.

Wenn ich das aktuelle Fernsehen hinsichtlich des zunehmenden wertvollen Alpha-Zustandes betrachte, dann führt das eigentlich zur Grund-satzfrage nach der Wirkung des Fernsehens auf unser Bewusstsein. Das ist meiner Meinung nach ein ungeheuer bedeutsames gesellschaftliches Problem. Solange man nicht durchschaut, was beim Fernsehen unterhalb der Bewusstseinsschwelle mit einem geschieht, so lange beherrscht nicht der Mensch das Gerät, sondern das Gerät den Menschen oder anders: Es beherrschen uns diejenigen, die über das Gerät auf uns *einwirken*. Ohne dass wir endlich aufwachen und innere und äußere Gegenmaßnahmen ergreifen, besteht leider wenig Aussicht, diesen bewährten Mechanismus der Massenlenkung zu stoppen.

Als Betrachtung gibt es wieder die beiden Ebenen außen und innen. Äußerlich bewirkt das Fernsehen, dass unsere normale lebhafte Augentätigkeit erlahmt und zur völligen Passivität und Glotze wird. *„Geht aber die Augentätigkeit gegen Null, überträgt sich die Starre der Augen auf den ganzen Körper, und selbst bewegungsfreudigste Kinder sitzen stundenlang still.“*[54] Dies sagt der Pädagoge Prof. Patzlaff.

Die Starre der Augen, bei der sich die Augenachsen nicht mehr kreuzen, bewirkt eine Abdämpfung des Bewusstseins. Wir schauen zwar noch offenen Auges hinaus, doch das Bewusstsein hat sich sozusagen ins Innere zurückgezogen. Wir kommen ins Dösen oder Träumen. Eine australische Forschergruppe hat dies auch experimentell nachgewiesen, indem sie Versuchspersonen an ein EEG anschloss, das den Verlauf der Gehirnströme vor, während und nach dem Fernsehen festhielt. Sobald das Bilder-Sehen begann, ging die rege Aktivität der Gehirnwellen drastisch zurück.

„Die für den Wachzustand charakteristischen Beta-Wellen verschwanden, stattdessen breiteten sich die wesentlich langsameren Alpha-Wellen aus... Das ist demnach nicht als Reaktion auf den Inhalt der Bilder zu deuten, sondern als naturgesetzliche Antwort des Gehirns auf den technischen Vorgang der Bilderzeugung durch das Gerät; es gilt dem Medi-

um als solchem. Man fühlt sich völlig wach und steht nichtsdestoweniger im Bann des Bilderstroms, der durch den willenlos gewordenen, hohlen Blick wie durch eine Pipeline auf die Netzhaut fließt. Dieser außengesteuerte Zustand zwischen Wachen und Schlafen ist wohl am ehesten mit einer Hypnose vergleichbar, jenem Ausgeliefertsein an einen fremden Willen, gegen das sich der Betroffene gar nicht wehren kann. Tatsächlich zeigt das EEG während der Hypnose ganz ähnliche Symptome wie beim Fernsehen. «[55]

Schrecklich, wie das unkritische Medium Fernsehen als solches, unabhängig vom Inhalt der Sendungen, die Herabdämpfung des Bewusstseins bewirkt, indem ein eigenes aktives Denken zur Durchdringung des Aufgenommenen kaum noch stattfinden kann. Hinzu kommen ja noch die speziellen Manipulationsmöglichkeiten der verschiedenen Kameraeinstellungen wie auch der Einsatz emotional aufgeladener Bilder und anderes mehr – alles perfekt manipuliert von gut bezahlten Spitzenkräften. Die Wirkung des modernen Fernsehens allein von Seiten des Inhalts ist ebenso wenig ‚berauschend' – weder die eigenen deutschen noch die pflichtimportierten Filme und Sendereihen der US-amerikanischen ‚Kultur'. Das hat noch mit den Alliiertengesetzen zu tun, die vorgeben, dass bis zum Jahr 2099 nur geschrieben werden darf, was von den Alliierten erlaubt wird. Dies wurde in einem geheimen Staatsvertrag festgelegt, der am 21. Mai 1949 unterzeichnet wurde und der vom BND als streng vertraulich eingestuft wird. Es betrifft auch die Zeitungs-, Rundfunk- und Fernsehmedien. Auf diese Weise halten die Medien, das Fernsehen eingeschlossen, die Bevölkerung in einer mächtigen Illusionsblase fest, in der uns alles andere als Deutsches weisgemacht werden soll, passend zur aktuellen Verfremdung unserer abendländischen Kultur. Jahrzehntelange Berieselungen mit Falschinformationen haben schließlich dazu geführt, dass die Bevölkerungsmasse fast alles glaubt, was im Fernsehen gezeigt wird.[56]

Durch diesen Vertrag sind wir dabei vom Niveau her weitgehend hollywoodisiert – Sex, Gewalt, und der Starke hat immer Recht. Kennen wir auch japanische, indische, russische, norwegische und wertvolle

älde 1: »Natur-Deva – Engel des Wachstums«

Liebe Leserinnen, liebe Leser, hier zeige ich Ihnen drei Motive von »Brigitte-Devaia-ART«.
Mein Buch ist ja ein Energiebuch, das die verloren gegangenen Seelenkräfte im heutigen Leben und
Heilen fördert, und die Seelensprache sind die Gefühle, die am klugen Kopf vorbeigehen sollen.
Genießen Sie einfach die Gefühle in Ihrem Herzen, welche diese Kunstwerke in Ihnen hervorrufen.
Sie stärken das Gute und Edle sowie das Schöne und Wahre im Betrachter – also in Ihnen –
und in unserer sich wandelnden Welt. Engel durchlichten diese Kunstwerke mit subtilen und
Heilung fördernden Informationen für den individuellen Seelenbereich.

Gemälde 2: »Kraftplatz im Paradies der Neuen Zeit«

Gemälde 3: »Erzengel Raphael – göttlicher Heiler«

Filme anderer Länder? Was wissen wir von dem wirtschaftlich mächtigsten Land der Welt, China? Es hat auch heute noch eine bewundernswerte Kultur. Oder vom größten Volk der Welt, von den Indern? Durch meinen jahrelangen Spanienaufenthalt bewundere ich die reichliche Romantik südamerikanischer Filme. Das geht uns hier alles ab!

Bewusstseinsunterschwellig beschert das ablenkende Fernsehdauerberieseln vielen bereits das typische Suchtverhalten. Fernsehen zählt tatsächlich zu unserer beliebtesten Freizeit,beschäftigung'. Die durchschnittliche Fernsehdauer pro Tag belief sich 2015, wie schon im Vorjahr, auf 221 Minuten, fast vier Stunden. So spielt das TV-Gerät nach wie vor eine wichtige Rolle für die Freizeit der Deutschen, und das designte Wertstück ist in den Räumen wie ein Altar aufgebaut. Der mögliche Senderwirrwarr fügt sich aus rund 80 TV-Sendern zusammen (Stand: Januar 2015).

Ich glaube, hier steckt das größte Hindernis für zukünftige Bewusstseinsveränderungen. Ich selbst bin seit dem Jahr 2000 fernsehfrei und erfuhr in der gestrigen interessanten Internetsendung »Tagesenergie« (13.5.2016), dass nun auch Jo Conrad und Alexander Wagandt in dieses Boot gestiegen sind. Ich bin dafür internetsüchtig und fühle mich sehr wohl dabei. Denn auch im Internet gibt es TV-Sender, jedoch einer wertvoller als der andere – und dann das weltweit abrufbare Archiv von YouTube, mit einem beachtlich größeren Spielraum, auch wenn das ebenfalls US-amerikanisch ist und man uns in Zukunft wohl auch hierbei mehr kontrollieren wird.

Wenn wir bei meinen bisherigen Vorträgen auch dieses Thema gestreift haben, empfahl ich stets den Familientest mit einer Woche komplettem Fernsehverzicht. Wer dabei einen ganzen Monat schafft, für den ändert sich sein Leben. Denken Sie doch bitte einmal kurz darüber nach, was Sie in diesen Stunden plötzlich alles machen können – eine innere und äußere Freiheit, so wie früher. Selbst wenn man sich nur auf ein paar Tage einigt, lernt man dabei einen anderen Umgang damit. Verpassen tut man bestimmt nichts.

Dazu etwas Aktuelles: In der Zeit, in der ich an diesem Buch schrieb, gab es mehrere Terrorakte, und einige Kommentare zu den Berichterstattungen des Fernsehens schildern, dass sie geschickt benutzt werden, um die Menschen völlig zu verunsichern. So etwas sollten wir beachten und bedenken, denn auch dabei gilt die Regel: „*Wohin wir unsere Aufmerksamkeit richten, dahin fließt unsere Lebenskraft.*" Es unterstützt und erleichtert den Wandel, wenn wir uns überwiegend mit den Dingen beschäftigen, die unsere Seele nähren und wir nicht so oft in die Falle tappen, welche uns die gesteuerten Systempressemedien wirkungsvoll aufstellen.

Die heutige Menschheit ist nicht die höchste Kulturstufe in der Erdgeschichte

„Es ist die Zeit, wo sich alle Geheimnisse, die Eure schöne, kleine Erde noch birgt, enthüllen werden. Bei Ausgrabungen, die durch Maschinen heute erleichtert sind, bei Tauchmanövern und beim Erkennen sichtbarer Zeichen wird Euch bewusst werden, dass zu jeder Zeit hohe Kulturen bestanden haben, die versunken sind, um wieder in anderen Formen aufzutauchen. Die heutige Kulturstufe der Menschheit ist nicht die denkbar höchste, die die Erde gesehen hat, wohl aber die lauteste, disharmonischste, am meisten vom wahren Leben Entfernteste. Trotzdem wird aber über und durch die Technik und wohlgeglückte Forschungsergebnisse die Menschheit wieder zum Erkennen des Geistes geführt, und dadurch werden ihr Wege gezeigt werden, die ein Leben auf dem Stern Erde ermöglichen, das Euch heute noch kaum fassbar erscheinen mag. Die hohen technischen Fortschritte werden zu friedlichen und dem Menschen interessanten Tun und Schaffen verwendet werden, und der somit in eine höhere Seinsstufe eingeweihte Mensch wird dann auch unbeschadet seinen Wohnstern verlassen können oder Besucher anderer Sterne empfangen.
Allerdings steht der Erdenmensch heute an einem Scheidewege, an dem er schon oft gestanden hat – und an dem er zumeist versagte.
Man könnte es beinahe als einen Scherz der Schöpfermacht bezeichnen, dass der Mensch alles in sich trägt, was er außen vergeblich sucht – sucht schon seit undenklichen Zeiten! Würde er erkennen, dass er mit allem aus Gott geflossen ist und somit alles kann, was er nur denken kann, träfe er stets die rechte Entscheidung, die ihn immer höher führte."

Auszug aus der interessanten Botschaft:
»www.ufo-nachrichten.de/startseite/berichte14.htm«

4 Notwendige Veränderungen im Alltag

Das menschliche Ego wird sich ändern

> *„Das gute Beispiel ist nicht nur eine Möglichkeit, andere Menschen zu beeinflussen. Es ist die einzige."*
>
> Albert Schweitzer

In unseren Lebensgemeinschaften gibt es ganz selbstverständlich das WIR und das ICH. Wenn wir das Wir als Masse sehen, lebt das Ich dabei von der Trennung und seiner Individualität. Schauen wir uns kurz einmal die Begriffe *Selbst*, *Ich* und *Ego* an.

Das **Selbst** ist unser göttlicher Wesenskern. Es ist das, was unser Lebendigsein ausmacht. Es ist unsere geistige Lebenskraft, also das Leben schlechthin. Um es vom Ich und dem Ego klar zu trennen, sprechen wir immer schon von unserem ‚Höheren Selbst' oder der ‚ICH-BIN-Kraft'. Es ist Teil des großen Ganzen. Das Selbst *ist* und wird nicht geboren, stirbt auch nicht und war schon immer existent und wird es auch ewig bleiben. Es ist das Göttliche, und hier auf Erden ist es unsere Schöpferkraft. Es ist auch unser *Licht*, das wir leuchten lassen sollen, und auf der geistigen Ebene ist es einfach *Liebe*.

Das **Ich** ist ein Teil unseres Bewusstseins und macht uns zu einem Individuum. Durch unser Ich-Bewusstsein reduzieren wir uns für die Dauer unserer körperlichen Existenz von der hochschwingenden Lebensenergie unseres Höheren Selbstes. Durch dieses einfache Ich werden wir anders lebensfähig, und es formt grundsätzlich unsere Persönlichkeit. Und dieses kluge Ich, so einfach wie wertvoll, hat uns schon oft das Leben gerettet. *„Danke, mein liebes Ich."* ☺

Die Bezeichnung **Ego** verwendet man für das übersteigerte Ich. Ego ist eigentlich nur die lateinische Übersetzung für Ich, doch das, was man mit Ego bezeichnet, hat mit dem ursprünglich gesunden Ich kaum noch etwas zu tun. Man könnte auch sagen: Das Ich sagt „ich bin", wogegen das Ego sagt „ich will". Aus diesem anfangs noch gesunden Ego entsteht der Antrieb, unser Leben aktiv zu gestalten und unsere grundlegenden Bedürfnisse selbst zu befriedigen. Doch wo ist dann die Grenze zum selbstsüchtigen Ego? Meistens entwickelt sich dann aus einem anfangs gesunden Ich-Gefühl zuerst Egoismus, dann Egozentrik und schließlich krankhafte Egomanie. Hierzu gibt es längst viele aufklärende Bücher und Workshops und natürlich auch Therapiewege.

Das Traurige ist, dass unsere schöne Welt und unsere täglichen Gemeinschaften nur noch aus einer Masse von Egoisten zu bestehen scheinen. Und das ist sehr traurig. Unsere heutige Welt ist überwiegend verstandesorientiert geworden, und unser Verstand ist in unserer linken Gehirnhemisphäre angelegt, in der die Kräfte sowohl unseres *Ichs* als auch unseres *Egos* schlummern und wo auch unsere *Männlichkeit* gesteuert wird. So wurden inzwischen die drei zusammen zu einem dominanten Zeitgeist. Doch durch die zunehmende Vermassung des Kollektivs entstehen dann fast zwangsläufig immer mehr Egos, weil immer mehr Menschen verhindern wollen, als einfaches Ich in der Masse unterzugehen. Auch das ist verständlich und trotzdem traurig!

Seit wir hier in dem kleinen Bergdorf im Schwarzwald leben, zeigen sich solche Ursprünglichkeiten ganz gravierend. Man kennt sich, und jeder ist wer – samt seiner Stärken und seiner Schwächen. In einem Großstadtzentrum muss man dagegen ein ganz anderer Mensch sein, um sich überhaupt behaupten zu können. Das kann oftmals zu täglichem und unnötigem Stress führen – Dysstress. Ob wir mehr im gesunden Ich oder einem notwendigen Ego oder gar in einem eigensüchtigen Ego leben, kann man auch als modernes Stressmanagement unterscheiden. Der sogenannte Eustress (lat. *eu* heißt *gut*) ist in unserem Leben völlig natürlich, der sogenannte Dysstress ist das genaue Gegenteil und macht heute das Wort *Stress* fast zu einem Schimpfwort.

„Unter Dysstress versteht man den negativen und in erster Linie schädlichen Stress. Die Silbe ‚dys' kommt aus dem Griechischen und heißt übersetzt ‚schlecht, widrig'. Das zeigt bereits, worum es bei dieser Art von Stress geht. Die Aufgabe, die ansteht, wird als unangenehme Belas-

tung erlebt. Man fühlt sich vielleicht nicht kompetent genug, hat Zeitdruck oder zu viele andere Dinge zu erledigen. Außerdem bezweifelt man seine eigenen Einflussmöglichkeiten.

Im täglichen Leben entsteht Dysstress weniger durch große Ereignisse, sondern weitaus häufiger als Folge der kleinen Unannehmlichkeiten des Alltags, wenn beispielsweise Anerkennung und Erfolg fehlen. Auf Dauer gesehen ist chronischer Dysstress in hohem Maße krankheitsfördernd."[57]

Bei allem sicher recht erfolgreichen Stressmanagement wirken auch auslösende Energien mit, die kaum beachtet werden. In einer Botschaft aus der geistigen Welt heißt es dazu:

„Das Bewusstsein bewegt die Materie in einer schnelleren Geschwindigkeit als bisher. Das ist die sogenannte schnelllebige Zeit, die den Tag viel kürzer erscheinen lässt." (www.indalosia.de)

Ergänzen möchte ich noch, dass der bisher erwähnte Stress auch als *äußerer Stress* bezeichnet werden kann. Denn es gibt auch noch einen völlig versteckten *Zellstress*. So bezeichnet der bekannte Ernährungsforscher Christian Opitz unsere Körperreaktionen auf viele industriell hergestellte Nahrungsmittel, besonders auf industriell gefertigte Getränke.

Und dann gibt es noch den *seelischen Stress*. Die Nummer 1 unter den seelischen Stressoren sind die Ängste – *Angst* in allen denkbaren Formen. *Selbstmitleid* ist auch ein Dauerstresser, den ein irgendwie gekränktes Ego manchmal als Selbstwertstreichler pflegt.

Eine der vielen Ego-Formen heißt auch *Eigenliebe* oder wenn es noch ausgeprägter wird *Ich-Sucht*. Der Umgang mit Narzissten ist besonders schwer. Hier handelt es sich um Mitmenschen, die keinerlei Kritik vertragen, welche gegen ihr erhöhtes Selbstbildnis gerichtet sein könnte. Es kann natürlich auch ein aus der Not entstandenes, sensibles Selbstbildnis sein, wenn das Ich zum Beispiel in der Kindheit immer wieder gedemütigt wurde und leiden musste. Viele Narzissten können ihre extreme Kritiksensibilität recht gut verstecken, doch dann leiden sie selbst darunter.

Nun gibt es noch eine Möglichkeit, sein Ego direkt genussvoll zu pflegen: als *kollektives* Ego. Ob als Volk oder als Fußballverein oder als Betrieb – die Ego-Energie verbindet uns mit unseresgleichen, und das tut richtig gut. *„Die Einheit macht stark."*, und das Energiefeld verbindet uns dabei verlässlich. In jedem Fall kann sich unser Ego richtig aufblasen gegen irgendeine andere Gemeinschaft oder Organisation. Interessant ist, dass genau dieses Ego in Form von Selbstbewusstsein von einem Volk oder einem Verein oder auch einem Unternehmen gebraucht wird. Das ist wieder die andere, brauchbare Seite davon.

Und da behaupte ich in der Überschrift dieses Kapitels, dass sich dieses menschliche Ego ändert? Und wie! Ich meine: Unser Ego ist dabei, sich zu ändern in Bezug auf die Natur (Tiere und Pflanzen – läuft schon!), in Bezug auf unsere Umwelt (läuft schon sehr lange), in Bezug auf unsere monopolisierenden Energieproduzenten (läuft immer besser), in Bezug auf uns Menschen untereinander (läuft auch schon), in Bezug auf unser Seelenleben (na ja, noch zögerlich), in Bezug auf unsere Geistigkeit oder gar Göttlichkeit (da ist Wandel noch nötig) und natürlich in Bezug auf so manches, von dem wir meinen, es müsse unbedingt so sein, und das gibt es dann sicherlich auch schon.

Über die meisten hier erwähnten Themen berichte ich ausführlicher in den nächsten Kapiteln. Dass sich auch dabei tatsächlich vieles schon erkennbar verändert, sollten wir dankbar begrüßen, dahinter steckt viel mutiges und nachhaltiges Engagement einzelner Persönlichkeiten und überzeugter Gruppen. Deren Energiefelder sind bereits nicht mehr wegzudenken und finden Anschluss und Vernetzung auf und in der ganzen Welt. Lasst uns diese Felder hoffnungsvoll segnen!

Gesundheit wird neu verstanden

„Gesundheit ist auch ein politisches Problem."

Dr. med. Joachim Mutter

Vor langer Zeit erklärte mir eine befreundete Ärztin, dass der Professor schon im ersten Semester ihres Studiums erklärt habe, es gäbe überhaupt keine gesunden Menschen, es gäbe nur solche, die nicht lange genug untersucht worden sind. ☺ Heute sieht es in Bezug auf eine gründliche Untersuchung gerade andersherum aus. Bei den Abrechnungen meiner jährlichen Blutuntersuchungen stelle ich fest, dass der praktische Arzt für die Zeit unseres Gesprächs nicht viel mehr fakturieren darf als hiesige Handwerker in unserer allgemein günstigeren Bergregion. Trotzdem lagen die Gesamtausgaben der gesetzlichen und der privaten Krankenkassen und Versicherungen 2014 schon bei über 500 Milliarden Euro (500.000.000.000 € – wer davon alles lebt? Die aktiv Tätigen und zum Teil auch die passiven Aktionäre?) Und durch den Migrantenzustrom wird sich dieser Betrag bis heute schon wesentlich erhöht haben. Außerdem übernehmen auch immer mehr Klinik-Großkonzerne regionale Krankenhäuser und erwirtschaften plötzlich Renditen, sodass auch das Magazin »raum&zeit« (Ausgabe 201) schon von ‚Abzocken in Krankenhäusern' schreibt.

Bei solchen Betrachtungen nehme ich wahr, dass das Verhalten im Gesundheits- beziehungsweise im Krankheitswesen wie eine Schere immer weiter auseinanderklafft: *passiv* sich behandeln lassen, wenn etwas wehtut, oder *aktiv* immer bewusster gesund leben (Salutogenese). Im Rahmen des ‚Wandels unserer Zeit' ist gerade dieser Wandel wohl schon am weitesten fortgeschritten. Ganz großartig!

Haben wir das dem Internet zu verdanken? Ich glaube schon, denn durch diese elektronische Vernetzung bietet sich eine zeit- und raumlose Verbindung aller Betroffenen des Krankheits- und Gesundheitswesens der Welt an – Therapeuten aller Art, Kranke aller Art, Krankheitsbeschreibungen aller Art, ernsthaft Interessierte aller Art, kleine Versender und Produzenten alternativer Hilfs- und Heilmittel und clevere

Apotheker, die bei nicht verschreibungspflichtigen Mitteln günstigere ‚Apothekerpreise' machen. Lasst uns für diese fortschrittlichen und fast vorbildlichen Veränderungen, die bereits bewährt vorhanden sind, „*danke!*" sagen.

Gesundheit ist ein vielschichtiger Begriff. Eine einheitliche Definition liegt nicht vor. Jede wissenschaftliche Disziplin versteht es anders, auch bezüglich des Alters, des Geschlechts und der Bildung besteht reichliche Verschiedenheit. Und den naturwissenschaftlichen Begriffen stehen heute ganz klare *ganzheitliche* Verständnisbilder gegenüber. Die Weltgesundheitsorganisation WHO idealisierte schon 1948:

„Gesundheit ist ein Zustand völligen psychischen, physischen und sozialen Wohlbefindens und nicht nur das Freisein von Krankheit und Gebrechen. Sich des bestmöglichen Gesundheitszustandes zu erfreuen, ist ein Grundrecht jedes Menschen, ohne Unterschied der Rasse, der Religion, der politischen Überzeugung, der wirtschaftlichen oder sozialen Stellung."

Das Wort ‚Wohlbefinden' gefällt mir, denn es drückt die Ganzheitlichkeit des Gesundseinwollens aus – körperlich wie seelisch. ‚Befinden' bedeutet ja auch beurteilen, bewerten, einschätzen oder ermessen und weist damit auf die befreiende Individualität hin, die man als ‚wohl' empfinden kann: *Du anders als ich.* – also keine Dogmen und kein Erfüllungszwang. Warum fühlt sich einer wohl, der genüsslich seine fette Schweinshaxe abnagt, und der andere fühlt sich wohl, wenn er ein Glas voll selbstgemachtem Smoothie schlürft? Im Moment des Genusses sind sich wohl beide gleich: *„Guten Appetit und wohl bekomm's!"* Doch zehn Jahre später?

Damit kommen wir zu den Energien der Neuen Zeit, in der immer mehr Mitmenschen einfach weiter denken, viel weiter. Und damit entstehen empfehlenswerte Veränderungen und wertvoller Wandel, und auch das Kollektiv bedankt sich für die möglichen energetischen Vernetzungen. Das Krankheitssystem passt sich dem zwar auch mit empfohlenen oder vorgeschriebenen Vorsorgeuntersuchungen an, doch ich betrachte das meiste davon als Angstmache für möglichen Patienten-nachschub und die Bettenbelegung im Krankenhaus.

Um gesund zu bleiben und sich wohl zu fühlen, gibt es schon ein paar Grundsätze, die allgemein gelten und zu beachten sind. Unter »www.gesundheit.de« werden zehn Tipps für ein gesundes und langes Leben gegeben: richtige Ernährung – ausreichendes Trinken – regelmäßige Bewegung – viel Frischluft und Licht – Entspannung für den Ausgleich – genug und regelmäßig Schlafen – reges Gehirn-Jogging – keine oder maßvolle Genussgifte – gesunde Beziehungen, auch zu sich selbst, und Ja sagen zum Leben. Das ist nicht wenig, doch wir haben ja ein Leben lang Zeit zum Üben.

„Der Grad des Lichts in einem Menschen bestimmt den Grad der Ordnung und Entwicklung.“, so Prof. Dr. Fritz A. Popp, und er beschreibt die Menschen als offene, kommunizierende Systeme. Den Gesundheitsgrad stellt er mit dem der Gefühle in Verbindung. So sollten wir auch an unsere Lebensfreude und unsere **seelische Gesundheit** denken. Das, was wir Seele nennen, ist ja unser göttlicher Anteil, den wir auf unsere mutige Reise in die Verdichtung mitgenommen haben. Das hat dann auch mit unserem Seelen- oder Lebensplan zu tun – und natürlich mit unserem Glauben, der jedoch überhaupt nicht an eines der verschiedenen Religionssysteme gebunden sein muss. Das ist allerdings so komplex, dass wir uns das erst später genauer ansehen werden.

Es soll rund 55.000 angemeldete Medikamente geben gegen angeblich rund 16.000 erfasste Krankheiten (vermutlich überwiegend Symptome) – also ein richtig satter Milliardenmarkt. Wer damit nichts oder nur wenig zu tun hat, kann sich glücklich preisen. Dadurch, dass man immer mehr Aufklärendes wie auch Aufschreckendes darüber erfährt, und sich dabei der Zeitgeist schon rapide verändert, entscheiden sich immer mehr von uns für die zwei bedeutenden und wichtigen Lebensgrundsätze: *bewusst gesünder leben* und *bewusst alternative Therapiewege wählen*. Das macht nicht nur *Hoffnung*, sondern es *befreit* auch, ebenfalls zwei entscheidende Grundsätze jeglicher Genesung.

Wussten Sie, dass die Pharmaindustrie weit mehr Geld für Reklame ausgibt als für Forschung, weil das für den Umsatz mehr bringt? Der Glaube an ein Medikament ist erfahrungsgemäß oft wichtiger als die tatsächliche Wirkung.[58] Den ethischen Hintergrund dazu definiert Dr. med. Christfried Preußler so:

„Ein besonderer Aspekt ist, dass aufgrund des pathologischen Paradigmas, also einer auf die Entstehung und Behandlung von Krankheiten begrenzten Sichtsweise, alles außer Acht gelassen und bestenfalls dem Zufall überlassen wird, was salutogenetische, d.h. gesundmachende Prozesse unterstützt. Diese Prozesse sind auch wichtig für die Gesundheitsvorsorge (Prävention). Hier ist dasjenige anzusiedeln, was von Patienten als wohltuend und heilsam erlebt wird und ihre Genesung fördert. Den eklatanten Mangel der medizinischen Versorgung in diesem Bereich thematisiert gegenwärtig am deutlichsten im deutschen Sprachraum Prof. Dr. Giovanni Maio, Lehrstuhlinhaber für Medizinethik an der Universität Freiburg.“[137]

Das zweithäufigste tödliche Leiden sind bei uns die Tumorkrankheiten. Trotz mächtiger Lobby und dem Mythos der ‚Götter in Weiß' kommen immer mehr Erkrankte in ein individuelles Protestverhalten und entscheiden sich mutig für alternative Therapien. Eine sicherlich stets unvollständige Sammlung von Hinweisen auf solche alternative Heilungsmöglichkeiten finden Sie auf meiner Internetseite als ‚Sammlung von Links zu alternativen Therapien bei Krebs'.[59] (Sie kann per E-Mail oder postalisch angefordert werden.[60])

Jedes Unwohlsein, jeder Schmerz, jede Krankheit und jedes Leiden kann nur gelindert oder geheilt werden, wenn auch die *Ursachen* gefunden und geändert werden. Dieses Denken ist für unsereins selbstverständlich. Trotzdem habe ich für dieses Kapitel aktuell recherchiert und komme schließlich auf fünf klar verständliche Hauptverursacher unserer zunehmenden Belastungen, Beschwerden und modernen Erkrankungen. Diese sind:

- Quecksilbervergiftungen (hauptsächlich Amalgam)
- Übersäuerung und Bewegungsmangel
- zu wenig Trinken und ungesunde Industriegetränke
- mangelnde Lebensfreude und
- zunehmende Strahlenbelastungen.

Sie werden dazu sagen: *„Das weiß ich doch alles."* Doch es gilt hier, einige Erkenntnisse herauszustellen, die ganz besonders wichtig sind. Neueste Untersuchungen zeigen, dass selbst nach 25 Jahren Amalgamfüllungen noch ausdampfen und sich das Quecksilber nicht nur im Knochengerüst des Körpers ablagert, sondern eben auch im Gehirn. Immer öfter geht man davon aus, dass **Quecksilber** im Körper an fast allen sogenannten Zivilisationskrankheiten beteilig ist. Jeder gutartige oder bösartige untersuchte Tumor an Leber, Nieren und Knochenmark wies hohe Quecksilberwerte auf. Im japanischen Minamata haben am 10.10.2013 1000 Delegierte aus rund 140 Ländern nach vierjährigen zähen Verhandlungen die ‚Minamata-Konvention' der Vereinten Nationen in Kraft gesetzt, nach der Quecksilber als einer der gefährlichsten Giftstoffe der Welt klassifiziert wird. Ab 2020 wird es beispielsweise verboten sein, quecksilberhaltige Produkte, wie bestimmte Leuchtmittel oder Thermometer, zu produzieren oder zu verkaufen. Zudem dürfen Quecksilber-Abfälle nur unter strengen Auflagen gelagert und entsorgt werden. Leider bleibt Quecksilber weiterhin in Impfstoffen und als Füllmaterial in Zahnfüllungen erlaubt. Ein vollständiges Amalgam-Verbot wie in Schweden scheint derzeit in weiter Ferne.[61] Solche Zahnfüllungen sollten daher *dringend entfernt* und das Gift anschließend gründlich und nachhaltig *ausgeleitet* werden. Sehr gut beschrieben wird das im ‚Naturheilkundelexikon'.[62]
Interessant ist ja dabei, dass dies nun die zweite brutale Volksvergiftung ist, die seit Mitte letzten Jahrhunderts systematisch und rücksichtslos betrieben wird – nunmehr schon in unserer zweiten Generation. Die giftigen Fluoride haben wir schon kennengelernt. Doch noch haben *wir* dabei die völlige Freiheit, zu denken und eigene Wege zu gehen, doch die ahnungslose und abgelenkte Bevölkerung kann einem leidtun – 2:0 für die Gier- und Machtelite.

Noch zwei Hinweise, möchte ich hier einbringen, da ich so etwas soeben im Bekanntenkreis erlebt habe. Noch gibt es die eigene Entscheidungsmöglichkeit für die Wahl des Krankenhauses: das große ,moderne' Klinikum (auf Aktienbasis) oder lieber das noch herkömmliche Kreiskrankenhaus oder eines der Diakonie oder der Marien-Hospitäler, in denen sich noch Schwestern um die Patienten kümmern. Sie würden es zu spüren bekommen, welcher Geist in diesen Heilstätten herrscht. Und wie bei den Zahnfüllungen, kann man auch bei den Narkosen und manchen anderen Behandlungen wählen zwischen dem zuzahlungsfreien Krankenkassenstandard oder – durch geringe Zuzahlung – einem besseren oder hochwertigeren Verfahren.

Ähnlich geht es der Bevölkerung mit dem völlig unterschätzten Wissen um die **Übersäuerung**, denn es betrifft *fast alle* Mitmenschen in unserem Lande – und vermutlich auch weltweit. Einerseits wird dieses Wissen von den schulmedizinischen Therapeuten mit einer erschreckenden Unverantwortlichkeit unterdrückt, und andererseits lassen die Betroffenen von derartigen Ernährungsveränderungen lieber die Finger weg und leiden weiter, weil dabei auch der vegetarische und neuerdings der vegane Aspekt stark mitspielen. Dabei ist tatsächlich den meisten Krankheiten und Beschwerden eine grundlegende Ursache gemein: die Übersäuerung unseres Körpers. Fast alle unsere modernen Schwächen und Leiden könnten somit kurzfristig und preisgünstig verbessert werden.

Übersäuerung ist ein Zustand, der ganz zu Beginn eines jeden Leidensweges steht. Leider spürt man eine Übersäuerung anfangs nicht. Der geniale menschliche Organismus versucht – oft über Jahrzehnte hinweg –, das fehlende Basen-Säure-Gleichgewicht zu kompensieren. Das kann durch ,Notprogramme' jahrzehntelang gelingen. Wie lange genau, hängt von der individuellen Konstitution, dem Lebensstil und den persönlichen Reserven des Einzelnen ab. Ausführlich habe ich diese Problematik schon in meinem roten Buch »Jetzt reicht's!« ab Seite 148 beschrieben (Die Lüge *„sauer macht lustig"*), und im Internet[63] werden reichlich Aufklärung und Möglichkeiten der Behebung des Basenmangels angeboten.

Ich kann heute als Beteiligter nur mit dem Kopf schütteln, während ich dies schreibe. Dieses Basisleiden des modernen Lebens (verursacht durch die zunehmend industriell gefertigte ‚Nahrung') zu beheben, wäre eine der wichtigsten Veränderungen, um einen entscheidenden Wandel im Leben und in der Gesundheit der Bevölkerung zu ermöglichen. Es würde auch genau an einer der maßgeblichen Schnittstellen zu einem verantwortungsvolleren Leben führen. Denn mit der möglichen kostenlosen und zugleich lebensverjüngenden Linderung des Säure-Basen-Ungleich-gewichts können sogar Wohlbefindlichkeitswunder entstehen. Eine ausführliche Liste über basische, nur leicht basische und saure Lebensmittel finden Sie im Internet.[64]

Wussten Sie, dass rund 70 Prozent der Entsäuerung und der Entgiftung unserer belasteten Körper über unsere Atmung, speziell über die Ausatmung gehen? Natürlich nicht, wenn man vor dem Fernseher sitzt, das geht nur an der frischen Luft (notfalls Fenster auf und ein paar bewusste Atemstöße genießen). Wenn Sie zum Beispiel kein Hundebesitzer sind, sollten Sie eine andere Bewegungsveränderung und Verbesserungsmöglichkeit in Ihr Leben aktivieren. Der Aufruf „*tiiieef einatmen*" ist schon ganz gut, doch das bewusste Ausatmen und das bewusste ‚Außer-Atem-kommen' sind die wirklichen Entscheider, die auch wirken. Noch zwei Generationen zuvor ging einem immer wieder mal ‚die Puste' aus, oft täglich, und das war gesund. Doch heute müssen wir uns eben *anders bewegen*, damit wir in den Genuss des heilsamen Bioeffekts der intensiven Ausatmung kommen.

Den dritten, oben erwähnten Krankmacher – **zu wenig Trinken** und falsche Industriegetränke – habe ich auch schon in »Jetzt reicht's! – Band 1« ausführlich geschildert (ab Seite 248 in „Wasser – Lebenselixier und mehr"). Es war 2003 der persische Arzt Dr. med. F. Batmanghelidj, der mit seinem Buch »Sie sind nicht krank, Sie sind durstig!« die Szene veränderte und ein neues Bewusstsein dafür weckte und auslöste. Doch wie viele von uns haben es wirklich kapiert und umgesetzt? Wenn ich heute beobachtend durch einen Getränkemarkt gehe, könnte mir schlecht werden, wenn ich daran denke, was sich die Bevölkerung mit diesem Milliardenumsatz an industriell gemixten Soft-Drinks antut.

Auch die Verkäufer der meisten Mineralwässer, der meisten Stillen Wässer und sämtlicher Cola-Getränke profitieren von der Unaufgeklärtheit der Konsumenten.

Laut einer Studie der Harvard School of Public Health kamen die Forscher zu dem Ergebnis, dass 180.000 Todesfälle aus dem Jahr 2010 auf den Konsum von zuckerhaltigen Getränken zurückzuführen seien.[124] Und in der »WirtschaftsWoche« hieß es am 22.3.2013: *„Die Forscher fanden zudem heraus, dass vor allem jüngere Menschen davon betroffen sind. In den USA stirbt etwa jeder zehnte unter 45 Jahren an den Folgen von Cola, Fanta und Co. In anderen Ländern sei das ähnlich."*

Die möglichst ‚optimale' Wasserversorgung unseres genialen Körpersystems mit vermutlich über 60 Billionen Zellen ist nämlich unsere absolute Lebensbasis. Jede einzelne Zelle muss richtig versorgt werden, was nur mit hexagonal[65] strukturiertem Wasser möglich ist und keinesfalls mit kohlensäurehaltigen[66] Getränken oder den Softies. Wie lange kann das Körpersystem störungsfrei funktionieren, wenn so etwas nicht beachtet wird?[67]

Hier eine wesentliche Veränderung und einen Wandel zu erreichen, wird sehr, sehr schwer sein. Ich schlage vor, dass wir bei dieser Gelegenheit Mutter Erde wegen unserer Verirrungen um Entschuldigung bitten, denn sie bietet uns aus ihren reichen unterirdischen Schätzen unzählige gesunde Quellen an.

Die **mangelnde Lebensfreude**, unser vierter, oben erwähnter moderner Krankmacher, ist wieder etwas für die ganz persönliche Selbstfindung. Lassen Sie mich gleich vorab mit besonderer Freude in das Thema einsteigen: Wann haben Sie zum letzten Mal soo gelacht? YouTube macht es möglich (auf der Startseite von »www.johannesholey.de« klicken Sie auf ‚ACHTUNG Ansteckungsgefahr').

Stimmungen lassen uns Freude erleben – Lebensfreude. Diese ist in der Welt der Gefühle beheimatet, mit weniger Kopf und mehr Bauch und Herz und Seele. Doch das passt dadurch nicht mehr so ganz zu unserer heutigen Ego-Gesellschaft. Dabei unterscheide ich wieder einmal die beiden Erlebnisebenen, die *äußere* und die *innere*.

Die *äußere* Lebensfreude kann laut sein, euphorisch, ansteckend und erlebnisreich – vom Fußballstadion bis zur Urlaubsreise, von der Gehaltszulage bis zur Hochzeitsfeier. *„Ich könnte Bäume ausreißen!"* und *„die ganze Welt umarmen"*. Und trotzdem erleben wir solche Höhepunkte eigentlich viel zu wenig. Bei all dem Frust und dem Dysstress des Alltags vermissen wir viel zu oft unsere Lebensfreude. Auch ärgerliche, angsterzeugende, sorgende und deprimierende Gedanken verhindern, dass in unserem Körper Lebensfreude entsteht.

Ich empfinde es selbst schon als so schön, wenn plötzlich wieder die Sonne scheint und wärmt, Frühlingsgefühle zu spüren sind und wir es empfinden, dass das äußere Gesicht der Lebensfreude mit einer wunderschönen inneren Kraft, einer Herzensenergie, verbunden ist. Denn Lebensfreude erzeugt auch Kraft! Ich erinnere an dieser Stelle an das Herzhormon Oxytocin, das stets mit Lebensfreude verbunden ist – mit der äußeren, strahlenden und mit der stillen, eingekehrten Schwingung.

„Wahre Lebensfreude kommt von innen!" Diese innere, stille und grundsolide Lebensfreude ist quasi die Steigerung dieser Gefühle durch ihre Anbindung an unseren Seelenraum. Und in dieser Schwingung gibt es ganz offensichtlichen Mangel, und statt Lebensfreude entstehen hier oft Ersatzgefühle (Essen, Alkohol u.a.m.), die irgendwann sogar in sogenannte Gemütskrankheiten ausarten. Haben wir diese Art der Lebensfreude verloren? Der tiefere seelische Bereich eines freudigen Erlebens ist oft überhaupt nicht mehr vorhanden. Viel ersehnte und erlebte ,Freude' ist eigentlich mehr Schau als echtes Erleben. In der Öffentlichkeit und im Rummel, im Kommerz von Massenveranstaltungen und ähnlichen Aktionen spürt man oft – danach – die Flachheit solcher Gefühle.

Es gibt noch weitere Formen der Lebensfreude, die von etwas abhängig sind. *„Ich freue mich, weil..."* Wahre Freude hat kein ,Weil'. Wenn ich das Wort Lebensfreude zerlege in *„ich freue mich meines Lebens"*, dann heißt das doch auch: *„Ich freue mich, dass ich lebe."* Doch wenn ich diese Freude an etwas binde, *weil...*, dann freue ich mich nicht mehr des Lebens, sondern des *Weils*. Die zweite Anbindung der Lebensfreude an etwas von außen ist die, welche von anderen Menschen abhängig ist: von unserer Partnerin oder unserem Partner, unseren Eltern oder unseren Kindern, unserem Chef und so weiter. Ist es nicht ein bisschen bequem, andere dafür verantwortlich zu machen, wenn es mit der Lebensfreude nicht richtig klappt?

Auch unser Denken und Grübeln kann zur Last werden, und dann empfiehlt es sich, einmal etwas Unübliches zu tun. Wenn Sie meinen: *„Ich bin gelangweilt und freue mich auf nichts!"*, dann führt *Abwechslung* zu Gefühlen der Lebendigkeit und steigert damit auch die Lebensfreude. Wichtig ist dabei auch, unsere Ängste zu erkennen, die (in vielen Fällen heimlich) in fast allen solchen Fällen mitspielen und die dann meistens mit unserem gestauchten Selbstwert und unserem mangelnden Selbstbewusstsein zu tun haben.

Die wertvolle innere Lebensfreude braucht auch das *stille Genießen* – da bin ich mehr zuhause. Und ich gestehe, dass es da auch bei mir manchmal mangelt und ich un*zufrieden* bin. Ich kann daher sehr gut mitfühlen, wenn es den vielen Anderen in unserer laut gewordenen Welt ebenso ergeht. Es ist zwar eindeutig, doch nicht leicht zu erleben, dass wir eben beides brauchen: das äußere Lustige und Befreiende sowie die innere stabile Zufriedenheit, die eine gesunde Lebensfreude erst wertvoll macht.

Die christlichen Kirchen empfehlen dazu das Gottvertrauen, doch auch dabei zeigen so viele Mitmenschen, dass sie es verloren haben. Später erkläre ich dazu meine Version, wie sehr wir zuerst uns selbst vertrauen müssen, ähnlich wie es der Volksmund erfahrungsreich ausdrückt: *„Hilf Dir selbst, dann hilft Dir Gott."* Solange wir nicht unsere eigenen inneren Potentiale einsetzen, wird der ‚Liebe Gott' wenig für uns tun. Und da jeder von uns sein eigenes und allwissendes ‚Höheres Selbst' stets bei sich hat, kann der göttliche Schöpfer es abwarten, bis wir das endlich begreifen und ernsthaft versuchen, auch bei uns selbst Schöpferin und Schöpfer zu sein. Auch dazu berichte ich später mehr.

Lebensfreude aktiviert auch unsere Selbstheilungskräfte. Nur die Konsequenz, die Zielgerichtetheit und die Hoffnung haben oft zu wenig Kraft, wenn nicht auch immer wieder die Stimmung der Lebensfreude mitmacht und unterstützt. Dann schwingt auch die Dankbarkeit wieder mit.

Die Polarität „*Des einen Freud, des andern Leid.*" gehört vermutlich auch zu unserer seelischen Reifeprüfung. Es ist eines der berühmten Sprichwörter in fast allen Sprachen und kommt als Erkenntnis schon aus dem Lateinischen. Mir fallen jetzt, Ende Mai 2016, gleich ein paar offensichtliche Beispiele dazu ein, die als Schlagzeilen in der lokalen Presse Aufmerksamkeit suchten: *Sommersprossen*; der aktuelle *Ölpreis*; der Frühling löst bei den meisten von uns Glücksempfindungen aus, doch nicht bei den *Pollenallergikern*; und dann gar die alte Weisheit: *Wenn zwei sich streiten...*

Jetzt, hier beim Schreiben, darf auch ich so etwas fast hautnah ‚erleben'. Es ist ein bisher seltener sonniger Sonntag in unserem Bergdorf. Wir genießen es. Doch unser romantischer Schwarzwald-Luftkurort liegt an der Landstraße zwischen dem tiefen Wiesental und dem romantischen Münstertal im Westen – mit hunderten gut ausgebauten Kurven. Und es scheint wohl zur besonderen Lebensfreude der Motorradfahrer zu gehören, so etwas immer wieder voll zu genießen – mit ihren liebevoll hochglanzpolierten Maschinen. Einzeln flitzen sie durch die Gegend und auch in erstaunlichen Gruppen, die dabei ganz sicher auch wieder ihr Wochenend-Herzensgefühl der kleinen Gemeinschaft und der Gleichgesinnung spüren. Da ich in der Familie auch drei Gelegenheitsmotorradfahrer habe, habe ich dafür auch volles Verständnis. Doch wie sieht es mit den Gefühlen in uns Ruhegewohnten hier oben und in unserer neuen Biosphäre aus? Also nach dem ersten Aufschrecken ob dieses Lärms ertrage ich es mit einem sinnigen und verständnisvollen Lächeln. Und dann bedanke ich mich bei mir selbst, dass ich die äußere Unruhe einigermaßen in *innerer Ruhe* ertragen kann und nicht meinen Frust doch noch ganz heimlich verstecken muss. Ich segne sie eben, die lauten und lebensfrohen Motorradfahrer. ☺

Ihnen, liebe Leserinnen und Leser, werden zu „*Des einen Freud, des andern Leid.*" sicherlich ähnliche Beispiele einfallen, hoffentlich keine familienbezogenen.

Als letzte der vier modernen Krankheitsverursacher wirkt die völlig unterschätzte und **zunehmende Strahlenbelastung**: durch Funkwellen (Radio, Fernsehen, Schnurlostelefone, WLAN,), durch Mikrowellen (Mobilfunk) und durch Radar, TETRA, Radioaktivität und durch HAARP. Dies sind mindestens sechs verschiedene Arten von künstlichen, technischen Strahlen, die noch vor drei Generationen für Körper und Gehirn völlig unbekannt waren. Und was sind schon drei Generationen in der menschlichen Evolution? Besonders innerhalb der letzten 25 Jahre wurde die Mehrheit der Menschheit riesigen Mengen von elektromagnetischer Strahlung ausgesetzt. Das heutige Körpersystem ist diesem Strahlengewitter überall – an jeder örtlichen Stelle in D-A-CH (Deutschland, Österreich, Schweiz) – ausgeliefert, lediglich die Strahlenstärke variiert von Platz zu Platz. Auch das menschliche Körpersystem funktioniert elektromagnetisch und reagiert deshalb besonders sensibel auf äußere und fremde Einflüsse durch künstlich erzeugte elektromagnetische Felder. Die elektromagnetischen Eigenschaften von Hirn, Herz und Nervensystem sind uns selbstverständlich, doch auch jede einzelne Zelle hat ihre eigene Ladung, und das lebenslange Bio-System des ganzen Körpers basiert auf feinster Elektrizität und Elektronentransfer.

Ausführlich bin ich auf dieses weitgehend verschwiegene und bewusst verlogene Thema in meinem gelben Buch »Jetzt reicht's – Band 2« (Seite 43) eingegangen. Aktuelles dazu finden Sie außerdem unter [68].

Bei allen diesen erwähnten Technologien gibt es nur einen einzigen Fortschritt in den vergangenen Jahren, und das sind bei den Schnurlostelefonen neuere Geräte, die nur noch strahlen, wenn tatsächlich telefoniert wird – und nicht 24 Stunden lang rund um die Uhr. Bei allen anderen oben erwähnten Wellen- und Strahlensystemen wird inzwischen überwiegend verstärkt und gepulst gesendet. Mein diesbezüglich heftigstes Erlebnis war in einer Tiefgarage in der Nähe des Münchner Stachus unter einem fünfstöckigen Gebäude. In der obersten Parketage (nur für Frauen) hörte und sah ich doch tatsächlich jemanden telefonieren. Wie viele dicke Betonwände müssen dabei durchstrahlt werden? Wie hoch ist da die gepulste Sendeleistung? Und wir empfinden das einfach als normal und genießen den Komfort dieser Technologie und ahnen überhaupt nicht, dass wir nicht nur unser Gehirn beim Telefonieren unnatürlich belasten, sondern das perfekte Zellsystem unseres gesamten Körpers durch E-Smog gestört wird – inzwischen fast alle 24 Stunden des Tages, da wir dem Körper ja auch im Schlafraum keinen Schutz mehr bieten.

Tiefer möchte ich auf diese Technologien nicht eingehen. Wen es stärker interessiert, der findet genug Aufklärung im Internet. Immer mehr Elektrosensible leiden unter dem E-Smog wirklich furchtbar, und es gibt für ihre Sensibilität keinen speziellen Schutz. Dabei sind alle diese diesbezüglichen gesundheitlichen Belastungen und Leiden als solche überhaupt nicht anerkannt, oft nicht einmal bekannt.

Gibt es auch eine Technik gegen zu viel Technik in unserem modernen Alltag, also eine Technik, die uns von solchem E-Smog abschirmt? Es gibt keine solche allgemeine Technologie, die hätte man auch schon längst verboten, doch es gibt eine Vielzahl von Erfindungen, welche diese äußeren Bestrahlungen und ihre Energiefelder mindern und manchmal auch völlig auflösen. Doch alle Produkte dieses immer größer werdenden Marktes liegen offiziell außerhalb des Rahmens der konventionellen Wissenschaften und Anerkennungen.

Als Abschirmtechnologien gibt es inzwischen eine Vielzahl verschiedenster Verfahren, wobei man, wie in der Informationsmedizin, auch hierbei davon ausgeht, dass *Informationen* das Verhalten von Materie und ihre Schwingungen verändern können. Was solche ganz speziellen Informationsträger und auch die Seriosität der Hersteller angeht, vertraue ich dabei persönlich den Firmen www.memon.eu, www.quantisana.ch, www.aqua-royal.com, www.base-ist-leben.de (Drawender), www.vital-energy.eu und den Tesla-Technologien – doch es gibt noch viele weitere erfolgreiche Schwingungstechnologien, die mir nicht bekannt sind. Richtig ist, dass sich derartige ‚Wirkungen' nicht generell pauschalisieren lassen, denn sowohl das Verfahren als auch der betroffene Mensch sowie das jeweilige Umfeld sind individuell geprägt. Vor größeren Anschaffungen empfehlen sich daher persönliche Beratungen und Tests – mit speziellen Messgeräten (Baubiologie) oder auch mit der Rute, dem Pendel oder manchmal ganz einfach mit dem kinesiologischen Muskeltest. Wobei auch das keine Bestätigung für eine Dauerlösung sein kann. Solchen Schutz braucht unser Zellsystem besonders im Schlafbereich! Für viele unserer hochsensiblen Geistesfreunde ist ein normales Leben ohne solche feinstoffliche Hilfen überhaupt nicht mehr vorstellbar. Außerdem ruft das auch nach Selbsthilfe und fordert unseren Willen heraus, selbst stark zu werden. Über weitere aktuelle Anbieter von Schutzprodukten informiert das Internet, wenn Sie zum Beispiel »Schutz vor E-Smog« in Ihre Suchmaschine eingeben.

Dazu noch etwas Privates über unsere persönlichen Erfahrungen mit dem E-Smog: Unser Häuschen ist *memon*-geschützt, mit ‚memonizer-Combi' in der Steckdose. Doch meine beiden Mitbewohner, Brigitte-Devaia und ihr geomantisch veranlagter Sohn, benutzen *seit einiger Zeit(!)* ein Zusatzarmband, um wieder einen natürlichen und tiefen Schlaf zu finden. Ich schütze mich anders und zeige Ihnen meinen EDV-Arbeitsplatz im Büro (tägl. viele Stunden), der von der Gemäldeenergie des Erzengels Raphael harmonisiert ist. Links neben Raphael hängt der rote Router, der hier auf dem Foto schwarz ist. Gegen die seelischen Belastungen der Internet-Informationen gibt es von einigen wunderschönen Gemäldemotiven auch entsprechende Mauspads. Unser Leitungswasser, das neben der Wechselstromleitung ins Haus tritt, ist ebenfalls harmonisiert wie auch der

Abb. 29: E-Smog-Schutz am Arbeitsplatz von Johannes

PKW. Der Gesamtwert der verschiedenen ‚memonizer' liegt bei über 2000 €. Wenn wir jedoch bedenken, wie viel Geld für die stets neueste Generation unserer Kommunikationsgeräte ausgegeben wird, sollten wir nicht dafür am Ausgleich und Schutz unserer Gesundheit sparen wollen. Wenn später gesundheitliche Schäden überhaupt ausgeglichen werden können, kostet das bestimmt mehr.

Wir sollten an dieser Stelle all den großartigen Erfindern solcher Schutz- und Abschirmgerätschaften ganz herzlich danken. Ihrer Leistung – jahrelange Forschungen und Experimente und obendrein das Aushalten des Spottes gewisser Zuständigkeiten und des finanziellen Vorschubs – sollte größte Achtung gezollt werden.

Doch vorsichtshalber betone ich auch an dieser Stelle grundsätzlich, dass diese meine Empfehlungen völlig ohne Verbindlichkeiten sind und jeder von Ihnen bei seiner Wahl selbst voll verantwortlich ist. Sollten Sie bereits irgendeine diesbezügliche Schwäche, Belastung oder schon Leiden haben, sind Ärzte oder Heilpraktiker zuständig.

5 Natürliche Veränderung in der Ernährung

‚Bio' verändert bereits unser Konsumverhalten

> „Was wir heute tun, entscheidet, wie die
> Welt morgen aussieht."
>
> Boris Pasternak, russ. Dichter

Die Zeit des Wandels hat in zwei entscheidenden Lebensbereichen bereits große Fortschritte gebracht. Der eine Bereich sind die alternativen Therapien mit entsprechenden Medikamenten und Nahrungsergänzungen. Und der andere Bereich ist die Umstellung auf mehr biologische Lebensmittel. Diese Nachfrage ist inzwischen so sehr angestiegen, dass die Großkonzerne ihre Supermarkt-Angebote bereits so umfassend erweitert haben, dass an einigen Plätzen der Naturkostladen schon Grund zum Klagen hat. Der zunehmende Onlinehandel spielt da auch immer kräftiger mit. Das grüne EU-Biosiegel ist seit 2012 bei vollverpackten Bio-Lebensmitteln aus der EU Pflicht.

Vor allem junge Menschen kaufen mehr Bio-Produkte. Zu diesen Ergebnissen kommt das aktuelle „Ökobarometer", eine repräsentative Umfrage, die regelmäßig im Auftrag des Bundesverbraucherministeriums durchgeführt wird. Insgesamt sind Bio-Lebensmittel bei den deutschen Verbrauchern nach wie vor sehr beliebt: Schon 22 Prozent der Befragten kaufen häufig oder ausschließlich Bio-Lebensmittel, 52 Prozent gelegentlich. Besonders häufig greifen die deutschen Verbraucher laut Studie bei Obst und Gemüse zu ökologischen Produkten, gefolgt von Eiern, die 2012 in der Auflistung der beliebtesten Warenkategorien führend waren. Auf den weiteren Plätzen folgen Kartoffeln, Milchprodukte und Brotwaren. (www.energiezukunft.eu)
„Bio kommt bei den Verbrauchern immer besser an. Die hohe Wachstumsrate von elf Prozent zeigt, welches Potenzial in diesem Markt steckt.", erklärte der Bundesagrarminister Schmidt bei einer der Bio-Messen.

Abb. 30: EU-Bio-Siegel

Geschätzt wird bei den Bio-Produkten

- der höhere Nährstoffgehalt
- frei von verstecktem Giftcocktail
- garantierte Gen-Freiheit
- bevorzugte Regionalität
- der Gemeinschaftsgedanke

Als wichtigster Grund für den Kauf von Bio-Produkten gilt die regionale Herkunft, gefolgt von artgerechter Tierhaltung (ohne Wachstumshormone und Antibiotika) und einer möglichst geringen Schadstoffbelastung. Wo es möglich ist, kauft man am liebsten direkt beim Erzeuger – zum Beispiel im Hofladen oder beim Landwirt im Ort. Das legt den Schluss nahe, dass immer mehr Verbraucher die Vorteile kurzer Wertschöpfungsketten erkennen und den hohen Frischegrad schätzen. Statt Geschmacksverstärkern wird bei Bio-Produkten auf den Eigengeschmack des Lebensmittels gesetzt. In herkömmlichen Nahrungsmitteln sind bis zu 400 verschiedene Zusatzstoffe enthalten – in Bio-Produkten werden dagegen nur etwa zehn Prozent davon verwendet. Dabei dürfen in Bio-Lebensmitteln unter anderem Konservierungsmittel, Süßstoffe oder künstliche Farbstoffe überhaupt nicht enthalten sein.

Während bei der industriellen Landwirtschaft der Profit im Vordergrund steht und die Natur zugunsten von Gewinnen ausgebeutet wird, erfolgt ökologischer Anbau im Einklang mit der Natur (Fruchtwechsel wie früher). Vorbildlich ist dabei die biologisch-dynamische Landwirtschaft der Demeter-Ideologie, bei der auch von Bio-Ethik gesprochen wird. Die üblichen Bio-Siegel stehen nicht nur für ein im Einklang mit der Natur produziertes Lebensmittel, sondern auch für gerechte Entlohnung und einen fairen Umgang von Produzent und Konsument. Und eine Schlagzeile in einem Bio-Blättchen habe ich mir als Vegetarier gut eingeprägt: Immer mehr Bio-Käufer essen ganz bewusst weniger Fleisch.

»Alnatura« und »Naturata« zum Beispiel vertreten den Begriff *Bio* auch ganzheitlich und bekommen immer mehr Nachfolger auch im

Bereich Kosmetik, umweltfreundliche Putz- und Pflegemittel und immer origineller auch bei Bekleidung und Heimtextilien aus natürlichen Rohstoffen. Hier dominiert natürlich der Onlinehandel – bis hin zum ‚Kolloidalen Silber'. (www.biotextilien-allgaeu.de)

Auch diese zunehmende Thematik ‚Bio' hat ihre inneren Ganzheitlichkeiten neben ihren äußeren Qualitätsmerkmalen: Ihre Schwingungen und Energiefelder der *Gesinnung*. Und aus dieser Sichtweise mache ich doch noch eine feinere Unterscheidung:

- echte Bio-Produkte,
- Pseudo-Bio-Produkte und
- regionale Landwirtschaftsprodukte.

Da ein Großteil meiner täglichen Nahrung bio-orientiert ist, habe ich auch in dieser Hinsicht schon viele Gespräche mit Erzeugern geführt. Es ist nämlich ein ganz wesentlicher Unterschied in der energetischen Wertigkeit der Bio-Produkte, je nachdem, in welcher *Gesinnung* sie produziert und vertrieben werden. Und da spricht manches dafür, bei der zunehmenden Angebotswelle in manchen Handelskonzernen vorsichtiger zu sein. Dabei meine ich nicht das Obst, Gemüse und die Früchte, sondern das speziell für den Verkauf und den Firmenumsatz Produzierte. Meine Empfehlung lautet daher, auch dabei mehr mit Ihrem Gefühl und Ihrem Spüren einzukaufen – es lässt sich so vieles wunderschön in Plastik verpacken. Wertschätzen Sie jeden regionalen Markt mit seinen persönlichen Kontakten von Erzeuger und Verbraucher, die auf beiden Seiten von einem ehrlichen *Idealismus* getragen sind. Jeder tut auf seine Art sein Bestes für unsere Gesundheit, und das schwingt dann in jedem Bissen mit.

Dieses kritische Hineinfühlen, das *Erleben und Miterleben*, halte ich für sehr wertvoll. Denn hinter all den äußerlichen Bio-Darstellungen, Texten, Vorträgen, YouTube-Filmen und Kongressen steht das Quantenfeld der ‚Reinheit' für mehr Gesundheit, Ethik und Ganzheitlichkeit – die innere Bio-Qualität. Und das bedarf dann auch der mentalen Vernetzung mit ihrer großen Gemeinschaftskraft – *gemeinsam statt einsam*.

Diese inneren Kräfte und Überzeugungen bewirken und verstärken maßgeblich den zunehmenden Wandel unserer Zeit.

Nun möchte ich auf die zwei wichtigsten menschlichen Grundnahrungsmittel hinweisen, bei denen die Bio-Qualität entscheidend sein sollte. Die Bevölkerung glaubt ahnungslos, dass heute unser ‚tägliches Brot' noch das Gleiche sei wie früher oder so gut sei, wie es aussieht. Und das Gleiche gilt für die wertvolle Kartoffel, den Erdapfel.

„Jeden Tag schließt in Deutschland eine Bäckerei. Man kann das als Tragödie sehen oder als ein Symptom einer Branche im Wandel der Zeiten. Tatsache ist jedoch, dass mit den Bäckereien eine Handwerkstradition ausstirbt, die beinahe so alt ist wie die menschliche Zivilisation. Brot gilt als eine der großen Errungenschaften auf dem Weg zur modernen Gesellschaft. Haltbar, nahrhaft und vielseitig kombinierbar, diese Eigenschaften vereint kaum ein anderes Grundnahrungsmittel. Die Zeiten, in denen gelernte Meister der Backkunst unser Brot in Handarbeit herstellten, scheinen jedoch gezählt. Längst regieren Industriekonzerne die Branche. Ihr großer Vorteil: das Tiefkühlfach.

Der Kunde merkt von all dem relativ wenig. Enzyme, Tiefkühlreisen quer durch Europa und das aussterbende Handwerk bleiben an der Theke eines Backshops unsichtbar. Wer dem Ende einer Jahrhunderte alten Tradition entgegenwirken und frisch zubereitetes Backwerk will, muss Filialen meiden, etwas tiefer in die Tasche greifen und bisweilen geduldig suchen. Echte Bäcker muss man heute erst einmal finden, zu viele von ihnen haben vor dem Preiskampf kapituliert und bereits die Pforten geschlossen."

So heißt es bei »www.netzfrauen.org«, und die ausführliche und erschreckende Fortsetzung dieses aktuellen Textes finden Sie unter[69].

Wir schätzen uns glücklich, eine Bäckerei zu kennen, die ein wertvolles und wohlschmeckendes Urkorn-Brot backt, in bester Bio-Qualität (doch leider weit entfernt von unserem jetzigen Wohnort). So genießen es immer mehr Familien, zuhause selbst zu backen – wie die vielen Glutenempfindlichen. Mit Rezepten hilft das Internet ausführlich, und beim Mehl sollte möglichst auf die *basische Verstoffwechslung* geachtet werden, was allerdings nicht leicht ist.[70] Wir persönlich verwenden auch sonst zum Backen nur Bio-Dinkelmehl, das zwar nicht rein basisch, sondern nur ‚basenüberschüssig' wirkt – doch das reicht uns auch schon.

Seit wir wissen, wie die **Kartoffeln** der Handelskonzerne und Discounter geerntet werden, kaufen wir dort nur noch Bio-Kartoffeln oder Kartoffeln vom regionalen Landwirt auf dem Markt, denn wir schätzen die Kartoffel als wertvolle und basischverstoffwechselnde Delikatesse.

„Der Anbau konventioneller Kartoffeln leidet unter dem Einsatz großer Mengen chemisch-synthetischer Dünger. Frühkartoffeln enthalten dadurch oft viel Nitrat. Das Saatgut ist gebeizt, um die Mutterknolle gegen Bodenpilze, Würmer, Blattläuse und Silberschorf, eine Kartoffelkrankheit, zu schützen.

Vor der Ernte werden die Felder chemisch entlaubt. Diese Methoden wirken sich, neben Belastungen für Umwelt und Pflanze, besonders negativ auf den Geschmack aus. Zur Vermeidung der Kraut- und Knollenfäule werden die Kartoffeln je nach Witterung sechs bis acht Mal mit chemischen Pflanzenschutzmitteln behandelt. Hinzu kommen Insektizide, wenn ein Befall durch den Kartoffelkäfer droht.

Keimhemmer wie Tixit werden eingesetzt. Tixit steht für Propham, das zu der Gruppe der Carbamate gehört. Leichte Vergiftungen können mit Kopfschmerzen, Sehstörungen, Schweißausbrüchen, Beengungsgefühlen, Durchfall, Blausucht oder Hautentzündungen einhergehen."[71]

Ich habe solche braunlaubige Kartoffelfelder südlich von Heilbronn selbst gesehen und erfuhr auch, dass von den Konzernen nur noch derartig geerntete Kartoffeln abgenommen werden. In diesem Zustand sollen sie nämlich eine stärkere Schale entwickeln, die lagerungsfähiger ist.

Biologische Kartoffeln werden hingegen ohne chemische Dünger und Pestizide erzeugt. Auch chemische Keimhemmer sind verboten. Um das naturgemäße Auskeimen (beginnend fünf bis neun Wochen nach der Ernte) gering zu halten, sollten Temperatur, Luftfeuchte und

Belüftung in den Lagerräumen für Bio-Kartoffeln möglichst genau zu steuern sein. Die kühlen, dunklen Gewölbekeller alter Häuser gibt es ja nicht mehr. Licht ist völlig zu vermeiden, da sich sonst Solanin bildet. Bio-Landwirte müssen die Kartoffeln schon bei ihrer Ernte, Verladung, Reinigung, Sortierung und Abpackung besonders schonend behandeln, damit die empfindlichen Knollen keine Druckstellen bekommen und sie die Lagerung gut überstehen.

Unreife Kartoffeln oder im Licht gelagerte bilden das giftige Alkaloid Solanin, das auch beim Kochen nicht zerstört wird und womöglich Bauchschmerzen, Übelkeit und Durchfall verursachen kann. Grüne und schon stark gekeimte Kartoffeln deshalb lieber nicht essen.

Bio ist das, was es wirklich heißt: *Leben*. Es ist natürliches und gesundes Leben. Und dafür tragen *wir selbst* die Verantwortung, gleichgültig, was irgendjemand auf der Welt anderes behauptet – wohlmeinend oder bösartig. Und mit dieser inneren Stärke entsteht dann neben der Gesundheit auch das *Wohlbefinden* (erinnern Sie sich an den Text der WHO?), das dann auch unsere Seelen jubeln lässt. In diesem Sinne sei dieser Realität gewordene Wandel reich gesegnet!

Vegetarisch und vegan verändert unser Leben

> *„Dankt für die heilsame Liebesfähigkeit*
> *Eurer Haustiere. Sie nehmen Euch Men-*
> *schen Leid ab und erfreuen Euch bis tief*
> *in die Seele."*
>
> Engel der Tiere (durch Brigitte-Devaia)

Kürzlich wurde ermittelt, dass jeder Deutsche pro Tag durchschnittlich nur 118 Gramm Obst und nicht einmal 100 Gramm Gemüse kauft. Fast zeitgleich ergab eine von der Regierung beauftragte Studie, dass davon fast 100 Gramm in den Müll wandern. Damit bleiben am Ende nur noch knapp 120 Gramm Obst und Gemüse übrig, die wir täglich auf dem Teller haben. Allen Empfehlungen nach sollten wir davon jedoch mindestens fünfmal(!) so viel verzehren. (Gerd Truntschka)

Brigitte-Devaia und ich haben so etwa um die 40 Jahre Erfahrung als Vegetarier. Anfangs war es Mitgefühl für die Tiere, doch dazu gesellte sich bald ausreichendes Wissen darüber, wie viel weniger auch der Körper dadurch belastet wird. Der Pflanzenbereich liefert genügend Eiweiß für ein gesundes Leben. Die größten Herbivoren (Pflanzenfresser) sind immerhin die Elefanten und Giraffen, doch auch die Hirsche wie auch die Tiere um uns herum wie Kuh und Pferd sind kraftvolle Vegetarier.

Die Entscheidung – sowohl für den gesundheitlichen als auch für den ethischen Effekt der Fleischlosigkeit – ist natürlich immer eine rein persönliche. Ich möchte dafür nicht missionieren, jedoch auf die Schädlichkeit für Mensch und Umwelt hinweisen: die Massentierhaltung und die weitgehend unbekannten weltweiten Auswirkungen davon. In der »SZ.de« vom 3.3.2014 heißt es dazu:

„Medien bezeichnen Deutschland immer wieder als ,Schlachthaus Europas': Das Land steht bei der Schweineschlachtung mit mehr als 58 Millionen getöteten Tieren pro Jahr auf Platz 1 der europäischen Spitzenproduzenten, beim Rindfleisch auf Platz 2 hinter Frankreich, wie der Fleischatlas 2014 des Bundes für Umwelt und Naturschutz Deutschland (BUND) zeigt. Auf dem größten Geflügelschlachthof Eu-

ropas im niedersächsischen Wietze schlachtet eine Maschine 450 Tiere pro Minute.

Knapp 8,1 Millionen Tonnen Fleisch wurden im Jahr 2013 in den gewerblichen Schlachtbetrieben Deutschlands produziert. Das geht weit über den Bedarf auf dem deutschen Markt hinaus: Deutschland exportiert derzeit 4,14 Millionen Tonnen Fleisch im Jahr. Zwischen 2000 und 2010 ist der Fleischexport um fast 250 Prozent gestiegen."

Scham und Wut kommen da auf, und ich möchte in meinem Buch nicht weiter auf diese Brutalitäten und Leiden eingehen, die förmlich zum Himmel schreien. *„Die heutigen Tierfabriken sind eine Qual."*, sagte die Referentin für Welternährung, Marita Wiggerthale. In Deutschland übersteigt der Pro-Kopf-Verbrauch an Fleisch jährlich mit 60,3 Kilo (ohne Knochen) den Welt-Durchschnitt um das Doppelte(!) – und den Indiens sogar um das 20-fache. Ich kann es mir nicht verkneifen, dazu Folgendes zu berichten: Mein Schwiegervater war im Dritten Reich als Offizier an der Ostfront und verriet uns, dass es für die Wehrmacht Fleisch nur am Sonntag gab, also auch den berühmten ‚Sonntagsbraten' früherer Zeiten. Und was gab es während der Woche? Hülsenfrüchte – diese liefern ausreichend Proteine. Na ja, die Gladiatoren Roms sollen auch Vegetarier gewesen sein.

Gibt es denn in der Welt des Tierleides keinen Wandel? Doch, es gibt ihn tatsächlich. Die »Stiftung Warentest« schreibt 2015 von ‚Fleisches-unlust' und meint nicht die in unserem Liebesleben, sondern die der deutschen Verbraucher. *„Braten, Speck und Wurst kommen in Deutschland immer seltener auf den Tisch. Ein Grund sind gestiegene Preise – aber auch veränderte Ansprüche der Verbraucher."*

Heute (23.6.2016) lese ich im Internet: China will Fleischkonsum um 50 Prozent reduzieren. Bei der »Chinese Nutrition Society« heißt es:

„In den neuen Ernährungsrichtlinien empfiehlt das chinesische Gesundheitsministerium einen täglichen Fleischkonsum von 40 bis 75 g pro Person. Bei Umsetzung dieser Empfehlung könnten die CO_2-Äquivalente, die von der chinesischen Nutztierindustrie verursacht

werden, bis 2030 um eine Milliarde Tonnen sinken. Außerdem sollen dadurch die massiven Gesundheitsprobleme der Chinesen – viele leiden an Fettleibigkeit und Diabetes – reduziert werden." (Albert-Schweitzer-Stiftung)

Während ich dies schreibe, läuft in Frankreich die Fußball-Europameisterschaft. Man blickt auf die Helden und berichtet über alles. Im »Naturarzt« (7/2016), der Zeitschrift des »Interessenkreises Gesunde Lebensweise e.V.«, bei dem ich seit 1990 Mitglied bin, schreibt der Chefredakteur Dr. med. Rainer Matejka:

„Fußballvereine legen inzwischen erheblichen Wert auf gesündere Ernährung. Besonders die Milchprodukte sind den sportlichen Ernährungsreformen zum Opfer gefallen und wurden stark reduziert. Letztlich aber laufen die meisten Konzepte auf Folgendes hinaus: weniger Tierprodukte und Getreide, kein Zucker, keine Fertignahrungsmittel und Softdrinks, dafür mehr hochwertige, pflanzlich betonte Ernährung."

Die Zahl derer, die ganz oder gelegentlich auf Fleisch verzichten, wächst beständig. Umfragen legen den Schluss nahe, dass derzeit rund 7 Millionen Vegetarier und 900.000 Veganer in Deutschland leben – Tendenz steigend. Konsequenz: Der Umsatz von Fleischersatzprodukten wie Sojaschnitzel und Tofuwürsten nimmt zu. Unsere »Badische Zeitung« bestätigt in der heutigen Ausgabe (25.5.2016): *„Deutsche essen immer weniger Fleisch."* Dabei wird auch die BUND-Agrarexpertin Reinhild Benning zitiert: *„70 Prozent aller Agrarflächen der Erde werden von der Tierfütterung beansprucht."* Ein Beispiel dafür ist der Soja-Anbau vor allem in Brasilien und Argentinien. Nicht nur Ackerflächen würden dadurch knapper: *„Wertvolle Regenwälder gehen verloren, Böden und Gewässer werden mit Pestiziden belastet."* Viele ausführliche Details habe ich dazu in »Jetzt reicht's! – Band 1« ab Seite 184 beschrieben. Und eine aktuelle Zahl möchte ich dazu ergänzen: Auf der Welt sind wir zusammen schon rund 1 Milliarde offizielle Vegetarier. Danke!

Noch zwei Hinweise fand ich dazu:

- Die Schweizer Autorin Sibylle Berg schrieb zu diesem Thema am 16.7.16 im »Spiegelonline Kultur« eine längere Kolumne, in der ich diesen für Vegetarier so erhebenden Satz fand: *„Da ich aber fest davon überzeugt bin, dass sich auf dieser Seite die absolut intelligente Elite der deutschsprachigen Länder versammelt, kann ich nur leise raunen, dass das Leben auch ohne Fleisch Spaß machen kann."*

- Aufmerksam machen möchte ich auch auf unsere menschlichen Energien des Mitgefühls, um das Leid der Tiere etwas zu lindern. Jeden 4. Oktober ist Welttierschutztag, und verschiedene Gruppen meditieren jeden Donnerstag von 20:00 bis 20:10 Uhr für die Tierwelt.[72]

Gehen wir noch einen Schritt weiter zum **Veganismus**. Auf der beachtlichen Fachmesse »veganfach« in Hamburg bestätigten Tausende: *„Vegan ist mehr als ein Trend, es ist der Beginn eines ethischen Bewusstseinswandels."* Obwohl ich fast Veganer bin und meinem früheren Käsegenuss nachtrauere, habe ich mich mit dem Thema ‚vegan' noch zu wenig befasst und verweise jetzt lieber auf vier Presseberichte. Auch immer mehr Promis engagieren sich aktiv für den Tierschutz – einige von ihnen leben sogar vegan und verzichten gänzlich auf tierische Produkte. So berichtet die »Albert-Schweitzer-Stiftung« über den großen australischen Idealisten Philip Wollen, ehemaliger Vizechef der Citybank, und von seiner Entscheidung, sein Vermögen der veganen Ethik zur Verfügung zu stellen.[73] Erschütternd ist auch sein Vortrag dazu, und wer sich möglicherweise ernsthaft mit dem Gedanken befasst, vegetarisch oder vegan zu leben, findet hier eine brillante, überzeugende Informationsquelle.[74]

»Focus« berichtete am 24.2.2014:
„An Veganern führt derzeit kein Weg vorbei. Nicht nur Hollywoodstars und Sportler setzen auf den Trend, sich auf rein pflanzlicher Basis zu ernähren. Auch deutsche Promis verzichten immer öfter auf tierische Produkte."

Bei »www.fitforfun.de« fand ich dazu:

„Es ist noch gar nicht lange her, da galten Vegetarier, die auf Fleisch und Fisch verzichten, als exotische Weltverbesserer. Über Veganer, die zusätzlich sämtliche Tierprodukte von Milch über Eier und Honig bis hin zu Lederwaren meiden, redete man erst gar nicht. Doch seit einiger Zeit scheint nicht nur Fleischverzicht hoffähig geworden zu sein, auch zum strengeren Veganismus bekennen sich immer mehr Menschen. Mit Attila Hildman gibt es sogar einen publikumswirksamen Vorreiter, der mit Kochbüchern wie ‚Vegan for Fit‘ inspiriert und den veganen Lifestyle aus der Öko-Ecke holt. Und auch viele Stars leben längst vegan – aus den verschiedensten Gründen."

Aufgeführt werden in diesem Bericht folgende typische Gründe: ‚Vegan für Schönheit und Gesundheit‘, ‚Vegan zum Wohle der Tiere‘ und ‚Vegan für eine bessere Welt‘.

Und bei »mystica.tv« heißt es:

„In unserem dreiteiligen Talk mit Dr. Ruediger Dahlke, dem wohl bekanntesten Experten zum Thema ganzheitliche Gesundheit, geht es um Essen für den Frieden: ohne Fleisch und ohne tierische Produkte. In seinem Buch ‚Peace Food‘ plädiert der Arzt und Psychotherapeut für eine vegane Ernährung und schildert, warum Milch keineswegs so gesund zu sein scheint, wie oft behauptet. Darüber hinaus aber erspart verminderter Fleischkonsum unzähliges Leid bei den Tieren: 98 Prozent aller Tiere, die später verzehrt werden, haben nie ein natürliches Leben unter freiem Himmel erlebt."

Medizinische Informationen zu diesem Themenbereich bieten zwei großartige Werke: »Dr. Jakobs Weg des genussvollen Verzichts«[91] mit Geleitworten von Prof. Dr. Claus Lietzmann und Prof. Dr. med. Ingrid Gerhard und »Die 80/10/10-High-Carb-Diät« von Douglas N. Graham.[91] Doch auch Extremes findet sich beim Veganen: Der kanadische ‚Ironman‘ Brendan Brazier ist Ausdauersportler, Autor und Unternehmer, seit 20 Jahren Veganer war und von 1998 bis 2004 Triathlet. Als veganer ‚Strongman' posiert Patrik Baboumian, im Jahr 2011 als stärkster Mann Deutschlands. Mehr dazu finden Sie bei »www.peta.de«.

Mit Vegetarismus helfen wir uns *gesundheitlich* und der Tier- und Umwelt *moralisch*. In der Entscheidung, sogar vegan zu leben, gesellt sich dazu eine konsequente *Ethik*. Dieser gefühlsgerechten Entscheidung danken *wir*, es dankt die Welt der Tiere, es danken deren Geistwesen, und es dankt uns Mutter Erde. Das Energiefeld der unsichtbaren Schwingungen von Schmerz und Todesangst von jährlich weltweit 60 Milliarden getöteter Mitgeschwister aus dem Tierreich belastet längst unseren Planeten schwer – die unzähligen aus dem Wasser sind nicht bekannt. Wir bitten beschämt um Entschuldigung und segnen diese unschuldigen Lebewesen.

Es gibt noch eine weitere Möglichkeit zu danken. Wer vegetarische oder manchmal auch ‚vegetierisch' tierische Produkte auf dem Teller hat, kann das Mahl segnen und sich in Form des Tischgebetes bedanken. *„Wir danken den Wesen der Mutter Erde, die sich selbstlos gegeben haben, uns zu unterstützen. Seid bedankt!"* Grundsätzlich bekommt uns dann jede Mahlzeit besser, vor allem, wenn wir zusätzlich etwas besinnlicher speisen, statt nebenher zu diskutieren oder fernzusehen.

In einer bewusst ganzheitlichen Lebensweise kann man es wohl als eine Wertsteigerung auslegen, von Normalkost zur vegetarischen und dann zur veganen Ernährung zu wechseln. Doch da gibt es noch eine Stufe höher, und ich zitiere »EAT SMARTER«: *„Sich vegan zu ernähren, ist mittlerweile nichts Außergewöhnliches mehr. Doch kommt jetzt schon der nächste Ernährungs-Hype?"* Ja, die **Rohkost**. Dazu berichte ich mehr ab Seite 219. Wer sich gleich einmal generell von dieser Welt, die auch von Power-Kost schreibt, einen ersten Überblick verschaffen möchte, dem empfehle ich den wertvollen, klärenden Text von »Vegetarische Initiative e.V.«[75], in dem es auch überzeugend heißt: *„Rohköstlich essen schützt die eigene Gesundheit, die Tiere und die Erde!"*

Am Anfang dieses Kapitels habe ich darauf hingewiesen, wie erschreckend wenig Obst und Gemüse wir Deutschen essen. Um das zu ändern, gibt es ein spezielles Küchengerät, mit dem man einfach auch rohköstliche Zwischenmahlzeiten schnell herzaubern kann und mit dem ein neuer und leichter Zugang zu individuellen Bio-Programmen – und zwar in optimaler Form – möglich wird. Rohkost ist dabei auch ein *sanftes Detox*, mit dem wir unseren Körper innerlich reinigen. Und mental reinigt uns so nebenher die bewusste Verbindung zu den natürlichen Rohköstlichkeiten, aus denen *wir selbst* mit Liebe unser Mahl zusammenstellen. Industriell Gefertigtes hat Pause, und die Körperzellen jubeln.

Wussten Sie, dass industriell verarbeitete Nahrung schon das Übergewicht fördert? Deutschland ist dabei Europameister. Der Naturarzt Dr. Rainer Matejka schreibt dazu:

„Was ist das entscheidende Kriterium der Fertignahrungsmittel? Unabhängig von zahlreichen Geschmacksverstärkern und Zusatzstoffen, deren Wirkung wir im Einzelnen überhaupt nicht kennen, scheinen zahlreiche Süßungsmittel ein großes Problem darzustellen. Der Haushaltszucker ist dabei nicht einmal das Hauptproblem. Schlimmer scheinen Varianten wie Glukosesirup oder auch der exzessive Gebrauch von Fruktose zu sein. Glukosesirup soll sogar immunologische Reaktionen an der Darmschleimhaut erzeugen, und damit Allergisierungen auslösen. Hohe Fruktosekonzentrationen in der Ernährung hemmen natürliche Appetitzügler – die Leptine. Diese sagen dem Körper normalerweise, wann er satt ist. Werden sie ,übertölpelt', wie bei hohem Fruchtzuckerkonsum, isst man insgesamt deutlich mehr, als zuträglich ist. Die fatale Wirkung von Fertignahrungsmitteln sehen wir auch bei den light- und kalorienreduzierten Produkten. Mit niedriger Kalorienzahl erzeugen sie mehr Appetit, sodass die betreffenden Menschen insgesamt mehr essen und nach und nach zunehmen."

Wussten Sie auch, dass das Pflanzengrün *Chlorophyll* – im Rohzustand – mit die wichtigste Lebenssubstanz der Natur ist? Es ist im Aufbau dem Hämoglobin unseres Blutes ähnlich. Unzählige Wesen leben ausschließlich von diesen oberirdischen, sonnenenergetisierten Nahrungsspendern, und wir beginnen jetzt erst zu ahnen, welche Schatztruhe uns die liebe Natur der Mutter Erde hiermit öffnet. Bücher wie

»Befreite Ernährung« von Christian Opitz erklären uns viele noch un-
bekannte Betrachtungsweisen und Umsetzungen. Durch die hohe Um-
drehungszahl der Messer eines Greensmoothers wird damit die Oberfläche der rohen pflanzlichen Zellen geöffnet, was sonst nur den tierischen Wiederkäuern gelingt.

Obst ist schon seit Langem mein Mittagsmahl, um täglich eine
Mahlzeit Rohes zu genießen. Und mit solchen selbst und frisch hergestellten ‚Green Smoothies' fand ich auf einmal eine bequeme und individuelle Möglichkeit, mich auch mit den wertvollen Garten- und Wildkräutern der Umgebung zu verbinden und sie mit dem Obst zu mixen.

Die spirituelle Zeitschrift »Visionen« (www.visionen.com) berichtet
in ihrer Ausgabe 7/2016 unter „Köstliche Geschenke der Erdmutter"
darüber, dass sich auf Kräuterwanderungen bis zu 60 essbare Wildkräu-
ter in Wald und Flur finden lassen – ein leckerer und gesunder Zugang
zur Magie des heimischen Pflanzenreichs. Weiter heißt es:

„Das Sammeln von Wildkräutern erlebt aktuell eine echte Renaissance.
Auf Führungen vom Frühling bis in den Herbst besinnen sich immer
mehr Menschen auf die Kraft der Natur. ‚Die Menschen suchen neue
Wege', erklärt Wildkräuterführerin Carmen Mayr. ‚In der Natur ist es
am einfachsten, mit dem, wonach sie in ihrem Inneren suchen, in Kon-
takt zu kommen.' Und Caroline Deiß, die seit 17 Jahren Kräuterwan-
derungen anbietet, meint: ‚Kein Wissen geht verloren. Es kann ver-
schüttet werden, aber irgendwann sprießt es wieder hervor.. Gerade so
wie die kleinen grünen Pflanzen, die so oft ungeachtet unseren Weg
säumen – und uns dabei doch nähren, helfen und sogar heilen können."

6 Heilsame Veränderungen in der Natur

Die Heilenergien unserer Großen Mutter

> *„Die ganze Natur ist eine Melodie, in der
> eine tiefe Harmonie verborgen ist.“*
> Johann Wolfgang von Goethe

Wir alle wissen, wie einseitig heute die medizinischen Therapieverfahren geworden sind – überwiegend Symptombehandlungen und Technologiemedizin. Man will keine gesunden Menschen, man braucht arbeitsfähige Dauerkranke. Dann klappt es sowohl mit den Steuereinnahmen als auch mit den zufriedenen Aktionären der Pharmaindustrie. Doch darüber gibt es inzwischen reichlich mutige und aufklärende Fachliteratur, sodass ich mich hier nicht damit befassen möchte. Wenn ich in diesem Kapitel über die Heilenergien von Mutter Erde schreibe, dann möchte ich die prophylaktischen und vorbeugenden Möglichkeiten herausstellen. Aus den sicherlich unzähligen Vorbeugemöglichkeiten unserer Natur picke ich mir dabei einige besonders wichtige heraus, die ich auch in meinem langen Leben selbst erlebt habe und noch erlebe. Ich meine das *Meerwasser*, die *Wälder*, die irdischen *Ionen*, das innerliche und äußerliche *Erden* und das uns verbleibende *Sonnenlicht*.

Zuerst das **Meerwasser**, das rund 71 Prozent der Erdoberfläche bedeckt. Ein Drittel davon ist 4000 bis 5000 m tief. Die Meeresflora produziert ungefähr 70 Prozent(!) des in der Erdatmosphäre vorhandenen Sauerstoffs. Meerwasser ist wegen des hohen Salzgehaltes von rund 3,5 Prozent für den Gebrauch als Trink- und Bewässerungswasser nicht direkt geeignet. Ebenfalls nur 3,5 Prozent des gesamten Wasservorrates auf der Erde ist Süßwasser. Schon in der Antike bemerkten die Ärzte, dass im Binnenland lebende Menschen häufiger an einer Bronchitis erkrankten als Seefahrer. Sogar das therapeutische Trinken von Meerwasser in kleinen Mengen fand sich schon bei den seefahrenden Völkern als uralter Heilbrauch. Gerade die Griechen und Römer tranken ihren *vinum salsum*, eine Mischung zu gleichen Teilen aus Wein, Honig und Seewasser. Sie sahen das Getränk sogar als ein kräftigendes Tonikum an. Heute wissen wir, dass das Meerwasser dem menschlichen Blutplasma sehr ähnlich ist, dass der Mensch in einer Salzsole geboren wird, nämlich dem Fruchtwasser im Mutterleib, und dass unser Blut weiterhin meersalzähnliche Strukturen aufweist. Im Meerwasser sind immerhin über 54 nützliche Mineralien enthalten – das ist wichtig für alle Lebensvorgänge des Menschen. Reines Meersalz sollte daher in jeder Küche sein.

Das Meerwasser ist somit eine Urenergie unserer Mutter Erde. Im und am Meer ist noch eine Urschwingung vorhanden, die ganz dezent heilsam ist. Seinen Körper auf der Wasseroberfläche treiben zu lassen, ist Therapie und bedeutet die innere Vernetzung mit der globalen Mutterenergie. In Verbindung mit viel Bewegung an der salzhaltigen Seeluft hilft das, viele großstädtische Zivilisationsbeschwerden zu lindern und sich davon zu befreien. Das Baden im Salzwasser, der Wind am Strand und der Reiz der Brandung sind eine Wohltat für alle Sinne. Die unendliche Kraft des Meeres kann unser Gemüt erfrischen, kann unseren Körper heilen und unseren Organismus nachhaltig regenerieren. Einen medizinischen Bericht dazu finden Sie hier.[77] Ich erinnere mich gerne an die schöne Zeit, als ich zehn Jahre lang auf der subtropischen Insel LaPalma im Atlantik gelebt habe.

Nun kommen wir zum Wald. Die Statistik sagt, dass der deutsche Wald insgesamt aus mehr als 80 Milliarden Bäumen besteht. Wenn wir davon ausgehen, dass wir rund 80 Millionen Einwohner sind, dann kommen auf jede Person rund 1000 Bäume – phantastisch! Tausend Bäume, die für uns atmen, die Luft vom CO_2 reinigen, dafür Sauerstoff erzeugen, das Grundwasser speichern, Minus-Ionen und -Elektronen verschenken, mikroklimatisch wirken, Heimat der freien Tierwelt sind, die die Welt der Naturwesen hütet, die sich heute auf die großen Wälder beschränken müssen und vieles mehr, über das ich jetzt berichte. Der Wald ist unser Freund.

Die tausend Waldbäume pro Kopf, die landesweit für uns da sind, *leben*. Jeder Baum lebt, und die meisten sind wohl auch älter als wir Menschen. Einzelne Bäume können unser Freund werden oder genauer:

unsere Freundin. Denn fast alle Bäume sind in der deutschen Sprache weiblich: die Buche, die Eiche, die Tanne, die Fichte, die Linde und so weiter. Nur der Ahorn schert da aus. Die weibliche Schwingung ist also von alters her auch in der Gemeinschaft der mächtigen Bäume die Grundlage – weiblich-mütterlich schützend und heilend und liebend, würde ich sagen. Das ist einer der wertvollen Waldaspekte.

Bäume lassen sich umarmen. Gerne empfehle ich, solche seelische Verbindungen in unsere wiedererwachende Naturverbundenheit einfließen zu lassen und dankbar zu genießen. Das sind reine Urkräfte, die uns die Mutter Erde kostenlos anbietet und großzügig schenkt. Und wertvolle Baumsolitäre wie auch die mächtigen Ketten schützender Waldränder übernehmen die seelische Kommunikation mit ihren menschlichen Freundinnen und Freunden.

Abb. 31: Bäume geben uns Kraft

Der Wald-Kult ist urdeutsch. Unseren Vorfahren war der Wald heilig. Yggdrasil, der Weltenbaum der germanischen Mythologie, ist eine der schönsten Schilderungen der verschiedenen Sphären der Existenz. Und der Wald war dabei eine Art grüner Tempel – er war lange das Symbol für Freiheit, was sich heute wieder mehr im ‚Freiwerden' erleben lässt.

Jemand hat behauptet, der Wald sei das Nervensystem der Mutter Erde. Damit wusste ich zuerst nicht viel anzufangen. Bis mir ein Bericht mit der Überschrift »Wood Wide Web« gemailt wurde, der sich auf die ZDF-Sendung »terraX« vom 21. Mai 2014 bezieht. Bettina Sahling, Chefredakteurin der »newslichter.de – Gute Nachrichten online« berichtet:

„Faszinierend: Pilzgeflechte vernetzen Bäume wie das Internet unsere Computer. Forscher sprechen deshalb vom ‚Wood Wide Web'. Bäume tauschen darüber Nachrichten aus und warnen sich vor Trockenheit, Giftstoffen oder Schädlingen. Jeder Baum kann dabei bis zu 15 Pilze gleichzeitig zum Freund haben. Und ein einziger Pilz kooperiert mit

bis zu 20 Bäumen. Dieses Info-Netz ist mindestens so groß wie das World Wide Web.

Forscher um Zdenka Babikova und David Johnson von der University of Aberdeen stellten fest, dass Ackerbohnen, deren Wurzeln über Pilzfäden mit einer durch Gift angegriffenen Pflanze verbunden waren, innerhalb von 24 Stunden selbst begannen, ihre Abwehrmechanismen zu aktivieren. Offenbar hatten die Pilze die Nachricht von der drohenden Gefahr weitergeleitet. Es war die erste Studie, die belegte, dass Signale nach einem Überfall von Fressfeinden über das Pilzinternet übermittelt wurden."

Ist das nicht eine völlig neue und großartige Erkenntnis, dass das irdische Biosystem einen solchen perfekten, unterirdischen Verbund beherbergt und es damit informativ vernetzt ist? Es ist eine geheimnisvolle Lebensform mit zum Teil noch unerforschten Fähigkeiten. In einem Fachbericht habe ich gelesen: *„Die Bedeutung der Pilzsysteme für das Waldwachstum ist gerade in der Forstwirtschaft bekannt."* Klasse!

Auch Susanne Billig und Petra Geist berichten im »Deutschlandradio Kultur«, wie botanische Gewächse unterirdisch miteinander kommunizieren und erklären u.a.:

„Forscher vermuten, dass die Wurzeln der Pflanzen ein riesiges, erdumspannendes Kommunikationsnetz bilden. Auch über der Erde können sie weit mehr, als man vermutet: Pflanzen wehren sich sehr geschickt und locken sogar Helfer herbei, wenn ein Tier sie aufzufressen droht."

Das zeigt uns also die mächtige Kommunikation innerhalb der ‚Biosphäre Wald'. Beim Thema ‚Mensch und Wald' herrscht logischerweise die kommerzielle Nutzung vor, früher war das außerdem jahrtausendelang eine Mensch-Tier-Wald-Verbindung. Heute wütet eine moderne Monster-Holzerntemaschine durch die Waldgemeinschaft und hinterlässt auch unsichtbare Zerstörung, nämlich die im unterirdischen Milieu des Waldes.

Doch zum Thema ‚Mensch und Wald' gibt es auch sehr viel Erfreuliches zu berichten, denn auch hierbei ist ein zunehmender Bewusstseinswandel zu beobachten. Ohne gleich über die Begründungen nachzudenken, gilt es einfach festzustellen: Immer mehr Menschen gehen in den Wald, um sich zu erholen. Gruppenweise gehen sie auch in die großen Baumgemeinschaften, um in ihrem Quantenfeld zu meditieren oder um zu singen, zu picknicken und zu feiern. Die Natur in ihrer nachhaltigen Natürlichkeit bewusst zu genießen, macht einfach Freude.

Die Bestattung in der freien Natur ist eine neue, alternative Form der Beerdigung. Die Asche Verstorbener ruht in biologisch abbaubaren Urnen an den Wurzeln eines Baumes, mitten in der Natur. So eröffnet sich eine natürliche und würdevolle Alternative zu den bislang gewohnten Bestattungsorten. Die Grabpflege übernimmt im ‚FriedWald' die bewährte Natur.

Wald heißt auch Heilung. Um es übersichtlicher zu machen, nenne ich zuerst die seelischen und dann die körperlichen Heilungsprozesse, die in unseren Wäldern möglich sind. In unserem Gemütsbereich ist es hauptsächlich die Ruhe, die uns das Reich der Bäume bietet – kostenlos und umweltfreundlich. Stille, Einkehr und Selbstbetrachtungen führen zu unserer inneren Harmonisierung und Entspannung. Die Achtung und die Liebe zu den kleinen und großen Pflanzen und zu den kleinen und großen Tieren in der Waldgemeinschaft öffnen unser Herz für unsere Große Mutter Erde. Erdung kann das dann werden – seelische Verbindungen mit einem mütterlichen Urzustand.

Körperliche Heilungsprozesse bieten unsere Wälder als kleine Luftkurorte. Es ist der vorherrschende Sauerstoff, und es sind die wertvollen Minus-Ionen und -Elektronen, die wir hier auftanken können. Das Thema Sauerstoff kennt jeder, doch der energetische Faktor, der uns außerdem im Wald zur Verfügung steht, heißt ‚Luft-Ionen'. (Genaueres hierzu folgt zwei Seiten weiter.)

Die **Naturheilkunde** betreffend, gibt es noch einen ganz wichtigen Bereich: Wildpflanzen und Kräuter und die Baummedizin. Dazu schreibt der Autorenkollege Axel Gutjahr in seinem Buch »Die Heilkraft des Waldes«:

„Der Wald ist eine der ältesten Apotheken der Welt. Die Heilwirkung der Früchte des Waldes ist seit der Antike bekannt und wurde später von berühmten Heilern wie Hildegard von Bingen und Sebastian Kneipp genutzt. Ob als Tee, Salbe, Bad, Kompresse oder wohlschmeckender Likör – der Wald hat Mittel gegen zahlreiche Beschwerden wie Bluthochdruck, Muskel- und Nervenschmerzen, Verdauungsprobleme, Rheuma und Schlafstörungen parat. Mit Rezepturen und Anwendungsmöglichkeiten, um Krankheiten mit naturbelassenen Substanzen gut verträglich zu heilen. Aus Birke, Brombeere, Hundsrose, Linde und Co. lassen sich zahlreiche gesunde Köstlichkeiten herstellen."[78]

Es gibt auch weltweit einen Wellness-Trend ‚**Waldbaden**'.

„Durch eine Studie von zwei amerikanischen Universitäten wurde festgestellt, dass Wanderungen über drei Tage im Wald oder in der Wildnis die Kreativität wesentlich steigern. Spaziergänge in der Natur helfen auch erheblich gegen Stress und Depressionen. Die Mediziner haben bemerkt, dass durch die zunehmende Verstädterung Waldspaziergänge oder geleitete Führungen durch den Wald eine therapeutische Wirkung haben." So heißt es bei »www.academyofsports.de«.

Diese Erkenntnis der ‚Shinrin-yoku – Waldtherapie' kommt aus Japan (2004) und grassiert inzwischen schon weltweit. Seit 2007 gibt es in Finnland eine staatlich geförderte Arbeitsgruppe ‚Wälder und Gesundheit'. Der US-Pionier in der ‚Rezeptierung von Bewegung in der Natur' ist Dr. Robert Zarr, dessen Park-RX-Programm im Jahr 2013 begonnen hat. In vielen asiatischen Ländern sind sie noch viel weiter.

‚Waldgerüche' als ätherische Öle gelangen in Saunen und in andere Wellness-Einrichtungen, und vieles wird dabei zur ‚Waldtherapie'. Prof. Dr. Hilarion Petzold nennt dies ‚Integrative Therapie' und vermittelt bereits grundlegendes Wissen zur biopsychosozialen Gesundheitsberatung und Behandlung als Maßnahmen der Förderung von Gesundheit und Kreativität sowie zur vertieften Selbsterfahrung und Entwicklung der Persönlichkeit – der Wald wird wieder topaktuell. Wer dazu mehr wissen möchte, kann ja in seiner Internetsuchmaschine »Waldbaden« eingeben – hochinteressant!

Bäume leben in einem Sozialverband – sie stillen ihre Kinder über Jahrzehnte, kümmern sich um Alte und Schwache und warnen sich über weite Strecken vor Feinden. »Das geheime Leben der Bäume« ist ein Bestseller-Sachbuch des Eifel-Försters Peter Wohlleben. Er berichtet über Bäume, die Empfindungen haben, Gefühle und ein Gedächtnis. Dazu zieht er die neuesten wissenschaftlichen Erkenntnisse ebenso heran wie seine eigenen unmittelbaren Erfahrungen mit dem Wald. Lebendig ist auch ein faszinierendes SWR4-Interview (18 Min.) mit Peter Wohlleben.[79]

Auch mit »Baum-Essenzen« werden wieder neue, heilungsfördernde Wege gegangen, wie sie mein Schweizer Geistesfreund Christian Kindlimann mit seinen CDs anbietet.[76]

Übrigens ist immer am 21. März der ,Tag des Waldes'! Dieser Tag wurde bereits 1970 ins Leben gerufen, um an die globale Waldvernichtung zu erinnern und das Bewusstsein der Menschen für die Wichtigkeit der Wälder zu stärken.

Zum Schluss erinnere ich noch einmal daran, dass bei uns in Deutschland statistisch auf ein ,mobiles' Menschenwesen eintausend ,stationäre' Baumwesen kommen – die uns für unsere Bewegungsfreiheit bewundern. Sie sind mit ihrem Geburtsplatz ein Leben lang verwurzelt und dienen so ihrer Umgebung. Diese wertvollen Baumwesen bewundern uns für unsere menschliche Beweglichkeit – ähnlich, wie wir erdgebunden die Freiheit der Vogelwelt in den grenzenlosen Lüften bewundern.

Minus-Ionen, der Gesundbrunnen der Höhenlagen. Das Prädikat ,Luftkurort' ist seit alters her begehrt und benötigt nur geringe Wellness-Ausstattungen. Wer also am Wochenende oder im Urlaub den Stress des Alltags hinter sich lassen, den Kopf wieder freibekommen und endlich mal richtig tief durchatmen will, kann seinen Aufenthalt in einem der vielen Luftkurorte als Regeneration oder gar als Heilung empfinden. Drei Gemeinsamkeiten zeichnen solche Kraftplätze aus: Sie liegen in gebirgigen Regionen oder an einem See oder in Regionen mit großen Waldlandschaften. Das sind zum einen Faktoren, die das Klima und die Luft in einem Luftkurort entsprechend günstig beeinflussen, zum anderen machen sie die Umgebung natürlich auch für Naturliebhaber abwechslungsreich – *„ab in die Natur"* ist der oft heimliche innere Ruf unserer gestressten Körperbiologie.

Der energetische Faktor, der an solchen Kraftplätzen zur Verfügung steht, heißt ‚Luft-Ionen'. Und was sind Ionen? Ionen sind winzige positiv (Kationen) oder negativ (Anionen) geladene Teilchen. Für das menschliche Wohlbefinden sind nur die ‚guten' Negativ- oder Minus-Ionen notwendig, die in der Natur reichlich vorhanden sind. Und einen hohen, heilsamen Anteil dieser Minus-Ionen finden wir ganz automatisch in den bereits erwähnten Naturbereichen – vor allem in Wäldern, an Wasserfällen, in Höhenlagen und am Meer wie auch nach der Entladung von Gewittern und an allen bekannten Erholungsplätzen. Man bezeichnet sie auch oft als ‚Vitamine der Luft'.

Diese Luft-Ionen werden in Kubikzentimetern (in der Sekunde) gemessen, und folgender Überblick auf die ganz natürliche Anzahl von Minus-Ionen erklärt eigentlich schon alles:
In Höhenlagen (800-1500m) sind es ca. 8000 Ionen, am Meer ca. 4000 Ionen, im Wald allgemein ca. 2000 Ionen, in der Stadt nur ca. 200 und in den modernen Büros zum Teil nur noch ca. 20 Ionen.

Erkennen Sie nicht auch spontan, an welcher Natürlichkeit und Biologie es in unserer Atemluft und unserem Lebensraum mangelt? Erkennen Sie nicht auch spontan, wo wir ‚heilendes Klima' erleben können? Erkennen wir hiermit nicht den wiederholten Drang der unzähligen Städter, die es am Wochenende und in den Ferienzeiten (trotz überfüllter Autobahnen) vor allem in die Berge oder ans Wasser zieht – oder we-

Abb. 32:
Todtnauer Wasserfall

nigstens ab ins Grüne? Erkennen wir dabei auch den hohen Regenerationswert unserer schönen und wertvollen Wälder? (Prägen Sie sich die obige Ionen-Aufzählung bitte gut ein – sie ist ein biologischer und grundlegender Gradmesser unserer Gesundheit, unseres Wohlbefindens und unserer Stimmungen.)

Somit erkennen wir auch auf den ersten Blick das energetische und biologische Kapital des Schwarzwaldes, in dem Brigitte-Devaia und ich jetzt wohne und dieses Buch schreibe: seine interessanten Höhenlagen und sein berühmter Waldreichtum – kostenlos, erholsam und nachhaltig. Wir haben damit auch die wissenschaftliche Erklärung für den hohen Erholungswert dieser Region, über die es in Bezug auf Schönheit, Ursprünglichkeit, Menschenfreundlichkeit wie auch Gastfreundschaft unzählige Darstellungen und Berichte gibt – historische wie auch hochaktuelle.

Bei der lebenspendenden Minus-Ionen-Dichte der Schwarzwaldluft und seinem natürlichen Heilklima unterscheide ich noch drei verschiedene Erlebnis- und Empfindungsebenen. Ich spüre dabei sehr kräftige *Ionendepots* in den Hochtälern, an den stillen Gewässern und Seen und auch in den erweiterten Talböden – allerdings umso intensiver, je höher die Energiefelder liegen. Regelrechte *Ionenwirbel* bilden sich auf den Bergrücken und den Bergkuppen, die dann in ihrer Reinheit ganz besonders den Wanderfreunden zur Verfügung stehen. Das ungehinderte UV-Licht der Höhe mit seiner biologischen Vitamin-D-Selbsterzeugung ist ein zusätzliches wertvolles Geschenk. Und als Drittes hilft noch der *Ionenfluss*, der an den Talhängen und entlang strömender oder fallender Wasser entsteht – manchmal geradezu faszinierend.

So kann man sagen, dass im größten Mittelgebirge Deutschlands durch die Erschaffung der beiden größten Naturschutzparks Deutschlands ein Heilklima-Gesundbrunnen erhalten wird, der in unserer modernen, immer veräußerlichteren Lebensweise ein fast einzigartiges und lohnenswertes ‚Zurück-zur-Natur'-Angebot ausstrahlt. Der Südschwarzwald wurde unlängst (2016) zu einem Biosphärenreservat der UNESCO erklärt. Weltweit gibt es über 600 solcher Reservate, darunter noch 15 weitere in Deutschland.

Zu diesem geschilderten äußeren Wirken gesellen sich beim Schwarzwald noch zwei weitere Empfindungsbereiche: Der unterbewusste, den das ungewöhnliche Urgestein in uns anregt, und der seelische Empfindungsbereich, der durch die jeweilige Minus-Ionen-Dichte tiefgehendes Wohlbefinden auslösen kann.

Das Urgestein des südlichen Schwarzwaldes aus vulkanischem Granit und Porphyr und mit dem berühmten Gneis, der ältesten Gesteinsform unserer Erde mit ihren schillernden Glimmereinschlüssen, ist ein gewaltiges feinstoffliches Kraftwerk. Die Gesteine speichern eine ungeschädigte Urkraft mit unverfälschten Schwingungen und Informationen, die unsere heute überlasteten Körperbiosysteme hilfreich wieder ordnen können. Sie bieten eine energetische, naturbelassene Ursprünglichkeit mit einem hohen und doch vollkommen unterbewussten Informationsfluss für das menschliche Zellsystem. Man kennt von vielen Mineralien, Edel- und Halbedelsteinen deren heilsame Schwingungen, doch die Gesamtwirkung des Schwarzwälder Urmassivs ist noch nicht explizit anerkannt worden. Wann immer es das Wetter erlaubt, eine Zeit lang barfuß zu gehen, entsteht dabeieine stark harmonisierende ‚Erdung' des Körpers – das moderne, wiederentdeckte und heilsame ‚earthing'.

Harmonisierung ist das Schlüsselwort im Bereich unserer seelischen Erholungen. Denn die lieben Minus-Ionenfelder fördern Alpha-Wellen im Gehirn, beruhigen den Geist und verbreiten eine optimistische Grundstimmung. Man ist ausgeglichener, weniger nervös und weniger reizbar. Angstgefühle und Depressionen nehmen ab, ebenso Aufmerksamkeitsschwächen sowie Schlafstörungen, Stress, Kummer, Sorgen, Erschöpfung und Überlastungsgefühle. Man fühlt sich in der mit Minus-Ionen angereicherten Luft einfach wirklich wie im ‚Urlaub'. Das und noch viel mehr wird durch den Einfluss des ionisierten Sauerstoffs auf unser Hormonsystem und das Gehirn erklärt. Dieses Minus-Ionen-Geschenk wirkt natürlich auch in allen anderen ionenreichen Regionen dieser Welt.

Es gibt immer gute und schlechte Nachrichten. Zuerst die schlechte Nachricht: Der größte Feind der lebenswichtigen Minus-Ionen, die sehr kurzlebig und auch äußerst mobil sind, ist die allgemeine und die räumliche Umweltverschmutzung. Hochspannungsleitungen, Autoabgase, Reifenabriebstaub, Zigarettenrauch, Staub und mehr – auch der Staub unserer vielen Laserdrucker und auf modernen Raumausstattungen mit synthetischen Oberflächen zählt dazu. Einer der gemeinen Zwecke der Chemtrails ist auch das ,Killen' unserer Minus-Ionen. In diesen Energiefeldern werden die wertvollen Minus-Ionen förmlich verschlungen, indem sie diese entweder neutralisieren oder positiv aufladen.

Während Holzhäuser Minus-Ionen atmen, werden sie in Stahlbetonbauten absorbiert, und die Anzahl der für die Gesundheit so wichtigen Minus-Ionen sinkt auf unter 100 pro Kubikzentimeter. Doch der Minimalwert für ein optimales menschliches Funktionieren liegt bei durchschnittlich 1000 Minus-Ionen.

Und jetzt die finale gute Nachricht: Die höchste Dichte an Minus-Ionen ist in der direkten Umgebungsluft von Wasserfällen zu verzeichnen. Und wie vermutet, entstehen sie auch beim täglichen Duschen, und es sollen dabei sogar schon 14.000 Minus-Ionen pro Kubikzentimeter gemessen worden sein. Also: Hoch lebe das Minus-Ion! Und hoch leben unsere Wälder, und hoch lebe die Erkenntnis, dass wir auch in unserer immer hektischer gewordenen Welt des modernen Lebens eine nahegelegene Kräfteregion finden, in der uns Regeneration und Wiederaufladen Freude machen. Und dieses Wiederaufladen funktioniert dual und ganzheitlich zugleich – für Körper und Seele.

Das innerliche und äußerliche Erden wird immer not-*wendiger*. Mit ,innerlich' meine ich das Nahrungsergänzen mit Mineralien, das äußerliche Erden bekommt als ,Earthing' eine besondere Bedeutung. Man weiß inzwischen: Fehlende Mineralstoffe machen krank. Im Online-Zentrum der Gesundheit heißt es dazu:

„Ernährungswissenschaftler schlagen Alarm: In unserer Nahrung sind nicht mehr genügend Mineralstoffe vorhanden, die für eine gute Gesundheit unerlässlich sind. Aus diesem Grund ist es wichtig, organische (verwertbare) Mineralien separat zuzuführen. Zum einen sind es die Ernte- und Anbaumethoden, aber auch die unsachgemäße Lagerung und industrielle Verarbeitung sowie die heutigen Fast-Food-Gerichte sind ursächlich dafür zu nennen.

Die Pflanzen in der Landwirtschaft werden nur noch mit geringen Mengen Mineralstoffen versorgt. Durch die intensive Bewirtschaftung der Ackerböden sind diese so ausgelaugt, dass man kaum noch Mineralstoffe und/oder Spurenelemente darin findet.

Außerdem behindern chemische Vorgänge, die durch Umweltgifte und Umweltverschmutzung in Gang gesetzt werden, die Versorgung unserer Lebensmittel mit Mineralstoffen.

Dies führt wiederum dazu, dass unser Obst, Gemüse und Salat uns nicht die Menge an Nährstoffen liefert, die der Mensch braucht, um bis ins hohe Alter geistig und körperlich gesund zu bleiben.

Wenn man bedenkt, dass man heute die drei- bis vierfache Menge an Obst und Gemüse zu sich nehmen muss, um auch nur annähernd den gleichen Vitalstoffgehalt zu erzielen, dann ist das schon bedenklich und sagt eine Menge über die Qualität unserer Lebensmittel aus.“[80]

Dazu bringt die »ZeitenSchrift« Nr. 70 einen ausführlichen Bericht mit erschreckenden Zahlen, dem ich folgende Darstellung entnehme:

„Die Nahrung wird immer nährstoffärmer, alles Leben jedoch immer mehr durch Mobilfunk und andere Einflüsse strapaziert; wir brauchen also mehr Nährstoffe als früher. Durch diese sich mehr und mehr öffnende Schere kann der Körper je länger je weniger mit allen lebenswichtigen Mineralien, Vitaminen, Spurenelementen etc. versorgt werden. Hier einige Beispiele, wie sich unsere Nahrung von 1985-1996 verändert hat:

Calcium: Brokkoli -68%; Bohnen -38%; Kartoffeln -70%
Magnesium: Möhren -57%
Betakarotin: Fenchel -80%

Folsäure: Banane -84%; Brokkoli -52%
Vitamin B6: Bohnen -61%; Banane -92%
Vitamin C: Apfel -80%; Erdbeere -67%
Eisen: Tomaten -99,5%; Spinat -96%."

‚Bio'-Waren bringen dabei überwiegend ganz wesentliche Verbesserungen.

Ein weiterer entscheidender Grund des zunehmenden Mineralstoffmangels im Körper ist dessen Übersäuerung. *„Milch fördert den gesunden Knochenaufbau."* Dieser Spruch ist wohl den meisten Menschen geläufig. Leider ist diese Aussage falsch. Das Gegenteil ist der Fall: Milch wie auch sämtliche daraus hergestellten Produkte entziehen dem Körper tatsächlich Calcium, sodass sie erheblich zur Entmineralisierung und somit gleichzeitig zur Übersäuerung des Körpers beitragen. Und daran leiden fast alle Mitmenschen der sogenannten Zivilisationsländer.

Auf der pH-Skala bezeichnet man den pH-Wert 7 als einen neutralen Wert. Alles, was unter pH 7 liegt ist sauer und alles darüber ist basisch. Sämtliche Körperflüssigkeiten sind auf ein entsprechendes pH-Milieu angewiesen. Insbesondere das Blut muss einen konstanten basischen pH-Wert aufweisen. Darüber habe ich ausführlich in »Jetzt reicht's – Band 1« ab Seite 148 berichtet. Im Online-Zentrum der Gesundheit heißt es dazu:

„Um die erforderlichen pH-Werte im Körper aufrechterhalten zu können, ist der Organismus auf die Zufuhr basenbildender Lebensmittel dringend angewiesen. Hierzu zählen vor allem Obst, Gemüse, Salate, Sprossen, Keime sowie reines Quellwasser.
Leider hat sich unsere Ernährung in den letzten Jahrzehnten grundlegend verändert. Wir verzehren heute ein Übermaß an säurebildenden Lebensmitteln. Hierzu zählen in erster Linie sämtliche tierischen Lebensmittel wie Fleisch, Fisch, Wurst, Eier, Milch, Joghurt, Käse, Quark etc. sowie Weißmehlprodukte und zuckerhaltige Nahrungsmittel in ihrer ganzen Vielfalt. Von den verarbeiteten Nahrungsmitteln mit ihren unzähligen chemischen Lebensmittelzusatzstoffen ganz zu schweigen.

Das Ungleichgewicht zwischen der Zufuhr basenbildender und säurebildender Nahrungsmittel führt mit der Zeit zur Übersäuerung des Körpers – und der immer weiter steigende Milchverbrauch trägt sehr zu dieser Entwicklung bei.«[81]

Als jahrzehntelanger Vegetarier mit hohem Kuhmilchkäseverbrauch habe ich das auch begreifen und lernen müssen und habe die verschiedenen Weichkäsesorten, die ich so liebe, stark reduzieren müssen. Auch über die gigantische Kuhmilchproduktion mit ihren bewusst falschen Werbeaussagen und Berichten habe ich schon in meinem Buch »Jetzt reicht's« Band 2 ab Seite 113 ausführlich berichtet.

Ich zähle zu denjenigen, die davon überzeugt sind, dass die körperliche Übersäuerung die Basis aller modernen Zivilisationskrankheiten ist. Auch Krebszellen können nur in einem sauren Milieu leben. Und wie ich später belegen werde, betrifft das genauso den Herzinfarkt. Das Internet bietet zu beiden Themenkreisen reichlich Informationen an.

Was hat das nun mit den Mineralstoffen der Nahrung zu tun? Mineralien sind ein wichtiges Erbe unserer Mutter Erde. Und wie wir gelesen haben, mangelt es nicht nur in den heutigen Anbauböden an Mineralien, sondern auch zusätzlich in den überwiegend industriell hergestellten Nahrungsmitteln. Bekannt ist das schon lange, doch nicht das inzwischen erreichte Ausmaß. Unter anderem heißt es auch, dass Männer ihr hauptsächliches Mineraliendepot unter der Kopfhaut haben, wogegen es bei der Damenwelt generell unter der Haut liegt und der Mineralienmangel sich als Cellulite zeigt. Anstelle der fehlenden Mineralien lagert der Körper nämlich Stoffwechselschlacken im Bindegewebe ein.[82]

Meine eigenen Forschungen führten mich zu »Schindele's Mineralien« und zu »Luvos-Heilerde imutox«, im Internet finden sich weitere, auch von Bullrich. Drogerien, Reformhäuser und Naturkostläden informieren darüber bestens.

Ich erlaube mir jetzt, kurz darauf hinzuweisen, wie ich als über Achtzigjähriger (4. Alter) versuche, mit der Übersäuerung umzugehen. Ich bin Vegetarier mit sehr geringem Käseverzehr. Eine Mahlzeit (meist mittags) ist Rohkost. Morgens trinke ich zu meiner Entsäuerung etwas BIO-Zitronensaft (erhältlich in kleinen Fläschchen in Drogerien oder Naturkostläden – selbstgepresster Zitronensaft nützt wenig, da die Zitronen unreif gepflückt und sonnenverarmt transportiert werden, auch wenn sie *Bio* sind) in hexagonalem Wasser verwirbelt. Ich liebe Brot, doch fast ausnahmslos nur Bio-Dinkelbrot (mehr dazu später). Täglich trinke ich zwei Liter Wasser, einen Liter davon in Form von Kräutertee. Allerdings nehme ich nicht die industriell verpackten Beutelchen, sondern kaufe übers Internet ein halbes Kilo des gewünschten Tees in Bio-Qualität, denn oft sind Tees und Gewürze wegen ihrer Haltbarkeit kobaldbestrahlt. Mein letzter Trank am Abend ist meistens ein Glas mit Mineralerde. Natürlich nehme ich reichlich Nahrungsergänzungen, darunter *täglich* 2000 mg Vitamin C (Ascorbinsäure) und (wenn keine Sonne scheint) 10.000 Einheiten Vitamin D_3 (mit K_2). Interessierte können bei mir ein Infoblatt darüber anfordern.[60]

Übrigens kann man erntereife Zitronen und andere Südfrüchte über den Vertrieb »www.fetasoller.com« beziehen. Obst und Früchte kommen dabei aus der Region der mallorquinischen Stadt Soller (sprich *Sojer*). Südfrüchte bio und reif geerntet liefert auch »www.orkos.com«. Es lohnt sich.

Heilsames Erden oder kurz ‚Earthing' heißt die äußerliche Form des Kontaktes mit Mutter Erde und ist eine neue und sinnvolle Mode. Die »ZeitenSchrift« Nr. 73 empfiehlt: *„Erden – gesund und vital durch barfußlaufen!"* Und im schon mehrfach erwähnten »Zentrum der Gesundheit« heißt es u.a.:

„Earthing verleiht uns die natürliche Energie der Erde. Unsere Erde ist ein wunderbarer Planet – voller Schönheit und Faszination. Neben all den Dingen, die wir mit unseren Sinnen wahrnehmen können, schenkt die Erde uns auch vieles, das wir weder sehen, riechen, fühlen noch hören können: heilsame Energien. So ist die elektrische Ladung der Erde für unseren Körper sehr wichtig und entscheidet mit, wie wir uns füh-

len. Die Erdladung ist negativ – was aber nicht heißt, dass sie schlecht ist, sondern dass sie voller freier negativ geladener Elektronen ist und somit eine negative Ladung aufweist.«[83]

Weiter oben im Text schreibe ich über die Ionen, die bei diesem äußeren Erden entscheidend mit beteiligt sind, ebenfalls die negativen, wobei ich mich den Kollegen anschließe, die von Minus-Ionen schreiben und sprechen, weil das Wort ‚negativ' einfach stört.

Dieser Rat, sich barfuß mit der Erde zu verbinden, ist ernst gemeint und wichtig – möglichst täglich! Unsere Fußsohle hat rund 200 Nervenenden pro Quadratzentimeter. Warum konzentrieren sich hier so viele Nervenenden? Um uns mit der Erde in Kontakt zu halten. Man kann den Fuß auch als eine Radarantenne mit zwei lebenswichtigen Funktionen sehen: Energie abzuleiten und Lebensenergie aus der Erde aufzunehmen, ähnlich einer Pflanze, die mit ihren Wurzeln Nahrung aus dem Boden zieht. Gönnen wir uns daher immer wieder ein paar Augenblicke tiefen rhythmischen Durchatmens und danken dabei der Mutter Erde dafür, dass sie uns versorgt und am Leben erhält. Mutti Erde ist unsere Heimat und hat auch ein Anrecht, immer wieder einmal unsere Anerkennung zu bekommen.

Neben dieser ‚natürlichen' Energie der Mutter Erde gibt es heute sehr viele und immer mehr unnatürlich und synthetisch erzeugte Oberflächenenergien und statische Aufladungen. Wie oft funkt und blitzt es, wenn wir etwas Geerdetes berühren? Wie viele Kunststoffe tragen wir am Körper? Wir verstecken sie in unserem Schlafbereich und isolieren uns durch billige Plastikschuhe. Viele von uns laufen den ganzen Tag in solchen Schuhen mit Gummisohlen, und diese blockieren unseren Bioenergiefluss zur Erde. Ich gestehe, dass ich mich schon darauf gefreut habe, an den trockenen Tagen wieder meine traditionellen Schuhe mit Ledersohle anziehen zu

Abb. 33: Natürliche Erdung

können. Leder isoliert kaum, und mein Körper hat wieder den ursprünglichen und gesunden Kontakt mit Mutter Erde. Seit Jahrtausenden gab es für die Menschen nur Leder als Fußbekleidung, von der Sandale bis zu den Stiefeln, und das war ableitend und gesund. (*„Nicht für die Tiere…"*, würden hier die Veganer antworten, und es soll schon Schuhe mit veganen Sohlen geben.)

Das uns verbleibende Sonnenlicht ist zwar keine Mutter-Energie, doch die Atmosphäre, die das Licht durchdringt, gehört zu unserer lieben Erde. Und da sieht es gar nicht mehr so gut aus. Unser Mitteleuropa wird regelmäßig mit Chemtrails besprüht, und die dadurch entstehenden Wolken sollen (u.a.) die Erwärmung des Globus verhindern. Dabei nehmen sie uns unser lebensnotwendiges Sonnenlicht. Dass bezüglich des Sonnenlichts überhaupt reichlich viel gelogen wird – es sei schädlich oder so –, habe ich in »Jetzt reicht's – Band 1« ab Seite 124 gründlich belegt. Hier möchte ich jetzt noch vier Punkte hervorheben: die Sonnenenergiespeicherung in der Rohkost; das durch UV-Licht erzeugte Vitamin D_3; der Lichtmangel der in Gebäuden arbeitenden Bevölkerung und schließlich der göttliche Hintergrund unseres Sonnenlichts.

Go Green! **Essen Sie grün, trinken Sie grün und leben Sie grün** – ohne Parteibuch! Es heißt, dass das Urzellprogramm rohe Kost gewesen ist, denn das Feuer wurde ja erst später erfunden. **Rohkost** oder Frischkost bezeichnet also alle jene Lebensmittel, die nie über 42 Grad erwärmt werden und dabei vor allem pflanzliche, die im natürlichen Ursprungszustand konsumiert werden. Es handelt sich also um jene Nahrung, die in der freien Natur wächst und dort beschafft werden kann. Selbst Algen, Kräuter, Honig oder Meerestiere zählen zur Rohkost. Ebenso umfasst diese Kost jene Produkte, die nicht pasteurisiert wurden. Wer Rohkost zur Grundlage seiner Ernährung macht, wird dabei in aller Regel auf Blattgemüse zurückgreifen, das aufgrund des darin enthaltenen *Chlorophylls* die Basis einer funktionalen Rohkosternährung darstellt und den menschlichen Bedarf an Proteinen deckt.[84]

Wichtiges und Aktuelles dazu finden Sie unter »www.die-wurzel.de«. Wenn überzeugte Anhänger dabei auch von Heilkost sprechen, haben sie in vielen belegten Fällen Recht.[85]

„Der Schlüssel zum Erfolg liegt darin, 50 Prozent frische Gemüse und Kräuter in Ihre Ernährung zu integrieren und Kohlenhydrate zu reduzieren. Davon sollten mindestens 50 Prozent grünen Pflanzenfarbstoff (Chlorophyll) enthalten. Das Gute daran ist: Sie schlagen zwei Fliegen mit einer Klappe! Mit dieser Ernährung tun Sie nicht nur das maximal Wirksame für Ihre Gesundheit, sondern zusätzlich auch gegen den Welthunger, gegen sozialen Unfrieden, Artensterben und Umweltzerstörung. Es gibt nichts, was mehr zur Rettung der Erde beiträgt, als diese Ernährungsform. Sie beginnt jetzt, in Ihrer Küche. Fangen Sie an!"
(Dr. med. Joachim Mutter in seinem Buch »Grün essen!«[122])

Voraussetzung dafür ist natürlich in jedem Fall die sonnengereifte Form von Obst, Gemüse und so weiter. Das ist auch wichtig, wenn man, wie ich und viele andere Ernährungsbewusste, zum Beispiel nur eine Rohkostmahlzeit täglich verspeist. Es sind einfach falsche Annahmen, dass Südfrüchte, die lecker und reif beim Händler dekoriert sind, auch sonnengereift sind. Trugschluss! Ich habe lange in Spanien gelebt und weiß, in welcher Form Obst oder Früchte den temperierten Containern übergeben werden – sonnenarm und unreif. Der EDV-gesteuerte Transportweg und die Lagerung sind auf Reifung eingestellt. In der Anthroposophie heißt es daher zurecht: *„Frisch, saisonal, regional – optimal!"*

Für alle möglichen Veränderungen blicken viele gerne auf Prominente und da gibt es im Rahmen der Rohkost einen ganz besonderen: Markus Rothkranz ist der wohl bekannteste, leidenschaftlichste und inspirierendste Verfechter der Rohkosternährung weltweit. Er ist ein deutschamerikanischer Drehbuchautor und lebt in Los Angeles. Mit seinen 50 Jahren sieht er heute jünger aus als in seinen Zwanzigern! Er hat sich von seinen Krankheiten selbst geheilt und ist so der lebende Beweis dafür, wie großartig das Leben sein kann, wenn man die Dinge selbst in die Hand nimmt. (www.markusrothkranz.de)

In Deutschland finden jedes Jahr weit über 2000 Rohkost-Veranstaltungen statt. In Workshops, auf Messen und sogenannten Roh-Potlucks werden Wissen und die Kunst der Zubereitung der neuen Gourmet-Rohkost vermittelt. Interessantes dazu finden Sie hier [86].

Bei den unzähligen modernen **Fruchtsäften** ist Folgendes zu beachten: Es gibt Fruchtsaft als *Direktsaft*, also vollreif und direkt vor Ort gepresst und abgefüllt. Und es gibt *Fruchtsaft aus Fruchtsaftkonzentrat*, das irgendwo eingedickt und irgendwo wieder verdünnt wird – rein zur Transportvereinfachung. Da bei diesem Industrieprozess außer Wasser auch noch weitere Substanzen der beliebten biologischen Fruchtreife verloren gehen, darf beim ‚Wiedererwecken' des Fruchtsaftes mit ‚Korrekturzuckerungen' und anderen ‚Hilfsstoffen' (ohne Deklarationspflicht) nachgeholfen werden.

Licht ist grundsätzlich wichtig bei unserer Ernährung, denn der *Gehalt an Information* eines Lebensmittels bietet der Gesunderhaltung des Körpers mehr als der *Gehalt an Kalorien*. Im Grunde genommen essen wir nämlich Sonnenlicht, das in unserer Nahrung gespeichert ist. Nahrung in Form von photonenreichen Lebensmitteln stabilisiert unsere ‚innere Ordnung', einschließlich der Dynamik und der Rhythmik (Nobelpreisträger und Professor Erwin Schrödinger, 1887-1961). Unter *Dynamik* verstehe ich hauptsächlich die Frische der Nahrung (vom Feld in den Magen, ohne die logistischen, globalen Transporte und Lagerungen), also auch bei frischem Gemüse und sonnengereiften Früchten. Unter *Rhythmik* verstehe ich den Bezug auf die jeweiligen ‚fruchtigen' Jahreszeiten im eigenen Lande (Bärlauchzeit, Spargelzeit, Kirschenzeit, Erdbeerzeit und andere).

Für diejenigen, die, aus welchen Gründen auch immer, nicht viel ‚rohkosten' können, gibt es OPC. Mein lieber Sohn Jan (van Helsing) schreibt in seinem Bericht »Zwei Querulanten treffen sich« über den deutschen OPC-Rebell Robert Franz:

„Seine Botschaft ist folgende: Der Traubenkernextrakt OPC ist das Fundament menschlicher Gesundheit. OPC ist ein Extrakt aus den roten Weintraubenkernen, den man in Kapselform täglich zu sich nehmen

kann. ‚Man tankt täglich die Sonne und die volle Kraft eines kleinen Weinbergs!', sagt Robert und erklärt: ‚Dass in Traubenkernen so viel Gesundheitspower steckt, wurde bereits vor 60 Jahren entdeckt – aber wohlweislich bis heute von der Medizin (der Pharmaindustrie) immer ignoriert.' und ‚Würde jeder OPC zu sich nehmen, ergäbe dies riesige Umsatzverluste für die Pharmaindustrie'."

Das Multitalent Vitamin D oder auch ‚Das Drama des Sonnenentzugs' ist unser nächstes Thema. Durch gezielte Angstmache ist unsere liebe Sonne zum bösen Dämon mutiert, der angeblich unsere Gesundheit bedroht, und das hat dann allgemein die Heilkraft der Sonnenstrahlen vergessen lassen. Durch Sonnenmangel kommt es zu einem Defizit an Vitamin D, das für die Regulation zahlreicher Prozesse in nahezu allen Körperzellen benötigt wird. 70 bis 90 Prozent aller Menschen in Deutschland, Österreich und der Schweiz leiden an Vitamin-D-Mangel und wissen nicht, dass dieser in vielen Fällen auch zu schweren Leiden führen kann. Ausführliches dazu finden Sie unter [87].

Dr. med. Raimund von Helden erklärt:
„Fast alle Menschen nördlich der Alpen haben akuten Vitamin D Mangel – sogar einen Vitamin-D-Spiegel im Blut von unter 10 ng/ml. Richtig gesund wäre ein Wert von über 60 ng/ml. Nicht nur im Winter, sondern auch während des ganzen Jahres, wenn wir tagsüber in geschlossenen Räumen wie Schulen, Büros und Hallen arbeiten, kann der Körper zu wenig oder gar kein Vitamin D produzieren und du gerätst unweigerlich in einen Vitamin-D-Mangel."[140]

Und Robert Franz ergänzt zum Vitamin-D-Mangel:
„Dies gibt dem Körper die Information, dass wir uns noch im Winterschlaf befinden und deswegen Fett bei uns halten – sozusagen als Notreserve. Geben wir dem Körper Sonnenlicht (z.B. im Urlaub) oder eben besagtes Vitamin D₃, bekommt er die Information: ‚Es ist Sommer, ich kann die gesammelten Fettreserven abbauen.' Das heißt, wir nehmen an Gewicht ab."[141]

Vitamin D hat eine Schlüsselfunktion für die Gesundheit. Es ist an Tausenden von Regulierungsvorgängen in den menschlichen Körperzellen beteiligt. Folglich erhöht ein Vitamin-D-Mangel das Krankheitsrisiko ganz erheblich – vor allem im Winter, wenn die Sonne in unseren Regionen viel zu tief steht, um für die erforderliche UV-Strahlung zu sorgen. Genau auf diese UV-Strahlung ist jedoch unser Körper angewiesen, denn Vitamin D wird zu rund 90 Prozent in der Haut gebildet – jedoch nur unter dem Einfluss der Sonne.

Somit gehört Vitamin D zu den Schlüsselsubstanzen für die Gesundheit des Menschen. Das bestätigen inzwischen immer mehr weltweite Untersuchungen. Und nachdem nun auch immer mehr wissenschaftliche Kenntnisse veröffentlicht werden, boomt logischerweise die Herstellung und das Angebot von natürlichem und synthetischem Vitamin D_3. Viel realistischer geht das im Internet als in der Apotheke. *„Hochdosiert: Die wundersamen Auswirkungen extrem hoher Dosen von Vitamin D_3: das große Geheimnis, das Ihnen die Pharmaindustrie vorenthalten will"* lautet ein aufklärender Buchtitel. Was ist hochdosiert? An Tagen ohne Sonne schlucke ich jeweils 10.000 Einheiten eines mit K_2 kombinierten Präparates – täglich. Langfristig noch höhere Einheiten sollten dann allerdings ärztlich abgestimmt sein.

Lichtmangel und Lichtfrequenzdefizite: Licht ist der Nährstoff, den Pflanzen, Menschen und Tiere brauchen, um leben und wachsen zu können. Die Biophotonen, die das Licht ausmachen, regen den Zellstoffwechsel und die Regeneration des Körpers an. Sie stellen die Ordnung im Organismus wieder her und stärken das Immunsystem. Also kann Licht als ‚Elixier des Lebens' bezeichnet werden. Das Licht ist maßgeblich dafür verantwortlich, dass im Körper Serotonin gebildet wird. Je länger das Sonnenlicht (vor allem durch die Augen) auf den Körper einströmt, desto höher wird der Serotoninspiegel, der für die Stimmung des Menschen verantwortlich ist und zusammen mit Melatonin den Tag-und-Nacht-Rhythmus regelt. Doch was geschieht bei einem Sonnenlichtmangel im Winter, an vielen Arbeitsplätzen und in den Nachtschichten?

Dazu kommt, dass wir schon durch die dauernd mobilisierten Ängste vor den UV-Strahlen unsere natürliche Sonnenlichtaufnahme *reduzieren*. Doch auch ohne diese kommt es inzwischen zu einer reduzierten Aufnahme des lebenswichtigen UV-Lichtes im Alltag, das hauptsächlich über die Augen aufgenommen wird und unseren Stoffwechsel- und Hormonhaushalt steuert. Wir wissen heute, dass nur fünfundzwanzig Prozent des aufgenommenen Lichtes dem eigentlichen Sehvorgang dienen. Die übrigen fünfundsiebzig Prozent gelangen über den ‚energetischen Anteil' der Sehbahn in unseren Organismus und vollbringen dort wahre Wunder.

Für die verringerte Aufnahme des lebenswichtigen UV-Anteils des Sonnenlichtes fand ich drei Gründe: eine ‚**zivilisatorische Dämmerung**' durch *Standard-Glas* der Haus- und Autofenster und Kunststoff in Brillen und Kontaktlinsen (über sechzig Prozent der Bundesbürger sind Brillenträger) und generell durch Sonnenbrillen. Die Autorin Christine Stecher schreibt dazu:

„Die Menschen unseres Kulturraumes und Klimas verbringen mehr als neunzig Prozent des Tages in geschlossenen Räumen – bei künstlicher Beleuchtung und hinter Fensterscheiben, die für das UV-Licht der Sonne, das biologisch am wirkungsvollsten ist, undurchlässig sind. Durch diese Lebensweise in einer Art ‚zivilisatorischer Dämmerung' schneiden wir uns von der energiereichen Sonnenstrahlung ab, die Körper und Geist stimuliert und die Botschaften der geistigen Sonne übermittelt. Ebenso schotten wir uns durch Brillen und Kontaktlinsen, die das volle Spektrum der UV-Strahlung nicht durchlassen, von der Kraftquelle Sonne ab."[88]

Der zweite Grund ist **unser moderner Lebensstil**. Die Evolution des irdischen Lebens inklusive des menschlichen ist seit Millionen von Jahren vom natürlichen Sonnenlicht geprägt. Das haben die Menschen jedoch seit dem zwanzigsten Jahrhundert – weitgehend abgeschirmt vom Sonnenlicht – immer mehr durch künstliche Lichtstrahlung ersetzt: das Raum- und Arbeitslicht, vor allem das der als schädlich erkannten Billig-Leuchtstoffröhren und der modernen Energiesparleuchten; die stundenlange Berieselung durch die ebenfalls schädlichen Strahlen des Fernsehens wie auch die Rundumbestrahlung der fast alles durchdringenden Felder elektromagnetischer Hochfrequenz-Feldsender, unzähliger Satelliten und ‚garender' Mikrowellen. Gernot L. Geise bezieht sich hauptsächlich auf Großstädte, wenn er erklärt:

„...der ständige Strahlenhintergrund aus künstlichen Quellen hat inzwischen eine etwa hundert- bis zweihundertmillionenfache Größe erreicht wie der natürliche Hintergrund an elektromagnetischen Wellen von der Sonne. Jeder kann sich selbst ausrechnen, wie lange das noch gut geht."

Der dritte Grund ist **politisch** und wird uns wieder unter dem Deckmäntelchen der Klimakatastrophe ‚verkauft'. Man verlautbart, dass alles Leben auf unserem Planeten die zunehmende Sonnenaktivität nur noch 50 bis 70 Jahre aushalten kann, und daher sei eine globale Aktion mit Namen »The Shield« vereinbart worden. Unverständlich und unverantwortlich! Durch **Chemtrails** wird die Welt depressionsfördernd ‚sonnenabgedunkelt' und gleichzeitig auch durch versprühte Chemikalien vergiftet. (Steven Black) Vortrefflich bearbeitet wird dieses Thema unter[89], wobei Gerd Gutemann auch auf mögliche Behebungen des Lichtmangels eingeht.

Sonnenlicht ist eigentlich ein Doppelpack, das auf der ‚stofflichen' (grobstofflichen) wie auch ‚nichtstofflichen' (feinstofflichen) Seite wirksam sein kann. In der geisteswissenschaftlichen Literatur finden wir auch den Begriff ‚Überlicht' und die Erklärung, dass das Sonnenlicht die materielle, physische und sichtbare Seite der *göttlichen Liebe* sei. Dieses Licht enthält alle göttlichen Qualitäten: *Liebe, Gnade, Kraft, Glückseligkeit, Wissen...* (Mutter Meera)

Dass Licht auch in feinstofflicher und unsichtbarer Form existiert und alles im Universum durchströmt und belebt, wussten seit alters her die Mystiker aller Religionen. Mittlerweile ist dieses Wissen auch Bestandteil der wissenschaftlichen Forschung geworden und verbreitet sich zumindest auch im Spirituellen. Verschiedene spirituelle Theorien erklären uns, dass, aus der galaktischen Zentralsonne kommend, eine veränderte kosmische Energie feststellbar ist. Unsere Sonne transformiert und verdichtet dann diese ‚Schwingungen', damit sie unseren Planeten Erde mit seiner gesamten Natur und Menschheit harmonisieren und heilen kann. Diese Energie ist stark weiblich schwingend, sodass sich das verlorengegangene Gleichgewicht zwischen männlich und weiblich leichter harmonisieren kann.

Bis auf die keltischen Völker scheinen alle Priestersysteme die Sonne für einen männlichen Gott gehalten zu haben, wohingegen wir aus der germanischen Mythologie wissen, dass deren Sonnengöttin *sunna* hieß. ‚Großmutter-Mutter-Kind' sind übertragen ‚Sonne-Erde-Mensch', und dann fließt im Lichte eben Liebe – im großen Quantenfeld der Liebesgefühle.

Begeistert geht es zurück zur Natur

> *„Wir leben in einem gefährlichen Zeitalter.*
> *Der Mensch beherrscht die Natur, bevor er*
> *gelernt hat, sich selbst zu beherrschen."*
> Albert Schweitzer

Eine Sehnsucht bringt Umsatz. Es gibt die Zeitschrift »LandLust« samt Nachahmerprodukte (von »LiebesLand« über »LandGenuss« bis zu »BergLust« u.a.m.). Darin geht es raus aus der Hektik des Alltags, hinaus aufs Land und zurück zur Natur – mit sagenhaft guten Fotos entsteht fast eine Naturmystik, die für das ländliche Dasein schwärmt und rurale Ideen anregt. Ausführliche Berichte können als Texte in Ruhe genossen werden im Vergleich zum hektischen Fernsehen. Gelungene Bildserien eröffnen oft Bewunderung und Einblicke in eine ungeahnte Natur. Die Auflagenkurve zeigt die stille Sehnsucht (der Stadtmenschen?) an: Bereits wenige Jahre nach dem Start hatte »LandLust« schon mehr Leser als der »Stern«. Zuletzt pendelte sich die Auflage bei etwas über einer Million(!) Exemplare ein. Welch ein Wandel! Das ist eine unterbewusste Kopf-Herz-Abstimmung, eine Volksabstimmung und eine grundlegende Veränderung. Natur, Natürliches, Schönes, Gefühlvolles und Stimmungen fürs Herz sind eindeutig gefragter als die üblichen Mainstream-Informationen mit geringem Wahrheitsgehalt.

Im Zeitalter von Hightech weckt wohl der Rückzug ins Ländliche auch vergessene Gefühle, und das tut gut – selbst als heimliche Wunschvorstellung. Ist es eine Rückkehr zu unserer eigenen Natürlichkeit – zu dem, was unsere Natur ist? Oder erinnert uns die Natur dabei an das Ursprüngliche, das, was von Anfang an die Oberfläche unseres wunderschönen Planeten bedeckte? Der Mensch hat dann gerodet, immer mehr und immer mehr, hat sich vermehrt und den Beton erfunden und will nun auch die Natur verändern. Dazu passt das bekannte Zitat des kanadischen Astrophysikers Hubert Reeves:

„Der Mensch ist die sinnloseste Spezies, er verehrt einen unsichtbaren Gott und misshandelt eine sichtbare Natur – ohne zu wissen, dass diese Natur, die er misshandelt, der unsichtbare Gott ist, den er verehrt!"

Wie recht der Mann hat. Kein Wunder, dass alle Naturvölker noch die Göttlichkeit ihres Umfeldes verehren und in Dankbarkeit mit Mutter Erde verbunden sind. Sie brauchen nicht zu philosophieren oder zu studieren, sie fühlen sich als Teil dieser göttlichen Ordnung. Kann es sein, dass diese Einfachheit auch ein Teil unserer modernen Sehnsucht ‚zurück zur Natur' sein könnte, um völlig unbewusst das Reine und Gesunde zu spüren und zu erleben? Seit wir hier im Südschwarzwald leben – inzwischen ja eine UNESCO-Biosphäre – und ich die Besucher und Touristen sehe, wie und wo sie herkommen, spüre ich deren Rucksackfreude am stundenlangen Wandern, auch wenn auf dem Parkplatz der Porsche steht.

Vielen Wanderern geht es wahrscheinlich wie mir, wenn ich hin und wieder alleine unterwegs bin und neben dem Naturerleben auch mich selbst wieder erleben kann. Und ich kann mir bestens vorstellen, wie in der Weite der Bergwelt für die Wanderer eben auch wieder eine neue Welt aufgeht – ohne die Alltagssorgen, die Hektik, das Graue vieler Sinnlosigkeiten. *„Über das Gehen im eigenen Körper ankommen"*, las ich einmal hier in einem lokalen Blättchen, und gemeint waren unser unwillkürliches Spüren und unsere oft eingeschränkten Sinneswahrnehmungen.

In der Zeitschrift »Das Wesentliche – Ihre Nr. 1 in Sachen Spiritualität« (in der Ausgabe Mai/Juni 2016) geht Roland Rottenfußer in seinem Beitrag „Spaziergang für die Seele" tiefer in das Naturerleben ein und ich zitiere einige Sätze:

> *„Meditation und Naturerleben werden meist als getrennte Bereiche gesehen. Man meditiert im stillen Kämmerlein oder geht im Wald spazieren – dann meist in Gespräche oder Gedanken vertieft. Wer sich jedoch darauf einlässt, in und mit der Natur zu meditieren, erschließt sich eine unerschöpfliche Quelle der Kraft, Freude und Erholung. Ein bewusster Spaziergang ist Zwiesprache der Seele mit sich selbst, denn Außen- und Innenwelt sind nicht voneinander getrennt...*
> *Probieren Sie es einfach aus. Wir mögen nie ,ankommen', doch empfinden auf dem Weg viel Freude und verbessern die Chancen, dass Körper und Seele an den Kräften der Natur gesunden können. "*

Eine völlig andere Ebene, Natur wieder neu zu erleben, sind gemeinsame Neuschöpfungen, die holistisch und ganzheitlich die ursprünglichen ,Natürlichkeiten' wiederfinden oder wieder erwecken wollen: *„Wir sind ein Teil der Natur."*

In Russland gibt es seit einigen Jahren eine Revolution der besonderen Art. Tausende von Menschen – inspiriert durch die Anastasía-Bücher von Wladimir Megre – verlassen die Städte und kehren in die Natur zurück. Sie wollen die Erde heilen, Wälder pflanzen, saubere Seen, Flüsse und Bäche wiederherstellen, die Luft reinigen – und auch die Menschen mit ökologisch hochwertigen Lebensmitteln versorgen, die sich noch nicht der Tragödie der technischen Sackgasse bewusst sind. *„Zurück zur Natur"*, war der Aufruf, und die Herzen der Menschen antworteten darauf. Die erste Welle der Begeisterung richtete sich auf verlassene Dörfer, verwüstete Orte und ungenutzte Felder mit dem Ziel, die Erde zu reaktivieren und wiederzubeleben, sie mit wärmenden Händen und Worten, mit Herz und Seele zu behandeln, sie mit Geist und Gefühl zu verstehen. Es gilt die Rückkehr zu natürlichen Alternativen. Jede Familie erhält als Familienlandsitz einen Hektar Land, das später nicht verkauft, sondern nur vererbt werden darf.

„Auch das ungeschriebene Gesetz in allen Siedlungen dieser Art heißt: vollständige Ablehnung von schlechten Gewohnheiten wie Rauchen,

Trinken, Drogen aller Art. Viele sind Vegetarier. Im Haushalt werden gerne Pferde gezüchtet, Kühe und Ziegen für Milchprodukte angeschafft, Hühner, Enten und Gänse für Eier. Fast alle betreiben Bienenzucht. In den Siedlungen streiten und schimpfen die Menschen nicht, bewahren Sauberkeit und Ordnung. Chemische Düngemittel, Reinigungsmittel etc. werden aus Umwelt- und Gesundheitsgründen generell nicht verwendet. Bewusst findet die Rückkehr zu den natürlichen Fähigkeiten und Alternativen auf allen Ebenen der Existenz statt. Die Häuser werden aus Holz, Backstein, Ziegel und Lehm gebaut. Formen der Häuser aus natürlichen Materialien werden von Architekten entwickelt und verbessert. Der Phantasie sind keine Grenzen gesetzt! Was für märchenhafte Häuserkonstruktionen kann man in den Siedlungen sehen!"[27]

Klingt das nicht wie im Märchen? Weiter im Text heißt es zu den außerordentlichen Fähigkeiten:

„Spannend ist auch die Geburtspraxis auf dem eigenen Familienlandsitz. Eine werdende Mutter soll ununterbrochen während der gesamten Schwangerschaft auf ihrem Familienlandsitz in Wechselwirkung mit der Umgebung bleiben und nur die dort mit Liebe angebauten Lebensmittel verzehren. So eine Frau gebiert ihr Kind ohne Probleme, und es fällt direkt in die offenen Arme von Mutter Natur. Auf diese Weise geborene Kinder werden vollkommen von der Natur adoptiert. Sie werden praktisch nie krank, haben keine Angst vor Kälte oder Hitze und übertreffen die Entwicklung ihrer Altersgenossen aus der Stadt um ein Vielfaches." [27]

Der wertvolle Bericht von Ljudmila Feierabend-Perednewa schließt mit den sinnigen Worten:

„In der Natur ist der ganze Raum mit intensivem Leben gefüllt, alles interagiert miteinander. Wenn der Mensch lange Zeit in der Natur lebt, fängt er an, das alles zu sehen und zu fühlen, es beginnt ein Austausch von Information. Wir sind ein Teil der Natur. Wenn wir in ihr leben und ihre Gesetze respektieren, dann lösen wir uns in ihr auf und ver-

binden uns mit ihrem Informationsfeld. Wenn man in der Stadt wohnt und nur gelegentlich rausfährt, ist das unmöglich.
Die Anastasía-Bewegung ist nur ein erster Schritt auf dem Weg zu Mutter Natur. Geduldig wartet sie – jeder Strauch, jeder Grashalm und jedes Blümchen – darauf, dass der Mensch zurückkommt, sie liebevoll berührt und bewusst mit dem Schöpfer gemeinsam eine glänzende Zukunft gestaltet.«[(27)]

Mehr dazu erfahren Sie unter »http://bioterra.biz/zurueck-zurnatur« und bei dem Mitbegründer eines Netzwerks, Autor und Regisseur Stefan Wolf (www.loveproductions.org). Ähnliche alternative Bewegungen finden Sie auch auf der hochinteressanten Netzseite von Markus Rüegg in der Schweiz unter »www.gemeinschaften.ch«. Am Bodensee wirkt die Gemeinschaft »Homa-Hof Heiligenberg«, das *Europäische Zentrum zur Förderung von Agnihorta* (www.homa-hof-heiligenberg.de). Mein Freund Bernd Schwender verlegt das »ELEXIER – das Magazin für die Neue Zeit«[(90)], und in der Ausgabe 34 – Titel: »Gemeinschaftlich leben« – berichten außer Stefan Wolf (siehe oben) auch Inge Moser und Reinhold Groß über ihre geplante Mehrgenerationensiedlung MGS (www.mehrgenerationensiedlung.org) und Gabriele Gaup, Mitbegründerin der Gemeinschaft Schloß Tempelhof, mit dem Beitrag »Leben bedeutet Gemeinschaft« (www.gemeinschaftlich-leben.net). Im Energiefeld des Harzes erblüht ebenfalls ein Gemeinschaft (www.weda-elysia.de) und in Sachsen-Anhalt das Ökodorf 'Sieben Linden (www.siebenlinden.de). Nördlich des Bodensees läuft auch ein Mehrgenerationenprojekt (www.furtmuehle.de). Es gibt noch viel mehr Projekte, doch mir sind im Moment nur diese bekannt. Wenn ich noch von weiteren erfahre, kann ich das bei der nächsten Auflage des Buches berücksichtigen.

Abb. 34:
ELEXIER Ausgabe Nr. 34

230

‚Zurück zur Natur' ist ein besonderer Energiefluss, der in unserer kopfigen Hightech-Zivilisation und unseren Überschussproduktionen noch weitere Gefühlsbereiche erfasst. Denn es gibt da noch die Formel *„Weniger ist mehr."* – weg von höher, schneller, weiter und von Konsumzwängen und Rückbesinnung auf alte Werte und ein einfacheres Leben. Die höchste Weisheit liegt stets in der Bescheidenheit wie auch Liebe, Respekt, Toleranz, Teilen, Dankbarkeit und Verzeihen. In diesem Sinne ist die *„Rückkehr zur natürlichen Ordnung"* ein wichtiger Teil des Wandels.

‚Entschleunigung' ist auch so ein Verhaltenstipp, der uns daran erinnern soll, dass wir viel zu leicht Äußeres anstelle gesundheitsfördernder Ruhe wertschätzen und leben. Der Wunsch, das heutige Leben wieder in einfacheren Formen zu gestalten und zu erleben, ist der Initiator vieler Neuerungen und Ideen und verbindet dabei gleichgesinnte Menschen. Manchmal empfinden wir es sogar als Herausforderung, die richtig guttut. Dabei werden auch unsere individuellen Schöpferkräfte wachgekitzelt, die in unserer modernen Ego-Gesellschaft anderweitig missbraucht werden oder noch versteckt schlummern.

Nach **Einfachheit** streben bereits viele moderne Menschen in ihrer Lebensführung, also zum Beispiel beim Essen oder im Urlaub als Kontrast zum oft als unübersichtlich komplex empfundenen modernen Alltags- und Berufsleben. Es geht auch um die *Schönheit* des Einfachen – nicht um Entbehrung oder Selbstverleugnung. Es geht schließlich um die Entdeckung des inneren Reichtums, der stets mit unserer Seele und unserer vergessenen Göttlichkeit zu tun hat. So kommen wir dazu, über (kostenlose, umweltfreundliche und recycle-freie) Einfachheit selbst wieder einfach zu sein. Der große Herder-Verlag möchte diese Entwicklung unterstützen und bringt die kleine Monatsschrift »einfach leben« als »Ein Brief von Anselm Grün«, diesem wohl bekanntesten Pater Deutschlands, neu heraus. Dr. theol. Anselm Grün ist Benediktinerpater und vertritt eine moderne, lebensfähige Spiritualität. Seinem ersten Buch »Reinheit des Herzens«, folgten inzwischen mehr als 300 weitere Bücher, was Anselm Grün zum meistgelesenen spirituellen Autoren unserer Zeit macht. Er versteht es wie kein anderer, die seelischen Verbindungen des Ausdrucks der Neuen Zeit überzeugend zu erklären und offenzulegen.

Auch **Slowfood** wird immer beliebter. „*Gut, sauber und fair!*", heißt es in diesen Organisationen und ist Teil der internationalen Slowfood-Bewegung, einer Vereinigung von Menschen, die bewusst genießen und diesen Genuss mit anderen teilen möchten. Bei Slowfood setzen sich Bauern, handwerkliche Produzenten und Konsumenten gemeinsam dafür ein, dass Lebensmittel gut, sauber und fair produziert und gehandelt werden. Sie wollen die Vielfalt des Geschmacks auf vielfältige Weise erhalten und neu schaffen. (www.slowfood-berlin.de/index.php)

Wieder selber kochen kommt dem nahe. Wann immer es die Tageszeit zulässt, sollte dieser ursprüngliche Weg der Ernährung wiederbelebt werden: ‚Deutschland isst gesünder' und ruft auf Neudeutsch „*Eat smarter!*"[93] Birgitt Eltzel schreibt in der »Berliner Zeitung« unter der Überschrift »Kochkurse sind das Lagerfeuer des 21. Jahrhunderts«:

„Denn Selber-Kochen liegt wieder im Trend. Hobbykeller war gestern, jetzt scheint der Herd die Werkbank der kreativen Laien. Zahllose Kochshows im Fernsehen wirken inspirierend, die Ansprüche an eine gesunde und ausgewogene Ernährung steigen – nicht zuletzt dank zahlreicher Lebensmittelskandale im Handel und Ekellisten, die mangelnde Hygiene in so mancher Gaststätte ausweisen."

Selber gekocht schmeckt einfach gut, weil man weiß, was drin ist und wer es gekocht hat.

Ich liebe das Wort **Mystik**, auch wenn es um unsere Natur geht, denn unsere liebe Natur hat auch heute noch viele Geheimnisse, sowohl winzige als auch riesig große. Neben all den wunderschönen sichtbaren Schöpfungen in der Natur gibt es noch eine unsichtbare und feinstoffliche Welt, die man auch noch nicht mit schulwissenschaftlichen Messinstrumenten erfassen kann. Bewährt auf diesem Gebiet ist meines Wissens vor allem die Kirlianfotografie, bei der die unsichtbare Aura eines

Lebewesens für das Auge farblich sichtbar gemacht werden kann und welche damit einen Aufschluss auf den Zustand dieses Energiesystems und eventuelle Störungen gibt.

Eine andere Möglichkeit ist der Bovis-Wert, eine Messeinheit (benannt nach dem französischem Ingenieur Alfred Bovis, 1871-1947), mit der man die Kraftfelder wie auch Lebensenergie von Substanzen, von Or-

Abb. 35:
Aura-Fotografie eines Yogi

ganismen und Örtlichkeiten misst. Sie ist ebenfalls schulwissenschaftlich nicht anerkannt. Eine besondere Bedeutung hat die Lebensenergie in Nahrungsmitteln, und auch die Vitalstrahlung im Menschen selbst ist mit ausschlaggebend. Wichtig ist es, den Bovis-Wert auch von Substanzen festzustellen, mit denen unser Körper in Berührung kommt oder welche Einflüsse sie auf unseren Körper ausüben, seien es Steine, Kräuter, Heilmittel, Kraftorte, Erdstrahlen, Gestirnsstrahlungen und mehr.[94]

Die Erde ist ein Organismus, ist ein Lebewesen, und alle Energiesysteme der Erde haben Wechselwirkungen mit ihren Bewohnern – und umgekehrt! Wir Menschen zum Beispiel wirken mit unseren Gedanken, Worten und Taten. Kann es sein, dass wir tatsächlich solchen Einfluss haben können? Kann dadurch das Bewusstsein von uns Menschen irdische Bereiche steuern? Solche Vorgänge sind tatsächlich indigenen Völkern wie den Hopi-Indianern und anderen schon immer bekannt. Doch der moderne Mensch hat verlernt, auf diese Art mit und in der Natur zu leben.

Bei meiner Beschreibung der lebendigen Weltenmutter habe ich die zarten Feen und Naturwesen, die reiche Welt des kleinen Volkes und die mächtige Welt der großen Devas kurz erwähnt. Alle kraftvollen Bäume, alle Flüsse und Seen und alle stolzen Bergriesen haben ihre mächtigen Geistwesen als Hüter. Es heißt, dass jetzt von den Devas aufgrund der höheren Erdschwingungen viele die Form von Engeln annehmen und Verbindung zu uns Menschen aufnehmen können – zum Beispiel als helfende Engel unseres Planeten Erde.

Durch die allgemeinen Schwingungserhöhungen unseres Planeten können diese Energiewesen der Natur uns Menschen neuerdings wieder näher kommen. Mediale begabte Geomanten berichten sogar, dass viele neue Naturwesen auf der Erde sind, die zuvor nicht hier waren. Wenn die Natur- und Elementarwesen erkennen, dass wir mit liebevollem Herzen ihre Nähe oder Hilfe oder Mitwirkung suchen, dann kommen sie uns entgegen – mit gegenseitiger Wertschätzung.

Der moderne **Schamanismus** pflegt die Individualisierung schamanischer Fähigkeiten: Jeder Mensch sei demnach in der Lage, Visionen zu haben, zu heilen und ‚höhere Bewusstseinszustände' zu erreichen. Die Ausübung neoschamanistischer Techniken wird somit zur individuellen Selbstverwirklichung und Selbsthilfe eingesetzt – in Verbindung mit bewährten geomantischen Traditionen, dabei auch wieder keltisch-druidische unseres Kulturkreises. Diese erneute Verbindung mit den Energiefeldern unserer Mutter Erde – in Liebe und Achtung – bewegt und verändert. Die einen von uns leben immer mehr ‚bio', andere pflegen und schützen die Natur, und andere schätzen und verwenden ihre Energien zu Heilzwecken, und wieder andere verehren, lieben und segnen einfach alle die Hüter und Naturwesen als unsere Freunde. Diesen Wandel nimmt die Natur dankbar an – und wir wissen jetzt, dass dies ja die unzähligen, unsichtbaren und lebendigen Wesenheiten der Mutter Erde sind. Verbinden wir uns doch wieder mit der überreichen Fülle dieser Natur im Sinne von Heinrich Heine: *„Der Gedanke ist die unsichtbare Natur, die Natur der sichtbare Gedanke."*

7 Der Wandel bei Männlich-Weiblich

Liebe ist eine Himmelsmacht

> *„Sphären ineinander lenkt die Liebe,*
> *Weltsysteme dauern nur durch sie."*
> Friedrich von Schiller

Der altägyptische *Hermes Trismegistos* war der dreimal Eingeweihte: Er war Priester, Philosoph und König. Er wusste vor rund 5000 Jahren, was die Welt und das Universum im Innersten zusammenhält, denn die Welt und die Menschen existieren nicht ziellos und zufällig: Alles Lebendige folgt bestimmten Gesetzen. Wer diese Gesetze oder Prinzipien kennt, kann auch verstehen, *warum* und *wie was* geschieht. Doch die Weitergabe dieser Prinzipien war mit dem Ziel der Geheimhaltung verbunden. Das Wort *hermetisch* heißt bis heute: geheim, abgeschlossen, nicht für jeden zugänglich. Doch auch das hat sich längst geändert. Das letzte seiner sieben Prinzipien ist das **Prinzip des Geschlechts**.

> *„Zu jedem Ding gibt es eine Ergänzungshälfte, die aus beiden ein Ganzes macht. Geschlecht ist in allem; alles hat sein männliches und sein weibliches Prinzip in sich; Geschlecht offenbart sich auf allen Plänen, bis ins Geistige hinein."*

Wir wissen heute: Alles hat männliche wie auch weibliche Prinzipien und Qualitäten. Zeugung und Wiedererzeugung, geben und nehmen, aktiv und passiv, beherrschen und hingeben sind alles männliche und weibliche Qualitäten. In allem Männlichen steckt wiederum Weibliches, in allem Weiblichen steckt Männliches. Im Osten heißt das *Yin und Yang*, bei uns hat es der Schweizer Psychiater Carl Gustav Jung (1875-1961) als *Animus und Anima* definiert.

Wir alle sind Wesen der Liebe – egal, was man darunter verstehen möchte. Wir haben die Möglichkeit, alles zu lieben und metaphysisch sogar die Welt, die Menschen und die Natur wieder gesundzulieben. In jedem Fall befindet sich die Quelle der Liebe in unserem Inneren. Ob wir sie dabei unserem Herzen oder unserem Höheren Selbst oder einem Göttlichen Kern zuordnen, ist wohl sekundär. Liebe ist auch multidimensional, z. B. kosmisch-göttlich, gefühlsmäßig und körperlich.

Unser Erdenleben wird – grundsätzlich – von zwei konträren, sich jedoch ergänzenden Prinzipien gesteuert, dem männlichen und dem weiblichen. In beidem ist auch die Liebe die Lebensbasis, doch das Verständnis und der Umgang mit dieser inneren, göttlichen Energie *Liebe* kann erfahrungsgemäß sehr verschieden ausfallen. Die Kirchen verwalten die *göttliche* Liebe, das Bürgerliche braucht die *partnerschaftliche* Liebe in der Verwaltung der Ehe, der Familie und der Steuereinnahmen, und die Gesundheit, die Lebensfreude und die Harmonie brauchen die körperliche *Vereinigung* von männlich und weiblich in Liebe.

Allerdings leben die Prinzipien von männlich und weiblich seit Jahrtausenden getrennt und mit der oft schrecklichen Dominanz des Männlichen. Diese Einseitigkeit ,funktioniert' leider bis heute, auch wenn man inzwischen als Änderung von angestrebten Frauenquoten spricht – denn zum Zuge kommen ja doch nur solche Damen, welche sich der männlichen Tonart erfolgreich angepasst haben.

Doch endlich wird Liebe immer weiblicher. Wer das kritisch beobachtet, weiß längst, dass der eigentliche Wandel unserer Zeit genau hier ansetzen muss. Die Vereinigung des kämpferischen männlichen Prinzips mit dem friedlich-gefühlvollen weiblichen Prinzip wird die Urkraft der Liebe zu einer tatsächlichen Himmelsmacht aufwerten. Dann können wir uns leicht wieder vorstellen, dass der Ursprung aller möglichen Liebesschwingungen göttlich ist. In einer Botschaft, die Brigitte-Devaia von Erzengel Raphael empfing, heißt es unter anderem:

„Liebe zu sein und zu leben, ist Eure Göttlichkeit. Das bedeutet, dass Eure Entscheidung, Liebe zu leben, Euch in Harmonie bringt, was Heilung ist. Liebe zu leben und zu sein und Euch mit allem eins zu fühlen, ist wohl die größte Herausforderung in Eurem Leben als Mensch. Und weil Euch dies noch nicht allezeit gelingt, seid Ihr auch nicht allezeit heil und gesund. Menschliches Leben findet schließlich nicht in der göttlichen Einheit statt, in der es nur Liebe und Harmonie gibt, sondern in der Illusion der Getrenntheit voneinander, in der

Dualität. Ihr erlebt zwei Seiten, sowohl Liebe, Freude und Fülle als auch Angst, Trauer und Mangel. Wenn Euch die Liebe Gottes bewusst ist, könnt Ihr auch dann in innerem Frieden sein, wenn Ihr Euch gerade in einer schmerzlichen Phase befindet."

Stimmt, wir Menschen leben hier in der stärksten Verdichtung des göttlichen Geistes und haben mit unserer ursprünglichen Göttlichkeit und der göttlichen Liebe so unsere Probleme. Denn auch alles einheitliche Göttliche in unserer Lebensenergie ist hier zweigeteilt. Und vieles davon ist wieder geteilt und wieder und wieder... Dabei wurde es immer komplizierter, die Energie der Liebe zu leben – auch als Nächstenliebe, auch als Liebe in unseren Schöpferkräften und bis hin zur Liebe als schönstes Gefühl der Welt. Auf der Suche, wer oder was der Störfaktor für dieses Entgöttlichen der Liebe sein könnte, entdeckt man auch hier das Gespaltensein unserer menschlichen Gehirne.

Unsere linke Gehirnhemisphäre beheimatet ja unseren brillanten Verstand und kennt in ihrem mangelnden Gefühlsbereich nur effektvolle Emotionen. Unsere rechte Hemisphäre dagegen pflegt sowohl die göttliche Anbindung als auch den Gefühlsreichtum der körperlichen Liebe und alle tiefgründigen Vernetzungen der feingeistigen Romantik. Und wir Männer dürfen dabei gestehen, dass sich die meisten von uns mit diesen Qualitäten unserer rechten Gehirnhälfte noch etwas schwertun. Diese angeborene Weiblichkeit in uns Männern, die als Yin oder Anima längst bekannt ist, hatte durch Erziehung und materielles Erfolgsdenken bisher wenige Möglichkeiten, sich individuell zu entwickeln. Ändert sich das nun im Geiste des Wandels? Die Ansätze sind da, oft schon so stark, dass man freudig und mit Zuversicht auf den dringend erwarteten Wandel zusteuert.

Doch mit einem neuen Verständnis der körperlichen Liebe tut es noch Not. Denn hier finden wir wieder zwei konträre Ebenen: der zerstörerische Genderismus als aktueller Sexismus einerseits und die Lebensfreude unserer zunehmend weiblicheren Gefühlswelt andererseits. Das hoffnungsvolle, erwachende Selbstbewusstsein unserer Mädchen und Frauen versucht man mit Genderismus, der behördlichen

Umerziehung, in eine ungesunde und unsoziale Selbstbezogenheit umzuleiten. Doch gemäß dem Prinzip des Pendels schlägt es auch gleichstark zur Gegenseite aus, und da lauern schon unsere erwachenden Herzgefühle. Denn alles, was mit wirklicher Liebe zu tun hat, hat auch die wertvolle Verbindung zu unserem Herzen. Erinnern Sie sich an das riesige Magnetfeld unseres Herzens? Da steckt die Zukunft. Denn Herz ist Trumpf! Und die Liebe zu leben, ist die stärkste Herzenskraft.

Haben wir heute zu wenig Zeit für die göttliche Liebe, für die Nächstenliebe und für die romantische Liebe? Das kann schon sein. Doch es liegt meiner Meinung nach viel mehr daran, wie verschieden das rational Männliche über Liebe *denkt* und das gefühlvolle Weibliche Liebe *empfindet*. Das war die Krux aller Zeiten, und es ist höchste Zeit, auch hierbei einen Wandel anzustreben. Denn von Natur aus ist Weiblichkeit grundsätzlich in uns allen angelegt. Die Anima, unsere innere Weiblichkeit, kann so mächtig sein, dass wir Männer vermutlich alle Angst davor haben und wir sie noch möglichst oft möglichst klein halten. Denn dazu zählt ja auch die mächtigste Form der menschlichen Liebe, die Mutterliebe, die nach außen hin wenig anpassungsfähig ist. Sie ist sicherlich bestens vernetzt mit der ursprünglichen Macht der Großen Mutter Erde.

Die Angst der Männer vor starken Frauen gipfelte einst in den millionenfachen Hexenprozessen. Und heute? Die in unserer Zeit inkarnierten Frauen wollen sich nun endlich als Persönlichkeiten empfinden und immer selbstbewusster sein, so wie die Männer es für sich schon immer durchgesetzt haben. Das ist alles. Selten werden die Damen auf Dominanz aus sein, viel mehr auf Gleichgewicht, Harmonie und Miteinander. Dass dabei auch immer wieder einmal weibliche Launen der männlichen Ordnung gegenüberstehen, ist wohl naturbedingt. Und dass sich die bewussten und gefühlvolleren neuen Männer nicht ganz wohl fühlen können in der noch stark alt-schwingenden Welt, ist auch klar. Diese dem Wandel angepassten inneren Prozesse brauchen Zeit. Doch ihre aufwachende Anima hat mächtige und aufbauende Hintergründe: die liebevolle Große Mutter Erde und die liebevolle (göttliche) Energie unserer Herzen. So sind die der neuen Schwingung schon ‚angepassten'

Männer manchmal noch unsicher, doch bald können sie schon zu Vorbildern werden. Machos sind Auslaufmodelle – ich glaube, dass sie es schon selber immer öfter feststellen.

Lassen wir uns überraschen. Lassen wir uns zumindest zu Beobachtern werden und sowohl die eigenen Gefühle beobachten als auch die der Menschen um uns herum – der Wandel ist einfach nicht mehr aufzuhalten. Früher oder später wird es jeden von uns erwischen, und später wird es auch ein kollektives Geschehen werden. Liebe wird immer weiblicher. Lassen Sie uns dankbar sein für diese neuen Regungen-in-uns und das Verständnis, dass es da nichts als Fremdes abzulehnen gibt. Die neuen Regungen-in-uns sind eine dringende und fällige Anpassung und bereits der nötige innere Wandel für das, was kommt. Das Wort *zeitgemäß* ist diesmal wirklich positiv zu verstehen.

Sex ohne Gefühle macht krank

„Dein Schicksal ruht in Deiner eignen Brust."
Friedrich von Schiller

Die höchste Sterberate verursacht bei uns Herz- und Kreislaufversagen, und an zweiter Stelle kommt schon Krebs. Und innerhalb der Tumorleiden liegen die Erkrankungen der Sexualorgane an erster Stelle – bei den Männern (Prostata und Blase) ebenso wie bei den Frauen (Brust- und Gebärmutterkrebs). Kann es sein, dass in beiden Fällen, den Herzleiden und den sexuellen Erkrankungen, etwas Gemeinsames fehlt? Kann das die nicht gelebte Liebe sein und ein veräußerlichtes Leben mit viel zu wenig Gefühlen? Da dieser Abschied aus unserer lieblosen Welt – wegen fehlender gelebter Liebe oder mangelnder Gefühle – jährlich über 500.000 Sterbefälle betrifft und die Leiden dieser beiden Bereiche in die Millionen gehen, ist diese Tatsache eigentlich eine unvorstellbare Katastrophe! Haben Sie diese Zahlen schon einmal kennengelernt? Die folgende Tabelle des Robert-Koch-Instituts stammt aus dem Jahr 2012. Neuere Vergleichszahlen konnte ich nicht ermitteln.

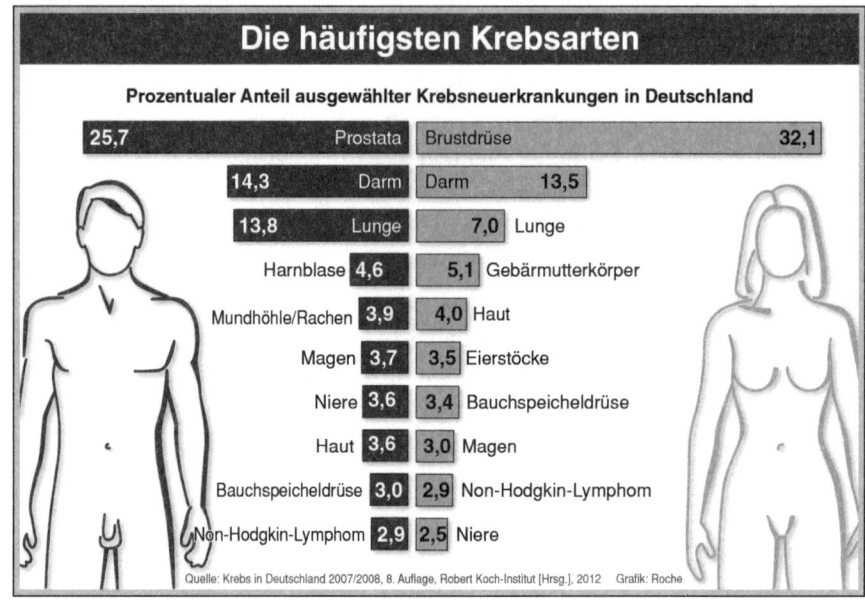

Abb. 36: Krebsneuerkrankungen in Deutschland 2012

Gibt es auch einen geistig-seelischen Hintergrund zu dem hochaktuellen Problemkomplex Prostata-Erkrankungen? Gibt es einen Unterschied bezüglich der Tatsache, dass auch bei unseren lieben Frauen die meisten karzinogenen Erkrankungen gerade in den Sexualorganen liegen? Wohl kaum, höchstens vielleicht dadurch, dass es ja den Unterschied von männlich-gebend und weiblich-(auf)nehmend gibt, auch energetisch. Frauen erkranken in jüngeren Jahren als die Männer – vermutlich, weil sie durch ihr Aufnehmen der männlichen Energien und ihre tiefen inneren Verbindungen auch die männlichen Alltagsprobleme oder deren Selbstsucht speichern und immer wieder versuchen, es liebevoll zu ertragen – jahrelang – jahrzehntelang.

Bei beidem handelt es sich doch um die wunderbaren biologisch-materiellen Schöpfungsorgane des Menschen, die natürlich auch eine geistig-seelisch-göttliche Energie brauchen, und diese Energie heißt Liebe, denn Liebe wird durch das Sichvereinen zu neuem Leben. Geht es dabei womöglich auch um unsere allgemeine Liebesfähigkeit, nicht nur um die in den Partnerschaften? Ist unsere Sexualität der gelebte Spiegel, der uns zeigt, wie wir mit dem DU und dem WIR umgehen? Wie viele Partnerschaften gibt es, in der die liebende Frau jahrelang lieblose Sexualität des Mannes auszuhalten versucht oder auch im allgemeinen Lebensbereich solche Partnerschaften, in denen der Mann den Druck der ‚starken‘ Frau nicht länger aushalten kann (falls es keine selbstverschuldete Ursachen gibt)?

Ich zähle zu denen, die bei allen Tumorkrankheiten Erwachsener einen seelischen Hintergrund sehen, und das scheint wohl bei der Sexualität stark im Vordergrund zu sein. Im »Krebsforum Stuttgart« heißt es: *„Krebs ist ungelebtes Leben‘..., wenn die Seele die Sprache verliert, spricht der Körper..., die Harmonie der Seele kann so nachhaltig gestört sein, dass sie diesen Missstand durch ein Krankheitssymptom kundtut..., Krebs ist eine Krankheit der fehlenden Liebe – nämlich der Liebe zu sich selbst..., und die Heilung kann nur gelingen, wenn der verdrängte Seelenanteil wirklich im Leben integriert und gelebt wird, denn jahrelang betrügen lässt sich unsere Seele nicht.“*

Wir Männer können auch darüber nachdenken, wozu unsere Prostata überhaupt jahrzehntelang diente? Kann es sein, dass Lust und Routinesex ohne Erotik und eigensüchtige Selbstbefriedigungen mit den skurilsten Phantasien oder Orgasmussucht oder geistiges Fremdgehen oder oder... mitgewirkt haben? Musste unsere kleine Prostata auch deshalb größer werden, weil sie das ebenfalls alles energetisch ertragen muss? Mehr Details dazu, auch im Sinne der Erleichterung bei Beschwerden, finden Sie auf meiner Netzseite.[95]

Gibt es auch in unserem Sexualleben einen Wandel? Ja, schon lange und ich möchte hier auf drei großartige, geradezu göttliche Formen einer liebevollen Sexualität hinweisen. Erstens kann man sagen: Langsamer und manchmal gar bewegungsloser Sex ist Trend. Und weil Trends gefällige Namen brauchen, heißt er **Slow Sex,** wie Slowfood eben oder Slow-Tourismus. Dazu erklärt die Sexualtherapeutin Diana Richardson:

„Wir kennen doch meist nur die eine Hälfte von Sex: Bewegung, Aufladung, Spannung mit dem Ziel eines Orgasmus respektive einer Entladung. Und wie fühlen wir uns danach? Näher zusammen oder weiter auseinander? Wach oder müde?"[(95)]

„Tantra ist Lebensfreude", heißt es im Internet. Den nachfolgenden Aufruf habe ich bei »www.diamond-lotus.de/tantra-gemeinschaft« gefunden:

„Die zwischenmenschliche Sexualität ist noch längst nicht genügend erforscht, doch die Anzeichen für die folgenden Aussagen häufen sich immer mehr: Sexuelle Lust ist nicht nur sowohl auf der seelischen/psychischen wie auf der körperlichen Ebene gesundheitsfördernd, sondern sie steigert auch unsere Intelligenz und weckt in uns ein Gefühl von Selbstsicherheit, was wiederum für einen deutlichen Ausdruck unserer natürlichen, ausgewogenen Autorität sorgt. Es ist für unser berufliches wie privates Durchsetzungsvermögen von großer Bedeutung. Dies bedeutet zugleich, bei aller Durchsetzungskraft immer auch Lebenslust und Liebe bewusst zu leben. Denn: Wer nicht genießt, wird ungenießbar; und wer nicht liebt, zieht nur Lieblosigkeit in sein Leben hinein. Werde zum Genießer, zur Genießerin – und zum Genuss!"

Eine dritte Form des Wandels im Sexualleben hat auch eine besonders hohe Bedeutung im Sinne der gegenseitigen Achtsamkeit: Der australische spirituelle Lehrer Barry Long hat schon Mitte letzten Jahrhunderts in Büchern und Vorträgen weltweit für die orgasmusfreie Liebe geworben und eine »Barry Long Foundation« gegründet.

Alle drei ‚Techniken' eines bewussteren Umgangs mit der üblichen Sexualität haben gemeinsam, dass Herz, Gefühle, Genießen und Achtsamkeit immer öfter zu wirklich ‚gelebtem Leben' werden können. Männliche wie weibliche Sexualorgane leben und erleben ihre ‚Vereinigungen in Liebe' und werden dabei völlig gesund bleiben – weil jetzt die Seelenkräfte zu Geschenken werden. Liebe ist die höchste Energie in unserem Universum. Sie in unserer polaren Verdichtung bewusster zu leben, ist nicht leicht – sie ist und bleibt jedoch göttlich.

Die neue Weiblichkeit in uns

„In richtiger Männlichkeit lebt edle Weiblichkeit."

Michael Marie Jung, dt. Führungskräftetrainer

Vor allem auch das gehört zum Mega-Wandel: Alle unsere Vorstellungen einer gerechteren, liebevolleren und harmonischeren Welt können wir ab jetzt verwirklichen – einfach durch ein gefühlvolles und erweitertes, bewusstes SEIN. *„Wir heißen die neue Weiblichkeit willkommen!"*
Ich gehe davon aus, dass wir in den folgenden Jahren mit Entscheidungen werden umgehen müssen, wie sie die Menschheit noch nicht kannte, weil sie sich auch noch nicht damit auseinandersetzen musste. Ich vermute, dass es Entscheidungen sind, die nicht mit unseren Köpfen und unseren von uns programmierten Rechnern und unserer erfolgsorientierten Egomanie getroffen werden können. Denn solche Entscheidungen treffen bisher auf der ganzen Welt fast ausschließlich rational orientierte Männer – also weniger solche, die man unter den Philosophen findet als solche, die man innerhalb des etablierten Patriarchats findet. Die nachhaltige Unterdrückung des weiblichen Prinzips hat sich ja längst wie ganz selbstverständlich etabliert – in uns selbst, auch in uns Männern(!), in allen Religionen, in der Gesellschaft und im weltweiten Menschheitskollektiv.
Entscheidungen, die ‚ersehnte' und keine geplanten Veränderungen bringen sollen, bedürfen somit einer neuen Grundlage, einer ganz anderen Basis. Schon allein das Wort *Veränderungen* hat in unserem Unbewussten etwas Bedrohliches an sich. *Neuerungen* klingt besser und solcher umwälzenden Neuerungen wird es bedürfen, um endlich Großes zu bewirken. Und **Neuerungen stehen bei uns allen im Bereich unserer Gefühle an** – Herz, Mitgefühl, Miteinander, Friedvolles und mehr – archetypische Segmente im vielfältigen Komplex der »Neuen Weiblichkeit in uns«.
Die Vorstufe dazu ist in unserem wertvollen Gehirn angelegt, doch ein Mega-Wandel kann nur aus unserem gefühlvollen Herzen erwach-

sen. *Yin und Yang* wie auch *Anima und Animus* (C. G. Jung) belegen schon längst, dass wir getrennte Hirn-Hemisphären haben. Links dominiert unser männliches ‚klares' EGO-**Denken** (lat; *ratio*) und rechts mehr unsere weiblich-mütterlichen und intuitiven WIR-**Gefühle** (lat; *emotio*). Doch durch die neuesten Erkenntnisse entsteht endlich eine zeitgemäße Bewusstseins-*Erweiterung*, die über unseren Gefühlsbereich die Bedeutung der verdrängten weiblichen Aspekte in allen Frauen und allen Männern neu erblühen lässt – allerdings individuell verschieden.

**Die Neue Welt wird zuerst durch Gefühle entstehen,
die danach von unseren Köpfen geordnet werden.**

Das ist genau der *umgekehrte Weg*, wie wichtige Entwicklungen bisher entstanden sind und wie bisher Fortschritte angelegt waren – ein außerordentlich bedeutsamer Wandel. Die Angst der männlichen Aspekte in uns vor solchen erwachenden Gefühlen und unserer damit verbundenen inneren Weiblichkeit wird immer geringer. Den harmonisierenden Ausgleich können dann unser schlummernder Gefühlsreichtum und unsere Schöpferkräfte bringen – sie warten nur darauf und sind dann ein Geschenk, das auch neue intuitive Wahrnehmungsfähigkeiten bei uns allen auslösen wird. Und dieser Wandel wird schon erkennbar und beginnt zu wirken.

Unterdrückte Weiblichkeit in uns hat bisher System – recht erfolgreich! Dafür halte ich auch die **Zahl 13** für ein interessantes Beispiel. Die 13 ist die Zahl der Sunna (Sonne) und der Mondin und der Gaia, der Göttinnen, der weisen Frauen und des Weiblichen in uns allen. Man kann davon ausgehen, dass es sich bei dem Dreizehnten in früheren Zeiten um einen Freuden- und Festtag gehandelt hat und erst später der 13. in einen Unglückstag verwandelt wurde, da das Patriarchat die weibliche Kraft der Zahl 13 nicht anerkannt hat.[96]

Die **Zahl 13** ist außerdem die Zahl für den inneren Wandel und den geistig/seelischen Umbruch,[97] was genau zu unserer Zeit jetzt passt.

Die **Zahl 13** ist für manche heilig: Beim Abendmahl saßen zusammen mit Jesus 13 Personen am ‚Tisch'.

Die **Zahl 13** ist für mich und viele auf der Welt einfach eine **Glücks-zahl**. *„Im gesamten Judentum ist die 13 eine Glückszahl.*", sagt der Augsburger Bibelwissenschaftler Jürgen Werlitz, und etwas bissig erkenne ich, dass etwas für das ‚auserwählte Volk' eben nicht für die ganze Welt gelten könne. Die Zahl wurde daher mit Unglücksenergie belegt.[98] Auch in China ist und im alten Germanien war die 13 eine Glückszahl.

Warum wird dann die Zahl 13 heute vielfach als eine Unglückszahl angesehen? Weil die weibliche und damit hochschwingende Energie bewusst mit negativen Energien belegt wurde und wird – zum Beispiel auch von den satanischen Brüdern unter den Freimaurern.[99]

Möglicherweise steckt in uns in den vielfältigen von Mutter Erde aufgeweckten göttlichen Schwingungen auch eine urgrundtiefe und vermutlich auch eine **leidgeballte Weiblichkeit.** Es ist die der irdischen Göttinnen, Meisterinnen, Heiligen, jedoch auch der verbrannten Hexen, der gequälten Sklavinnen, ausgebeuteten Ehefrauen, verratenen Geliebten und aller gedemütigten und verhöhnten Frauen der Welt. Sie kann jetzt in den höheren Schwingungen in Liebe und viel Verständnis aufgelöst und erlöst werden.

Die spirituelle Zeitschrift VISIONEN berichtet in ihrer Ausgabe vom August 2016 über das ‚Erwachen der Weiblichkeit'. Darin beschreibt die Autorenkollegin Daniela Hutter unter dem Titel ‚Entdecke die Göttin in Dir!' diesen treffenden Vergleich:

„Der weibliche Weg ist ein Weg nach innen. Es ist die Natur selbst, die uns diesen Weg offenbart und dazu die Bilder liefert. Das Element Wasser wird dem Yin und dem Weiblichen zugeordnet. Wasser sucht stets den Weg in die Tiefe und ist in seinem Fluss flexibel. Das Wasser kontrolliert seinen Fluss nicht, es gibt sich den Gegebenheiten hin. In seinem Kreislauf führt es hin zur Einheit, hin zum großen Wasser, hin zum Ozean. Genauso liegt es auch in der Natur der Frau und der weiblichen Energie, anpassungsfähig, flexibel und fließend zu sein. Genauso will es uns die innere Göttin lehren, als dass wir unser Leben danach ausrichten."

Meiner Betrachtung nach entstand und entsteht zusätzlich allerdings noch ein ganz überraschender Energieausgleich als zunehmender Wandel unserer Zeit. Ein Teil meiner lieben Leserinnen und Leser wird es als ‚Göttlichen Plan' erkennen, andere vielleicht als ausgleichende Mutter-Erde-Reaktionen und andere als eine liebevolle Steuerung von den hohen Seelen einstiger berühmter Frauen in der geistigen Welt: **Es inkarnieren immer mehr mutige Seelen als mutige Frauen auf der Welt.** Nicht erst jetzt, dieser Wandel ist schon länger so angelegt. Seit sich nach dem Zweiten Weltkrieg die Energien des Wassermanngeistes zunehmend mitwirkend in unser Weltgeschehen einmischen konnten, wurde es möglich, dass immer mehr bedeutende Frauen ebenfalls Karriere machten oder an Schlüsselpositionen Einfluss nehmen konnten. Doch noch war damals ihre große Zeit des Wandels nicht gekommen, und die Gier- und Machtelite konnte sich noch oft gewissenlos und machterhaltend durchsetzen.

Eines der bekanntesten Beispiele dafür bleibt weiterhin die Ermordung der Prinzessin Diana, die als lichtvoller Fremdkörper im Weltmachtsystem des britischen Königshauses störte. Die überraschende Mitgefühlswelle, die damals um die ganze Welt ging, war ein einziger Aufschrei und hat alle Mitmenschen zutiefst berührt. Elton John nannte Prinzessin Diana ‚die Rose Englands'. Die Rose ist auch das uralte Symbol von Mutter Maria, die seit zwei Jahrtausenden den Archetyp des Weiblich-Göttlichen aufrechterhält. Diana bekam von Mutter Theresa den Rosenkranz als Geschenk, mit dem sie beerdigt wurde, und daraus ist es meiner Meinung nach symbolisch ein Geschenk der Mutter Maria an die ganze Welt geworden. Durch die Liebe, die Prinzessin Diana entgegengebracht wurde, **vereinten sich alle unsere Herzen, wie es zuvor noch nie auf der Welt geschehen war.**

Vermutlich fällt mir gerade jetzt dieses Beispiel ein, weil vor rund einem Monat eine Meldung der »worldnewspolitics« durchs Internet ging[100]: Präsident Putin sagte, er habe Beweise, die belegen, dass Prinzessin Diana durch die britische Königsfamilie getötet wurde.

Brigitte-Devaia hat schon oft erklärt: *„Die neue Weiblichkeit wird die Welt retten."* Das sehe ich längst genauso und ergänze dann (typisch Mann?): *„... weil wir Männer mitmachen und endlich nicht mehr dagegen sind."* So wird es kommen. Dazu brauchen wir unsere *innere* Harmonie der bislang viel zu oft als Gegensätze gelebten Anima und Animus. Das ist alles – doch unser lieber Alltag ist dafür noch keine leichte Spielzone oder bequeme Ebene zum gefühlvolleren Üben.

Mehrere Gemälde von »Brigitte-Devaia-ART« entstehen von weiblichen Engeln, und es heißt, dass das ein energetischer Ausgleich dafür sei, dass wir Menschen von alters her stets männliche Erzengel verehrt haben. Weiterführend war es die kosmische Wesenheit *Aquaria*, die eine entsprechende Frage von Brigitte-Devaia so beantwortet hat:

„Die Kosmische Kraft, die Euch beim Aufstieg in die Einheit zurückzieht, ist weiblich. Sie vereint alles, was sich durch männliche Kraft einmal verströmt hat, wieder im göttlichen Zentrum. Daher ist Eure Zukunft von kosmisch-weiblichen Kräften getragen. Das darf kein Geheimnis bleiben, denn es bedeutet für jeden Erdenmenschen, dass ihn das Annehmen von weiblichen Kräften stärken wird und die Ablehnung schwächen. Dabei wird nur vorgegebenes Annehmen ebenfalls schwächen."

Abschließend möchte ich noch aus einer Botschaft von Aylaa, dem Engel vom Planeten Jupiter, den Brigitte-Devaia gemalt hat, eine wunderschöne Bestätigung zitieren:

„Weibliche Kräfte haben einen sehr sanften, heilenden und ausgleichenden, ja alles vereinenden Effekt, der Eurer Welt fehlt, wodurch es zu Machtkämpfen und Ängsten kommt. Stark entwickelte weibliche Kräfte könnten Euch außerdem das nötige Vertrauen in ‚Neues' spenden, weil es durch sie geboren wird. Wir stärken Euch alle, ob Frauen oder Männer, alle die Ihr Wegbereiter für die neue, dringend notwendige Weiblichkeit seid. Wir dürfen Euch unterstützen, aber können es nicht für Euch tun."

8 Unglaubliche Glaubensveränderungen

Ethik statt Gottlosigkeit

> *„Ethik entspringt dem Selbstverständnis der inneren Wirklichkeit. Sie ist nicht verhandelbar."*
>
> Dr. Michael Depner, Psychiater

Soll man Europa inzwischen schon als ‚nachchristlich' bezeichnen? Will man die Kulturen des berühmten ‚Abendlandes' zerstören? Davon bin nicht nur ich überzeugt, das wird von der Gier- und Machtelite nicht mal mehr verheimlicht. Doch so leicht wird das nicht gehen. Vielleicht erreichen sie damit wieder das Gegenteil, nämlich dass wir endlich richtig erwachen und wieder unseren Selbstwert finden. Etwas, das in böser Absicht geschieht, kann in etwas Gutes umschlagen. So wie Mephisto auch erkannte: *„Ich bin ein Teil von jener Kraft, die stets das Böse will und stets das Gute schafft."*

Mit aller Klarheit betone ich an dieser Stelle, dass es ein übergeordnetes und schöpferisches Quantenfeld gibt, das wir als *göttlich* bezeichnen können. Wir Christen sagen ‚Gott' dazu. Ich versuche wieder, in vier Schwerpunkten darüber eine gewisse Übersicht zu verschaffen und teile auf in

- ein ausschließlich materielles Leben ‚ohne Gott',
- ein gläubiges Leben mit dem biblischen Gott,
- ein Leben mit Gott-in-uns und
- ein Leben mit dem hohen Ideal ‚Ethik'.

Drei Dinge möchte ich dazu noch vorausschicken: Gleichgültig, in welchem der vier Systeme – oder in welchen Lebensphilosophien auch immer – sich jemand zuhause fühlt, gilt für sein Denken, Sprechen und Handeln grundsätzlich das **Prinzip des Ausgleichs:**

,Wie Du gesät, so wirst Du ernten.',
,nach dem Maß, wie Du misst und zuteilst, wird Dir zugeteilt' (Mt 7,2)
und *,...dass alles getilgt werden muss bis zum letzten Heller'* (Mt 5,26).

Alle drei Aufforderungen sind somit im Neuen Testament zu finden, ohne Drohungen und sogar ohne: *„Du sollst...!"* Allerdings kann dieses Prinzip nicht in einem einzigen Erdenleben geschehen (mehr dazu im Kapitel »Vom Zufall zum Seelenplan«).

Der zweite Punkt, den ich für alle vier Lebensbereiche vorausschicken möchte, betrifft die innere Sicherheit, die ein **Glauben** bietet. Jeder Mensch braucht etwas, woran er glaubt. Manche glauben an Götter, manche ans Schicksal, andere an die Liebe oder an die Mathematik, an den Zufall und die meisten ans Geld. Auch wenn wir fleißig suchen, werden wir keinen Menschen finden, der nicht von etwas so überzeugt ist, dass es als Glauben empfunden werden kann.

Der dritte wichtige Punkt, den ich für alle vier Lebensbereiche vorausschicken möchte, betrifft **unsere Zukunft**. So, wie ich es betrachte, können nur die dritte und vierte Lebensphilosophie mit ihren weitgehend egofreien, machtlosen und friedvollen Gesinnungen zu einem *entscheidenden* Wandel führen. Ich denke dabei zuerst an die Vernetzung des inneren menschlichen Wandels, der im Laufe der Zeiten und Regionen immer globaler wächst und gedeiht. Nur diese reinen Energiefelder werden unsere Zukunft bestimmen und den ersehnten ,Himmel auf Erden' wahr werden lassen.

Die atheistisch Lebenden, die an nichts Übersinnliches und schon gar nicht an Gott glauben, glauben zum Beispiel an die **Welt der Vernunft**, auch wenn die Vernunftgläubigen die lukrativen Atomkraftwerke planen und immer schnellere Autos und Flugzeuge und die schleichenden Quecksilber- und Fluoridvergiftungen und die finanziellen Rettungen der bankrotten Großbanken und so weiter. *„Es liegt in der menschlichen Natur, vernünftig zu denken und unvernünftig zu handeln."*, meint der französische Literaturnobelpreisträger Anatole France. Ich glaube, dass die meisten Menschen, die nicht an Gott glauben, einfach an ihr EGO glauben – sie glauben zum Beispiel, dass sie immer recht haben müssen und so weiter. Der katholische Schriftsteller Georges Bernanos meinte dazu etwas spöttisch: *„Der Mensch verbringt sein ganzes Leben damit, sich selbst davon zu überzeugen, dass sein Leben nicht absurd, sondern vernünftig und deshalb sinnvoll ist."* Ich erkenne darin die seelische Inhaltslosigkeit dieser Lebensphilosophie. Sie merken sicherlich schon, dass diese Welt nicht die meinige ist, und ich glaube, dass ich keine weiteren Beispiele zu nennen brauche.

Bei dem **biblischen Gott** habe ich innere Probleme mit dem Gott des Alten und dem Gottvater des Neuen Testaments. Doch wer in seinem christlichen Glauben wirklich so lebt, wie es die bewährte Kirchenlehre fordert, kann sich als Vorbild empfinden, dem auch ich meine ehrliche Bewunderung zolle. Gott sei Dank, dass es von ihnen wirklich noch viele großartige Persönlichkeiten gibt und ihre Gemeinschaften in unserer materiellen Geistlosigkeit geistige Oasen bilden. Sie pflegen auch ihre rituellen Kalenderordnungen in der Woche und im Jahr, eine wertvolle abendländische Substanz in unserer modernen Welt der Hektik und der Ruhelosigkeiten und der Fremdeinflüsse. Weihnachten zum Beispiel wurde längst zum einzigartigen Familienfest weltweit, und ähnliche kirchliche Feiertage bestimmen unseren Jahresrhythmus. Der Glaube an Gott kann Berge versetzen (Mt 17:20), und Gebete sind Kraft und Nahrung für unsere Seele. Die Mystikerin Mechthild von Magdeburg (1207-1282) war von der Macht des Gebets überzeugt:

„Das Gebet macht ein bitteres Herz süß, ein trauriges Herz froh, ein armes Herz reich, ein törichtes Herz weise, ein zaghaftes Herz kühn, ein schwaches Herz stark, ein blindes Herz sehend. Es zieht den großen Gott in ein kleines Herz. Es treibt die hungrige Seele hinauf zu dem Gott der Fülle."

Ein anderes Bild des Heilung fördernden Glaubens vermittelt der »Bruno Gröning Freundeskreis«.[101] Bruno Gröning (1906-1959) zählt zu den bedeutendsten deutschen Geistheilern und er hat Tausende mit der Liebes- und Heilkraft Gottes von ihren Leiden befreit. Heute noch ist der »Bruno-Gröning-Freundeskreis« weltweit einer der größten Zusammenschlüsse für Heilung auf dem geistigen Weg. Meine Erfahrung, wenn ich seine Hilfe er*bete* – vorwiegend für andere –, grenzt ans Wundersame. Und im nächsten Kapitel gehe ich tiefer auf einen erlebten Aspekt des praktizierten christlichen Glaubens ein.

Nun komme ich zu meinem Lieblingsthema, dem *anderen* Glauben, nämlich dass wir Menschen Teile aus der göttlichen Einheit sind und ein entsprechendes Erbe in uns angelegt ist – allerdings damit auch eine ganz gewaltige Verantwortung, denn **Gott ist in uns und will gelebt werden**. Der Jubel *„Freude, edler Götterfunken"* ist jedem von uns geläufig und vorstellbar, der ‚Gottesfunken' in unserem Herzen eventuell auch noch – doch Gott-in-uns? Wenn Millionen Menschen die Bücher von Neale D. Walsch gelesen und ‚Gespräche mit Gott' geführt haben, dann muss es wohl so sein – *Gott ist in uns.* In fast allen Religionen dieser Welt finden wir solche Aussagen, dass es das Göttliche nicht nur irgendwo im Kosmos gibt, sondern auch in uns Menschen, zumal wir ja offensichtlich mit großartigen Schöpferqualitäten ausgestattet sind.

Ich bin hier im Buch im Bereich der Quantenphysik schon einmal kurz auf das Thema, dass das Göttliche *in uns* ist, eingegangen, möchte es jetzt allerdings etwas ausführlicher belegen.

Was sagen denn die christlichen Bibeln dazu? Tatsächlich steht da bei Lukas 17,21: *„...denn siehe, das Reich Gottes ist inwendig in euch."* Der Apostel Johannes schreibt: *„...niemand hat Gott je geschaut; wenn wir einander lieben, bleibt Gott in uns und seine Liebe ist in uns vollendet."* (1. Joh 4,12) Auch Paulus schreibt: *„...der nicht fern von einem jeglichen unter uns ist"* (Ap.Gesch. 17,27), sondern *„...in uns lebt."* (Gal 2,20) In den nicht anerkannten apokryphen Evangelien heißt es bei Thomas: *„Du bist in Gott, und Gott ist in Dir."* und auch Maria Magdalena erklärt: *„Denn in eurem Inneren wohnt der Menschensohn."* (Evangl. der Maria 8,19-20)

Folgendes sollten wir uns in Erinnerung bringen: Zur Zeit Jesu wurde im gesamten Vorderen Orient Aramäisch gesprochen, Hebräisch war nur die Kirchensprache der jüdischen Rabbiner. Das berühmte ‚Vaterunser' von Jesus wurde von ihm also in Aramäisch gesprochen, und eine der modernen Übersetzungen dieser Anrufung lautet: *„Geliebtes Schöpferwesen, das überall im Universum und in meiner Seele ist.*"[(102)] Außerdem gab es im Urchristlichen viele gnostische Gemeinden, für die, im Gegensatz zum jüdischen Gottesbild, eindeutig ausgedrückt wurde: *„Gott ist in uns.*" Das sagen die Mystiker aller Religionen. In meinem Buch »Alles ist Gott« habe ich dazu auch berühmte Abendländer zitiert, die diese Meinung vertreten haben: Kardinal Nikolaus von Kues, Paracelsus, Jakob Böhme, Angelus Silesius, Johann Wolfgang von Goethe, Wilhelm Freiherr von Humboldt, Novalis, Friedrich Nietzsche und Hermann Hesse. Wenn ich weiter suchen würde, fände ich noch mehr.

Warum zähle ich das alles auf? Sehr viele von uns packen diese religiösen und kirchlichen Bilder von Gott oder dem Gottesfunken-in-uns in die riesige Schublade ‚Glauben' und nehmen es nicht mehr richtig ernst – ihr Leben ist bequem-gottesfern oder vielleicht sogar schon gottlos geworden. Doch jeder von uns hat ein Herz, und es gibt geradezu atemberaubende Entdeckungen, Untersuchungen und sogar einen Nobelpreis, dass nämlich genau dieses Gottesbild ‚Gott-ist-in-uns' im Bereich des menschlichen Herzens nachgewiesen werden kann und wird. Wir hören es ganz präzise von den Wissenschaften der Medizin, der Neurologie und der Quantenphysik. Sieben solcher Erkenntnisse stelle ich hiermit vor:

1. **Das Herz** ist das erste Organ, das sich im Embryo entwickelt und kann dies dank eines eigenen Gehirns.

2. **Das Herz** ist angeblich eine hochwirksame Dauerpumpe, doch das stimmt nicht. Das Herz ist viel mehr. Es produziert 2,5 Watt elektrische Leistung und erzeugt 40- bis 60mal mehr elektrische Energie als das Gehirn. *„Dieses Herz-Feld pulsiert und sendet komplexe rhythmische Muster durch den ganzen Körper, wodurch es offenbar eine Vielzahl von Prozessen beeinflusst –*

auch unser Gehirn synchronisiert sich immer wieder auf diesen elektromagnetischen Puls. In Entspannung und Freude synchronisieren sich auch Atem und Blutdruck. Das Herz-Feld könnte damit das synchronisierende Signal für den ganzen Körper bereitstellen, auf das wir uns bewusst einstimmen können, um sozusagen in Harmonie mit dem Herzen zu schwingen." (www.sein.de)

3. **Das Herz** strahlt dabei ein größeres magnetisches Feld aus als das Gehirn – bis zu 5000mal stärker. Man hat den Austausch von Herzenergie zwischen Individuen gemessen, die bis zu 1,5 Meter von einander entfernt waren. *„So ist es auch anhand von Spektralanalysen des Herzfeldes in Echtzeit gut nachzuweisen, dass negative Emotionen ein sehr gestörtes rhythmisches Muster hervorrufen, während Liebe, Freude und andere positive Emotionen sehr harmonische und gleichmäßige Felder erzeugen.“* (www.herzprojekt.eu)

4. **Das Herz** ist ein hochkomplex organisiertes, sensorisches Organ mit einem Minigehirn und einem eigenen, inneren Nervensystem. *„Das Nervensystem im Herzen (das Herz-Gehirn) ermöglicht es dem Herzen, unabhängig von der Großhirnrinde zu lernen, zu erinnern und Entscheidungen zu treffen. Außerdem haben zahlreiche Experimente demonstriert, dass die Signale, die das Herz ununterbrochen zum Gehirn sendet, die höheren Gehirnfunktionen, die mit Wahrnehmung, Kognition und der Verarbeitung von Emotionen befasst sind, maßgeblich beeinflusst.“*, berichtet Rollin McCraty, Ph. D., vom Institute of Heart Math.

5. **Das Herz** als Hormondrüse: *„In den achtziger Jahren wurde das Herz erstmals als eine Hormondrüse klassifiziert. Im Nervensystem des Herzens werden genau wie im Gehirn verschiedene Neurotransmitter und Hormone ausgeschüttet, die Einfluss auf den ganzen Körper haben. Dabei ist vor allem Oxytocin deshalb interessant, weil es als das ‚Liebes-Hormon' gilt, das maßgeblich Mutterliebe, Verbundenheit, Toleranz, Verständnis und soziales Verhalten beeinflusst.“* (www.sein.de)

6. **Das Herz** hat eine winzige sogenannte 5. Herzkammer, in der ein tatsächlicher physischer und heißer Funke brennt. Die Wissenschaftler nennen ihn daher ‚Hot Spot'. Erst vor einem Jahrzehnt stießen amerikanische Mediziner auf diesen stecknadelkopfkleinen Punkt im linken oberen Teil des Herzens, der sehr viel heißer ist als der Rest des Organs. *„Es ist jene Stelle, an der der Göttliche Funken im Herzen glimmt, und dieses Glimmen ist physisch feststellbar! Dieser Funke wird beständig genährt durch den Strom der göttlichen Elektronen – des göttlichen Lichtes, das vom Schöpfer ins Herz jedes Menschen fließt."* (www.freigeist-forum-tuebingen.de)

7. **Das Herz** ist der Sitz der Seele mit dem unerschöpflichen Quantenfeld der göttlichen Liebe. Denn inzwischen kann die bereits hundertjährige Quantenphysik die Mystik, das Paranormale, die Seelenkräfte und göttlichen Energien als Wirklichkeiten erklären. Das ‚Gottesteilchen' bekam 2013 sogar einen Nobelpreis: *„Es gibt ein Energiefeld, das den ganzen Kosmos ausfüllt. Jedes Teilchen, das sich darin bewegt, tritt in Wechselwirkung mit dem Feld."* Die dazugehörige Information sollten wir uns auf der Zunge zergehen lassen: *„Der Nachweis des Higgs-Bosons (Gottesteilchen) gilt als einer der größten wissenschaftlichen Durchbrüche der vergangenen Jahrzehnte."* Viele unsichtbare Welten, Zwischenwelten und Quantenfelder nehmen also allmählich eine verständlichere Form an, und als Bewusstseinsebenen treten sie in unsere Individualität und unser Gottesverständnis. Und dabei kann Aufbruchstimmung und Wandel entstehen, und immer mehr von uns genießen das erwachende Gefühl: Der Geist kehrt zurück.

Die Quintessenz: Das allerwichtigste Verständnisbild für unsere Herzenskräfte ist natürlich das religiöse, das den befreienden Begriff der Liebe und der Nächstenliebe in unser praktisches Leben bringt. Über unsere Gebete, unsere Fürbitten und unsere Meditationen erleben wir immer wieder den göttlichen Anteil dieser mächtigen Kräfte – den Reichtum unserer bewegenden Herzensgefühle.

Wie schon erwähnt, wird die Zukunft der Erdenmenschheit nämlich von ganz neuen schöpferischen Wegen geprägt sein, die primär mit unseren Herzen und deren Empfindungen und deren Liebesfähigkeit zu tun haben – „ein Herz und eine Seele", sagt der Volksmund. In meinem Buch »Alles ist Gott«, dessen Erstausgabe 2008 erschienen ist, habe ich schon klar erkannt: „Die Zeit der Herzen bricht an und ist nicht mehr aufzuhalten!"

Auch **Ethik** zählt zur ‚Welt der Herzen'. Ethik (von *ethos*) ist ein Teilbereich der Philosophie, der sich mit den Grundlagen menschlicher Werte, Normen, Sitten und Moralvorstellungen befasst. Sie ist die Lehre vom richtigen Handeln und Wollen. Damit verbunden ist auch der Klärungsversuch der Frage, was gut und böse ist, jedoch nicht rational, sondern stets aus der Sicht unserer Seele und unserer inneren Göttlichkeit. Mit größtem Erstaunen habe ich letztes Jahr festgestellt, dass der Dalai Lama diesen großartigen Appell *„Ethik ist wichtiger als Religion"* an die Welt gerichtet hat. Das zähle ich mit zu einem echten Mega-Wandel, denn diese Aussage stammt immerhin von einem Religionsoberhaupt, das zugleich auch Friedensnobelpreisträger ist. Dr. Franz Alt ist der Autor dieses Büchleins, das zum 80. Geburtstag des Dalai Lamas in allen Weltsprachen gleichzeitig erschien. Die Schlüsselaussage des Dalai Lamas lautet:

„Ich denke an manchen Tagen, dass es besser wäre, wenn wir gar keine Religionen mehr hätten. Alle Religionen und alle Heiligen Schriften bergen ein Gewaltpotential in sich. Deshalb brauchen wir eine säkulare Ethik jenseits aller Religionen. In den Schulen ist Ethik-Unterricht wichtiger als Religionsunterricht. Warum? Weil zum Überleben der Menschheit das Bewusstsein des Gemeinsamen wichtiger ist als das ständige Hervorheben des Trennenden."

Ich glaube, dem ist nichts hinzuzufügen. Ich habe für mein Buch lange und reichlich viele ‚Veränderungen' gesammelt, welche den inneren und äußeren Wandel bestätigen, der unsere Zukunft ist. Darin ist dieses ‚Bekenntnis zur Ethik' **als Basis für eine bessere neue Welt** der absolute Gipfel. Wer ethische Entscheidungen nur im sozialen oder moralischen Rahmen sieht, ahnt vermutlich noch nicht, welche große Freiheit unser individueller seelischer Hintergrund mit seinen ethischen Gefühlen in Zukunft bekommen kann. Ethik ist der direkteste Onlineanschluss zu unserer Göttlichkeit. In einem Monatsheft des »Harvard Business Managers« heißt es:

„Was genau ethisch verträgliche Entscheidungen sind, wird von Tag zu Tag unklarer. Zu unterschiedlich sind religiöse, politische und wirtschaftliche Wertsysteme. Zu vielstimmig ist der Chor, der keine klare Orientierung mehr zu erlauben scheint."

Solange ethische Entscheidungen noch den Rahmen von Wertsystemen brauchen, bleiben sie in irgendeiner Form eingeschränkt. Die Energien unseres Wandels jedoch brauchen die individuelle Freiheit ethischer Empfindungen und Entscheidungen. Zukünftige ethische Entscheidungen, wie seine Heiligkeit, der Dalai Lama, sie meint, werden von unserem Selbstwert und unserem Selbstbewusstsein und unserer Verantwortungsfähigkeit bestimmt und von der Reinheit unserer Gefühle. *„Unsere eigene seelische Ethik kann jetzt zurückkehren!"*

Gott lebt in der Volksfrömmigkeit

„Wir fordern euch auf, euch gegenseitig zu
unterstützen! Seid wie Engel füreinander!
Liebt euch!"

Maria Magdalena (durch Brigitte-Devaia)

Wir Menschen leben in einer großartigen Zeit der Herausforderungen, der Veränderungen und der Demaskierungen – die Zeit des Wandels. Lange Geheimgehaltenes kommt an die Oberfläche und auch irdisches, weltweites Machtstreben der Kirchensysteme ernüchtert – auch im Vatikan, ganz dramatisch im Islam und besonders eiskalt im politischen Zionismus. Frisch angezettelte Glaubenskriege erinnern an das Mittelalter und drängeln sich dabei auch immer stärker in das längst harmonisierte christliche Abendland. Und unzählige Engel des Friedens sind momentan gefragt.

Für mich lebt wahre Religion im unsichtbaren Quantenfeld der Seelen. Es ist die Liebesschwingung, die unser Erdenleben mit Gott-in-uns verbindet. Und das, was aus unserem Herzen kommt und gefühlt werden will, genau das verbindet uns alle unsichtbar und ohne Geschrei und in stiller Sehnsucht nach Frieden. Es verbindet uns auch kollektiv und ist unsere beruhigende Gegenkraft zur ablenkenden und oft erschütternden Bilderflut unserer heutigen, immer geist- und gottloseren Veräußerungen.

Doch das ist überhaupt nichts Neues, das predigte schon vor acht Jahrhunderten der Hl. Franz von Assisi: *„Der Geist tut nichts, als immerfort zu reden, Fragen zu stellen und nach dem Sinn zu suchen. Das Herz schweigt still, stellt keine Fragen und sucht nach keinem Sinn. Es wandert still zu Gott und gibt sich Ihm hin."* Wo können wir diese ersehnte innere Ruhe und Stille und Führung und die Sprache unseres Herzens finden? Nur in uns selbst, in unserem individuellen Seelenheil. Und da geht es um Gefühle, da ist unser Glücklichsein genauso verankert wie unsere Traurigkeit und unsere Sehnsucht.

Und wo könnten wir diese ersehnte innere Ruhe und Stille und Führung noch finden? Auch im modernen menschlichen Kollektiv bilden solche intensiven Gefühlsregungen mächtige Quantenfelder, die inzwischen fast grenzenlos geworden sind – durch das Fernsehen, das Internet und all die anderen digitalen Netzwerke. Doch leider kommen wir auch dabei wieder zu leicht in moderne Ängste, und durch die seelischen Inhaltslosigkeiten bekommen auch die vielen neuen und verbindenden Seelenwege wieder ihre Schlaglöcher.

Als ich vor Jahren, wohl aus einer inneren Führung heraus, ‚zufällig' im oberbayrischen Marienwallfahrtsort Altötting landete, wurden mir gleich zwei grundlegende Erkenntnisse klar: der hohe Wert der Verehrung des Weiblichen im Katholizismus (Maria als ‚Muttergottes' und die inzwischen heiliggesprochene Magdalena) und die Tiefe einer bewährten und unerschütterlichen Volksfrömmigkeit, der ‚praktizierte' Glauben an Gott. *„Deswegen ist die Volksfrömmigkeit ein großer Schatz der Kirche. Der Glaube hat Fleisch und Blut angenommen."*, schrieb der deutsche Papst Benedikt XVI. (am 18.10.2010). An einem solchen Platz habe ich den Glauben ‚gespürt', und wie ich feststellen konnte, ging es allen so – jung und alt, einfach oder elegant gekleidet, im Rollstuhl oder stützend begleitet, strahlend lachend oder still weinend, einzeln oder in Grüppchen. Man fühlt es sehr angenehm: Hier sitzen wir alle im gleichen Boot. An solchen Plätzen spürt man noch den bewahrenden und sinnvollen Kult, der mit Gott zu tun hat und mit Kultur – nicht den profitorientierten Kult des Massensports und des teuren Designertums (*Ich* kann mir das leisten!). Der religiöse Kultus, das gemeinsame Feiern im Glauben und im Gebet, hat mit Demut und Dienen zu tun und nicht mit Verdienen.

In der naiven, herzlichen und gutgläubigen Volksfrömmigkeit sind natürlich die jeweiligen Engel und Heiligen und vor allem die liebe ‚Heilige Familie' die leicht vorstellbaren Ansprechpartner. Es sind längst bewährte helfende und heilende Wege zum liebenden Vater im Himmel – auch Gott wird hier anders verstanden, irdischer und uns näher. Und das ist gut so und sehr hilfreich.

In diesem Sinne wollen auch Traditionen gelebt werden, besonders in unserer Zeit der Vereinzelungen in der Masse. Immer mehr der stabilen Traditionen, wie die der Großfamilie, zerfallen. Traditionen sind sowieso bewährte Grundlagen aller Religionen und aller Frömmigkeit. Sie sind stabile Fundamente an den vielfältigsten Altären unseres Schöpfers. Jetzt, in unserer extrem gewordenen Welt der äußeren Werte, können der Volksglaube und die Volksfrömmigkeit die nützlichsten Brücken bauen, tiefen christlichen Glauben weiterhin praktisch zu bewahren.

Die christlichen Kirchen sind weitgehend männlich-hierarchisch festgefahren, sogar im Glaubensgrundbild ‚*der* Vater, *der* Sohn und *der* Geist'. Die verdrängte Weiblichkeit mit ihren reinen Gefühlen und ihrer natürlichen Glaubenstiefe lebt darin wie ein gedrosselter Energiespender. In dieser Arche des nachhaltigen Energiefeldes der Volksfrömmigkeit fühlte und fühle auch ich mich wohl und mache ich es mir persönlich ganz einfach, indem ich gestehe: *Ich liebe die Mutter Maria.* Ihre Präsenz ist zeit- und raumlos.

Schon der stürmische Prof. Dr. Martin Luther nannte sie „*die höchste Frau auf Erden*". Und in Mexiko-Stadt, im Ortsteil Guadalupe, pilgern heute jährlich(!) rund 20 Millionen Menschen verehrend und hilfesuchend zu Maria – ähnlich auf der ganzen Welt. Denn Mutter Maria liebt uns alle. Jeder, der ihren Namen liebevoll ausspricht oder singt, kommt unmittelbar in Wechselwirkung mit ihrem gigantischen irdisch-kosmischen Quantenfeld der grenzenlosen Liebe. Man spürt es sofort.

Vom Zufall zum Seelenplan

„Der ziellose Mensch erleidet sein Schicksal, der zielbewusste gestaltet es."
Immanuel Kant, dt. Philosoph (1724-1804)

Zu einem grundsätzlichen Wandel auf unserm Planeten in größerem Ausmaß gehört die Gewissheit darüber, ob ich nur mit einem einzigen Leben zufrieden bin oder ob es stimmt, dass unsere unsterbliche, göttliche Seele die Chance hat, es mehrfach als irdische Schöpferin oder irdischer Schöpfer zu probieren. Unser genialer Johann Wolfgang von Goethe war davon überzeugt, schon tausendmal hier gewesen zu sein, und er hoffte, noch tausendmal wiederzukommen. Ich halte es für den größten Irrglauben, der Mensch existiere jeweils nur ein einziges Mal und es gäbe kein übergeordnetes Wertesystem, das in unvorstellbarer Liebe als Schöpfung angelegt ist. Gott ist absolute, reine Liebe, Bestrafungen sind menschliche Erfindungen.

Der Entwicklungsweg der menschlichen Seele ist ein Weg des Lernens. Doch dieser Lernprozess, dessen Ziel das praktische Erfahren des Lebens *in seiner Ganzheit* ist, ist ein sehr langer Weg mit vielen Irrtümern und Korrekturen und individuellen Eigenarten. Die meisten Seelen, die sich im Jenseits befanden und befinden, haben auch schon viele diesseitige Erdenleben hinter sich und wissen daher, wie schwer es ist, seine ideellen Vorsätze in der materiell verdichteten Ebene der Polaritäten mit dem dort herrschenden Dualitätsbewusstsein der Menschen zu verwirklichen.

Denn alle Menschen auf der verdichteten Erdebene sind eben mit ihrem **Freien Willen** ausgestattet. Das ist ein göttliches Geschenk, das die mutigen Seelen auf ihren irdischen Seelenentwicklungsweg mitbekommen. Doch dadurch stehen sich die irdisch-menschlichen Schöpferqualitäten (des Freien Willens) und die göttlich-menschlichen Seelenqualitäten (des Seelenplans) ein Leben lang erkenntnisreich oder auch eigensinnig gegenüber.

An diesem grundsätzlichen Sinn des Lebens gehen allerdings mindestens vier Milliarden Menschen ein Leben lang vorbei, auch wenn sie noch so intelligent sind. Sie wissen das nicht, oder sie wollen es nicht wissen. Denn was man ein *Lebensprinzip* nennen kann, hat auch mit Verantwortung zu tun, mit viel *Eigenverantwortung*. Der Grundsatz lautet nämlich: Wenn jeder Mensch weiß, dass er sich durch ‚falsche‘ Gedanken, Worte und Werke Energien auflädt, die er alle irgendwann wieder s e l b s t richtigstellen muss, **dann wird er grundsätzlich ein anderes Leben führen**. Erlöser gibt es nämlich dafür keine.

Falls Sie, verehrte Leserin, lieber Leser, darüber noch nicht Bescheid wissen, habe ich hier eine kurze historische Einführung. Denn die Seelenwiederverkörperung beziehungsweise die Reinkarnationslehre ist die Basis auch meiner Lebenseinstellung. Die Bezeichnung **Wiedergeburt** heißt genauer *Re-inkarnation,* was aus dem Lateinischen übertragen *zurück-ins-Fleisch* bedeutet und allgemein *Inkarnation* genannt wird. Die Hindus nennen sie *Sa̱msara* (Geburtenkreislauf), und die Altgriechen nannten sie *Palingenesis,* die Lehre von der Wiederkehr der Seele in die Materie und dem wiederholten Erdenleben als Mensch. Typisch war und ist sie auch für religiöse ‚Gnostische Gruppen‘ – die urchristlichen wie die modernen. Pythagoras (570-496 v.Chr.) wird als Vater der abendländischen Wiederverkörperungs-Philosophie angesehen. Im *Bellum Gallicum* berichtet Caesar von der Überzeugung der Germanen, dass ‚*die Seelen nicht sterben, sondern nach dem Tode auf einen anderen Menschen übergehen, **worin sie einen Hauptantrieb zur Tugend sehen,** während die Todesfurcht in den Hintergrund tritt‘.* Dies gilt generell für alle Keltenvölker:

> „*Die Botschaft der Druiden besagt: Die Materie dient nur als äußere Hülle, als Stütze für die Seele, die von Inkarnation zu Inkarnation ihr wahres Selbst zu befreien sucht, um in Gwenwed, die Weiße Welt, einzutreten. Die Individualseele, Teil der kosmischen oder unerschaffenen Seele, muss alle Bereiche der Schöpfung zuvor kennenlernen.*" (Bernard Vaillant[103])

Und wie sah das einst in unserem Christentum aus? Dieses Grundsatzwissen wurde im Urchristlichen ‚die Präexistenz der Seele' genannt. Die Frühchristen hielten das damals für ein fundamentales Dogma – Sie haben richtig gelesen: *Dogma* –, das im Konzil von Chalcedon (451 n.Chr.) auch weiterhin als solches bekräftigt wurde. Doch genau einhundert Jahre später berief der römische Kaiser Justinian I. das „5. Heilige und Ökumenische Konzil" in Konstantinopel ein, in dem auf Druck des Imperators (als kaiserliches Edikt) entschieden wurde, dass von nun an **die Lehre von der Präexistenz der Seele endgültig als Ketzerei zu gelten habe** und jeder, der sie vertrete, mit fünfzehn Bannflüchen verdammt sei. Von den zwischenzeitlich nahezu dreitausend Bischöfen des riesigen Imperiums waren ganze einhundertfünfundsechzig ‚Oberhirten' anwesend, und die Wiederverkörperungslehre soll von diesem Gremium mit einer einzigen Stimme Mehrheit ‚verdammt' worden sein. Papst Vigilius (500-555) soll sich geweigert haben, am Konzil teilzunehmen, weil das Konzil nach seinem Dafürhalten eine ureigene Sache des Kaisers Justinian war. Dieser Beschluss hat die Welt verändert.

Unter *Reinkarnation* verstehe ich heute die wiederholte Möglichkeit des Wiederkommens, der Einverleibung, der Verkörperung oder Inkarnation unserer Seele. *„Man kommt auf die Welt."* – heißt es im Volksmund –, um über erfahrungsbedingte Bewusstseinsentfaltung wieder zu spiritueller Vollkommenheit zu gelangen. Schon der Weisheitslehrer Jesus gab dieses Ziel vor: *„...wenn ihr nicht vollkommen werdet wie euer Vater..."* Und das geht niemals in einem einzigen Erdenleben. Wie könnte eben dieser *gütige Vater* – im Gegensatz zu den anderen *strafenden* Gottesbildern der Juden und Römer – dem einen Menschen goldene Löffel und dem anderen nur das Hungertuch geben – in einem *angeblich* einzigen Erdenleben? Völlig unlogisch! Die Essenz steckt somit in den drei eindeutigen Formeln, die uns Jesus – quasi als Lebens-Code – vermacht hat und die ich hier wiederhole:

‚Wie Du gesät, so wirst Du ernten.',
‚nach dem Maß, wie Du misst und zuteilst, wird Dir zugeteilt' (Mt 7,2)
und *„...dass alles getilgt werden muss bis zum letzten Heller'* (Mt 5,26).

Wie wir ahnen können, kamen diese einfachen Regeln bei den Kirchengelehrten nicht an – nach der Verbannung der ‚Präexistenz der Seele'. Später verschwanden dann durch den Rationalismus und die ‚Aufklärung' auch das Göttliche und der Geist weitgehend aus dem Leben der Völker, und es zog das grundsätzliche Missverständnis der **komischen Zufälle** in die Köpfe der Menschen ein. Der preußische Dramatiker und große Publizist der beginnenden ‚Aufklärung', Heinrich von Kleist (1777-1811), meinte dazu nur ironisch:

> *„Ohne Lebensplan zu leben heißt, vom Zufall zu erwarten, ob er uns glücklich machen werde, wie wir es selbst nicht begreifen."*

Sobald unsere rationale linke Gehirnhälfte so weit ist, dieses geistige Lebenskonzept *„wie Du gesät, so wirst Du ernten"* als ein faires und absolut gerechtes ‚Abrechnungssystem' endgültig anzuerkennen, haben wir die Möglichkeit, das ‚Passwort' zum Zugang der jenseitigen ‚Abspeicherungen' in der rechten intuitiven Gehirnhälfte wiederzufinden. Dabei erkennen wir immer öfter logische und gefühlsmäßige Hinweise auf unseren einst beschlossenen Seelenplan. **Und dabei erhält unser Leben einen immer klareren Wert und einen akzeptablen Sinn – und es entsteht ein grundsätzlicher innerer Wandel!**

Durch die moderne *Sinnlosigkeit* eines gehetzten Erdenlebens schlittern heute immer mehr Menschen in *Sinnkrisen*, welche unsere rechte Gehirnhälfte bewusst zu mehr Aktivität veranlassen, damit sie mit ihren intuitiven Weisheiten mehr Geltung erhält und wir damit in eine Bewusstseinserweiterung kommen. Diese permanente ‚online'-Verbindung an unsere Seele oder unser Höheres Selbst schließt uns an ein kosmisches Netzwerk an, das gigantisch und noch viel, viel schneller als ‚google' ist, und wir können getrost ‚göttlich' dazu sagen – und *„Zufall ade!"*.

Jede Seele, die sich freiwillig ein erneutes Erdenleben aussucht, stellt zuvor einen individuellen *Seelenplan* für ihr neues Erdenleben auf. Manche nennen es auch *Lebensplan* oder *Masterplan* oder *Lebensentwurf*. »Die Suche nach dem Masterplan« nennt Dr. Ruediger Dahlke seine DVD und schreibt dazu:

„Eine beeindruckende Heilsgeschichte mit den vier wichtigsten Spielregeln des Lebens. Krankheit ist nicht länger Schicksal – und Schicksal ist keine Laune des Zufalls mehr. Mit den Spielregeln des Lebens beginnt echte Heilung. Je mehr Menschen diese verstehen und beherrschen, desto mehr können Gesundheit und Glück sowie Freude und Frieden in die Welt einziehen."

So frage auch ich: Wenn ich – wie grundsätzlich jeder andere von uns – im Jenseits einen solchen Seelen- oder Masterplan für das derzeitige Erdenleben entworfen habe, wie komme ich jetzt an diese meine überirdische Planung heran? Muss sie in Vergessenheit geraten sein, damit ich unbefangen alles neu durchlebe und erlebe? Vielleicht habe ich nur das ‚Passwort' vergessen, um an die geschützte ‚Lebensdatei' zu kommen? Um wenigstens einen teilweisen Zugang zu solchen geheimnisvollen Lebensumständen zu finden, können wir auch einen anderen Erkenntnisweg gehen. Aus meinen jahrzehntelangen Erfahrungen verrate ich, dass auch Sie auf diesem Weg Ihr ‚Passwort' wiederfinden werden. Ich brauchte davon gleich zwei ‚Passwörter' nacheinander: Zuerst *»ich-lasse-mich-führen«* und danach bilde ich mir ein, mit *»ich-lasse-geschehen«* eine noch feinere Version, einen aktualisierten ‚Anschluss' bekommen zu haben.

Ich bin da mit meiner Meinung in bester Gesellschaft, auch wenn ich kein Gläubiger des Taoismus bin. Denn von da stammt die uralte religiöse Philosophie „*...es geschieht einfach*". Im chinesischen Taoismus heißt die Formel *»WuWei«*. Zu deutsch: WuWei heißt handeln durch Nichteingreifen, durch Geschehenlassen. Es handelt sich dabei also um ‚nicht-tun' und keinesfalls um ‚nichts-tun'.

Im Rückblick auf mein inzwischen langes Leben mit seinem Auf und Ab habe ich längst gelernt: **Es bedarf stets klarer Entscheidungen.** Jeder von uns hat einen eigenen und ganz individuellen Seelenplan, der trotzdem bewusstseinsmäßig mit den irdischen Einschränkungen von Raum und Zeit vernetzt ist (Dualitätsbewusstsein). Damit ist jede Seele auch mit den verschiedensten Schwierigkeiten und Lebensumständen und möglichen Krisen vernetzt. Auch diese können einst vorgeplant und so ausgewählt worden sein, damit jetzt bestimmte Lernleistungen erbracht werden und dann entsprechende Entscheidungen fallen können. Für mich selbst habe ich die Formel »e³« geprägt: *erfahren – erkennen – entscheiden.*

Ohne diesen dreistufigen Prozess gibt es in unserem Erdenleben, das vom Raum-Zeit-Kontinuum geprägt ist, *keinen Fortschritt.* Im seelischen Gefühlsbereich gibt es ohne Entscheidungen *keine Seelen-Entwicklung,* das Sich-ent-wickeln aus zurückliegenden oder aktuellen Verwicklungen. Und besonders jetzt, in der Zeit des Wandels, der turbulenten ‚Zeit der Veränderungen', gibt es ohne mutige Entscheidungen auch kein Erwachen aus unseren belastenden Alltagsspannungen. Das neue Volksleiden Schlafstörungen/Depressionen/Burnout hat hier eine seiner versteckten Ursachen. Im Prinzip geht es dabei nur um unser **Bewusstsein** und dessen Erweiterungen. *Bewusstsein* bedeutet ja ‚bewusstes Sein', und ohne bewusste Entscheidungen bleiben wir in irgendeiner Form der vielen modernen und bequemen Bewusstlosigkeiten hängen. Ohne *Ja* oder *Nein* oder *Trotzdem* ändert sich nichts, und auch unsere ‚Passwortsuche' für den ursprünglichen Seelenplan bleibt ein Dauerversuch – mit Betonung auf ‚suchen'.

Ich kann in diesem Kapitel dazu nur solche kurze Hinweise geben, die Sie anregen können, sich auch dieser einfachen Lebensführung zu öffnen, denn Informationen, Kenntnisse und Erkennen kommen dann ganz von selbst auf Sie zu und/oder *erwachen in Ihnen* zur richtigen Zeit. Folgende grundlegende Erklärungen kann ich Ihnen dabei auf Ihren sicherlich lebenslangen Seelenentwicklungsweg mitgeben: Wir leben in einem Universum des Freien Willens beziehungsweise der Entscheidungsfreiheit. Also kann eine *Seele* immer wieder in irgendeiner menschlichen Daseinsform in der materiellen Dichte des Erdplaneten inkarnieren – ‚ins Fleisch gehen' und ‚auf die Welt kommen' oder wie es zu Weihnachten heißt: „...*auf die Erde nieder.*" Ich betone noch einmal: Wir alle kommen aus dem Jenseits und machen das freiwillig – entweder aus Liebe, um den Menschen allgemein oder einem schon inkarnierten Seelenpartner zu helfen, oder weil es noch etwas zu lernen gibt oder aus irgendeinem anderen Grund oder Wunsch heraus.

Diese ,Entscheidungsfreiheit' geht weiter und gilt auch später im Erdenleben. Auch hier können wir immer wieder *pro* oder *kontra* entscheiden, wenn allmählich immer mehr solcher im jenseitigen Seelenplan beschlossenen Aufgabenstellungen auf uns zukommen. Ob das Kontra dann sinnvoll ist, ist eine andere Sache – doch auch dafür gibt es später keine *Schuldzuweisung* oder gar *Strafen*. Solche sind menschliche Erfindungen des Dualitätsbewusstseins, weil irdische Ordnungssysteme ihrer bedürfen. Im höherfrequenten Jenseits hat man solche Systeme nicht nötig.

Um meinen geheimen Seelenplan in mir aufzustöbern, könnte ich natürlich auch allerhand Versuche starten, um durch große Meister oder Gurus oder andere ,Berufene' Mitteilungen darüber zu bekommen. Doch keinem würde ich dabei trauen, obwohl auch ich schon mit solchen Gedanken gespielt habe. Heute weiß ich längst, dass auch dieses gesamte Wissen um unseren Seelenplan in uns selbst steckt. Jeder von uns weiß, dass eine kleine Eichel das jahrhundertealte Lebensprogramm einer riesigen ,deutschen Eiche' in sich trägt. Wir wissen auch, dass sich in jeder Sekunde rund 10 Millionen neue Zellen in unserem Körper teilen und verlässlich ihre Funktionen kennen. Und wir bekommen erklärt, dass in den Zellen unserer rechten Hirnhemisphäre die gesamte Erinnerung aller unserer früheren Leben gespeichert ist – eben auch der einstmals beschlossene Seelenplan. Ich empfehle Ihnen noch einmal, Ihre eigenen diesbezüglichen Wahrnehmungen und spontanen Intuitionen ernst zu nehmen, wenn sich solche bei Ihnen ,melden', denn unser geistiges Überbewusstsein weiß sehr wohl, wann es uns passende Impulse geben kann.

Sollte das nicht funktionieren, so kann man auch spezielle Medien aufsuchen[125], welche die Möglichkeit haben, Verstorbene der Familie zu sehen und mit Schutzengeln und Geistführern zu kommunizieren. Hier kann man diese Fragen stellen – die Frage ist nur, ob dies der richtige Weg ist. Wie gesagt: Zufall heißt, dass es mir zugefallen ist, dass es zu mir passt, zu mir gehört und deswegen bei mir ist. Es kommt zum richtigen Zeitpunkt. Und den kann man nicht forcieren.

Ich habe mich gerade eben bei der deutschen »amazon.de« (der US-Handelsgigant, der seit Mai 2015 endlich auch in Deutschland seine Steuern zahlt) informiert, welche Bücher es zum Thema ‚Zufall‘ gibt: Bei der derzeitigen Bücherflut ist in den letzten drei Jahren trotzdem nur je ein neues und aufklärendes Buch erschienen. Über den **bequemen und entscheidungsfreien Zufall** möchte eben niemand etwas wissen. Denn ein *Zufall* ist für viele Menschen das, was angeblich ohne erkennbaren Grund und ohne Absicht geschieht – doch so etwas gibt es eben nicht. Der niederländische Philosoph *Baruch de Spinoza* (1632-77) erklärte damals schon, dass „*...das, was wir Zufall nennen, der Zufluchtsort der Unwissenheit ist.“*. Es gibt keinen einzigen zufälligen Zufall!

Der atheistische Materialismus mit seinem geistlosen und entgotteten Hintergrund – also ‚frei‘ auch vom Glauben, mit dem die christlichen Kirchen einst das Abendland beherrschten – mogelte sich nahtlos in den ‚Zufalls-Glauben‘, und dies wird sogar ‚wissenschaftlich‘ belegt. Daniel Kahneman, Wirtschaftsnobelpreisträger und Professor für Psychologie an der Elite-Universität Princeton, resigniert beim Thema ‚Zufall‘: „*Optimistische Trugschlüsse halten die Wirtschaft in Gang.“* In meiner Zeit als geschäftsführender Gesellschafter unseres Familienbetriebs sagten wir dazu „*Management by happening!“* und scherzhaft: „*Mancher weiß zwar nicht, wo's langgeht – das aber ganz genau.“* Und ‚werte-frei‘ nennt es inzwischen der herrschende Zeitgeist, und ein oberflächlicher Materialist kann nicht unterscheiden zwischen Schicksal und „*...komischer Zufall!“*.

Die herrschende Meinung sagt inzwischen längst, das Leben auf unserem Planeten habe nichts mit Gott zu tun, sondern sei lediglich das Produkt eines glücklichen Zufalls. Doch ohne zu wissen, *woher* der Mensch kommt, *wozu* er da ist und *wohin* seine Persönlichkeit einmal gehen wird, kann er auf Dauer nicht leben und kommt früher oder später in eine Lebenskrise. Unser irdisches Umfeld zeigt uns, dass fast die halbe Menschheit Probleme damit hat und sich im Zweifelsfall einfach in die bequemste aller dummen Ausreden flüchtet: in den sogenannten Zufall. Somit ist der vermutlich verbreitetste Glaube unserer modernen Menschheit die ‚Religion‘ des Zufalls-Glaubens.

Doch daraus heißt es jetzt zu erwachen und logisch zu denken – wir leben in der Zeit des Wandels. Ich sehe in dieser meist hilflosen Ausrede ‚Zufall' den eigentlichen Sinn des Wortes, was die Zufalls-Gläubigen natürlich keinesfalls so verstehen wollen. Ich wiederhole: Es *fällt* etwas auf uns *zu*. Es fällt mir *zu*, was *zu* mir gehört und weil es *zu* mir soll oder will und einen Sinn hat. Für den Wissenden ist dies somit eine *Reaktion* auf eine vorausgegangene *Aktion* oder ist schlichtweg Resonanz. Diese Sichtweise gilt natürlich im positiven wie auch negativen Sinne. *„Zufall ist das, was uns aufgrund unseres So-Seins zu-fällt."* Auch Glück und Unglück sind nur Bezeichnungen für einen nicht erkannten Zusammenhang. In diesem Sinne ist Zufall nichts weiter als nicht erkannte Kausalität. Prof. Dr.-Ing. Franz Moser, Vorstand des Instituts für Verfahrenstechnik an der *Technischen Universität Graz*, erklärte dazu:[104]

„Meine eigene Konsequenz aus den Ergebnissen der Quantentheorie war eben, dass es den Zufall nicht gibt. Das ist der große Scheideweg. Bei Jacques Monot und in der Wissenschaft finden wir, dass alles auf dem Zufall basiert, das Leben sei ein Zufall, wir seien zufällig in die Welt getreten, zufällig gingen wir aus der Unermesslichkeit des Universums hervor, und daher ist es an uns, zu entscheiden, was zu tun ist."

Gleichgültig, in welche Internetsuchmaschine ich die Worte »Sinn des Lebens« eingebe, es werden unzählige Einträge präsentiert, die uns irgendwelche Hinweise zu dieser lebenswichtigen Frage geben. Diese Hinweise wollen uns helfen und wollen uns auch jemandes Lebenserfahrung wohlmeinend überstülpen, weil manche sehr davon überzeugt sind, dass ganz bestimmte Sinnfindungen für *alle* Menschen gelten. Ich empfehle, bei diesem Finden vor allem auf den eigenen inneren Helfer zu hören – auch wenn es manche von uns als Bauchgefühle empfinden.

Es ist nicht nötig, sich für *einen* Sinn zu entscheiden – die Sinnsuche ist so individuell wie unsere Persönlichkeit, und die Sinnkrisen sind so komplex wie unsere moderne Zeit. Was sagt uns das Wort ‚persönlich'? Es kommt vom lateinischen *personare*, das ‚durchtönen' bedeutet und darauf hinweist, dass aus unserem ‚Inneren', unserem Seelenbereich oder unserem Überbewusstsein etwas heraustönt, das ganz individuell unsere ‚Person' prägt.

Und das könnten wohl auch Signale sein, die wir einstmals als Seelenplan für unser Erdenleben angelegt haben. Auch dazu wusste Albert Einstein etwas Kluges: *„Wer keinen Sinn im Leben sieht, ist nicht nur unglücklich, sondern kaum lebensfähig."* Und mein Vater hat mir zu seinen Lebzeiten einmal aufgeschrieben: *„Zu einem Beruf langt's jedem, aber eine Berufung zu finden, macht den wirklichen Menschen aus."* Und ich nehme diesen Rat umso ernster, je älter ich werde. Auch dazu fand ich ein Zitat (Autor unbekannt): *„Eine Berufung im Außen braucht Juristen, eine Berufung von Innen braucht nur Dich selbst."* Die große Kunst dabei ist nicht nur das gelegentliche oder gezielte Finden, sondern das anschließende Umsetzen und eine immer öfter gelebte Standfestigkeit dessen, was wir erkannt haben – möglichst stabil, auch wenn uns das noch nicht durch Knieschmerzen signalisiert wird.

Jetzt werden Sie denken: *„Was hat das mit Knieschmerzen zu tun?"* Dazu schildere ich gerne, wie mir das ging, weil ich früher oft Knieschmerzen hatte und mich gefragt habe, was mir diese als Körpersignale sagen möchten. Natürlich hatte auch mein vegetarisch bedingtes übermäßiges Käseessen etwas damit zu tun, doch der vermutete seelische Hintergrund war mir einfach noch unklar. Als geschäftsführender Gesellschafter unseres Familienbetriebs vermutete ich oft, dass ich es wohl nötig haben könnte, auch mal in die Knie zu gehen, ähnlich wie es katholischer Brauch im Gottesdienst ist. Doch dann hat mich mein Bruder aufgeklärt, der ein Schweizer Qigong-Lehrer ist, und meinte, ich brauche das Gegenteil, nämlich mehr Standfestigkeit, ich würde vermutlich zu leicht ‚in die Knie' gehen. Und das habe ich dann beherzigt und war ab da knieschmerzfrei.

Nun wird jeder esoterisch Erfahrene fragen, was mit dem *Karma* ist. Dieser Begriff kam zu uns in den Westen aus den hinduistischen und buddhistischen Religionsphilosophien. Er bezeichnet in etwa das, was wir im Christlichen unter ‚Saat und Ernte' verstehen. In den esoterischen Interpretationen des ‚Seelenplanes' liegen diese Altlasten aus früheren Leben stark im Vordergrund, in der spirituellen Sichtweise nicht so sehr. Ich persönlich vertrete zwar die Meinung, dass dieses Gesetz des Karmas de facto funktioniert und wir deswegen mit unseren Altlasten aus früheren Leben früher oder später konfrontiert werden. Aufgrund der Frequenz-Veränderung/Erhöhung in unserem Sonnensystem – eine nachweisliche Beschleunigung – geht es allerdings heute viel schneller, solche ‚Schatten' wieder auszugleichen beziehungsweise aufzulösen.

Somit kommen wir zu der optimistischen Frage, ob wir ein Leben lang in der Konsequenz unseres Seelenplanes stecken bleiben, oder durch eine Krise erschüttert, mit unseren Schöpferkräften eigene neue Lebenswege einschlagen können. Jans Buch »Bevor Du Dich erschießt, lies dieses Buch!« zeigt in einer Sammlung von gemeisterten Lebenskrisen die Vielfalt der eigenen Möglichkeiten an, seinen ursprünglichen Seelenplan zu verwirklichen.

Ich zähle zu denen, die für einen bewussten spirituellen Lebensweg weitgehende Karmafreiheit annehmen. Und da fand ich von der feinstofflichen Intelligenz *Kryon* eine medial übermittelte Antwort mit folgender Bestätigung:

„Ihr storniert die unvollständige Energie genannt Karma, verlasst die Straße der Voreinstellungen und fangt an, für euch selbst eine neue Energie zu erschaffen, als wäret ihr ohne jegliches Karma auf den Planeten gekommen. Einige der grundlegendsten Merkmale eures Lebens werden sich daraufhin ändern. Eure Angst wird von euch abfallen, weil sie ein Teil eures Karmas ist... Offensichtlich sind viele der Dinge, mit denen jemand geboren wurde, verschwunden, ersetzt durch die Dinge, die er zu sein wünscht."

Es ist für die in unserem Zeitabschnitt des Wandels inkarnierten Seelen möglich, dass die restlichen energetischen Altlasten, die noch auf sie zukommen, *von ihnen selbst* ganz leicht erkannt, anerkannt und liebevoll aufgelöst – ‚erlöst' – werden können, stets in Liebe zu sich selbst, verbunden mit der reinigenden Kraft des Verzeihens – sich selbst und anderen. Als empfehlenswerte neugeistige Möglichkeit wirkt auch das wiederentdeckte und überaus erstaunliche hawaiianische Heil- und Befreiungssystem »Ho'oponopono«,[105] mit dem jeder in seine und andere belastende Seelenenergiefelder mit Liebe und Mitgefühl eingreifen kann. Das inzwischen weltberühmte Mantra *„Es tut mir leid. Bitte verzeih mir. Vielen Dank. Ich liebe Dich."* hat die Macht, negative Energien in positive zu verwandeln, denn die Liebe ist die mächtigste Kraft im Universum.

Nun bleibt mir auch an dieser Stelle noch einmal ausdrücklich zu betonen, dass wir auf dem irdischen Weg durch unseren Seelenplan bestimmt **nie alleine sind**; das war eine abgemachte Voraussetzung, damit wir uns überhaupt auf eine neue Inkarnation einlassen. Damit befasse ich mich in einem weiteren Kapitel. Doch das ist keine Garantie dafür, dass wir mit unserem Dualitätsbewusstsein, ohne das es keine Inkarnation in der verdichteten Materie gibt, unbeschwerlich dahinleben. Die seelischen Wechselbäder unserer inneren und äußeren Aufs und Abs, unserer Erfolge und Misserfolge, von Freud und Leid wollen uns helfen, unsere *seelischen Qualitäten* zu entwickeln, kennen zu lernen, lieben zu lernen und vom Haben immer mehr ins Sein zu kommen.

Diese kurze Zusammenfassung des »Seelenplans« habe ich mir als einen besonders wichtigen Hinweis gedacht, um damit ein logisches Verständnis anzuregen, wie wir mit mehr Klarheit und über mehr Selbst-Bewusstsein auch zu mehr seelischer Selbst-Heilung finden können. Das *göttliche Geschenk* des Freien Willens und das unserer Schöpferkräfte sollten wir dabei nicht vernachlässigen – allerdings auch nicht missbrauchen.

Unser ‚Höheres Selbst' als bester Führer

„Die Götter, auf die Ihr wartet, seid Ihr
selbst, und das Licht, das Euch verkündet
ist, ist in Euch selbst.“
Lady Nada, Aufgestiegene Meisterin

SELBST heißt das Stichwort. In der gehobenen Esoterik und der weltweiten Spiritualität ist es das Modewort unseres Wandels. Da das Selbst
etwas absolut Individuelles ist, eigentlich unsere göttliche Einzigartigkeit, gibt es darüber eine Flut von Büchern, Seminaren, Videos und
Internet.tv-Interviews. Doch wenn man bei Wikipedia das Suchwort
‚Selbst' eingibt, erfährt man wieder nur die Hälfte. Es wird uns eine
Welt des Äußeren präsentiert, sehr korrekt und sehr exoterisch. Nichts
ist dabei, was zu dem Verständnis unseres inneren Wandels beitragen
könnte. Unabhängig davon versuche ich zuerst, wieder etwas Ordnung
in die Begriffe zu schaffen und wir sortieren in

* gefühlvolle Seele,
* unsterblicher Geist,
* Selbstbewusstsein und
* Höheres Selbst.

Unsere **Seele** steckt im Dreierpack der christlichen Kirchenlehre
Körper-Seele-Geist als der Mittler zwischen dem verdichteten, mate-
riellen Körper in der 3D- und den hohen Frequenzen des göttlichen
und unsterblichen Geistes in der 5D-Schwingung (und höher). Die
Seele ist dabei der Vermittler. Sie ist das nicht-materielle, psychologi-
sche Depot unserer Gefühle. Sie trägt in sich die Erfahrungen vieler
Lebenszeiten. Die Seele ent-*wickelt* sich im Laufe der Zeit und verwan-
delt sich langsam in einen Edelstein mit vielen Facetten, wobei jede
Facette eine andere Art unserer individuellen Gefühle widerspiegelt.
Eine intensiv mit dem Körper verbundene gesunde Seele braucht die
Energien der Wahrheit, der Klarheit, der mitfühlenden und der körper-
lichen Liebe, der unangepassten Ethik, der quirlenden Lebensfreude

und die hohe Schwingung von visionären Idealen und natürlich noch vieles andere Schöne und Positive – *Gefühle, Gefühle, Gefühle.*

Dagegen verändert sich der **Geist** nie, er ist ja unsterblich. Er steht auch außerhalb von Raum und Zeit. Der Geist-in-uns ist der unendliche, zeitlose Teil von uns, der eins ist mit der schöpferischen Göttlichkeit. Er ist das göttliche Bewusstsein, das die Grundlage für unsere Ausprägung in Raum und Zeit ist. Die Seele nimmt ja an der Dualität teil. Sie wird durch ihre Erfahrungen mit der Dualität berührt und verwandelt. Der Geist jedoch steht außerhalb der Dualität. Er ist der Hintergrund, vor dem sich alles entwickelt und entfaltet.

Der Geist wurde in unserem Christentum zum ‚Heiligen Geist' und zum ‚Christusgeist', wogegen die Wissenschaften, wie zum Beispiel Psychologie und Medizin, sich fast ausschließlich mit der Seele und Psyche befassen. Erst die Quantenphysik belebte auch die geistigen Strukturen unseres Daseins erneut, jedoch schon im Geiste des beginnenden Wandels. Und ab da erwachte auch der Begriff SELBST. Inzwischen hat er sich längst wieder zweigeteilt. Wir erleben einerseits ein Erblühen der Erkenntnisse **Selbstbewusstsein**, Selbstwert, Selbstachtung, Selbstsicherheit, Selbstzufriedenheit, Selbstliebe und andere Selbste. Ihnen, liebe Leserin, lieber Leser, fällt vermutlich noch mehr dazu ein, und es ist ein rechtzeitiger, lebensnotwendiger und rettender innerer Zustand unserer erwachenden Individualität in der Zeit äußerer Vermassungen.

Ähnlich hatte auch der Begriff **Höheres Selbst** seine nachhaltige Karriere in der weltweiten Spiritualität. Das *Höhere Selbst,* unser *Wahres Selbst*, unser *Wahres Wesen* oder *Überbewusstsein,* unser *Gott-in-uns,* ist unser göttliches Erbe oder das, was davon übrig geblieben ist. Als Bezeichnungen finden wir auch *ICH BIN, ICH-BIN-Gegenwart, Gottesfunken, Lichtfunken, Göttliche Präsenz, Samenkorn Jesu, Rosenknospe, Juwel in der Lotusblüte* und *Göttlicher Mikrochip.* Es ist ein vollkommener, jedoch individualisierter Aspekt des ‚Göttlichen Einen' oder der ‚Göttlichen Intelligenz'. Das Höhere Selbst ist somit der Platz oder der

Zustand, in dem wir eins sind mit dem Göttlichen beziehungsweise mit Gott. Oder umgekehrt ausgedrückt: Es ist die untrennbare Verbindung dieser Einheit mit jedem Einzelnen von uns. Um es jetzt kurz zu machen, bringt es diese Formel auf den Punkt: **Dein Höheres Selbst ist nicht einfach ein Teil von Dir, sondern das BIST DU. Es ist Dein Wahres Selbst.**

Dazu kann ich Ihnen noch etwas Aufklärendes berichten. Als Brigitte-Devaia 2005 ihr Buch »Aquaria – die Göttin kehrt zurück« schrieb, erfuhr sie Folgendes von Aquaria: Wenn unser Geist für sein erneutes Erdenleben in die materielle Verdichtung geht, tut das nur der kleinere Teil dieses Geistenergiefeldes und wird zur Seele, die dabei ein unsichtbarer Teil des sichtbaren Körpers ist. Der größere Teil des göttlichen Energiefeldes bleibt als Höheres Selbst in der Umgebung des neuen Körpers. Es ist allerdings mit der Seele mit einem unzerreißbaren Energieband verbunden, das Hellsichtige immer schon als *Silberschnur* bezeichnet haben.

Als ich einmal zu einem Vortrag zu diesem Thema fuhr, erlebte ich ,zufällig' die Landung eines Fesselballons in der Nähe der Straße. Diesen Anblick konnte ich im Vortrag als einfaches Beispiel verwenden, wie das Verhältnis Höheres Selbst (Ballon) und Seele (Korb) auch verstanden werden kann – etwas Großes, der Leichtigkeit verbunden, mit etwas Schwerem, das ihm anhängt. Das gemeinsame Fahren geht umso leichter, je mehr Ballast abgeworfen wird – wie im Leben auch. Ich habe mir dieses Bild für immer eingeprägt und wenn ich mit meinem Höheren Selbst, meinem ,lieben Ich' spreche, bleibe ich in dieser Verhältnismäßigkeit.

Das Höhere Selbst ist in den meisten Fällen, auch den sogenannten Zufällen, unser **intuitiver Führer**, unser *unbekannter Helfer*, unser *Innerer Ratgeber* und zugleich unser *bester Lebens-Führer*, auch wenn dazu notfalls sogenannte Schicksals-Schläge zählen, also wiederum auch der *Gott-in-uns*. Das Höhere Selbst ermahnt, beschützt, berät und leitet uns richtig, wenn wir darauf hören. Es sind

Abb. 37:
Das *Höhere Selbst* ist mit einem Fesselballon vergleichbar.

275

unsere Ahnungen und Vorahnungen, unsere Intuitionen, Gefühle und unsere Gedankenblitze. Man spricht auch von der ‚Intelligenz der Gefühle' – Gehirnforscher zeigen, warum Intuitionen als Körpersignale oft wichtiger sind als der Verstand und die Züricherin Dr. Maja Storch drückt sich plastisch aus: *„Angenehmes Gefühl im Bauch, Freiheitsgefühl in der Brust, Wetterleuchten im Kopf und Kribbeln im Solarplexus.“*

Durch solches Erleben werden wir möglicherweise auch angeregt, mit unserem Höheren Selbst *selbst*bewusst und selbstverantwortlich (darin steckt das Stammwort *Antwort*) kommunizieren zu können. Das Optimum wäre jedoch das Gefühl, mit ihm richtiggehend zusammenzuleben. Der österreichische Autor und Referent Siegfried Pracher weist außerdem auf Folgendes hin:

„Das Höhere Selbst wird niemals meinen freien Willen beeinflussen; aber es wird immer den Weg des Guten, der Harmonie und Freude anregen. Falls ich hinterfrage, wird es mir deutlich den Weg zeigen und erklären.

Das Höhere Selbst kann nicht beeinflusst werden, das heißt, es kann in keiner Weise ge- oder verändert, gebrochen, beschädigt oder ausgelöscht werden. Weil es vollkommen geschaffen wurde, ist es absolut und vollständig in seinem gesamten Inhalt und Mechanismus. Wie sehr man es auch versuchen mag, es ist nicht möglich, das Göttliche zu eliminieren.“

Das Höhere Selbst ist unsere ultimative Verbindung zum Göttlichen. Dadurch sind wir nie von Gott getrennt, wir sind sogar permanent ‚online'. Es führt uns auf ein einziges Ziel zu: nämlich zu uns selbst, zu unserer inneren Größe und zu unserer ‚göttlichen' Liebe. Kann das auch eine göttliche Stimme in uns sein? Ja, vielleicht manchmal – doch verlässlich spricht das Göttliche durch unsere Gefühle. Denn noch eine weitere spirituelle Struktur scheint das Höhere Selbst für unsere Seelenaspekte darzustellen: die wichtige Verbindung für die Dauerversorgung zwischen unserem irdischen Herzen und dem Göttlichen mit seinen unermesslich hohen Energien. Der Grundsatz lautet: Das Herz des Körpers braucht die Seele, und die Seele braucht das Höhere Selbst, um alle Lernfaktoren zu bewältigen. Das können wir gedanklich fortführen, und dann heißt die gleiche Erkenntnis:

Das Göttliche braucht den verkörperten Menschen,
und der verkörperte Mensch braucht das Göttliche.

Das ist ein absolutes Grundgesetz, aus dem es für beide kein Entrinnen gibt und auch kein Sich-davor-drücken. Diese Erkenntnisse müssten uns eigentlich glücklich machen von früh bis spät.

Am 1.1. dieses Jahres bekam das Medium Celia Fenn von Erzengel Michael eine Botschaft, die uns ebenfalls dazu auffordert, und darin heißt es:

„Ihr Lieben, wenn Ihr Euch auf einer Mission oder einem Abenteuer in der dreidimensionalen Dichte findet, umgeben von Dualität, Konflikten und Chaos, wisst, dass Ihr Euer Zentrum in Eurem Herzen findet, erdet Euch in die Erde und folgt der Führung Eures Höheren Selbstes und Spirits und der unendlichen kreativen Weisheit der göttlichen, schöpferischen Intelligenz. Und wisst, Ihr Lieben, dass es einfach ein Akt magischer Wahl ist, der Euch in die Lage versetzt, Euch zu den höheren Dimensionen des Bewusstseins zurückzubringen.
Wie ist das möglich, könntet Ihr fragen? Nun, Ihr müsst sicherstellen, dass Ihr gut mit Eurem magischen Höheren Selbst verbunden seid. Ihr müsst den magischen Garten des inneren Friedens, Gelassenheit, Freude, Frieden, Liebe und Fülle pflegen. Während Ihr diesen inneren Garten schafft, wird es sich auch in Eurer äußeren Welt als ein Heiliger Raum manifestieren, der verankert und Eure persönliche Frequenz oder Energie-Signatur auf der Erde reflektieren wird.“[138]

Wie sind denn bei soviel Erkenntnissen meine eigenen Erfahrungen? Ich habe mir inzwischen angewöhnt, mit meinem Höheren Selbst immer intimer zu werden. Es ist ja ein Teil von mir, sogar mein bester und der göttliche. *„Mein liebes Ich“*, lautet meine Begrüßung am Morgen oder wenn ich etwas wünsche oder wenn ich mich bedanke. Ich habe ihm auch manchmal schon Aufträge erteilt. Noch vor einem Jahr bekam das alles mein lieber Schutzengel ab, doch jetzt entlaste ich ihn und

werde etwas direkter und suche bei mir selbst – in meiner oberen See-
lenetage. (Vermutlich freut sich mein lieber ‚Schutzi' jetzt und meint:
Na endlich!) Zum Beispiel hat mein Höheres Selbst auch entscheidende
Abschnitte dieses Buches mitgeschrieben, seine ‚Eingaben' haben mich
manchmal jubeln lassen – innerlich. Auch fühle ich mich jetzt immer
öfter komplett, und damit kommt dann innere Ruhe in mir auf. Allerdings gestehe ich auch, dass das natürlich alles seelische Prozesse sind,
die es ganz schön in sich haben können. Zweifel stören dabei nur.

Und da gibt es noch etwas Schönes. Ich bedanke mich immer wieder
für seine Führung, auch wenn ich manches erst hinterher als richtig
erkenne, und entschuldige mich dann auch für meine lange Leitung.
Denn viele Entscheidungen meines Lebens waren nicht richtig, wie sich
nachträglich herausgestellt hat. Doch dafür gibt es keine Strafen oder
Abmahnungen. Heute denke ich, dass wir eigentlich immer den (für
uns persönlich) *richtigen* Weg gehen beziehungsweise die für unsere
aktuelle Entwicklung *richtigen* Entscheidungen treffen. Das mag nicht
der kürzeste Weg sein, doch eben der, auf dem wir genau das erleben
und lernen, was wir gerade brauchen. Mich erinnert das sehr an mein
Navigationssystem im Auto. Wenn ich dabei von der vorgeschlagenen
Route zum Ziel abkomme, absichtlich oder versehentlich, berechnet das
System sofort die Ersatzstrecke und führt und begleitet mich verlässlich
weiter. Ich stelle mir vor, dass es so ähnlich auch mein Höheres Selbst
auf meinen oft eigenwilligen Lebenswegen machte und macht.
Für die Kommunikation ist das Gebet entscheidend. Dadurch wird
mein etwas einseitiger Dialog nicht zu kumpelhaft und behält seinen
Respekt, seine Achtung, seine Dankbarkeit. Ich fühle mich umso sicherer, je weniger mein Ego *eigen*sinnig ist und sich ebenfalls auf das Sich-
führen-lassen einstellt – eine ideale Partnerschaft im Alltag. Jedes Höhere Selbst ist nicht nur sehr klug, sondern besitzt eben auch seine
göttlichen Weisheiten, und diese können schon manchmal ganz anders
aussehen als unsere Gedankenkonstrukte und Erwartungen. Sie merken
schon, liebe Leserin und lieber Leser, ich liebe mein höheres Ich, mein
Höheres Selbst.

Unser Problem mit dem Freien Willen

> *„Der Mensch hat den Freien Willen – das heißt, er kann einwilligen in's Notwendige."*
>
> Friedrich Hebbel, dt. Lyriker (1813-1863)

Vielleicht haben Sie von Gott eine ähnliche Vorstellung wie ich. Erinnern Sie sich an die plastische Beschreibung des Universums von meinem Geistesfreund Werner Forster, dem Verleger der UFO-Nachrichten (auf Seite 48), durch die uns die ganze Unvorstellbarkeit einer göttlichen Schöpfung etwas klarer wird? Gott ist kein strenger Vater mit Bart und keiner, der von einem Urknall überrascht wird, sondern eine unvorstellbare Schöpferintelligenz voller Liebe. Aus dieser göttlichen Liebesenergie können seit unvorstellbaren Zeiten – das Raum- und Zeitkontinuum gibt es ja nur in unserer irdischen Verdichtung – unzählige Gottesteilchen als eigenwillige Schöpferwesen in die verschiedenen Schöpfungsebenen ‚auswandern'. Solche verschieden hoch schwingende Schöpfungsebenen können wir uns als verschieden starke Verdichtungssphären vorstellen, die wir Dimensionen nennen. Und dort dürfen sich die mutigen Gottesteilchen auch in Menschenform schöpferisch austoben. Es heißt:

Durch unsere immerwährende ‚Online'-Anbindung an die Ureinheit *erlebt* sich die Schöpfung durch uns Menschen mit all unseren Problemen – und das ist so gewollt.

Um unsere göttlich-irdischen Schöpferkräfte in uneingeschränkter Energie verwenden zu können, bekamen wir alle den sogenannten Freien Willen mit auf den Lebensweg. Wir dürfen Gutes und Schönes genauso wie Böses und Hässliches erschaffen und so weiter. Wir dürfen uns *verwirklichen*. Unser Freier Wille ist die eigentliche Voraussetzung, um grundsätzlich Schöpferin oder Schöpfer sein zu können – noch sind wir keine programmierten Roboter.

„Ich bin fest davon überzeugt, genauso wie die Wissenschaftler, dass es überhaupt keinen Freien Willen gibt, das ist bloß Wunschdenken.", schrieb mir eine Leserin. Und sie hat nicht unrecht, je nachdem, aus welcher Sicht man das Geschehen um den Freien Willen betrachtet. Daher versuche ich es wieder mit einem grundsätzlichen Überblick:

- Der wirkliche Freie Wille vor der Geburt,
- der eingeschränkte Freie Wille auf Erden,
- der eingeschränkte Freie Wille unseres Verstandes und
- der weniger eingeschränkte Freie Wille unseres Herzens.

Den wirklichen Freien Willen haben wir nur *vor* unserer Geburt, wenn wir noch im Kreise unserer jenseitigen, geistigen Familie beschließen, uns wieder auf ein weiteres Erdenleben einzulassen. Denn in diesem klaren, raum- und zeitfreien Zustand können wir wählen, als *wer* wir *wann* und *wo* wieder inkarnieren wollen und welche mögliche seelische Schwäche wir erneut erleben und dabei ausgleichen möchten. Vielleicht wollen wir auch nur aus reiner Liebe in irgendein Volk oder eine Familie hineingeboren werden, um zu helfen – jetzt dürfen wir noch alles ‚wollen‘. Allerdings wird noch vor der Geburt ein entsprechender Seelenplan zusammengestellt, der bereits die erste ‚gewollte‘ Einschränkung bedeutet. Im Moment unserer Geburt als Mensch ist unser Freier Wille tatsächlich eingeschränkt. Dazu fällt uns vieles ein: der jeweilige Zeitgeist (Altertum, Mittelalter, Industriegesellschaft), die verschiedenen Rassen, die verschiedenen Kontinente, die verschiedenen Religionen, Berufe und Tätigkeiten, männlich und weiblich, als Enkelin mit Oma oder oder oder.

Den Freien Willen könnte man womöglich auch als ‚Freie Entscheidungsmöglichkeit‘ bezeichnen, wodurch es leichter verständlich wäre. Denn ohne Entscheidungen können wir keinen Willen durchsetzen. Auch wer sich durch Verpflichtungen zu tief in die Materie verstrickt, schafft darauf bezogene Gesetzmäßigkeiten, die seinen ehemals Freien Willen diesbezüglich mit größter Wahrscheinlichkeit einschränken werden.

Bleiben wir noch kurz bei dem Problem mit der Erkenntnis, ob unser Freier Wille überhaupt *frei* ist. Kann der Wille frei sein bei einem Fanatiker oder einem Fundamentalisten, bei einem Schwerkranken, einem Uniformierten, bei Menschen mit extrem hochgesteckten Zielen im Beruf, im Sport, im Hobby oder in der Politik, bei einem konfessionellen Gläubigen? Ist unser Wille noch frei, wenn es um unseren Geldbeutel geht? Eine wichtige Frage ist auch: Wie tauglich sind die Informationen, die wir haben, um überhaupt ‚freie' Entscheidungen treffen zu können? Wie viel Mühe machen wir uns, uns richtig zu informieren oder informiert zu sein? Mit ‚Meinungen' kleben wir doch an irgend einem Energiefeld – *nur Wissen macht frei!*

Zuletzt haben wir noch ein zusätzliches Hindernis: **Fremd-Willen** mit seinen Einflüssen hat es schon immer gegeben, doch heute wird er besonders perfekt verpackt angeboten, ja geradezu vermarktet, von hochbezahlten Spezialisten, und wir bemerken es zu wenig und/oder zu spät. Dagegen hilft nur eines: *eigene Intuitionen statt Fremd-Willen.*

Bevor wir womöglich den Freien Willen als Illusion abschreiben, sollten wir darüber nachdenken, was man überhaupt damit meint. Freier Wille bedeutet, dass Menschen *selbstbestimmt* handeln. *Ihre* Wünsche und Absichten sind die Ursachen ihrer Handlungen. So gesehen ist es nicht überraschend, dass sich Entscheidungen aus Reizmustern im Gehirn vorhersagen lassen, wie uns die Wissenschaftler erklären. Denn dort sind auch unsere einschränkenden Wünsche und Absichten versteckt.

Und nun komme ich zur entscheidenden ‚Einschränkung': Der göttliche Schöpfungsgrundgedanke hängt in unserer verdichteten Dimension mit der Schöpferklausel zusammen:

„Wie du gesät, so wirst Du ernten,
nach dem Maß, wie Du misst und zuteilst, wird Dir zugeteilt und
...dass alles getilgt werden muss bis zum letzten Heller".

Leider ist dieses **Prinzip des Ausgleichs** so gut wie unbekannt – es ist vor allem auch unbequem –, und so manche ausgelöste *Re*-aktionen auf vorausgegangene ‚freiwillige' Aktionen werden dann als ‚Schicksal' angesehen oder die ‚Schuld' dafür allen möglichen Personen oder Situationen zugeschoben. Schuldzuweisung ist ja immer bequem.

Am Anfang dieses Kapitels habe ich auch noch den ‚Freien Willen des Herzens' aufgeführt. Natürlich ist es nicht leicht, solche Energien willentlich zu leben. Unsere Welt ist ja extrem verstandessüchtig und gefühllos geworden. Daher sehe ich darin hauptsächlich die innere Ausrichtung des Seelenplans, der in unserem Freien Willen mit berücksichtigt werden möchte, der heimlich mitbestimmt. Auch alle ethischen und sozialen Berufungen honorieren unseren Freien Willen, und dabei können wir üben, wie weit wir unseren Freien Willen auch durchsetzen können – der Freie Wille macht es ja möglich.

Nun komme ich noch zu einer entscheidenden Energie, die mit unserem göttlichen Freien Willen zusammenspielt: der **Mut** und die **Beherztheit** zum eigenen Freien Willen. Ist Mut zu einer Rarität geworden? *„Das Dasein ist köstlich, man muss nur den Mut haben, sein eigenes Leben zu führen.“*, meinte der kluge österreichische Volksschriftsteller Peter Rosegger. Und um das geht es, vor allem jetzt, wo auch unser Alltag immer mehr EU-genormt wird. Da brauchen wir dringend unseren Freien Willen und Mut, um unsere Persönlichkeit und unsere *Eigen*art und vielleicht sogar unser *Eigen*tum leben zu können.

Eigentlich brauche ich dazu überhaupt nichts zu schreiben, jeder von uns weiß da Bescheid. Ich nutze lieber die Gelegenheit, als Hinweise auf den nötigen Mut zwei Zuschriften von lieben Leserinnen vorzustellen. Den ersten Tipp bekam ich von Renate, die mich auf den tollen Text *„Was keiner wagt“* hinwies, eine Ballade des Liedermachers Konstantin Wecker[110] nach dem Gedicht des Theologen Lothar Zenetti:

„Was keiner wagt, das sollt ihr wagen.
Was keiner sagt, das sagt heraus.
Was keiner denkt, das wagt zu denken.
Was keiner anfängt, das führt aus.

Wenn keiner ja sagt, sollt ihr's sagen.
Wenn keiner nein sagt, sagt doch nein.
Wenn alle zweifeln, wagt zu glauben.
Wenn alle mittun, steht allein.

Wo alle loben, habt Bedenken.
Wo alle spotten, spottet nicht.
Wo alle geizen, wagt zu schenken.
Wo alles dunkel ist, macht Licht."

Und den zweiten Hinweis auf unseren Mut im Leben schickte mir aus Österreich ,Roswitha vom andern Stern' – selbstverfasste Mut-Gedanken (alle Schreibsonderheiten sind von der Autorin bewusst so gewählt!):

*„**Mut**, sich Scheitern eingestehen zu dürfen – 1x, 2x ? – nein, so oft bis zum Unmut des Wissens ,Jetzt reicht es, genug gelernt, um es wieder anders machen zu wollen'.*

- ***Mut** zur Unbeweglichkeit, wenn es die Zeit vorgibt, eher zu beobachten, wenn sich Chaos um einen herum bewegt.*
- ***Mut** zum Aufgeben, wenn man deutlich wahrnimmt: ,Jetzt überlasse ich besser meinem Gott in mir die Führung'.*
- ***Mut** ins Vertrauen, dass der liebe Gott in mir mit dem Leben immer gemeinsame Sache macht – zu meinen Gunsten konspiriert.*
- ***Mut**, mit ganzer Lebensbegeisterung ver-rückt zu sein, wann immer es der Welt und mir dient. ... Und Mut dient immer! ... Als mein fester BegLeiter und Seelengefährte hat er mich noch durch jede Situation in jeder Dimension und auch scheinbare Gefahr getragen – auch manchmal durch das Annehmen zeitweiser MutLosigkeit.*
- ***Mut** zum Ausstieg aus dem Zug, wenn ich feststelle, er fährt nicht mehr in meine Herzensrichtung – oder besser noch: ,Spring aus dem Fenster, wenn sich die Türen nicht mehr leicht öffnen lassen.'*

- *Mut zu Deiner HerzensLiebe, auch wenn der Rest der Welt es nicht versteht oder will...*

Die Welt und das All und alle brauchen meinen Mut, Deinen Mut, unseren Mut zum Wir-Mut, mit allem verbunden zu sein, ohne TrennungsgeDanken zu allem, was ist."

Was können wir im Einzelnen tun, um die göttliche Schöpferenergie des Freien Willens mehr umzusetzen? Zusätzlich zum erwähnten Mut schlage ich vor, den zunehmenden *Geist des Wandels* zu nutzen. Lichtarbeiten, Positives, Mitgefühle, Helfen und Lieben können wir in jedem Falle untereinander immer stabiler vernetzen. Die neuen höheren Energien machen grundlegende Veränderungen möglich, und jeder Mensch, **der will**, hat darauf Zugriff. *„Nutze mutig Deinen Freien Willen!"*

Engel – die Diener der Schöpfung

„Der Mensch hat Begleiter unmittelbar
vor sich oder hinter sich, die ihn behüten
im Auftrage Gottes."

Mohammed

Nun komme ich zu einem sehr wichtigen, überirdischen Thema, das uns Irdische jedoch noch beachtlich voneinander trennt. Es gibt

- Menschen, die sich überhaupt nicht für Engel interessieren – alles Quatsch;
- Menschen, die das schon für möglich halten, doch keine Ahnung davon haben;
- Menschen, die sehr an mehr Wissen über die Engel interessiert sind und Engel lieben und
- Menschen, die ahnen, dass es da eine unvorstellbare Welt überirdischer und mächtiger Wesenheiten gibt.

Ich versuche nun, Ihnen mein bescheidenes Wissen über diese göttlichen Lichtwesen in Kurzfassung vorzustellen – es gibt inzwischen auch zahlreiche ‚Sachbücher' über die lieben Engel und ihre Sphären.

Es gibt viel mehr Engel als Menschen. Ich meine die Lichtwesen in der unsichtbaren Welt, in welche unsere materielle, verdichtete Welt eingebettet ist. Denn die Welt ist viel mehr, als wir von ihr sehen können. Jede Menschenseele hat als ‚Betreuer' einen Engel, der sich gerne als Engel des Schutzes ansprechen lässt. Er kann eng neben uns stehen, muss jedoch manchmal auch einen größeren Abstand halten, wenn unser Körperenergiefeld disharmonisch, störend und niederfrequent oder gar zerfetzt ist. Da er nichts an uns verändern, sondern uns stets nur begleiten kann, ist er auf *unser* Sich-Öffnen und unsere Resonanz zu ihm angewiesen. Rufen wir ihn in Liebe, haben wir in ihm unseren allerbesten Freund. Alle Seelen, die jetzt bei ihrem Wandel auf dem Rückweg ins Licht sind – im sogenannten Lichtkörper-Prozess –, erhalten auch von Seiten der Engel eine besondere Zuwendung.

*„Dein Umgang mit Engeln ist stets ein **Seelenkontakt** und ein innerer* **Herzensweg***. Schalte dabei Deinen Kopf aus, vergiss Theorien und geh in die Praxis. Übe, übe, übe und vertraue, liebe, lasse geschehen. Du wirst staunen, was sich da alles tut. Und sei ihnen dankbar. Das ist das einzige, was sie annehmen wollen und können: Deine Liebe, Deine Dankbarkeit und Deine Anerkennung. Dann könnt ihr ein göttliches Paar sein – ein göttliches Seelenpaar. Vergiss dabei nicht, dass Du Deine eigene Persönlichkeit bist, eine Einzigartigkeit, und Dein Engelkontakt somit auch völlig individuell sein kann und nichts damit zu tun hat, wie ,man' mit der Engelwelt umgeht. Lasse Dich einfach führen, wenn Du in einem Spezialprospekt oder in einer Buchhandlung verschiedene Engelbücher siehst – triff Deine Kaufentscheidung ohne Kopf und nur mit dem Herzen.*
Wenn Du Dir dann etwas ,Wissen' angeeignet hast: lerne selbst weiter, forsche, frage, glaube, vertraue und lasse geschehen. Du mit Deinem Engel – andere haben ihre eigenen Erfahrungen, Du machst Deine. Man geht davon aus, dass sich Erfahrungen beim Menschen nicht wie im Tierreich weitervererben, als Mensch darf schon jeder selber seine eigenen Erfahrungen machen." (Auszug aus meinem Buch »Alles ist Gott«)

Schaffen wir uns wieder einmal einen kurzen Überblick darüber, in welchen Engelformen uns diese ätherischen Lichtwesen begegnen können. Für mich sind es sieben irdische Verständnisebenen dieser himmlischen und kosmischen Boten:

- Die **Schöpferengel**, die kosmischen Engel, welche die Sternensysteme, Galaxien, Universen erschaffen und diese unfassbar große Ordnung beherrschen, beeinflussen und regulieren; erwähnen möchte ich dabei auch die Sonnengeister und die planetaren Engel wie zum Beispiel unsere Erdmutter. Auch Elohim, Seraphim und Cherubim sind göttliche Schöpferwesen, über die man bei Rudolf Steiner mehr erfährt.

- Die gewaltigen Energiepotentiale, die wir einfach **Erzengel** nennen und die von uns Menschen einen Namen erhalten haben. Die bekanntesten sind Erzengel Michael, mächtiger Schutzpatron Deutschlands seit dem 9. Jahrhundert; Erzengel Gabriel, der jüdische, christliche und muslimische Engel der Visionen und Botschaften und Erzengel Raphael, der Heiler Gottes. Im jüdischen Glaubenssystem gibt es viele weitere Erzengel (je nach Auslegung). Bei einem spannenden Channeling mit Brigitte-Devaia zu diesem Thema bekamen wir Folgendes erläutert: „*Es gibt unzählige Engelscharen, die euch Menschen noch unbekannt sind. Ihr kennt nur wenige Erzengel und doch sind es hunderte und mehr, die im liebevollen Einsatz sind für die Erde, für die Menschen, für das Tierreich und für die Erdennatur. Und es kommen ständig mehr Engelwesen hinzu, die beim großen Wandel mithelfen.*" Auffällig ist hierbei, dass diese ‚Erzengel' alle männlich sind. Das hat aber hauptsächlich mit den männlich ausgerichteten Großreligionen zu tun. Tatsächlich gibt es aber auch zahlreiche Engel, die sich in einer weiblichen Form zu erkennen geben und die im Neuen Zeitalter eine große Rolle spielen. An anderer Stelle wurde uns mitgeteilt, dass das Erscheinen von immer mehr weiblichen Engeln so etwas wie ein energetischer Ausgleich dafür ist, dass wir Menschen von alters her stets männliche Erzengel verehrt haben.

- Der persönliche **Schutzengel**, der Sie ständig Tag und Nacht begleitet und immer noch der gleiche ist, seit Sie zum ersten Mal auf diesem Planeten inkarniert sind und der auch weiter ‚zuständig' bleibt, wenn Ihre Seele wieder eine Zeitlang in der jenseitigen Heimat weilt. Dazu erhielt Brigitte-Devaia eine Bestätigung: „*Euer Schutzengel ist mit Euch den weitesten Weg gegangen. Als Ihr Euch in der dichtesten materiellen Ebene verkörpert habt, brauchtet ihr einen Schutzengel, der Euer restliches zartes Licht schützt. Er existiert in Eurer menschlichen Seelendimension, die ihr Astralwelt nennt. Wenn Ihr die nächste Stufe Eures Aufstiegs in die ätherische himmlische Dimension vollzogen habt,* *hat sich Eure menschliche Seelendimension transformiert und kann sich auflösen.* "

- Die unzähligen liebenden Energiepotentiale der **unbekannten und namenlosen ,Helfer-Engel'**, die unsichtbar, jedoch verlässlich helfen und stets im richtigen Moment in Liebe bei uns sind. Das sind die Engel des Friedens, die Engel der Kraft, die Engel der Heilung. Darüber gibt es ausreichende Literatur, um sich zu informieren. *„In Zukunft werden Menschen und Engel zusammenarbeiten und ,wieder' miteinander verschmelzen. Die Menschen entdecken ihre eigenen Engelqualitäten, die sie zum Wohle aller dringend entwickeln sollen, während sich das Engelreich durch die Berührung mit menschlicher Individualität weiter entfalten wird. Wenn wir davon sprechen, dass im Neuen Zeitalter Himmel und Erde miteinander verschmelzen und der Himmel auf die Erde kommt, dann ist genau das gemeint. Dorthin richtet sich die Kompassnadel menschlicher Entwicklung aus und alles, was dieser Richtung folgt, wird von Engelscharen begleitet…* " (Brigitte-Devaia)

- Die **Engel der göttlichen Mutter**, die bei jeder Geburt und bei jedem Sterbevorgang zugegen sind,

- die **inkarnierten Engel**, die aus Liebe menschliche Körper angenommen haben und in unserer Zeit des Wandels unter uns helfend wirken und

- manche kosmische **Raumgeschwister**, die aus ihren lichtvollen Hochzivilisationen und ihren erdnahen Lichtschiffen informieren und helfen, sich doch bislang als ,Engel' ausgeben, um uns nicht zu erschrecken. Brigitte-Devaia malt im medialen Zustand sowohl Engelwesen wie auch Geistführerinnen und Geistführer anderer Planeten, und sie kann sie in ihrer Darstellung nur unterscheiden, wenn sie sich ihr zu erkennen geben. Vieles, was uns Irdischen in bestimmten Situationen als Wunderbares ,geschieht' und was wir als Erlebnisse mit Engeln erkennen, sind

Erlebnisse mit engelähnlichen Planetariern. Solange sie uns als Engel ‚erscheinen', stimmt die Welt für uns, und wir reagieren dankbar und glücklich.

Über die **Wiederkehr der Engel** schreibt der Pater Dr. Thomas Gertler SJ[111]:

„Die Wiederkehr der Engel ist zugleich eine heftige Korrektur am modernen Weltbild und seiner Sterilität und seinem Mangel an persönlichem Bezug. In den siebziger Jahren wurde dann das neue Zeitalter oder ‚New Age' eingeläutet. Da wurden plötzlich die Sterne wieder bedeutsam, und wir sind vom Zeitalter der Fische hinübergewechselt in das des Wassermanns. Erinnern Sie sich noch an das Musical ‚Hair' (1967/68)? Im Titelsong »Aquarius« ist davon die Rede. Seitdem gibt es wieder die Engel, und seitdem treten sie ihren Siegeszug an und haben die Lufthoheit wiedergewonnen. Denn das Weltbild ist seitdem für viele wieder viel ganzheitlicher oder holistischer geworden, nicht mehr so geistlos und a-personal. Und damit nimmt man auch wieder solche geistigen Kräfte wahr, die den Kosmos mitbestimmen. Und seitdem besinnt man sich auch wieder auf diese Wesen in der christlichen Glaubensüberzeugung. Und siehe da, es gibt auch wieder Menschen, die mit diesen Wesen Erfahrungen machen. Oder Menschen, die schon immer damit in Verbindung standen, trauen sich wieder, davon zu sprechen. Und inzwischen glauben laut Statistik mehr Menschen bei uns an Engel als an Gott."

Inzwischen gibt es unzählige Sachbücher über Engel und Engelkräfte und die jährlichen Engel-Kongresse sind sehr gut besucht. Beachtlich ist das auflagenstarke »Engel-Magazin«, das mit seiner überaus harmonischen Gestaltung eine *vertrauenswürdige Seelensprache* vermittelt. Sinngebung und Inspirationen zeigen in spiritueller Qualität die vergessenen Möglichkeiten, wieder in Liebe und Harmonie mit den geistig-göttlichen Energiefeldern zu kommunizieren. Alle diese Kommunikationsmittel sprechen von Herz zu Herz und bilden immer stärker eine Parallelwelt der gemeinsamen Gefühle – parallel zur schwächelnden egozentrischen Jetztzeit. Danke, Ihr liebevollen Lichtkräfte!

Brigitte-Devaia erklärte einmal in einem ihrer Engel-Vorträge, dass irdische Projekte durchaus himmlischen Einfluss durch höhere Engelmächte erfahren. Anhand des bekannten Engel-Magazins schilderte sie ihre innere Sicht solcher Vorgänge. Wegen der wertvollen Einblicke gebe ich ihren Text hier ungekürzt weiter.

„...Das Engelmagazin ist mehr als eine wunderschöne Zeitschrift, die immer mehr Herzen berührt. Die ,innere Sicht' zeigt mir, dass sie ein Gegenstück in den ,Himmelswelten' hat. Dort gibt es so etwas wie einen ,Prototypen' des Kommunikations-Mediums, das von Engelwesen gehütet und inspiriert wird.

Oh ja, ich weiß, das klingt unwirklich und es mag für unseren nüchternen, komplizierten menschlichen Verstand unvorstellbar sein, dass himmlische Mächte hinter einer irdischen Zeitschrift stehen können. Doch unser Herz spürt in seiner Verbundenheit mit Allem, dass Wundervolles immer zuerst in jenseitig-himmlischen Welten entsteht, dann von Menschen empfangen und umgesetzt wird und in die kollektive Erdrealität einsickert.

Die Botschaft dieser Zeitschrift ist offensichtlich für viele Menschen wirklich wichtig. Sie stärkt das Vertrauen an etwas Höheres als wir selbst sind; an das Gute; an das Liebevolle; an Gott und seine Boten – die Engel. In dieser recht heftigen Zeit des Umbruchs brauchen wir die innere Gewissheit, dass alles gut werden wird, dass letztendlich alles ins ,Große Gute' hineinführt und einem sinnvollen göttlichen Plan folgt. Und es entspricht ja auch dem Auftrag der Engel, uns auf vielfältige Weise in ein Bewusstwerden hineinzuführen, dass wir einer großen göttlichen Gemeinschaft allen Lebens angehören und nicht alleine sind. Somit liegt das Engel-Magazin voll im – sagen wir mal – ,Trend der Neuen Zeit' und spiegelt den neuen Zeitgeist wider.

Gerne möchte ich noch ein kleines Sahnehäubchen obendrauf setzen. Die harmonische, romantische, verspielte Gestaltung dieser Zeitschrift mit viel farbigem Bildmaterial spricht unmittelbar den weiblichen Gefühls- und Herzbereich und die intuitive rechte Gehirnhälfte in uns an, was ebenfalls ein Kriterium der Neuen Zeit ist. Uralte Weisheiten und neue spirituelle Botschaften wie auch ein feiner Hauch religiöser Ethik

werden in einer Sprache vermittelt, die weder ,verstaubt' noch ge-
schwollen, weder mit erhobenem Zeigefinger noch abgehoben wirkt. Bei
solchen Themen ist das, wie wir alle wissen, gar nicht so einfach. Sie ist
vielmehr eine Herzenssprache – einfach und schön, unkompliziert und
erfrischend flott. Und das ist ebenfalls eine Eigenschaft des Neuen Zeit-
geistes. Sie erreicht auch junge Menschen und natürlich ebenso die ,älte-
ren Junggebliebenen' und transportiert den Wert alter Weisheiten und
neuer Botschaften am zweifelnden Verstand vorbei direkt ins Herz..."

Ein anderes Monatsmagazin »Zukunftsblick – Die große Zeitschrift für Selbstfindung und Spiritualität« wird in der Auflagenhöhe von monatlich 90.000 Exemplaren gelesen. Überrascht es Sie auch, wenn Sie erfahren, dass dabei mehr als 1,7 Millionen ,Kunden' rund 1800 ,Beraterinnen und Berater' befragen, was die geistige Welt als Lebensinformation dem Suchenden rät – Gesundheitliches, Berufliches, Partnerschaftliches, Finanzielles oder alles mögliche andere? Dieses ,Orakel' spricht auch von über 15 Jahren Erfahrung – eine grandiose Zeit voll liebevoller Hilfsdienste. Diese vielen ,Beraterinnen und Berater' sind alles medial veranlagte ,Kanäle' allen Alters und der verschiedensten Berufe, die mit ihrer Gabe zwischen dem Jenseits und dem Diesseits helfen und dienen möchten.

Zeigt das nicht eine erschreckende Zunahme von Unsicherheiten in der Bevölkerung? Durch die Schwingungserhöhungen und die damit verbundenen Rückmeldungen der eigenen Seelenkräfte landen immer mehr Menschen in einer ungewohnten Orientierungslosigkeit und suchen nach direkter geistiger Hilfe – ein empfehlenswerter Weg, wenn wirklich Information gebraucht wird und es sich nicht um bequeme Entscheidungsdrückebergerei handelt.

Da ,alle guten Dinge drei sind', kann ich Ihnen noch ein weiteres Druckmedium vorstellen: Eine ausgewählte Sammlung von spirituellen Botschaften aus der geistigen Welt. Die kleine monatliche Broschüre »Die Adler – Botschaften aus aller Welt« bringt ausschließlich Aufbauendes und Aufwertendes, auch Tröstendes, so wie es durch die verschiedenen, internationalen Kanäle der verschiedensten überirdischen und außerirdischen Wesenheiten als aktuelle Information angesehen werden. Solche ausgesprochen positive Hinweise aus der aktuellen Broschüre Nr. 212 vom Juli/August 2016 haben mir auch bei einigen Betrachtungen in diesem Buche weitergeholfen. Auch anderweitig habe ich sie schon an ‚Insider' weiterempfohlen.[126]

Wenn wir einerseits von unserem irdischen ‚Schöpferspiel der Götter' sprechen, so gibt es auch ein Engel-Spiel. Engel sind nämlich ausgesprochen spielfreudige Energien, nicht nur die kleinen mit dem Pfeil und dem Bogen, die uns Glück und Freude bringen – auch wenn es dann manchmal nur eine Zeitlang anhält. Aus der geistigen Welt wird oft versucht, uns zu erklären, dass Lächeln und Lachen Engel-Energie sei. *„Wenn ihr lächelt, wenn ihr lacht, dann habt ihr dieselbe Schwingung wie wir Engel, lachen ist unsere Sprache!"*

Für eine wunderschöne und erstaunlich perfekte Kommunikation mit den Engeln gibt es **Engelkarten**. Davon gibt es verschiedenste Systeme, welche unsere jenseitigen Freunde nutzen, uns antwortähnliche Hinweise zu unseren aktuellen Lebensfragen zu geben. Lassen Sie sich führen, wenn Sie eines der sehr verschiedenen Systeme aussuchen oder – was ich empfehle – warten Sie ab, was auf Sie zukommt, auch wenn es dann zwei oder mehrere verschiedene Kartensysteme mit ihren Auslegungen sind. Probieren Sie einfach alle.

Sind Engel nur katholisch? Natürlich nicht. Eingangs habe ich ein Zitat von Mohammed gebracht (Haben Sie gestaunt, als Sie es gelesen haben?), doch auch im Buddhismus und Hinduismus sind sie als Wesen zu finden, die für Menschenaugen nur im Ausnahmefall sichtbar sind, doch sich helfend – manchmal auch störend – in das Treiben der Menschen einmischen. Von Prof. Dr. Martin Luther stammt dieses Zitat: *„Wo zwanzig Teufel sind, da sind auch hundert Engel. Wenn das nicht so wäre, dann wären wir schon längst zugrunde gegangen."*

Nun bleibt mir auch an dieser Stelle, noch einmal ausdrücklich zu betonen, dass wir auf dem Weg durch unseren Seelenplan nie alleine sind; das war eine abgemachte Voraussetzung, damit wir uns überhaupt auf eine neue Inkarnation einlassen. Doch das ist keine Garantie dafür, dass wir mit unserem Dualitätsbewusstsein, ohne das es keine Inkarnation in der verdichteten Materie gibt, unbeschwerlich dahinleben können. Unser inneres und äußeres Auf und Ab, Erfolge und Misserfolge, Freud und Leid helfen uns, unsere seelischen Qualitäten zu entwickeln, kennen zu lernen, lieben zu lernen und vom Haben immer mehr ins Sein zu kommen. Dann jubeln unsere Engel.

Ausführlicher möchte ich in diesem Buch nicht auf weitere Einzelheiten eingehen, doch bitte ich Sie, liebe Leserin, lieber Leser, bei diesem sehr bedeutenden und daher auch längst manipulierten Lebensthema möglichst nicht mehr in alten Vorstellungen zu verharren, nur weil sie als funktionierend bekannt sind. Am Anfang des Kapitels habe ich sieben verschiedene Verständnisebenen aufgezählt, wie wir uns Engel vorstellen können. Doch als eine achte Verständnisebene der Engelwelt gibt es noch die Annahme, dass *wir selbst* alle ehemalige Engel sind, allerdings empfiehlt es sich wohl im Moment, noch darüber zu schweigen. Immerhin bestätigte Aquaria:

„Ihr integriert mehr und mehr die Kräfte Eurer Engel und erwacht in Eurem Engel-Bewusstsein, das nichts anderes ist, als Euer steigendes Lichtkörper-Bewusstsein oder Euer seelisch-geistiges Erwachen. Ihr werdet Euch bewusst, dass Ihr herabgestiegene Engel seid. Dadurch erhöht alles seine Schwingung, auch Eure Körper und jede Körperzelle."

293

Astrales wird höher schwingen

„Ein Mensch blickt in die Zeit zurück und
sieht, sein Unglück war sein Glück."
Eugen Roth, dt. Dichter

Unser lebendiger Planet besteht nicht nur aus der sichtbaren, materiellen Verdichtung, die allgemein 3D (D steht für Energiedichtedimension) genannt wird, sondern quantenphysikalisch auch aus höherdimensionalen Feldern. Über der 3D-Schwingung, also höherfrequent, wird es ätherisch und unsichtbar und metaphysisch. Die Stufe 4 oder 4D ist das astrale und emotionale Zwischenreich, der **Metaraum** (unter anderem mit den kirchenchristlichen Jenseitsebenen der Hölle, des Fegefeuers und der Läuterungszonen). Die noch höher schwingenden geistigen Erfahrungsebenen 5D, 6D, 7D und höher sind der sogenannte Himmel oder auch **Hyperraum** genannt. Von den vielen Erklärungen des Weisheitslehrers Jesus blieb uns auch diese erhalten: *„...in meines Vaters Haus sind viele Wohnungen."*

Mentalen und medialen Zugang haben wir Irdische hauptsächlich zu den beiden nächsten Dimensionen, der 4D und der 5D, und können uns dabei Verschiedenes ‚vorstellen'. Harry Potter scheint wohl in der 4D zuhause zu sein. ‚Einblicke' in die 5D, welche auch als unterer *Himmel* bezeichnet wird, fallen immer mehr Menschen leichter aufgrund der Frequenzerhöhung, und sehen nicht nur andere Wesenheiten, sondern auch Landschaften oder Szenen dieser Sphären.

Diese Abstufungen sind jeweils Schwingungsebenen, die in ihrer Verdichtung aufsteigend immer feinstofflicher werden, das heißt in ihren Frequenzen immer höher, und die bereits ab der 9D wieder als Einheit schwingen. Zwischen unserer 3D und dieser himmlischen 5D schwingt also die 4D als sogenanntes Zwischenreich, als Metaraum. Wenn unsere irdische, hochverdichtete 3D an die Gesetzmäßigkeiten des Raum-Zeit-Kontinuums gebunden ist, lockert sich das schon in der 4D, die nur noch Raumempfindungen kennt, während die 5D völlig frei ist von Raum und Zeit.

Jetzt interessiert uns die 4D, die astrale Welt. Sie ist untrennbar mit unserer sichtbaren 3D verbunden – energetisch, denn unser grobstofflicher und damit *sichtbarer* Planet Erde schwebt in einer größeren feinstofflichen und damit *unsichtbaren* Energiekugel, die man das **Astrale** oder eben den Metaraum nennt. In dieser mannigfaltigen und multidimensionalen Welt des Geistes, aber auch der Geister, sammeln und speichern sich alle Emotionen des sichtbaren und unsichtbaren irdischen Lebens.

Dieser ätherische Energiegürtel um unsere Erdmutter speichert alles, auch ‚gut und böse‘, und natürlich auch alles, was wir gedanklich im Diesseits entstehen lassen.

Dieser Langzeitspeicher hat in den verschiedenen Religionen und Wissenschaften die unterschiedlichsten Bezeichnungen, doch für die ausdrucksvollsten halte ich die »Akasha-Chronik«, das »Morphogenetische Feld« und das »allumfassende Weltgedächtnis«. Unser genialer von Goethe erklärte schon: *„Ich denke mir die Erde mit ihren Dunstkreisen gleichnisweise als ein großes lebendiges Wesen, das im ewigen Ein- und Ausatmen begriffen ist."* Die christlichen Bezeichnungen *Fegefeuer* und *Hölle* treffen nur einen Ausschnitt dieser multidimensionalen Welt der Seelen. Diese *Akasha-Chronik* trifft keine Bewertungen unserer Energielieferungen, sie ist eine neutrale Sammlung. Alle Informationen bleiben nebeneinander stehen. Die Unterschiedlichkeit aller Wahrnehmung von allen irdischen Menschen und Dingen bleibt in all ihren Facetten erhalten.

Diese unlöschbaren Energieverbindungen mit allen Gehirnen und Herzen aller Menschen haben wieder Vor- und Nachteile. Die meisten Rückkopplungen zu unseren astralen Abspeicherungen entstehen hauptsächlich nachts. Ich versuche dabei wieder, einen Überblick über die stärksten astralen Energiesammlungen und Wesenheiten zu bringen, die auf uns Menschen einwirken können:

1. Elementale, die mit uns verbunden sind;
2. Phantome, die mit uns verbunden sind;

3. Läuterungszone vieler Verstorbener;
4. Heimat der meisten Träume und
5. Außerirdische und Reptiloide

1. **Elementale** sind energetische Ansammlungen menschlicher, egoistischer Emotionen. Das kann Neid, Missgunst, Habgier, Hass, Wut, Eifersucht, Rachsucht, Trauer, Selbstzweifel oder Herrschsucht sein. Der Hauptverursacher ist dabei vor allem unser übermäßiges Ego, und das geschaffene Elemental jubelt dann jedes Mal, wenn wieder der nächste Energieschub von uns kommt. Bei manchen Menschen haben deren selbsterschaffene Elementale eine solch große Macht und Autonomie angenommen, dass sie meinen, es wären fremde Energien oder gar Dämonen um sie herum.

Sehen wir uns dazu zwei wichtige Erklärungen an. Der Anthroposoph Wolfgang Weihrauch[112] schreibt darüber:

„Nur wenn man denken kann, dass sich mit jeder menschlichen Äußerung ein astralisches oder geistiges Wesen verbindet, wird man eine gewisse anschauliche Vorstellung von dieser zeremoniellen Magie bekommen können. So wie sich bei jeder Meditation und bei jedem Gebet eine Engelwesenheit mit dem seelisch-geistig arbeitenden Menschen verbindet, stürmen niedere Wesenheiten beständig in den Menschen ein, oder er schnürt sie von höheren Wesen ab bzw. wirkt so, dass sie verzaubert oder erlöst werden. Die Gefühlsäußerungen der Wut, der Trauer, des Mitleids z.B. schaffen als seelische Geste einen Raum, in den diejenigen Elementarwesen einströmen, die den jeweiligen Gefühlsäußerungen entsprechen. Lässt ein Mensch Salz auskristallisieren, müssen sich mit diesem Prozess Elementarwesen verbinden; verbrennt er etwas, können sich einige lösen, andere wiederum müssen sich mit dem Rauch verbinden. Von früh bis spät nimmt der Mensch Elementarwesen in sich auf, je nachdem wie er sich verhält und wie er gestimmt ist: ob mürrisch oder heiter, ob an seiner Umwelt interessiert oder desinteressiert, ob fleißig oder be-

quem. Durch das Zusammenleben der Menschen, auch von Mensch und Tier, entstehen ebenfalls Elementarwesen. Man könnte beliebig fortfahren.

Die meisten Elementarwesen entstehen durch das tägliche Sosein des Menschen, von ihm unbeachtet. Deswegen sind es unkoordinierte, unharmonische Wesen. Durch gewisse zeremoniellmagische Verrichtungen, vor allem im Kultus, können höhere, d.h. harmonische Elementarwesen entstehen. Alle Elementarwesengruppen – dämonische, unharmonische, harmonische - haben für die Zukunft der Erde eine Bedeutung: Durch die Art, wie der Mensch sich ihnen gegenüber verhält, je nachdem, welche er schafft und welche nicht, welche er erlöst und welche nicht, wird die Erde nach und nach zum künftigen Jupiter vergeistigt."

Ergänzen möchte ich noch eine wichtige Gesetzmäßigkeit, auf die Dr. Stylianos Atteshlis, bei uns bekannt als Daskalos,[113] hinweist:

„Die Elementale werden mit einer Intensität ausgesandt, die der Heftigkeit jener Wünsche entspricht, die sie hervorbrachten. Wenn sie am Ziel angekommen sind, kehren sie zu ihrem Urheber zurück, um erneut und mit verstärkter Kraft hinausgeschickt zu werden. Dieser Vorgang wiederholt sich viele Male und schafft innerhalb unserer Persönlichkeit eine schreckliche Atmosphäre des Bösen, wenn die Elementale von niederer Stufe sind – oder eine starke Atmosphäre der Liebe, wenn es gute Gedanken-Wünsche sind... Wir wollen also nicht unserer Umgebung Vorwürfe machen. Es gibt viele Elementale um uns herum. Da sind beispielsweise Elementale jener, die wir Alkoholiker nennen, denen viele von uns keine Bedeutung beimessen, während jene sich wiederum als Opfer der Gesellschaft darzustellen versuchen. Solche Menschen sind selbst verantwortlich für ihren bedauerlichen Zustand, da sie weder versuchen noch wünschen, sich aus dem Sumpf, in dem sie leben, herauszuziehen. Dafür gibt es keine Rechtfertigung. Wir alle sind von den gleichen Elementalen umgeben. Sie jedoch anzuziehen, ist allein die Wahl des einzelnen.

Wir alle bewegen uns in einer psychonoetischen Atmosphäre, die die Summe alles Bösen aus früheren Zeiten ebenso wie aus der Gegenwart enthält. Gleichzeitig jedoch birgt diese Atmosphäre auch das Gute, das heute geleistet wird, und die Summe alles Guten, das die Menschheit in früheren Zeiten getan hat. Was wir davon anziehen und aufnehmen, ist eindeutig unsere eigene Verantwortung; es wird uns zum Nutzen oder zum Schaden gereichen."

2. **Phantome** nannte Dr. Rudolf Steiner solche astrale Energiean-sammlungen, wenn sie schon mächtige Potentiale geworden sind. Sie können dann Formen annehmen, sympathische wie auch schreckliche. Dämonen und andere böse Geister müssen somit keine Phantasien sein – sonst hätte unser lieber Martin Luther nicht mit dem Tintenfass danach geworfen. Ich glaube, dabei kann ich es jetzt belassen.

3. Der astrale Metaraum ist auch die **Läuterungszone vieler Verstorbener.** Ihre Seelen zieht es nach dem Resonanzgesetz ,Gleiches zieht Gleiches an' tatsächlich zu ,Gleichgesinnten', falls sie aufgrund ihres Lebenswandels nicht in den höherschwingenden Sphären ausruhen dürfen. Ist das die ,Hölle', wenn Lügner bei Lügnern, Diebe bei Dieben, Mörder bei Mördern jahre- und jahrzehntelang verweilen? Zwar gibt es im Astralen keine Zeitbegriffe mehr, doch es wird sicherlich sehr lange währen, bis die Seelen solcher Typen dann doch irgendwann nach ihrem Schutzengel rufen und er – dann erst – diese Seele in die Lichtsphären hochführen kann.

4. Der astrale Metaraum ist auch oft die Heimat vieler verschiedener, nächtlicher **Träume.** Da ich selbst mich morgens an fast keine Träume erinnern kann, zitiere ich einen Spezialisten. Andreas Schwarz schreibt auf seiner Netzseite:
„Unter luzidem Träumen (auch Klarträumen genannt) versteht man, dass man in der Lage ist, seine eigenen Träume bewusst wahr-

zunehmen. Diese kann man nach seinem Belieben steuern und ver-
ändern, man kann also aktiv in das Traumgeschehen eingreifen.
Während eines normalen Traums hindert das sogenannte Traumpa-
radigma einen daran, den Traum als solchen zu erkennen. Wacht
man also auf und rekonstruiert seinen Traum, denkt man sich oft:
‚Hey, daran hätte ich doch merken sollen, dass ich träume!', man ist
also Opfer des Traumparadigmas geworden. Die Schwierigkeit des
Klarträumens besteht darin, das Traumparadigma zu überlisten
und den Traum bewusst wahrzunehmen. In diesem Moment wer-
den bestimmte Gehirnregionen aktiv, und man kann seine Traum-
inhalte bewusst steuern. Steven LaBerge ist der erste Wissenschaftler,
dem es gelang, luzide Träume im Labor nachzuweisen. Somit han-
delt es sich bei einem Klartraum um eine bewiesene Tatsache."(114)

5. Nun habe ich noch ein schwierigeres Thema der astralen Welt:
Wirken tatsächlich **Außerirdische** und **Reptiloide** am Leichtesten vom Metaraum aus in unsere irdische Verdichtungen? In der
Astralwelt ist Materie ja nicht so dicht wie hier, und man kann
überall durch, und alles wird über Gedanken gesteuert. Das
kommt negativen Außerirdischen wie auch den negativen Repti-
loiden sehr zugute, sie können sich dort bestens ‚verstecken'. Zu
diesem Schwerpunkt gibt es sehr viel Widersprüchliches, Un-
glaubliches wie auch Schreckliches, und ich traue es mir nicht zu,
Urteile darüber zu fällen. Bei mehr Interesse bietet das Internet
genügend verschiedene Ansichten und Erfahrungen dazu. Wer
»Solar Warden« in eine Internetsuchmaschine eingibt, findet
hochinteressante Informationen dazu.

Die Überschrift dieses Kapitels lautet »Astrales wird höher schwingen«. Nun möchte ich das erklären. In der klassischen Esoterik teilt
man den astralen Metaraum in sieben Sphären, die energetisch abgestuft
schwingen. Die oberste ist die hellste und der nächsten, der untersten
Sphäre des Himmels, der 5D, schon sehr ähnlich. Die unterste der sieben astralen Sphären dagegen ist das pure Gegenteil: finster, kalt und
extrem einsam. Dort ‚leiden' die Seelen von schlimmen und bösen Ver-

storbenen. Mit ‚Zonen' meine ich Frequenzebenen, die sich aufsteigend energetisch erhöhen, fließend und ohne scharfe Abgrenzungen.

Ich habe hier im Buch schon mehrfach Mitteilungen und Botschaften aus der geistigen Welt, von Engeln und Erzengeln zitiert. Nun habe ich noch eine Besonderheit von der Aufgestiegenen Meisterin *Maria aus Magdala* (lat. *maria magdalena*). Wir kennen sie in mehreren Formen: als reuige Sünderin, als Hure, als heimlich bewahrte Weiblichkeit in der Symbolik des Grals und später als ‚Apostola apostolorum' (Thomas von Aquin) und schließlich als Heilige. Vor wenigen Tagen erreichte mich eine ganz besondere Nachricht: »Radio Vatican« verkündete am 10.6.2016:

„Maria Magdalena wird liturgisch aufgewertet: Ihr ‚gebotener Gedenktag' am 22. Juli wird künftig in der ganzen römisch-katholischen Kirche als ‚Fest' eingestuft. Ein kleiner Schritt aufwärts im 'Who is who' der Heiligen, aber ein großer Schritt für die Wertschätzung der Rolle von Frauen in der Kirche. Die Gleichstellung Maria Magdalenas mit den Aposteln erfolgt auf ausdrücklichen Wunsch von Papst Franziskus und soll auch das kirchliche Nachdenken über die Würde der Frau anregen."

Selbst im vatikanischen Text[117] spricht man von einem ‚Paradigma für die Rolle von Frauen in der Kirche', das der Jesuitenpapst Franziskus durchgesetzt hat, geradezu ein Mega-Wandel im Vatikan. Unter einem Paradigma versteht man ‚eine grundsätzliche Denkweise' und ‚eine bestimmt Art der Weltanschauung'. Deshalb möchte ich – dazu passend – auf eine großartige Erklärung Magdalenas aufmerksam machen. Ich veröffentliche hier zum ersten Mal einen Teil einer wichtigen Botschaft von Maria Magdalena über die sogenannte Astralwelt, über unseren irdischen Metaraum. Und mit unserem Wandel und dem sogenannten Aufstieg der Menschheit würden sich auch diese Zonen des seelischen Leids erleichtern oder womöglich auflösen, vielleicht ähnlich einer göttlichen Generalamnestie? Dazu erklärte die Aufgestiegene Meisterin Maria Magdalena:

„Wenn die Menschheit aufsteigt, wird nur noch dasjenige im astralen Quantenfeld übrig sein, das dem Wohle aller dient, und das sind die vielen Elementale, die aus den Absichten, Gedanken und Gefühlen entstanden sind, die mit Eurem Herzen kooperieren. Dies ist der Zustand, den sich Gaia ersehnt. Es ist beschlossen, dass Gaia aufsteigt und ihre Erdschwingung erhöht, wodurch der astrale Bereich aufgeschüttelt wird. Ich möchte Euch nun noch erläutern, was in den Kreisen der destruktiven Mächtigen geschieht, die bisher erfolgreich im Verborgenen die Weltgeschicke zu Gaias und Eurem Leid gelenkt haben. Was geschieht ist, dass die dunklen Bereiche langsam durchlichtet werden. Dadurch bekommen alle negativen Elementale weniger Nahrung. Ihre Schöpfer müssen sehr schnell für viel Negativität unter den Menschen sorgen, um sie damit sättigen zu können. Wären sie darin ohne Erfolg, würden sich die Elementale gegen sie wenden und ihre Lebenskräfte rauben. Der Schöpfer würde von seiner eigenen Schöpfung zerstört! Das wissen sie alle tief innen drin. Sie stehen unter Zwang. Das ist ein verborgener Grund, warum die Mächtigen alle Register ziehen und sich jetzt alles noch mehr zuspitzt in eurer Welt.

Wir haben dem Planeten geholfen und viele Auswüchse menschlicher Negativität in Form verheerender Katastrophen abgeschwächt, Luft und Wasser saniert, Atomenergie neutralisiert und mehr. Wir haben gehofft, dass die Masse der Menschen doch endlich aufwacht und die Mächtigen dieser Welt stürzt, doch das ist noch nicht ausreichend geschehen.“

Die Aussagen des Volkspapst Johannes XXIII (Abb. 38). überraschten oft in seiner Amtszeit von 1958 bis 1963. Von seinen Nachfolgern wurde er sogar selig gesprochen. Von ihm gibt es mehrere Prophezeiungen, darunter auch folgende:

> *„Viele Länder werden erschüttert.*
> *Völker lehnen sich auf,*
> *und nur einem Einzigen wird es*
> *gelingen zu sprechen, gerade rechtzeitig vor seinem Tod.*
> *Er wird die Namen der Mörder sagen,*
> *ihre geheimen Zeichen enthüllen.*
>
> *Und die ganze Welt wird aufstehen*
> *gegen das Spiel der Mächtigen,*
> *die geheime Bruderschaft der Mächtigen,*
> *die die Versklavung der Völker anstiften wollte.*
>
> *Die wenigen ehrlichen Führer werden sich zu vereinen wissen,*
> *die Schuldigen werden gestürzt.“*

Auszug aus dem Büchlein »Die Prophezeiungen von Papst Johannes XXIII. Die Geschichte der Menschheit von 1935 bis 2033«

9 Der Mega-Wandel

Einheit fühlen

> *„Wenn ich ich wäre,*
> *würde ich mich lieben.*
> *Wenn ich Du wäre,*
> *würde ich Dich lieben.*
> *Wenn ich wir wäre,*
> *würde ich uns lieben.*
> *Wenn ich GOTT wäre,*
> *würde ich alle und alles lieben."*
>
> Nicole Tentrus[115]

In der diesjährigen Frühjahrsausgabe des Magazins »ELEXIER« (Ausgabe 33) erschien einer der Leitartikel auch von Brigitte-Devaia mit dem Titel »Einheit fühlen«. Diese lesenswerten Erkenntnisse stelle ich Ihnen jetzt in meinem Buch vor. Sie schreibt:

Es gibt viele wundervolle Beschreibungen darüber, was das Einheits-Bewusstsein für uns bedeuten kann. Zum Beispiel bedeutet es, dass wir zwar körperlich voneinander getrennt sind, jedoch seelisch-geistig alle aus der einen göttlichen Quelle stammen und immer mit ihr verbunden sind. In dieser göttlichen Quelle sind wir alle eins. *„In Gott sind wir eins."* Dieser Satz ist uralt und doch auch topaktuell. Wie auch immer jeder von uns Gott sonst noch nennt, gemeint ist jene große Quelle, aus der alles stammt; gemeint ist der gemeinsame Ursprung allen Lebens; gemeint ist das Leben selbst; gemeint ist die allumfassende Liebe, die alles vereint. Wir können ja genauso sagen: In der Liebe sind wir eins. Die Liebe macht uns zu Einem. Wenn wir uns lieben, haben wir nicht mehr das Gefühl, voneinander getrennt zu sein.

303

Erzengel Raphael teilt uns in einer Botschaft mit:
„...Und weil Ihr aus Gott, der Liebe ist, entstanden seid, ist alles, was Ihr seid, auch Liebe. Ihr seid eins mit Gott, und Gott ist eins mit Euch. Ihr seid die Liebe Gottes in Menschenform. Durch Euch ist Gott Mensch. Wir Engel – unzählige Engelscharen – sind die Liebe Gottes in Engelform. Durch uns ist Gott Engel. Alle Lebewesen sind Gott in Form...“

Und Amaania, der Engel der Schönheit des Herzens, erinnert daran:
„Zuerst beginne damit, Dich selbst lieb zu haben, dann kannst Du auch andere Lebewesen lieben. Finde Göttin-Gott in Dir selbst, und plötzlich erkennst Du Göttin-Gott in allen. Die größte Realität, die alle anderen Realitäten durchfließt, ist Göttin-Gott im Zentrum Deines Herzens.“

Da Gott nicht ein bärtiger Mann ist, der von uns getrennt in einem fernen Himmel regiert, sondern als die große Vereinigung allen Lebens angesehen werden kann, ist diese Vereinigung, dieses Eins-Sein DIE große Wirklichkeit. Alle Menschen tragen diese Einheit in sich. In den Religionen spricht man von unserem *Gottesfunken* in unserem Herzen. Die Quantenphysik fand das sogenannte *Gottesteilchen*. In der spirituellen Sprache ist es die Einheit. Wie auch immer wir es nennen, unser Herz scheint mit ALLEM vereint zu sein. Im Zentrum unseres Herzens ist der Sitz der Wirklichkeit, der Einheit. Neuste Forschungen haben ergeben, dass das organische Herz sogar eigene Gehirnzellen hat.

Amaania, der Engel der Schönheit des Herzens, teilte in einer Botschaft mit: *„...Folge Deinen Wahrnehmungen, die aus Deinem Herzen kommen. Vertraue ihnen, denn im Herzen bist Du mit allem, was existiert, verbunden. Dein Herz ist unbegrenzt...“*

All diese Erkenntnisse sind grundlegend und verändern unsere Einstellung. Sie regen uns unter anderem dazu an, Gott in allen Lebewesen vorauszusetzen und uns als eine große Menschen-Gemeinschaft zu betrachten – eine chaotische Gemeinschaft im Wandel der neuen Zeit. Die Erkenntnis, dass wir alle eins sind, bleibt nur so lange reine

Theorie, bis Liebe dazukommt. Dann wird Eins-Sein und Einheit fühlbar, und alles bekommt einen Sinn für uns. Liebe erdet die große göttliche Wirklichkeit. Zugleich erhebt Liebe in die göttliche Wirklichkeit und lässt uns ihre Größe und Schönheit erahnen und fühlen. Liebe lässt uns die große Wirklichkeit erfühlen und auch erleben. Nichts wird so oft verfilmt, besungen und beschrieben wie die Liebe in all ihren Formen. Amaania, der Engel der Schönheit des Herzens, bringt es auf den Punkt: *„Die Schönheit Deines Herzens ist das Resultat Deiner Entscheidung, in Deiner menschlichen Welt göttlich zu lieben."*

Unsere Liebe vereint uns mit anderen Menschen und Lebewesen allein schon dadurch, dass wir an sie denken, mit ihnen mitfühlen und mit ihnen zusammen sind. Wie grundlegend Liebe ist, zeigt schon der Umstand, dass Babys ohne Liebe sterben. Amaania, der Engel der Schönheit des Herzens, sagt dazu: *„Dein höchstes Ziel ist es, aus Deinem göttlichen Herzen heraus zu lieben und zu leben. Dies ist der göttliche Auftrag, den Du mit allen Menschen gemeinsam hast."*

Aus dem Engelreich stammen auch diese wunderbaren Sätze zum Thema Liebe: *„In Wirklichkeit bist Du immer geliebt und in Sicherheit. Du lebst nur manchmal nicht in der Wirklichkeit, sondern in Illusionen."*

Unsere Köpfe können sich einbilden, die Einheit verlassen zu können und leben dann in Illusionen. Unsere Welt ist eine Welt voller Illusionen. Erzengel Raphael sagt darüber Folgendes:

„…Die Wirklichkeit – Gott, der Liebe ist – ist am stärksten, weil es eigentlich nur sie gibt und weil alles aus ihr kommt. Seid Ihr in Eurem menschlichen Leben im Einklang mit ihr, also in Harmonie mit Gott und lebt Liebe, seid Ihr am stärksten. Ihr seid dann stärker, als das sogenannte Böse, weil dies nicht die Wirklichkeit ist, sondern eine Illusion. Illusionen sind Seifenblasen, die irgendwann zerplatzen. Gott ist die einzige Wirklichkeit in allem. Ihr könnt nur auf Gott bauen und auf seine Liebe. Ihr könnt nicht auf Illusionen bauen. Sie kommen und gehen. Gott, der Liebe ist, bleibt Euch für immer und ewig. Und diese

Ewigkeit ist in Euren Herzen! Euer Herz ist das Stärkste, was Ihr habt. Die alles vereinende Liebe ist das Stärkste, was Ihr seid. In der Neuen Zeit setzt sich in Eurer Welt auf allen Lebensebenen und in allen Lebensbereichen das durch, was am meisten Liebe hat. Wenn Ihr in Euren heiligen, wunderschönen Herzen angelangt seid, seid Ihr in der ewigen Wirklichkeit und in Eurer Stärke! Was aus Eurem Herzen kommt, aus Eurer tiefen Liebe, aus Eurer Göttlichkeit, ist wirklich wahr und wirklich stark..."

In der Neuen Zeit rückt unser Herz in den Mittelpunkt unseres Lebens. Wir werden endlich immer mehr aus dem Herzen heraus leben. Engel sagen dazu: „*...Das Paradies in der Neuen Zeit ist ein Kraftplatz der Liebe, in dem alle Lebewesen harmonisch miteinander leben. Es ist sowohl Euer innerer Zustand als auch eine reale feine Lichtwelt...*"

In den letzten Jahrzehnten sind wir im Einheitsbewusstsein erwacht. Die Welle dieses Erwachens kam überwiegend aus Amerika und wurde von amerikanischen spirituellen Lehrern verbreitet. Dieses Volk hat die dafür geeigneten Qualitäten. In ihnen stecken die Gene der Entdecker und Weltreisenden, die neue Ufer auskundschaften und andere Länder damit in männlicher Energie befruchten. Zugleich geht auch eine weibliche Kraft vom amerikanischen Kontinent aus. Die Ureinwohner – die Indianer – inspirieren die Welt mit der Weisheit der Mutter Erde. Ihre Ausrottung hat dazu geführt, dass Scharen von jenseitigen Geistführern aus diesem Volk hervorgegangen sind und verkörperte Menschen in aller Welt inspirieren. Das amerikanische Volk hatte den Auftrag der spirituellen Erweckung. Und dies geschah unter der Führung seines Volksengels. Danke!
Auch aus Indien kam eine große Welle starker spiritueller Energien und spiritueller Lehren. Der indische Volksengel verbreitete die Kraft der Anbetung, von Karma, Verehrung und der Wiedergeburt. Danke!

Nun bricht die Neue Zeit an. In der Neuen Zeit geht es darum, die Fülle unserer geistigen Erkenntnisse umzusetzen und zu leben und somit zu ,erden'. Wir kehren sozusagen zurück in den Schoß der Großen Mutter Erde. Zu den Erkenntnis-, Denk- und Glaubensprozessen kommen in verstärktem Maße Wahrnehmungs-, Gefühls- und Manifestations-Prozesse hinzu.

Wir bauen ein WIR-Gefühl auf und spüren, dass wir mit allen Lebewesen eins und so etwas wie eine ,Geistige Familie' sind. Das Wir-Gefühl erfordert nicht unbedingt gefühlte Liebe für alle Lebewesen. Es bildet sich auch aus der Bereitschaft für Mitgefühl und der Entscheidung, niemanden zu verurteilen. Und dazu sind wir fähig, weil wir uns bewusst sind, dass die Einheit, die wir auch *Gott* und *Göttliche Liebe* nennen, potenziell in allen Lebewesen enthalten ist, auch wenn diese Wesen negativ wirken oder es tatsächlich auch sind. Einheit bedeutet, dass wir mit allem verbunden sind und nicht nur mit dem Guten. Die Engel sagen hierzu: „*...Eure menschliche Veredelung erfordert auch die Auseinandersetzung mit dem Dunklen. Erinnert Euch daran, dass Ihr ALLES in Euch tragt. Ihr habt Licht und Dunkel in Euch. Es kommt darauf an, für was Ihr Euch entscheidet und was Ihr leben wollt...*" Und in einer anderen Botschaft weist ein Engel darauf hin: „*...Alles, was Du an Dir ablehnst, spaltet sich von Dir ab und bildet Deinen Schatten. Du bist erst dann ganz, wenn Du es wieder annimmst...*"

Hier schließe ich Brigitte-Devaias Beitrag aus dem Magazin »ELE-XIER«, denn was sie darin über den ,deutschen Volksengel' schrieb, binde ich in das folgende Kapitel mit ein.

Deutschland und D-A-CH

„Denk ich an Deutschland in der Nacht,
dann bin ich um den Schlaf gebracht,
Ich kann nicht mehr die Augen schließen,
und meine heißen Tränen fließen."
Heinrich Heine, dt. Dichter (1797-1856)

In Brigitte-Devaias Wand-Kunstkalender 2016 heißt es für den 8. Juni: *„Die Engel sagen: In der neuen Zeit geht von den deutschsprachigen Völkern eine neue spirituelle Kraft aus, die in die Welt fließt. Dies kann von Menschen nicht verhindert werden, denn wir Engel wirken dabei mit."*

Ich habe versucht, in diesem Buch alle politischen Themen zu vermeiden. Und jetzt das? Ich höre schon manche unter Ihnen sagen: *„Aha, eben ein Holey!"* Doch ich bleibe dabei, ich will es möglichst ganz unterlassen. Denn in der obigen Kurzbotschaft heißt es ja auch ganz klar: *„...eine neue spirituelle Kraft..."*. Und damit bleibe ich bei dem Auftrag, den ich mir selbst gegeben habe: Ich versuche, bei allem Geschehen in unserem Leben den geistig-seelischen und spirituellen Hintergrund zu erkennen und darzustellen. Und es häufen sich eben auch die Hinweise, dass dies in der zukünftigen Entwicklung der Völker entscheidend mitwirken wird. Ich bin der festen Überzeugung, dass der weltweite Aufbruch in größere nationale Freiheiten von keinem Dritten Weltkrieg mehr aufgehalten werden kann – auch wenn er, statt mit Atomraketen, nur wirtschaftlich und kulturell ausgefochten wird. Der Aufbruch der Völker ist nicht mehr aufzuhalten, auch wenn noch versucht wird, dessen Energien als ‚arabischen Frühling' oder ethnische Unruhen oder gesteuerten Terrorismus zu missbrauchen.

Der in allen Menschen angelegte Freie Wille wird sich auch völkisch wieder durchsetzen und wirkt als klärende Urkraft in unserer Zeit des Wandels entscheidend mit. Die Macht der friedlichen Stimme des Volkes konnte man mit dem Ende der DDR erkennen und jetzt wieder ganz aktuell beim Brexit, dem Exit aus der EU als Wunsch eines tapferen Bevölkerungsteils der Engländer. Der Brexit bündelte viele Protestenergien und gespeicherte Freiheitswünsche und einige potente Finanziers.

Für unseren nationalen Bereich D-A-CH fand ich mehrere Hinweise, denn der Kampf um den deutschen Sprachraum verschärft sich zusehends. Dazu veröffentlicht der Schweizer Geistesfreund Markus Rüegg auf seiner mutigen, interessanten und wertvollen Netzseite »www.gemeinschaften.ch« folgende Aufklärung:

„Die Dunkelmächte blockieren seit 1871 eine Kooperation zwischen Deutschland und Russland und heute eine Kooperation zwischen Europa und den BRICS-Staaten. Aber genau diese Kooperation zwischen Deutschland und Russland wird kommen. Trotz massivem Druck der USA sind alle ihre NATO-Verbündeten, auch die ‚neutrale' Schweiz, der neuen BRICS-Bank beigetreten. Die wissen alle auch, dass das Dollar-Imperium irgendwann abdanken muss. Der Kapitalismus ist dann leider noch nicht überwunden, aber immerhin endet dann diese weltweite Kriegstreiberei der USA/EU/NATO. Man kann es bereits jetzt beobachten: Die Russen missbrauchen ihre Macht viel weniger als die Amis. Sobald die Dollar-Hegemonie weg ist, wird Frieden einkehren. Aber der Kampf entscheidet sich bei uns, in Deutschland, Österreich, Schweiz."

Dieser spezielle Hintergrund ist schon seit Rudolf Steiners Zeiten bekannt, natürlich vor allem auch der Gier- und Machtelite, welche genau das zu verhindern sucht. Schon in einem im März 1916 gehaltenen Vortrag Rudolf Steiners geht er auch auf den spirituellen Aspekt ein:

„Denn darauf geht das Angelsachsentum aus, die Wahrheit der mitteleuropäischen Entwicklung in Bezug auf die Geisteswissenschaft überall auszulöschen und sich selbst an dessen Stelle zu setzen. Hier ist es das eminenteste Machtgelüst, das dem Okkultismus entspringt."[(29)]

Der ‚schlafende Prophet' Edgar Cayce (1877-1945) erklärte zum Schrecken seiner US-amerikanischen Landsleute:

„Mit Russland kommt die Hoffnung der Welt. Nicht im Bezug auf das, was manchmal als Kommunismus oder Bolschewismus bezeichnet wird. Nein! Aber die Freiheit – die Freiheit! Dass jeder Mensch für seinen Mitmenschen leben wird. Das Prinzip ist dort geboren. Es wird Jahre dauern, bis sich das herauskristallisiert, doch aus Russland kommt die Hoffnung der Welt wieder."[(28)]

In der österreichischen spirituellen Zeitschrift PULSAR (9/2015) fand ich im Interview mit der Heilerin Achala Desiree Khan auf die Frage *„Welche Länder haben eine besondere Bedeutung für den spirituellen Aufstieg?"* folgende Antwort:

„In den Anfängen des Aufstiegs hat Amerika die erste Rolle übernommen, dann Australien, Hawaii und Neuseeland und Südafrika (Kapstadt), ab 2012 Österreich, Deutschland und die Schweiz."

Auszugsweise bringe ich noch einige Zitate des bekannten Mediums Diana Cooper aus ihrem Buch »Der große Übergang 2012-2032«:

„Deutschland wird eine weltweit führende Rolle in der zellulären Lichttechnologie einnehmen und sie aus freien Stücken mit der Welt teilen. Diese Technologie wird die Menschen überall auf der Welt transformieren.

Aufgrund dieser Arbeit wird dem Land göttliche Gnade gewährt werden. Die Konzentration auf Heilung wird dem kollektiven Herzen Deutschlands endlich Frieden bringen, sodass das Land und alle seine Bewohner sehr schnell in die fünfte Dimension aufsteigen werden. Dadurch wird die 20-jährige Übergangsphase hier sehr viel problemloser verlaufen als in vielen anderen Ländern.

In den Bäumen des Schwarzwaldes ist große kosmische Weisheit gespeichert. Diese Weisheit wird die höheren Energien während der kommenden Veränderungen in Deutschland verankern und aufrechterhalten. Viele fünfdimensionale Gemeinschaften werden sich hier bilden, und nach 2032 werden viele neue goldene Städte entstehen."[(116)]

Aus der Voraussage von Diana Cooper über Österreich möchte ich folgende Sätze vorstellen:

„Die kulturelle Schönheit Wiens bringt diesem bezaubernden Land großes Licht. Da die Wirtschaft vernünftig geregelt wurde, gibt es hier kein großes finanzielles Karma. ... In den österreichischen Bergen ist die Energie rein und klar, und die Wälder bewahren das Licht. Klänge und Töne werden in den Bergen der Welt gespeichert. Dies gilt besonders für die österreichischen Alpen, da dieses Land sehr in Einklang mit den Klängen lebt. ... In großen Teilen Österreichs herrscht ein heimeliges Klima vor, da die Familie immer noch sehr wichtig ist. Aus diesem Grund werden sich hier auch ganz natürlich fünfdimensionale Gemeinschaften bilden. Österreich wird eine relativ leichte Übergangphase erleben und nach 2032 werden hier goldene Städte entstehen."

Die Energien in der Schweiz werden durch den Teilchenbeschleuniger CERN und durch die finanziellen Reichtümer anderer Ausbeuter belastet. Doch begeistert schreibt Diana Cooper:

„Allerdings inkarnieren sich viele hochentwickelte Seelen in der Schweiz. Dies sind integre Menschen, die ein Verständnis der geistigen Gesetze besitzen und die notwendigen Veränderungen vorantreiben werden. Da die Energie in den Bergen besonders rein ist, werden sich hier fünfdimensionale Gemeinschaften bilden. Die Klänge der Engel werden die Berge mit Licht erfüllen."

In einem der Bücher von Neale D. Walsch soll er auch nach der Zukunft Deutschlands gefragt haben. Ich fand die Originalstelle im Buch nicht, doch mir wurde folgende Antwort für Deutschland auf seine diesbezügliche Frage gemailt:

„Euer Schicksal ist speziell, denn es gibt kaum ein Land, dem jemals so übel mitgespielt wurde. Ihr habt alle Formen des Missbrauchs erlebt, Euch wurden die Würde und die Ehre genommen. Ihr wurdet belogen und betrogen.
Aus diesen Tiefen beginnt Ihr Euch zu erheben, jedoch ohne Hass, sondern aus der Mitte Eures Herzens. Ihr wisst um die alchemistische Umwandlung von Schmerz in die Liebe. Genau das wird Eure Triebfeder sein, die dann alle Menschen anstecken wird. Vertraut Eurer Liebe und stimmt den großen Gesang der Freiheit an!"

Dazu erfuhr Brigitte-Devaia von einer Wesenheit, die sich als ‚deutscher Volksengel' vorstellte:

„In der neuen Zeit werden wir Einheit mehr und mehr fühlen und leben. Und welche Volksgruppe wäre bereiter, die Führung hierbei zu übernehmen, als das deutschsprachige Volk, dem Tiefgründigkeit schon immer zu eigen ist, das tief in den Grund der Dinge eintauchen kann und leicht an die Wurzel aller Dinge kommt? Diese Volksgruppe hat die geeigneten Qualitäten und auch schmerzliche Schulungen für die Manifestation geistiger Kräfte durchlaufen, weil es Hüter einer besonderen weiblichen Manifestationskraft ist, die den Himmel auf die Erde bringen wird. In den deutschsprachigen Völkern stecken noch die Gene der vorchristlichen Völker, die Kinder der Großen Göttin. Indem sie zurückkehren, kehrt auch die Göttin zurück und mit ihr eine neue ‚geerdete' Spiritualität und Liebe – zurück zur Einheit."

Dazu ergänzte Erzengel Raphael:

„...An der Gestaltung des übergeordneten göttlichen Planes seid Ihr Menschen mitbeteiligt – Ihr seid Mitschöpfer – nicht jedoch daran, dass er sein muss und wann er sein muss! Gott baut das Haus, die Menschen richten es ein. Gott veranlasst einen Umzug in ein größeres Haus, die Menschen richten es ein. Sie können jedoch nicht den Umzug verhindern! Und so kann auch kein Widerstand der Welt die Umsetzung des göttlichen Plans aufhalten, mit dem dieses Volk beauftragt ist... Wo mein grün-goldener Heilstrahl so gebündelt hinfällt, wird sich alles auf die göttliche Harmonie ausrichten. Heilung ist das Wiederherstellen von Harmonie. Ist sie hergestellt, können sich göttliche Aspekte aus der göttlichen Einheit herausschälen und in neuer Form auf die Erde kommen. Und so kommt es, dass ein Volk, welches kollektive Schuld und kollektiven Schmerz auf sich genommen hat und durch die Abgründe der Dunkelheit gewandert ist, göttliche Heilung erfährt. Das deutschsprachige Volk ist mit besonderer Reinheit und innerem Licht gesegnet und wird nach und nach die göttliche Wirklichkeit, die Liebe und die Einheit aller Wesen und Welten in die Erdenwelt einpflanzen. Lichtwesen aus der göttlichen Einheit sind in großer Anzahl gekommen, um an

der gottgewollten Aufgabe des Volkes zum Wohle der gesamten Mensch-
heit mitzuwirken und die Menschheit ins Goldene Zeitalter zu führen.
Eine besonders reine Spiritualität wird in den deutschsprachigen Völ-
kern geboren und erblühen, damit zuerst den Osten berühren und dann
die ganze Welt. So, und nicht anders, geschieht es!..."

Dank sei Euch allen, Euch Diesseitigen und Euch Jenseitigen, die Ihr
uns solche Hoffnung macht – und Mut. So, wie jetzt hier im Zentrum
Europas gewütet wird, brauchen wir diesen Zuspruch dringend. In unseren Gebeten werden wir das alles gerne bestätigen und bleiben am
Ball.

Liebe Leserin, lieber Leser, wenn Sie an dieser Stelle das Buch kurz
zuschlagen und sich den Buchumschlag genauer ansehen, dann stellen
Sie fest, wie sich aus Mitteleuropa ein Lichtstrahl erhebt. Natürlich
könnte man es auch so deuten, dass ein besonderes Licht auf Mitteleuropa fällt – beides passt zu den verschiedenen Hinweisen, dass im
deutschsprachigen Raum eine lichtvolle Kraft wirksam werden wird.
Ich fand noch eine dritte Variante, das Licht über diesen speziellen
Raum zu erklären: zwei Seiten weiter können Sie folgenden Satz lesen:
„Ihr seid diejenigen, die allein durch ihr Dasein das Licht auf dem Plane-
ten halten." Genau das hat Brigitte-Devaia auf dem Buchumschlag dargestellt.

Irgendwann kommt natürlich noch die logische Frage: *„Was soll das*
alles? Wenn ich mir das aktuelle Deutschland ansehe, brauche ich einen
Kotzeimer und keine ungeerdeten Visionen!" Na ja, dann hätte ich dieses
Buch auch nicht zu schreiben brauchen, denn der Wandel mit seinen
göttlich-kosmischen Energien hat schon sehr viel auf die Wege gebracht. Wir brauchen unser Licht nicht unter den Scheffel zu stellen.
Doch es stimmt auch, was schon in anderen Aufforderungen der geistigen Welt gesagt wurde: *„Ihr seid längst über der Zeit!"* Wenn wir bedenken, dass das kosmisch-göttliche Lichtreich – oder einfach unser lieber
Gott – hier auf der verdichteten Lebensebene *uns*, seine materiellen

Schöpferinnen und Schöpfer, braucht, um gegen das kosmisch-ungöttliche Reich der Lichtlosigkeit wirken zu können, dann blockieren das auch heute immer noch unsere praktizierten Lieblosigkeiten und Ich-Bezogenheiten. Dadurch scheint der angekündigte spirituelle Weg der deutschsprachigen Völker noch in weiter Ferne zu sein, und solche Prophezeiungen, die das Datum um das Jahr 2030 beinhalten, machen heute nicht gerade glaubwürdige Hoffnungen auf den schnellen Wandel.

So muss wohl noch irgendetwas geschehen, damit das Erwachen forciert wird und daraus ein mutiges Aufwachen zu neuen schöpferischen Manifestationen führt, die nur wir Irdischen so gestalten können, dass es zu einem ‚Umzug in ein größeres Haus' nach oben wird. Darf ich hier noch einmal an die uralte Erkenntnis des Volksmunds erinnern? *„Hilf Dir selbst, dann hilft Dir Gott!"* WIR sind dran. Sie und WIR sind die Deutschsprachigen, die mit dafür verantwortlich sind, dass unsere spirituellen Wege zukünftige Vorbilder werden können. Nicht immer *„…die anderen"*, DU und ICH sind es! Dazu sprach die Aufgestiegene Meisterin Maria Magdalena im November 2013 Klartext:

„Es ist mein Auftrag, Euch nun mitzuteilen, dass wir Meisterinnen und Meister, Gaia, die Engel und die Sternenmenschen, die mit der Erde verbunden sind, übereingekommen sind, dass die Menschheit die Erschütterung durch Leid und Schmerz wohl noch braucht, um aufzuwachen. Und dies lassen wir geschehen.

Was bedeutet dies für Euch? Es bedeutet, dass Ihr, Vielgeliebte, unseren besonderen Schutz auf allen Ebenen erhaltet. Fürchtet Euch bitte nicht! Unser Schutz kommt auf viele Arten. Wir senden Euch auch unsere Botschaften, in denen wir Euch auf etwas aufmerksam machen, was Ihr erkennen, beherzigen und verändern sollt.

Wie Ihr wisst, ist Liebe der größte Schutz überhaupt, denn was Ihr ausstrahlt, kehrt zurück. Und es ist ja auch so, dass Eure Liebe es uns ermöglicht, etwas für Euch zu tun.

*Wir fordern Euch auf, sofort damit aufzuhören,
Euch gegenseitig zu kritisieren und zu verurteilen! Liebt Euch!*

314

Kritik, Verurteilung, Ablehnung, Arroganz, Konkurrenz, Neid und üble Nachrede schwächen Euch, weil Ihr negative Elementale erzeugt und den Mächtigen den Ball zuspielt. Ihr verletzt Euch selbst dabei am meisten. Liebt Euch! Seid achtsam, was Ihr denkt und fühlt, was Ihr wollt und was Ihr sagt! Alles, was Ihr von Euch gebt, kehrt zurück zu Euch!

Wir fordern euch auf, euch gegenseitig zu unterstützen!
Seid wie Engel füreinander! Liebt Euch!

Ihr lebt inmitten von Menschen, die das astrale Dunkelfeld noch weiterhin erlauben und es füttern. Ihr braucht einander!
Wie nur kann ich Euer Gefühl für Zusammenhalt stärken? Was braucht Ihr, um noch mehr zusammenzukommen? Bei uns ist es für Momente ruhig geworden. Wir alle schauen mit Besorgnis auf Euch. Betet jetzt mit uns...
Ihr seid diejenigen, die allein durch ihr Dasein das Licht auf dem Planeten halten. *Ist Euch das eigentlich bewusst? Ist Euch bewusst, wie sehr Ihr Gaia und der Menschheit dient und wie wichtig Ihr für sie und für uns seid? Ja, ich meine Euch Lichtarbeiter, wie auch immer Ihr Euch sonst noch nennt! Ihr seid, wer Ihr seid, ob Ihr es wisst oder nicht, ob Ihr Euch gut fühlt oder nicht. Und Ihr bringt eine Grundschwingung mit, die immer da ist.*
Wir wissen, dass Eure Zuversicht auf eine harte Probe gestellt wird. Wir sehen, wie Ihr müde und traurig seid und nicht verstehen könnt, warum wir denn nicht endlich eingreifen. Viele von Euch erhoffen sich so sehr, dass das Leid doch bald ein Ende haben möge und der Aufstieg stattfindet.

Vielgeliebte, haltet Eure Hoffnung aufrecht! Ihr seid nicht allein! Der göttliche Plan ist weise!"

Der Aufstieg vom ICH zum WIR

*„Heilsam ist nur, wenn im Spiegel der
Menschenseele sich bildet die ganze Gemeinschaft, und in der Gemeinschaft
lebet der Einzelseele Kraft.“*

Dr. Rudolf Steiner

Nach dieser intensiven Aufforderung aus der geistigen Welt im vorigen
Kapitel möchte ich nun zum letzten Kapitel dieses Buches kommen
und zur *neuen Einheit der Menschen*. Wie bereits mehrfach erklärt,
kommen wir Irdischen aus der himmlisch schönen *geistigen* Einheit, um
auch in der extremen Gottesferne Schöpferinnen und Schöpfer zu sein.
Wir haben uns vorgenommen, es auch als weiblich und männlich ganz
im Sinne der androgynen, ungeschlechtlichen Zentraleinheit zu schaffen. Das war wohl nicht nur sehr mutig, sondern womöglich auch
übermütig. Doch durch unseren Begleitschutz von vielen Engeln und
Geistführern werden wir es auf jeden Fall fertigbringen. Die Frage ist
nur, bis wann, und wer bis zuletzt durchhält. Und wenn es dann ge-
klappt hat – die *irdische* Einheit –, wissen wir, dass wir eine eigene neue
Seeleneinheit und Menschheit geschaffen haben, und die überirdische
Chefetage wird dann nicht nur staunen, sondern goldene Becher als
Medaillen an uns alle verteilen. Dann wissen wir, dass dies der Beginn
des langersehnten ‚Goldenen Zeitalters‘ ist.

Es gibt ja bereits ein gigantisches WIR, ein globales und weitgehend
gleichgemachtes WIR, das WIR der einigermaßen zufriedenen Men-
schenmasse, und es scheint sehr bequem zu sein, in diesem Mainstream
dahinzuströmen und sich steuern zu lassen. Eine Kurzformel für diesen
Typ der modernen Bevölkerung ist der alte Leitsatz *panem et circenses*
(Brot und Spiele). In diesen eingefahrenen Systemen bedeuten Veränderung und Wandel etwas sehr Schwieriges, vor allem, wenn wir es nur
rein kopfig angehen. Denn was wir als Gegensatz zur aktuellen WIR-
Masse brauchen, ist **eine neue WIR-Kultur**, ein völlig anderes und höheres Niveau, das natürlich auch ganz anders aussieht. Sind das nur

Zukunftsträume? Bestimmt nicht, doch es bedarf noch eines gewaltigen Bewusstseinswandels, über unzählige Bewusstseinserweiterungen schließlich zu einem **neuen Bewusstsein** zu kommen. Das wird uns nur teilweise geschenkt, den Hauptteil müssen wir Menschen erbringen, WIR alle müssen es *bewusst sein*.

Was meine ich mit ,geschenkt? Erinnern Sie sich? Der erste Teil dieses Buches befasst sich mit den kosmischen Änderungen, welche den äußeren Teil aller Bewusstseinsveränderungsmöglichkeiten darstellen. Das sind kosmisch-göttliche Geschenke für den inneren und äußeren Wandel der Menschheit. Diesen Wandel unterstützt auch unsere lebendige Mutter Erde mit geradezu unzähligen Geschenken. Um damit relativ leicht zu dem fälligen Wandel zu kommen, müssen sie natürlich auch praktisch gelebt werden – von uns!

Vielleicht fällt uns die Vorstellung von diesem kosmisch-menschlichen Prozess etwas leichter, wenn wir uns ein galaktisches WIR-Quantenfeld vorstellen, in dem wir alle leben. Unterbewusst sind wir alle damit in Wechselwirkung – alle. Einige von uns sind es schon stark und immer bewusster, das Gros der ahnungslosen Menschheit allerdings überhaupt noch nicht, und dazwischen gibt es die unzähligen Geschwister, die begonnen haben oder immer mehr beginnen, in den Genuss einer *masselosen neuen Freiheit* zu kommen. Denn Bewusstseinserweiterungen kann man *spüren*, es sind stets Seelenwege in ein stilles Freiwerden. Durch unsere Gefühle werden es angenehme Entlastungen für unseren Körper und für unser Gehirn.

Mir kommt dazu das Bild in den Sinn, wie eine große Menschenmenge wie gebannt auf ein riesiges Thermometer starrt, das Minusgrade anzeigt, und sich die Menschen ihre Mäntel und Jacken krampfhaft zuhalten vor Kälte. Allerdings scheint hinter ihnen bereits die wärmende Sonne, doch sie sehen und spüren sie noch nicht.

Die Basis jeder Kultur sind die Wurzeln eines Volkes in seiner jeweiligen Region, und dazu gibt es einen tiefgründigen Vortrag über die Entstehung von Kultur von Niki Vogt[120] mit dem Titel »Wurzeln«. Mich bestätigt ihre entscheidende Erkenntnis: *„Kultur ist das, **was wir*** *verändern, um darin leben zu können.*" *WIR* sind somit unsere Kultur. Doch wie zurzeit das WIR in unserer Region aussieht, führt leider zur anderen erschreckenden Erkenntnis, nämlich dass wir eine Kultur *hatten*, denn man versucht schon seit längerem, sie zu Grabe zu tragen. Ich erlaube mir somit Nikki Vogts wichtige Formel an dieses Buch anzupassen: „*Kultur ist das, was wir verändern, um darin auch ethisch und spirituell leben zu können.* "

Den Weg in eine solche neue WIR-Kultur können wir meiner Meinung nach auf zwei Ebenen gehen:

* Der eine Weg ist das *begrenzte WIR-der-Köpfe*, und
* der andere Weg ist das *grenzenlose WIR-der-Herzen*.

Beide sind richtig, und wir können sie nacheinander gehen, doch es gibt da noch die dritte Möglichkeit, den etwas steileren und natürlich auch kürzeren Weg, auf dem wir beides gleichzeitig erleben können. Und wie begrüßen wir uns dann auf diesem Wanderweg? „*Grüß Gott!*" Prof. Dr. Wolfgang Berger nennt es die Kohärenz von Hirn und Herz, bietet ein ‚Kohärnez-Training' an und zitiert den erst vor kurzem verstorbenen Muhammad Ali: „*Was mein Kopf denken und mein Herz glauben kann, das kann ich auch erreichen.* "[121]

Werfen wir einen kurzen Blick auf den WIR-der-Köpfe-Weg, der wie eine breite Autobahn für den Fußmarsch zur Verfügung steht. Dieser Alltag ist ganz selbstverständlich von unserem ICH bestimmt, von unserer Eigenart, unserer Persönlichkeit, unserer Qualifikation, Liebhabereien wie auch Verpflichtungen. Ganz nebenher funktioniert das im Rahmen eines alltäglichen WIRs – dem familiären, dem nachbarlichen, dem kollegialen und dem freundschaftlichen. Es ist der Weg, den wir bereits alle gehen. Wir versuchen dabei, unsere Identität zu bewahren und teilweise unseren eigenen Willen zu leben. Wer dabei auch Lebensfreude, Selbstbewusstsein und auch noch Ethik leben und erleben möchte, muss ‚rechts überholen' und drängeln, was die anderen gar nicht gerne haben.

Der andere Weg ist der aufsteigende, schmalere Weg der Seelen oder der WIR-Weg der Herzen. Auf diesem geschwungenen Weg stehen viele bunte ,Bänke der Gefühle' zum Rasten, die innere Weiblichkeit begegnet den Aufsteigern in Form von sprudelnden Quellen, und der eigene Seelenplan kann an den gesicherten Aussichtsplätzen überwältigend genossen werden. Es ist der ideale Aufstiegsweg vom unteren ICH zum oberen WIR. Wie bei all solchen Gruppenwanderungen in den Bergen gibt es dabei vorne die sportlich schnellen, und es gibt die anderen, die hinterherschnaufen, doch bei der nächsten Hütte wird zusammen gefeiert. Wenn wir in unserem WIR-Quantenfeld dabei auch noch eine sonnige Wechselwirkung erwischen, können wir gemeinsame Lobgesänge anstimmen, und unsere Herzen werden in goldenem Licht erstrahlen. Und unsere geistigen Wegbegleiter, unsere unsichtbaren Freunde sind mit uns – eine sehr gepflegte und hochschwingende WIR-Kultur.

Das WIR hat in unserer heutigen Lebensweise bereits mehrere aktive, äußere Formen der Vernetzung angenommen: hauptsächlich die telekommunikativen wie facebook und Konsorten (in Deutschland soll es 20 solcher sozialer Netzwerke geben) und das dominante Fernsehen mit seinen Emotionsschüben. In unserem Europa toben solche Emotionsspitzen meist bei Fußball-Großveranstaltungen einerseits und andererseits mit dem Brexit der Briten – dem mutigen Votum des Volkes.

Könnte der Brexit auch ein Zeichen dafür sein, dass es ein unterschwelliges *Netzwerk der Herzen* gibt – am Verstand vorbei? Gibt es ein Netzwerk der Gefühle, mit den starken Gefühlen des *Verbundenseins?* Das Gefühl des Verbundenseins kann sehr mächtig sein, wie die Fußballbegeisterung im Äußeren erneut erkennen lässt. Und das Sich-verbunden-fühlen ist wohl auch der Kitt aller Gemeinschaften, vor allem der kleineren, die wie Inseln in der mainstreamigen ,Großgemeinschaft' der Masse existieren. Ist nun im Rahmen des Mega-Wandels auch die Zeit gekommen, die *Seelen-Netzwerke* zu entzünden und zu aktivieren? Denn diese oder solche sind ja eigentlich der Ursprung alles Verbundenseins überhaupt, nämlich des Göttlichen in uns.

Eigentlich sind alle diese inneren ‚Verbindungen' unsichtbare Zeichen unsichtbarer Quantenfelder – im Kleinen wie im Großen. Es heißt ja schon lange: „*Wo zwei oder drei versammelt sind in meinem Namen, da bin ich mitten unter ihnen.*" Jedes ‚Netz' und jede Gemeinschaft ist oder hat ein Quantenfeld mit seinen verbindenden Wechselwirkungen, und auch das riesige Quantenfeld unseres Volkes wirkt hauptsächlich durch sein inneres Verbundensein. So elementare Kräfte wie Erfolg einerseits oder großes Leid andererseits verbinden ebenfalls – das ist leicht ersichtlich. Doch es gibt darüber hinaus noch die verschiedensten, oft sehr individuellen Kräfte, die Gemeinschaften entstehen lassen oder Vereine, um Verbundensein auch als Schutz, als Sammelgut und als ‚Insellösung' zu pflegen. Man muss ja nicht gleich zur Elite werden.

Wir können das noch um eine Stufe anheben, wenn wir in die hermetische Sichtweise von Mikrokosmos gleich Makrokosmos gehen. So, wie das Verhältnis des Einzelnen zu eine Gemeinschaft ist, können wir vermuten, so ist auch das Verhältnis einer Gemeinschaft zum viel größeren Einheitsbewusstsein. Denn dieses Urquantenfeld steht garantiert und schon längst in Wechselwirkung mit einer neuen WIR-Kultur, die wir jetzt dringend brauchen.

Auf einige Beispiele möchte ich noch hinweisen. Kleine oder auch größere Gemeinschaften, die gemeinsam glaubten oder lebten oder etwas erschufen oder veränderten – im guten wie im bösen Sinne – gab es schon immer. Denken wir dabei vor allem an die zahllosen Hilfsorganisationen. Auch wenn dabei interner Übereifer oder simple Machtstrukturen den jeweiligen Freien Willen sehr menschlich missbrauchen können, die erbrachten Leistungen zählen.

Neue geistliche Gemeinschaften (auch esoterisch und spirituell), politische Parteien, alternative Heilmethoden, gesunde Ernährung, im Tierschutz, im Naturschutz – einfach aus allen Lebensbereichen – kommen dazu. Alle **Idealisten** sind dazu aufgerufen: „*Vernetzt Euch! Habt Mut!*" Denkt dabei mehr an das WIR als an das ICH. Feiert Eure

Verbundenheit. Feiert die Freiheit des Andersseins. Nützt nicht nur den äußeren Schutz der Gemeinschaft, sondern auch die unsichtbaren Verbindungen und Führungen aus der geistigen Welt. Sie wirken anregend und stärkend mit, und helfen dabei ganz entscheidend durchzuhalten, wenn die Gegenkräfte wieder und wieder wirksam werden. Gesteht dabei auch ruhig ein, dass nicht alle Ideen oder Erfolge immer auf der eigenen Miste gewachsen sind. Dabei sind doch auch schon so viele sogenannte Wunder geschehen.

Zum Thema von **Gegenkräften** könnte ich ein eigenes Buch schreiben. Hier gilt genauso das hermetische Prinzip von Makrokosmos und Mikrokosmos, wie im Großen, so im Kleinen. Und wer dabei schon etwas fortgeschrittener beobachten kann, merkt hinter vielen der jeweiligen Gegenfronten die unsichtbaren, astralen Elementale und Phantome, wie ich sie schon geschildert habe. Nicht nur über die eigenen, inneren Sensoren können Zweifel, Unmut, Unruhe, Eigensinn, Neid und andere störende Energien geweckt werden, sondern genauso wird das in den Betroffenen und Zuständigen der Gegenseiten astral und erfolgreich unterstützt – nicht nur bei mir und bei uns, bei Ihnen und unserem Volk, sondern genauso bei der gesamten Menschheit. Daher kommen auch solche Kommentare aus der Geistigen Welt wie: *„Ihr seid über der Zeit!"* – bei unserem mühsamen Aufstiegsgeschehen und unserem inneren und äußeren Wandel.

Doch die *Energien der Gegenkräfte* können auch positiv genutzt werden und sind dann ein entscheidender Teil unseres Mega-Wandels. Im Großen haben wir es soeben im Brexit der Briten erlebt und im Kleinen sind es nicht nur die fast unzähligen Petitionen, sondern auch lokale Widerstände, die sich in ,Bürgerbegehren', Bürgerinitiativen und ähnlichen Bürgergemeinschaften organisieren. Zusammen mit Brigitte-Devaia und ihrem Sohn habe ich fast ein Jahrzehnt in Überlingen am Bodensee und Umgebung gelebt und auch den touristischen Erholungswert dieser Stadt kennengelernt – ihre Blumenanlagen, ihre Parks und die berühmte Promenade. Und im Jahr 2020 wird in dieser Stadt die Landesgartenschau sein und muss entsprechende jahrelange Vorbereitungen hinnehmen. Weil dabei auch eine alte, wertvolle Platanenallee mit über 160 Bäumen umgesägt werden soll, hat sich hier eine BÜB-Gemeinschaft gebildet, ein kleines ,Brexit' mutiger Bürger. Auch als ehemaliger Bürger kann ich mich mit diesem Projekt *mental* vernetzen und mit meiner energetischen Mitwirkung teilnehmen – ähnlich den fernwirkenden Kräften all der Petitionen. Natürlich hält mich ein Überlinger Freund über die dortigen Geschehnisse auf dem Laufenden, um energetisch in der *Jetzt-Kraft* zu sein, einer Kraft, die keine räumlichen Grenzen kennt.

Dieses städtische Beispiel können wir auf fast alle Lebensbereiche ausdehnen, in denen immer mehr Gegenkräfte mobilisiert werden, um vernünftige oder traditionelle oder ethische Werte zu *erhalten*. Erleben wir heute immer öfter das physikalische Prinzip von Aktionskraft (*actio*) und Reaktionskraft (*reactio*) auf beiden Seiten, den positiven und den negativen? Erkennen wir immer schneller, was uns dabei schaden soll, oder kann und wehren wir uns heute immer erfolgreicher dagegen? Im Großen wie im Kleinen? Ich genieße das alles als einen großartigen und zeitgemäßen Wandel!

Zu Beginn des Kapitels habe ich Rudolf Steiner zitiert: *„Heilsam ist nur, wenn im Spiegel der Menschenseele sich bildet die ganze Gemeinschaft, und in der Gemeinschaft lebet der Einzelseele Kraft."* Daran muss ich jetzt selbst denken, weil wir heute einen warmen und sonnigen Tag haben und auf unseren kurvigen Bergstraßen die Motorradfahrer Freude am Lärm haben. Alle diese Motorradfahrer sind ausgesprochene Individualisten und genießen es auch, so zu sein – mit ihren liebevoll gepflegten Maschinen. Doch genau diese eigentlich grundverschiedenen Individualisten lieben es auch, sich in kleinen Biker-Gemeinschaften zusammenzufinden, sich wertzuschätzen und darin zu unterstützen, eine WIR-Kultur der eigenen Art zu pflegen. Dadurch können sie ihre individuelle ,Einzigartigkeit', der ,Einzelseele Kraft' (Rudolf Steiner) für einen Tag oder für ein Wochenende genießen. Sie zeigen uns, dass so etwas funktioniert und dabei auch die ersehnte und gesundheiterhaltende Lebensfreude erzeugt.

Die Basis eines Volkes sind die **Familien.** Seit Urzeiten besteht der klassische Familienverbund aus drei Generationen, und die wertvollen und sehr nützlichen ‚Groß-Eltern' sind dabei ein besonderer Halt der jungen Familie. Großeltern vermitteln Geborgenheit, Geduld und Lebenserfahrungen – und können die Familie zu einem starken Team werden lassen. Trotzdem hat sich das Bild der Omas und Opas beachtlich geändert, denn in den meisten Fällen ist heute das Alter kein Alter mehr. *„Die Beziehung zwischen Enkeln und Großeltern ist heute viel enger als noch in der Generation davor.",* sagt der Familiensoziologe Prof. Dr. François Höpflinger von der *Universität Zürich.* Davon profitieren nicht nur die Kinder, sondern die ganze Familie. Bei »www.baby-und-familie.de«[123] findet man einen ausführlichen Bericht dazu, in dem es u.a. heißt:

„Die Allianz der Generationen beruht in den meisten Fällen auf einer einfachen Tatsache: Großeltern und Enkel sehen sich häufiger. Großmütter und -väter sind die drittwichtigste Betreuungsinstanz für Kinder im Krippen- und Kindergarten-Alter, berichtet das Deutsche Jugendinstitut (DJI). In Zeiten, in denen Kita-Plätze rar sind und beide Elternteile arbeiten, werden Oma und Opa wieder wichtiger. Jedes dritte Kind hierzulande, das noch wenigstens einen Großelternteil hat, wird von den Großeltern mindestens einmal in der Woche betreut."

Zu solchen äußeren Wegen zu Vereinigungen und Gemeinschaften möchte ich noch auf drei Varianten hinweisen, wie bereits in kleinen **Vereinen** oder Genossenschaften Veränderung und Wandel gelebt werden und bei denen Brigitte-Devaia und ich persönlichen Bezug haben:

- Der »SOLIDAGO - Solidargemeinschaft für Gesundheit e.V.« ist ein alternativer Weg der finanziellen Absicherung im Krankheitsfall und generell am Gesundbleiben aktiv beteiligt zu sein – in kleinen und lebendigen Gemeinschaften. In diesem Verein bin ich seit Jahren begeistertes und zufriedenes Mitglied. Einen ausführlichen Bericht dazu gibt es aus dem Jahr 2014,[118] die heutige Zahl der Mitglieder hat sich schon wesentlich erhöht.

- Bei »Correcto Mundo« handelt es sich um einen noch seltenen Einkaufsverein, bei dem die Mitglieder Bioware weit unter dem üblichen Verkaufspreis erwerben können. Auf ihrer Netzseite (www.correctomundo.org) heißt es unter anderem: *„Correcto Mundo ist ein Bioladen für Mitglieder. Jeder kann uns beitreten und faire Bioware fast zum Einkaufspreis bekommen. Durch den Zusammenschluss vieler und einen geringen Mitgliedsbeitrag werden wir die Ladenmiete und Löhne zahlen. Wir setzten uns dafür ein, dass alle einen fairen Preis bekommen: die Produzenten, denn wir möchten nicht, dass jemand für unsere Leckereien unter dem Minimum leben muss – und die Verbraucher, denn Bioware soll allen zugänglich gemacht werden und nicht nur denen, die einen dicken Geldbeutel haben. Und auch wir wollen dabei nicht verarmen, sondern für unseren Einsatz einen fairen Lohn erhalten. Natürlich muss niemand Mitglied werden, um bei uns einkaufen zu können. Jedoch zahlen alle anderen die normalen Preise, die in Bioläden verlangt werden.“*

- In der Gemeinde Gersbach, einem hoch gelegenen Ortsteil von Schopfheim mit nur 700 Einwohnern, konnte der einzige Dorfladen nur gerettet werden, indem sich eine kleine Genossenschaft aus Bürgern gebildet hat. Genau in diesem Sinne sind ja Genossenschaften im 19. Jahrhundert überhaupt entstanden.

Gibt es auch Gemeinschaften, welche hauptsächlich innere Seelenwege gehen – spirituelle Gemeinschaften? Davon gab und gibt es immer schon wertvolle Vereinigungen, die für bestimmte Ideale oder für die ganze Menschheit wirken.

Besonders wertvoll sind dabei **Gebetsgemeinschaften,** welche oft auf religiösem Weg den heutigen Petitionen vorausgegangen sind und die heute erst recht ihre paranormalen Kräfte nutzen. Solche gemeinschaftlichen Gebete besitzen außerordentliche Kraftpotentiale, die als sogenannte *Fürbitten* besonders stark wirken können. Normale Gebete sind meistens mit unserem ICH verbunden, was *wir* wollen oder was *wir* glauben, dringend zu benötigen. Doch Fürbitten sind stets für andere oder anderes und sind mit dem grenzenlosen Quantenfeld des WIR in Wechselwirkung. Die größte deutsche und auch internationale Gebetsgemeinschaft, die ich kenne, ist der bereits erwähnte »Bruno-Gröning-Freundeskreis« (www.bruno-groening.org). Die ‚World Peace Prayer Society' (WPPS) würdigt das über 30-jährige Engagement des Freundeskreises mit ihrer Friedensauszeichnung.

Meditationsgemeinschaften können ‚Wunder'-volles und Großartiges bewirken. Meine fast tägliche Meditation zu zweit – mit Brigitte-Devaia – lässt mich und uns erleben, wie eng verbunden wir mir unseren geistigen Begleitern sind. Das Angebot von Meditationsmöglichkeiten boomt auch anderweitig. Das Wort *Boomen* ist nicht übertrieben. Schon in Jahr 2008 hieß es im »SWR2 Wissen«, dass über vier Millionen Deutsche regelmäßig Meditieren und Yoga praktizieren.

Auch bei dieser Renaissance der Meditation erleben wir wieder zwei verschiedene Seiten:

- die äußeren (exoterischen) Formen als Empathie, als besondere Tiefenentspannungen, als Achtsamkeitstechniken, als spezielle Entspannungen gegen Dysstress und Burnout, als Hilfe zur Entschleunigung und viele weitere Experimente der Verinnerlichungen und der Sinnsuche. Ich fand dazu Hinweise, dass in Brennpunkt-Schulen in den USA vor und nach dem Unterricht gemeinsam meditiert wird, was den Schülern nicht nur deutlich bessere Leistungen, sondern auch weniger Gewalttätigkeiten bringt. In Gefängnissen wiederum hilft Meditation bei der Rehabilitation von Straftätern. Selbst beim Weltwirtschaftsforum in Davos wird neuerdings meditiert. In einer der vielen Studien dazu spricht der Soziologe Jeremy Rifkin schon von einer neuen ‚empathischen Zivilisation'. Meditationen finden wir inzwischen überregional und international, auch konzentriert als weltweite Meditationstage, -stunden oder -minuten.
- Die spirituellen (gehoben-esoterischen) Formen der Meditationen gehen innere Wege. Diese beinhalten auch alle die als exoterisch aufgezählten Erkenntniswege, jedoch diesmal in der per-

sönlichen Vernetzung mit unserer Seele, mit dem Höheren Selbst, mit religiösen Entitäten wie Jesus oder Maria oder auch mit dem lieben Gott – oder allen möglichen anderen Quantenfeldern. Solche Meditationen haben ihren religiösen Untergrund auch bei Geistheilern, bei Jenseitskontakten oder in der Lichtnahrung. Klassische Meditationen sind überhaupt ohne Worte, optimal wäre sogar ohne Gedanken.

Weitere spirituelle Gemeinschaften sind auch die **Rosenkreuzer.** Mein persönlicher Erweckungsweg begann schon vor vielen Jahrzehnten bei den Rosenkreuzern, die heute noch liebevoll ihre Seelenpforten öffnen.

Neue Anschlussmöglichkeiten bieten seit Februar 2012 auch die Treffen von ‚**Lichtkreisen**' – regionale Gruppentreffen unter deutschsprachigen Lichtarbeitern (www.pao-lichtkreise.org).

Im Internet las ich, dass es einen **WIR-Trend** gibt und ein ‚Zukunftsinstitut', das die interessante Frage nach einer neuen ‚WIR-Kultur' im Januar 2015 als Studie untersuchte. Darin wird klar erkannt, dass ein gewaltiger Wandel in der Gesellschaft und auch bereits in der Wirtschaft (daher die Untersuchung) bevorsteht und der Treiber *wir* seien. Man schreibt über die Macht und über die Evolution des ‚Wirs', über den sich entwickelnden ‚Homo Socialis' und über das ‚Zeitalter der Kollaboration'. Auch damit richtet man sich darauf ein – auf die Neue Zeit und auf einen Mega-Wandel.[119]

So schreibe auch ich in diesem Buch über die neue WIR-Kultur, dass WIR uns auf einen absoluten Mega-Wandel einrichten, vor allem auf unseren *inneren* Wandel.

Das ist dann *unser* WIR-Weg, wenn unsere Gefühle der Motor sein dürfen und sich unsere Herzen immer mehr vernetzen. Im ganzen Buch habe ich versucht klarzustellen, dass hinter dem äußeren Mega-Wandel unsere gewaltigen seelischen Energien lauern und aktiv werden wollen.

Glauben Sie mir bitte – auch wenn es nicht zeitgemäß klingt – es ist eigentlich *unsere Göttlichkeit,* die in uns wirksam werden möchte und die dazu unseren Mut, unseren Freien Willen und unsere Tatkräfte braucht.

Es wird dann eine *ethische* WIR-Kultur – eben das, was man eigentlich unter *Kultur* versteht. Sie wird nie mehr etwas mit unserem heutigen Konsum-*Kult* und dem heutigen WIR der Masse zu tun haben. Und das ist dann eigentlich etwas ganz Großartiges und Verantwortliches für die Zukunft – auch unserer Kinder und unseres Volkes.

Ich versichere Ihnen, dass auf diesen Wegen um jeden von uns genügend unsichtbare, kleine und große Helfer bereitstehen – mit und ohne Flügel – und dass wir in entscheidenden Momenten besonders hochschwingende Wesenheiten bei uns haben und in jedem Fall auch unsere geistige Familie in der jenseitigen Heimat. **WIR sind nie alleine, nie!**

Ausblicke

*„Es ist die edelste Gabe des Menschen,
sich zu ändern."*

Leonard Bernstein, Komponist 1918-1990

Wenn Sie mir bis hierher interessiert gefolgt sind, habe ich es doch sicherlich auch rübergebracht: Ich versuche, bei allem Geschehen in unserem Leben den geistig-seelischen und spirituellen Hintergrund zu erkennen und anzunehmen. **Und es häufen sich eben auch die Hinweise, dass genau das in der zukünftigen Entwicklung der Völker entscheidend mitwirken wird.** Allerdings leben wir jetzt noch in einer zunehmenden Konfrontation der ganz entscheidenden Grundenergien Licht und Dunkelheit, dem gnostischen Gegensatzpaar, in das nun schon seit über 4000 Jahren die göttlichen Seelen mit ihren Körpern eintauchen. Doch das soll nun zu Ende gehen, doch nicht durch Untergangskatastrophen und Kataklysmen, wie es die jüdisch-christliche Bibel gerne hätte. Auch der großartige Prof. Dr. Martin Luther hatte drei solche Weltuntergänge angekündigt: für 1532, 1538 und 1541. Kommt es im Geiste des Wassermanns ganz anders und viel leichter – wie ich meine?

Fakt ist, dass wir alle immer noch den beiden gegensätzlichen Energiefeldern voll ausgesetzt sind: massiv den mächtigen Einflüssen der *zunehmenden* negativen und schädlichen Energien der Dunkelheit, der Gier- und Machtelite und gleichzeitig *seelisch* den mächtigen Einflüssen neuer kosmischer und positiver Energien des Lichtreichs. Das Spiel dieser Dualität wird wohl im Moment in seiner dramatischsten Form vorangetrieben.

Ich erinnere Sie jetzt an das, was uns die Aufgestiegene Meisterin Maria Magdalena vorausgesagt hat: *„Es ist mein Auftrag, euch nun mitzuteilen, dass wir Meisterinnen und Meister, Gaia, die Engel und die Sternenmenschen, die mit der Erde verbunden sind, übereingekommen sind, dass die Menschheit die Erschütterung durch Leid und Schmerz wohl noch braucht, um aufzuwachen. Und dies lassen wir geschehen."*

Traurig, aber wahr! Ich selbst habe das Gleiche auch schon oft ausgesprochen: Die meisten von uns ändern nichts in ihrem Leben, wenn es ihnen gut geht. Muss es wirklich erst krachen?

Also: **Wir leben in zwei Welten zugleich** – der *lichtvollen* und der *lichtlosen* und zugleich in der allgemeinen *äußeren* Welt unseres Alltags und unserer dabei immer öfter erwachenden *Innen-* und Seelenwelt. Es ist also allerhand los – in und um uns. Prof. Dr. Gerald Hüther, der bekannte und unbequeme Hirnforscher, plädiert daher für ein radikales Umdenken: Er fordert den Wechsel von einer Gesellschaft der Ressourcennutzung zu einer Gesellschaft der Potentialentfaltung, mit mehr Raum und Zeit für das Wesentliche. Also raus aus den Routinen unserer Alltage und rein in die in uns angelegten Kraftpotentiale. Diese sind vermutlich noch recht gut versteckt – in jedem von uns. Doch sie sind ganz sicher das Wesentliche unserer aktuellen Inkarnation und unserer andauernden Sinnsuche. Und ohne diese Sinnfindung und ohne unsere Bewusstseinserweiterungen verändert sich zu wenig und all das zu langsam. Hat Papst Johannes XXIII. mit seiner Jahreszahlangabe 2033 doch recht, dass wir erst dann so weit sind?

Manfred G. Schmidt, Politik-Professor in Heidelberg und seit zwölf Jahren wissenschaftlicher Leiter einer Studie im Auftrag der R+V-Versicherung – ,Die größten Ängste der Bürger' –, kommt jetzt zu dem Ergebnis: *„2016 ist das Jahr der Ängste."* Noch nie haben die Sorgen der Deutschen innerhalb eines Jahres so rasant zugenommen: Der Angstindex, also der Gesamtdurchschnitt aller regelmäßig gemessenen 16 Standardängste, schnellte von 39 (2015) auf 49 Prozent (2016) hoch. Doch ich frage: Wollen wir überhaupt den Angstmachern mit unseren Ängsten die gewünschte Freude machen? Wird jetzt dadurch ein größeres Aufwachen ausgelöst? Wird es eine Reaktion des ,Volkes' geben?

Im ganzen Buch habe ich versucht, Sie damit vertraut zu machen, dass unvorstellbar mächtige und liebevolle unsichtbare Wesenheiten bereitstehen, um uns zu helfen. Die nötige Bewusstseinserhöhung von uns Menschen braucht diese Hilfe, sonst können wir uns nicht aus dem fast perfekten Spinnennetz der Gier- und Machtelite befreien. Doch die

Kommunikation der mächtigen geistigen Welten mit uns läuft über unsere Gefühle, und die uns begleitenden Übersetzerinnen sind unsere Seelen. Ich zitiere dazu noch einmal den holländischen Arzt Dr. Roy Martina: *„Würde man die linke Gehirnhälfte entfernen, wären alle Menschen sofort spirituell, auch die Männer."*
Wir werden es auch mit beiden Gehirnhemisphären schaffen, allerdings am leichtesten noch einzeln oder wohl zuerst nur in kleinen Gemeinschaften. Dabei kann uns die Kohärenz, die Zusammenarbeit unserer Köpfe mit unseren Herzen, entscheidend helfen. (Prof. Dr. Wolfgang Berger) Das bringt uns jetzt mehrere **grundlegende Gewissheiten:**

- Unser Bewusstsein entwickelt sich zu einem sozialen und ethischen Drängler, der uns in eine friedliche Welt führen will. Im Moment ist es noch schwierig, den willkommenen Wandel ernsthaft zu visualisieren. Doch wir sollten diese ‚Visionen' nicht vernachlässigen, denn solche kreative Zukunftsbilder können nur von uns kommen.

- Unser *„Ich lasse mich führen"* ermöglicht es uns, auch die Potentiale unserer liebevollen Seelenkräfte, die lichtvollen Kräfte der Engelwelten und die mentalen Kräfte unseres Höheren Selbstes anzunehmen. Wenn das mehr Menschen leben, vergrößert sich das Feld mehr und mehr. Ich erinnere Sie an den 100. Affen. Eine bestimmte Anzahl erwachter Menschen kann dann große Veränderungen einleiten. Oft geschehen diese dann ganz plötzlich.

- Es gibt einen göttlichen Plan, der alle Seelen wieder liebevoll heimkommen lässt, die dazu das nötige Bewusstsein entwickelt haben.

- Diese Bewusstseinsentwicklung geht aufsteigend, wie auf einer Himmelsleiter: vom fleißigen Lehrling zum bewussten Gesellen und dann zum lächelnden Meister – und das geht heute immer schneller.

- Unsere kraftvollen Gedankenenergien und Emotionen gehen nur noch zur lichtvollen Seite und stärken und vernetzen sich untereinander. Anstatt auf die Provokationen der Gier- und Machtelite zu reagieren und unsere Schöpferenergien zu vergeuden – so wie diese es geplant hat –, gehen unsere kraftvollen Gedankenenergien und Emotionen nur noch zur lichtvollen Seite und stärken und vernetzen sich untereinander.

- Alles bewegt sich jetzt in einem zunehmenden Tempo, sodass man das Gefühl hat, nicht mehr genügend Zeit zu haben, damit sich das Licht gegen die Dunkelheit durchsetzt. Nehmen wir solches Tempo lieber als ein gutes Zeichen dafür, dass sich die Schwingungen weiter erhöhen und die bisherigen niedrig schwingenden Machtfelder zurücklassen.

- Schutz und Hilfe stehen uns ganz sicher durch unsere geistigen Begleiter zu – allerdings können die auch manchmal etwas anders aussehen als wir sie (meistens ungeduldig) erwarten. Seelische und körperliche Reinigungsmethoden gibt es genügend, wenn wir uns dafür interessieren.

- Es gibt unzählige ethische Licht- und Herzensmenschen, die bereits in hohen Positionen wirken und tätig sind. Sie geben sich noch nicht zu erkennen und warten den passenden Zeitpunkt ab, um die Führung zu übernehmen.

- Andererseits kehren immer mehr Lichtgeschwister vorzeitig in die himmlische Heimat zurück. Viele unter uns befinden sich jetzt an der Schwelle, ihre Zeit in den niederen Schwingungen abzuschließen, nachdem sie genügend gelernt haben, um zum Aufstieg fähig zu sein. Dabei sind allerdings auch immer mehr, die einfach nicht mehr können und heimkommen dürfen.

- Die Kräfte der Hingabe, sich seinen individuellen Potentialen und seinen beflügelnden Idealen hin-zu-geben, werden beträchtlich zunehmen.

- Unsere bislang versteckten Potentiale wollen gelebt werden. Wir müssen uns endlich dem stellen, was und wie wir wirklich sind. Nicht nur künstlerische oder technische oder geistige Potentiale, sondern auch die serienmäßige Göttlichkeit-in-uns will gelebt werden.

- Die Energie der Gnade herrscht im gesamten Kosmos. Sie kann jetzt im Zeitenwandel jedem Menschen, jeder Seele oder auch jedem Projekt zufließen. Längst laufen in ‚Gottes Plan' Sonderregelungen der Liebe.
- Unser wichtiges Beten und Meditieren bekommt daher auch einen neuen Sinn und die gelebte Wechselwirkung mit dem göttlichen Quantenfeld verschmilzt immer öfter zur Einheit.
- Dort, wo unsere Aufmerksamkeit ist, sind auch unsere Energien und unsere Schöpferkräfte. Es ist für unsere Gegenwart und die bessere Zukunft entscheidend, was wir die ganze Zeit über denken, fühlen, sagen und tun. Es ist wichtig, sich bewusster damit zu beschäftigen und sie auch zu verinnerlichen.
- Alle unsere erzeugten, lichtvollen Energiefelder gehen auch ins Kollektiv und vernetzen sich mit den sichtbaren und den unsichtbaren Dimensionen.
- Trotz all unserer Erwartungen und der Eile, die unsere Tage durcheinanderbringen, wird das neue Bewusstsein mit dem neuen Zeitgeist nicht dramatisch kommen, sondern sachte – wir brauchen weiter Geduld und Gottvertrauen.

Nun schließe ich mein Buch mit einer ganz einfachen, doch grundlegenden und schwer zu realisierenden Aufforderung aus der geistigen Welt:

Wir fordern euch auf, sofort damit aufzuhören,
euch gegenseitig zu kritisieren und zu verurteilen!
Liebt euch!

In diesem Sinne bedanke ich mich herzlich, dass Sie mir bis hierher gefolgt sind. Und als ehemaliger Pfadfinder verabschiede ich mich jetzt mit *„Gut Pfad!"*. Es wird kein leichter Weg und daher bitte ich für uns alle, dass wir dabei *gut geführt und reichlich gesegnet* sind.

Euer Johannes

.

Ich danke

Danke sage ich meinem Sohn Jan, in dessen Verlag nun auch mein siebtes Buch erscheint.

Danke sage ich Anya, der Lektorin des Verlags und Autorin des Buches »Sprachmagie«, die nicht nur mit ihrer hervorragenden Fachkenntnis, sondern auch durch viele gleichgesinnte Anregungen dazu beigetragen hat, dass ich mich besser ausdrücken konnte.

Danke sage ich allen Autorenkolleginnen und -kollegen, welche die gleichen Themen schon in Büchern und Beiträgen bearbeitet haben und die ich mit Quellenangaben zitieren konnte.

Danke sage ich allen Freundinnen und Freunden und allen Menschen, mit denen ich in Kontakt bin, die mir in vielen Gesprächen, Ferngesprächen und E-Mails Mut machten und mit dazu beitrugen, die Vielfältigkeit dieses Buches zu unterstützen.

Dankbar bin ich (in innerer Wechselwirkung) dem ‚Quantenfeld der Informationen', seinen Energien und Wesen, von denen ich weltweite Informationen erhielt.

Doch in zwei Bereichen bin ich ganz besonders dankbar: der lieben *Brigitte-Devaia Jost*, mit der ich seit über einem Jahrzehnt zusammenarbeite (www.die-engelmalerin.de). Das, was ich dabei kennengelernt habe, hat mein Leben verändert, denn sie hat leichten Zugang zur geistigen Welt, und in unzähligen Meditationen bekam ich ungewöhnliche Einblicke in den spirituellen Bereich unseres multidimensionalen Lebens. Es war auch ihre Idee, dieses Buch zu schreiben.

Außerdem danke ich vor allem meinem Höheren Selbst und den vielen unsichtbaren Helfern, welche mich bei diesem Buch vortrefflich führten. Es waren sehr viele Engel und Geistführer wie auch meine lieben Eltern (bereits wieder zuhause), die mir dabei geholfen haben.

Ich bitte darum, dass Ihr dafür alle reichlich gesegnet seid.

www.bewusstseins-erweiterungen.de

Der Autor über sich

Geboren als Egerländer (Sudetenland) war ich als geschäftsführender Gesellschafter bis 1998 jahrzehntelang mehr Arbeit-*geber* als Unter-*nehmer* in unserem renommierten mittelständischen Familienbetrieb im Hohenloher Raum (festliche Damen- und Kindermode, in unserer Bestzeit mit über 200 Mitarbeiterinnen). Verschiedene Ehrenämter erfüllten mich beim lokalen Bankinstitut, bei der IHK Heilbronn und im Verband der Deutschen Bekleidungsindustrie.

Als mein Körper mit 63 rentenfähig wurde, konnte ich mich dann ganz meiner inneren Berufung widmen – als Journalist, Referent und Autor von sechs Sachbüchern, zuletzt ganz im alternativen Gesundheitsbereich.

1997 »Jesus 2000 – das Friedensreich naht«,
2000 »Bis zum Jahr 2012 – der Aufstieg der Menschheit«,
2002 »Alles ist Gott – Anleitung für das Spiel des Lebens«,
2007 »Der Jesus Code – lieben statt leiden«
2009 »Jetzt reicht's!«
2010 »Jetzt reicht's! – Band 2«

Durch die inzwischen 13 Jahre lange intensive Zusammenarbeit mit der Kunstmalerin *Brigitte-Devaia Jost* erkenne ich mehr und mehr das Mitwirken der Geistigen Welt, von Engeln sowie von elementaren Naturwesen. Verstärkt trifft mich auch die weltweite Problematik der systematischen Unterdrückung des weiblichen Prinzips – vor allem in uns selbst, auch in uns Männern(!), in allen Religionen, in der Gesellschaft und im weltweiten Menschheitskollektiv.

Nach einer wunderschönen Auszeit auf der kanarischen Insel La Palma (laut UNESCO die drittschönste Insel der Welt) lebe ich jetzt mit meinen 81 Lenzen (2016) im Naturschutzgebiet Südschwarzwald (weiter ohne Fleisch, ohne Fernsehen und kaum Alkohol) – stolz auch als Vater dreier erfolgreicher ‚Kinder' und opaartgerecht mit neun Enkeln. Ich kann im Rückblick nur dankbar staunen, wie sich dieses Erdenleben *ent*-wickelt hat. Und gerne halte ich mich an die Erkenntnis des Österreichers Franz Kafka: *„Jeder, der sich die Fähigkeit erhält, Schönes zu erkennen, wird nie alt werden."*

Aktuelles finden Sie auf meiner Internetseite »www.bewusstseins-erweiterungen.de« und in meiner Newsletter-Liste können Sie sich gerne an- oder abmelden.

Quellverzeichnis und Anmerkungen

(1) Buch »Der Kämpfer im Vatikan« von Andreas Englisch
Mit der Weihnachtsansprache 2014 eröffnete Papst Franziskus den Kampf gegen den Teil der Kurie, der ihn seit seiner Wahl mit Spott, Verachtung und arroganter Ablehnung überzieht. Er seinerseits zieht seine Widersacher des Hochmuts, der Verschwendung und der Niedertracht, nennt sie einen Haufen gottloser Bürokraten, die nur auf Machterhalt aus sind, und wirft ihnen vor, Christus vergessen zu haben und in spiritueller Leere zu leben. Andreas Englisch analysiert die Lage im Machtzentrum der katholischen Kirche. Eines wird klar: Es geht nicht um vatikaninterne Geplänkel. Franziskus hat den Kampf eröffnet. Und der Ausgang ist völlig offen.

(2) Buch »Der Appell des Dalai Lama an die Welt« von Franz Alt. In seinem Appell an die Welt entwirft der Dalai Lama eine neue säkulare Ethik als Basis für ein friedliches Jahrhundert. Nicht Religionen werden die Antwort geben, sondern die Verwurzlung des Menschen in einer Unterschiede überwindenden Ethik.

(3) Wikipedia

(4) www.energiemedizin.cc/energie-und-schwingung.html

(5) www.ufo-nachrichten.com/startseite/nachrichten.htm

(6) Buch »Johannes der Täufer – sein wahres Leben und Wirken«, von Hans Bernd Altinger, Drei Ulmen Verlag, München 1996

(7) www.gf-freiburg.de/index.php?option=com_content&view=article&id=259: photonenring&catid=25:news&Itemid=48

(8) http://tmgnow.com/repository/global/planetophysical.html

(9) www.politaia.org/wissenschaft-forschung/die-erde-wachst-videos/

(10) www.torindiegalaxien.de/h-metatron12/2013wasserm.html

(11) http://dieter-broers.de/gegenwaertiger-wandlungsprozess/

(12) www.barbara-bessen.com

(13) Apg 2,14-21. *Paulus* geht im 1.Korinther auf die Geistesgaben ausführlich ein und empfiehlt sie: *Strebt nach den höheren Geistesgaben* (12,31). *Trachtet nach der Liebe, bemüht euch aber auch um die Geistesgaben, am meisten jedoch darum, dass ihr prophetisch zu reden vermöget* (14,1). Weitere Stellen unter 14: 5, 12, 24, 31 und 39 f.

(14) http://de.prepareforchange.net/ (Organisation für den Aufstieg)

(15) https://derhonigmannsagt.wordpress.com/tag/ausserirdische-zivilisationen/

(16) www.ufo-nachrichten.de

(17) www.teleboom.de/html/body_galaktische_foderation.html

(18) www.zeitenschrift.com/news/wir-besitzen-magnetische-antennen-im-gehirn#.V1Fcp-RPhdg

(19) www.paracelsus.de/map/ort74/facharbeit_bitzer.pdf

(20) http://akashictimes.co.uk/harvard-scientists-admit-using-chemtrails-to-block-the-sun/

(21) http://transinformation.net/aufstieg-und-die-mitochondrien/

(22) Die Hallelujah-Übersetzung stammt aus dem Hebräischen, wo es aus den Worten „halel" – für verherrlichen, und „jah" für den Gottesnamen Jahwe steht.

(23) www.geisteswissenschaften.fu-berlin.de/v/littheo/teufel/zeichen/666.html

(24) http://armin-risi.ch/Artikel/666/666_Schluessel_zu_einer_Weltdiktatur.html

(25) www.sonnenreisende.de/engelreich/engelundzahlen.html

(26) BUCH »Meine Gartengeister« von B. Chales-de Beaulieu, 2005 im Riwei-Verlag, Regensburg)
(27) www.sein.de/zurueck-zur-natur/
(28) https://cayceportal.wordpress.com/2014/04/25/liebesgruse-aus-moskau/
(29) www.verlag-dr.de/steiner/st-174b-politik.htm
(30) http://info.kopp-verlag.de/hintergruende/enthuellungen/gerhard-wisnewski/katastrophenwetter-ist-es-eine-wetterwaffe-.html www.daaria.de/haarp.html
(31) www.silke-pfersdorf.de/images/pdf/psychologisches/GehirnHOERZUWISSEN2012.pdf
(32) www.philognosie.net/index
weitere Übungsbroschüren zur Entspannung hier klicken:
www.zeitblueten.com/registrierung-download-broschueren-entspannung/
(33) www.dialogisch.com/Thymusklopfen.pdf
(34) http://sternfaden.blog-net.ch/das-herz-ist-keine-pumpe
(35) www.die-welt-ist-im-wandel.de/Das-Herz-ist-keine-Pumpe.htm
(36) www.heartmathdeutschland.de/shop/
(37) www.fitforfun.de/sex-soul/partnerschaft/oxytocin-was-kann-das-kuschelhormon-178092.html
(38) http://erst-kontakt.jimdo.com/botschaften/erzengel-raffael/august-2013/
(39) https://de.wikipedia.org/wiki/Hochsensibilität
(40) www.silva-meth.at/Basisseminar/Basisseminare.php
(41) www.zeitzuleben.de/einfuhrung-in-die-mentale-entspannung/2/
(42) Schallers Gesundheitsbriefe vom 20.5.2014
(43) www.youtube.com/watch?v=Mw6W1BoUGtI
(44) http://transinformation.net/die-symbolik-des-kiefernzapfens/
(45) In meinem gelben Buch »Jetzt reicht's« Band 2 ab Seite 81
(46) Zahnpasten ohne Fluoride gibt es in allen Drogeriemärkten, Reformhäusern und Naturkostläden
(47) Beate Wiemers, 28213 Bremen , Klattenweg 1, www.beate-wiemers.de
(48) www.zentrum-der-gesundheit.de/fluorid.html
(49) www.barbara-simonsohn.de/melatonin.htm
(50) www.bewusstseins-erweiterungen.de/cms/johs-wohlfuehltipps/492-die-neue-aera-der-nahrungsergaenzungen-die-green-smoothies-3
(51) www.zentrum-der-gesundheit.de/fluoride-ausleiten-ia.html
(52) http://seelen-nahrung.com/hilfreiches-fur-dein-drittes-auge/
https://derhonigmannsagt.wordpress.com/2015/08/18/die-aktivierung-deiner-zirbeldruese/
(53) http://sichergundleben.de/index.php/zahnpasta-salz-fluorid-gift-tod-krebs-gehirn-tumor-krankheiten
(54) Buch »Der gefrorene Blick« von Rainer Patzlaff, Stuttgart 2013
(55) https://fassadenkratzer.wordpress.com/2014/11/28/die-wirkung-des-fernsehens-auf-das-bewusstsein/
(56) www.lichtsprache-online.com/hintergr%C3%BCnde-zu-weltereignissen/die-deutschen-medien-sind-komplett-kontrolliert
(57) www.experto.de/lebensberatung/stress/definition-eustress-und-dysstress.html

(58) www.ib.hu-berlin.de/~wumsta/infopub/Medizin14a.pdf

(59) www.johannes-holey.de/cms/johs-wohlfuehltipps

(60) per E-mail: »Joh@bewusstseins-erweiterungen.de« oder per Post: Johannes Holey, Birkenweg 4, D-74579 Fichtenau

(61) www.zentrum-der-gesundheit.de/quecksilber-verbot-minamata-konvention-ia.html

(62) www.naturheilkunde-lexikon.eu/was-gibt-es-neues/amalgam-und-seine-wirkungen

(63) www.zentrum-der-gesundheit.de/uebersaeuerung.html

(64) www.gesund-heilfasten.de/Basische_Lebensmittel.html

(65) www.johannes-holey.de/cms/johs-wohlfuehltipps/262-jetzt-reichts-wichtige-buchergaenzung-hexagonales-trinkwasser

(66) www.johannes-holey.de/cms/johs-wohlfuehltipps/266-wasser-das-wir-taeglich-trinken-teil-3

(67) www.lichtkreis.at/der-lichtkreis/unsere-buchtipp-ecke/

(68) www.zentrum-der-gesundheit.de/elektrosmog-ia.html

(69) https://netzfrauen.org/2015/02/22/die-wahrheit-ueber-das-geschaeft-mit-dem-gedopten-brot-wie-steht-es-um-unser-wichtigstes-nahrungsmittel/

(70) www.zentrum-der-gesundheit.de/brot-aber-basisch.html

(71) www.naturkost.de/basics/p10201a.htm

(72) www.ufo-nachrichten.de/startseite/meditation_tiere3.htm

(73) www.albert-schweitzer-stiftung.de/aktuell/vorstellung-philip-wollen

(74) www.youtube.com/watch?v=yYTlclsy6wA

(75) www.vegetarische-initiative.de/rohkost.htm

(76) www.freeenergy.ch/99812/40369.html

(77) www.thala-med.de/index.php?option=com_content&view=article&id=52&Itemid=53

(78) Buch »Die Heilkraft des Waldes« von Axel Gutjahr, Herbig 2014

(79) www.youtube.com/watch?v=NrdvSiAGBwU

(80) www.zentrum-der-gesundheit.de/mineralstoffe-ia.html

(81) www.zentrum-der-gesundheit.de/milch-uebersaeuert-ia.html

(82) www.zentrum-der-gesundheit.de/cellulite.html

(83) www.zentrum-der-gesundheit.de/earthing-ia.html

(84) www.zentrum-der-gesundheit.de/chlorophyll-ia.html

(85) www.zentrum-der-gesundheit.de/chlorophyllin-ia.html

(86) https://germanygoesraw.de/rohkost-treffen/ und das Buch »Die 80/10/10-High-Carb-Diät« von Douglas N. Graham, Verlag Unimedica, 2013

(87) www.zentrum-der-gesundheit.de/vitamin-d-ia.html

(88) Beitrag ‚Die Kraft der Sonne‘ von Christine Stecher in der Zeitschrift ‚Mensch&Sein‘ 2/99

(89) www.chemtrails-info.de/chemtrails/lichtmangel.htm

(90) www.elexier-magazin.de

(91) Buch »Dr. Jakobs Weg des genussvollen Verzichts« von Dr. med. Ludwig M. Jacobs, Nutricamedia Verlag 2013 wie auch »www.DrJacobsInstitut.de« und Buch »Die 80/10/10-High-Carb-Diät« von Douglas N. Graham, Verlag Unimedica, 2013

(92) www.praxis-zwerger.de

(93) http://eatsmarter.de/ernaehrung/news/warum-selber-kochen-einfach-ist

(94) https://magic-places.ch/boviseinheiten/
http://dophalis.de/pages/pflanzen/bovis-werte-und-pflanzenenrgie.php
www.paranorm.ch/bovis_werte.pdf
(95) www.bewusstseins-erweiterungen.de/cms/johs-wohlfuehltipps/244-hilfe-fuer-die-prostata
(96) www.seelenwellness.info/index.php/venuscode/die-13-als-zahl-der-venus
(97) https://herzvertrauen-derblog.de/2012/12/09/die-bedeutung-der-zahl-13-zahlenmystik-numerologie-kostenlos/
(98) www.katholisch.de/aktuelles/aktuelle-artikel/gluckszahl
www.lottoland.com/magazin/kontroversen-um-die-zahl-13-glueck-oder-pech.html
(99) www.nwo-rebell.de/numerologie-bedeutung-zahlen-logen-brueder-satans-freimaurerei/
(100) www.worldnewspolitics.com/2016/04/22/putin-says-he-has-proof-princess-diana-was-killed-by-british-royal-family/
(101) www.bruno-groening-w.org
(102) www.sein.de/vatermutter-unser/
(103) Buch »Westliche Einweihungslehren« von Bernard Vaillant, Hugendubel München, 1986
(104) Interview in der Zeitschrift »raum & zeit« 65/93
(105) Darüber berichte ich in meinem Buch »Alles ist Gott« (3. Auflage, S. 321ff) und Jan in seinem Buch »Geheimgesellschaften 3«
(106) Ausschnitt aus dem Gemälde »Ji amaii« von Brigitte-Devaia Jost
(107) Aus einem E-Mail an eine Freundin
(108) www.sein.de/das-auge-des-horus-mystisches-licht-der-seele
(109) www.freigeist-forum-tuebingen.de/2013/03/der-neue-papst-und-das-dunkle-geheimnis_14.html
(110) www.youtube.com/watch?v=Nvw7W5MGP80
(111) www.update-seele.de/de/impuls-der-woche/impulse-april/engel/
(112) Flensburger Hefte, »Schwarze und weiße Magie – von Satan zu Christus«, Heft 12/1993
(113) »Daskalos« 'Esoterische Lehren', Droemer Knaur Verlag, München 1991
(114) www.getastral.de/astralreise-vs-klartraum/
(115) Buch »Gedichte, die das Herz öffnen« von Nicole Tentrus, August von Goethe Literaturverlag, Frankfurt
(116) Buch »Der große Übergang 2012-2032« von Diana Cooper, Ansata-Verlag 2011
(117) http://de.radiovaticana.va/news/2016/06/10/liturgie_maria_magdalena_wird_den_aposteln_gleichgestellt/1236162
(118) www.aerztezeitung.de/panorama/article/867702/alternative-krankenkasse-solidargemeinschaft-alle-faelle.html
(119) www.zukunftsinstitut.de/artikel/die-neue-wir-kultur/
(120) http://quer-denken.tv/1958-wurzeln-die-uralten-gemeinsamen-urspruenge-von-religionen-mythen-mythologien/
(121) www.business-reframing.de/em-brexit/

(122) Buch »Grün essen!: Die Gesundheitsrevolution auf Ihrem Teller« von Dr. med. Joachim Mutter, Verlag VAK, 2012

(123) www.baby-und-familie.de/Kinder/Familie-Welche-Rolle-spielen-Grosseltern-heute-154369.html

(124) www.scinexx.de/wissen-aktuell-15798-2013-03-20.html

(125) Geben Sie in der Internetsuchmaschine ‚Kontakt zu Verstorbenen' ein.

(126) Broschüre »Der Adler« im Verlag UFO-Nachrichten, Postfach 1211 in 87630 Obergünzburg

(127) http://quer-denken.tv/extraterrestrial-contact-aufbruch-der-menschheit-in-die-kosmische-gesellschaft und mit der Netzseite von Alfred Steinecker »www.das-goldene-buch.net«

(128) www.stimmlabor.de/pdf/vortrag-klang-und-heilung.pdf

(129) https://nebadonia.wordpress.com/2014/04/20/papst-franziskus-wir-sind-nicht-allein/

(130) http://deutsche-wirtschafts-nachrichten.de/2014/11/28/unsichtbarer-schutzschild-um-die-erde-entdeckt/

(131) www.lichtblick4you.li/component/content/article?id=3&itemid=3

(132) www.spiritgate.de/docs/ute-posegga-rudel_meine-konversation-mit-gaia-21-12-11.php

(133) Buch »verraten, Verlauft verloren?«, Gabriele Schuster-Haslinger, Amadeus Verlag 2015

(134) http://de.megatrends.wikia.com/wiki/Selfness

(135) www.zartbesaitet.net

(136) http://thorpe.hrl.uoit.ca/inquiry/home.php

(137) Buch »Den kranken Menschen verstehen – Für eine Medizin der Zuwendung«, Maio, Giovanni, Herder Verlag 2015

(138) https://erstkontakt.wordpress.com/2016/01/15/botschaft-von-erzengel-michael-2016-verkoerperung-multidimensionaler-meisterschaft/

(139) European-American Evangelistic Crusades

(140) www.amasolis.com/vitamin-d

(141) www.opc-franz.de)

Bildquellen

(1)   Karikatur im ‚Eulenspiegel' 1849
(2)   Privatarchiv
(3)   Privatarchiv
(4)   schnittpunkt2012.blogspot.co.at
(5)   www.slideplayer.org
(6)   UFO-Nachrichten
(7)   Wikipedia
(8)   www.initiative.cc/Artikel/2016_03_02_Handywahn.htm
(9)   www.initiative.cc/Artikel/2016_03_02_Handywahn.htm
(10)   Spiegel-online
(11)   www.learningdoorway.com
(12)   Privaterchiv
(13)   Privatarchiv
(14)   www.lrg.usfc.br
(15)   Schwester-Faustine-Sekretariat, Brilon
(16)   Schwester-Faustine-Sekretariat, Brilon
(17)   »Bis zum Jahr 2012«, Johannes Holey, Amadeus Verlag
(18)   RiWei-Verlag GmbH
(19)   Privatarchiv
(20)   Privatarchiv
(21)   www.heartmathdeutschland.de
(22)   Privatarchiv
(23)   www.richardschiropractic.com
(24)   www.einsteingalerie.de
(25)   www.sein.de/das-auge-des-horus-mystisches-licht-der-seele
(26)   http://transinformation.net/die-symbolik-des-kiefernzapfens/
(27)   http://transinformation.net/die-symbolik-des-kiefernzapfens/
(28)   Privatarchiv
(29)   Privatarchiv
(30)   https://www.oekolandbau.de/bio-siegel/
(31)   Privatarchiv
(32)   Privatarchiv
(33)   www.zentrum-der-gesundheit.de/earthing-ia.html
(34)   Privatarchiv
(35)   Wikipedia
(36)   www.welt.de/gesundheit/article113297319/Wie-Deutschland-sich-im-Kampf-gegen-Krebs-ruestet.html
(37)   www.pixabay.com
(38)   http://de.academic.ru/dic.nsf/dewiki/1075958

Sachregister

Namenregister

ALLES IST GOTT

Johannes Holey mit Hannelore Dietrich

Anleitung für das Spiel des Lebens

In 130 kurzen Kapiteln führt das Buch schrittweise in eine noch klarere mutige Individualisierung der Leserinnen und Leser und wird zum allmählichen Werkzeug der eigenen und ganz persönlichen Selbstfindung. Und damit auch des Findens beglückender Lebensziele. Die in uns angelegten Schöpferkräfte – unsere göttliche Matrix – werden einfach erklärt und praktisch dargestellt. Mit Erstaunen erkennen wir neue Möglichkeiten und den Reichtum verdrängter Gefühle, die bald schon unseren eigentlichen Selbst-Wert erahnen lassen, denn jeder Mensch ist Schöpfer seines Lebens, seines Alltags und seiner Gesundheit durch seine Gedankenkräfte - nach der Regel „der Gedanke lenkt die Kraft".

ISBN 978-3-9805733-4-4 • 19,70 Euro

DER JESUS CODE

Johannes Holey

Johannes Holey wurde zum kritischen Jesus-Forscher, aber er forscht auch mit Herz und Intuitionen. Er enthüllt und erklärt in diesem Buch logisch: Jesus hat am Kreuz nicht gelitten, weil er Meister aller Elemente war und dies heute Forschungsergebnisse belegen. Sechs weitere wichtige Themen im Leben Jesu werden zeitgemäß ‚decodiert' und enthüllt – dabei auch die ‚Heilige Sexualität' mit Maria Magdalena. Der Autor...

- belegt die Unterdrückung des weiblichen Aspektes in den christlichen Kirchen;
- belegt, dass die Christen die ursprüngliche Frohbotschaft des Meisters Jesus nie ganz erfahren haben;
- belegt, dass Jesus weder Jude noch deren erwarteter Messias war;
- belegt, dass schon Saulus/Paulus mit dem Titel Christos die Person Jesus verdrängte;
- belegt, dass Jesus sich nicht geopfert hat, weil das kein liebender Vater will;
- belegt, dass Jesus schon damals die Gleichheit aller Menschen gefordert hat – der wahre Grund seiner Hinrichtung.

ISBN 978-3-938656-54-9 • 21,00 Euro

Johannes Holey

Rote Karte für Krankheits- und Ernährungsschwindler

Der überraschende Beschluss der Regierungsvertreter Nahrungsergän-
zungs- und Naturheilmittel zu verbieten, jedoch weiterhin z.B. WLAN,
das unsere Gehirne regelrecht ‚grillt', in allen Ecken und Winkeln zu erlauben, weckt Protest. Stellen Sie sich auch manchmal die Frage, wie
man in einem solchen Chaos überhaupt gesund bleiben kann? Johannes Holey deckt in seinem 2. Band »Jetzt reicht's!« erneut eine Menge
dreister Schwindel für Sie auf. Wussten Sie beispielsweise, dass man mit System die Familien
zerstören will oder dass aus Profitsucht gezielt Krankheiten erfunden werden?
In einer Zeit, in der immer mehr Masken fallen und Lügen Beine kriegen, floriert aber auch
gleichzeitig ein noch nie dagewesenes Potenzial an neuen Unterstützungsmöglichkeiten!

ISBN 978-3-938656-09-9 • 19,70 Euro

Johannes Holey

Wie lange lassen wir uns das noch gefallen?
Lügen in Wirtschaft, Medizin, Ernährung und Religion

Sind Sie der Meinung, dass Sie durch Fernsehen und Presse die Wahr-
heit erfahren? Dann können Sie sich das Lesen dieses Buches ersparen.
Der Autor lässt Sie einen Blick hinter all jene Lügen riskieren, die Ihre
Gesundheit, Ihr Leben und das Ihrer Kinder bis aufs Äußerste belasten.
Seine Recherche in der alternativen Fachpresse und in weit über hundert Wissenschaftsberichten liefert dazu die jeweiligen top-aktuellen
Wahrheiten. Dort, wo mächtige Organisationen das Weltgeschehen steuern und die Mainstream-Medien dazu schweigen müssen, suchte und fand er reichlich Aufklärung, auch wenn
man darüber teilweise sehr erschrickt.
Johannes Holey demaskiert Lüge um Lüge – von erfundenen Krankheiten, über bewusste Man-
gelerzeugungen (Vitamin B12, Eisen u.a.), systematische Vergiftungen (Fluor, Übersäuerung
u.a.), die lukrativen Ernährungslügen, den Fleisch-, Zucker- und Getränkeschwindel. Die möglichen Krankmacher Mikrowelle, Kunstlicht und Mobilfunk sind mit dabei wie auch das Klimaka-
tastrophen-Märchen und die geplante Währungsreform.

ISBN 978-3-938656-44-0 • 21,00 Euro

Brigitte Devaia ART

**empathisch-spirituelle Kunst
als seelische Kraftquelle**

Diese KunstART wird nicht nur der Kunst wegen kreiert,
sondern dient als Kanal für die
Göttliche Gemeinschaft allen Lebens.

Empathisch-spirituelle Kunstwerke zum Wohle aller stärken das Gute und Edle sowie das Schöne und Wahre in den Menschen und in unserer sich wandelnden Welt.

Engel und geistige Entitäten wirken durch die Bilder und transportieren unsichtbare Botschaften aus höheren Seins-Ebenen zu den Betrachtern auf die Erdebene. Durch inneres Sehen und Spüren können wir lichte Strahlungsfelder und Lichtpartikel erkennen, die von den Gemälden verströmt werden.

Wenn Sie die Kunstwerke entspannt und unvoreingenommen betrachten, können Sie es spüren und genießen, wie Sie berührt und erhoben und in den Wirkkreis höherer Wesen und Welten hineingezogen werden.

Niemand kann bis jetzt erklären, warum das so ist und wie es funktioniert. Allerdings ergeben Forschungen, kinesiologische Tests und Bovis-Messungen, dass die Gemälde gesundheitsfördernd auf Körper, Seele und Geist und somit auch auf unser Immunsystem einwirken. Ganzheitlich ausgerichtete Mediziner und Heilpraktiker wertschätzen und fördern alles, was unser Immunsystem stärkt, weil dies eine zentrale Schlüsselfunktion für unsere Gesundheit hat. **Deswegen werden die Gemälde auch für therapeutische Zwecke verwendet und gerne in Praxen, Massage- und Seminarräumen wie auch Wohn- und Arbeitsräumen aufgehängt.**

Lassen Sie sich auf meiner Netzseite einfach verzaubern! Dort finden Sie Motive von Engeln, Feen, Aufgestiegenen MeisterInnen, Heiligen, Sternenwelten und Zauberwelten – alle als Poster, Kunstkarten und hängefertige Keilrahmendrucke in verschiedenen Größen bestellbar. (Briefpost bitte über den Amadeus Verlag)

www.brigitte-devaia-art.de   **brigitte-devaia-jost@gmx.de**

HOLEY CONSULTING
DER ROTE FADEN ZUM ERFOLG

HERAUSFORDERUNGEN MEISTERN
andere Blickwinkel, neue Ideen zu neuen Veränderungswegen

Was macht mir wirklich Freude? Was hat noch Sinn? Was ist für mich wichtig? Wie finde ich meinen Weg? Welches Ziel soll ich verfolgen? Worum geht es wirklich? Wer bin ich? Was treibt mich an? Was motiviert mich? Was will ich wirklich? ...und wie erreiche ich das privat und beruflich? Fragen über Fragen! Wenn Ihnen das bekannt vorkommt, dann finden Sie hier Antworten und Weg-verändernde Beratung und Begleitung, Ihre persönlichen Herausforderungen zu meistern, andere Perspektiven einzunehmen und neue Ideen zu neuen Veränderungswegen zu finden.

Gemeinsam entdecken wir hierfür Ihren ROTEN FADEN im Leben.

Ich bin Coach für Persönlichkeitsentwicklung und Konfliktmanagement aus Leidenschaft. Ihr Anliegen liegt mir am Herzen und ich begleite Sie mit Empathie, Vertrauen und Diskretion. Ich bereichere Sie mit meinem Wissen, unterstütze Sie mit meinen Erfahrungen. Leite Sie durch alle notwendigen Prozesse, um Ihren ROTEN LEITFADEN zum Erfolg zu finden, durch:
Individuelle Beratung, Einzel- und Gruppencoaching, Vorträge, Workshops (motivorientierte Persönlichkeitsanalyse nach Prof. Dr. Steven Reiss, VoiceDialog-Phänomänsystemik nach Dr. Hal & Sidra Stone, klassisches Coaching, Farb-Stil-Image-Beratung nach Anne Weber, Weight Watchers, Innenarchitektur).
Möchten Sie Ihr Leben verändern?

Ich begleite Sie bei Sinn- und Neuorientierung im Allgemeinen und im Speziellen, wie z.B. bei beruflichem Aus-Um-Neueinstieg, Berufsfindung bei Schulabgängern, Familiengründung, Partnerverlust, Scheidung, Krankheit, Wechseljahren, Renteneinstieg, wenn Kinder das Zuhause verlassen, Schicksalsschlägen, Gewichtsreduktion, Rauchentwöhnung oder wenn Sie Ihre äußere Erscheinung verändern möchten (Farbe-Stil-Image-Beratung).

Starten Sie mit dem ersten Schritt in Ihr neues Leben und kontaktieren Sie mich. Ich freue mich, Sie kennenzulernen. Ihre **Helma Holey**

Tel.: +49-172-6283248 • helma@holeyconsulting.com • www.holeyconsulting.com